LA CITÉ
DE LA JOIE

DOMINIQUE LAPIERRE

LA CITÉ DE LA JOIE

Nouvelle édition augmentée
d'une postface de l'auteur

Tout ce qui n'est pas donné est perdu.

Proberbe indien

ROBERT LAFFONT

A Tâtou, Gaston,
Pierre, François, James,
et aux « Lumières du monde »
de la Cité de la joie.

AVERTISSEMENT AU LECTEUR

Bien que ce livre soit le résultat d'une longue enquête, il ne prétend pas constituer un témoignage sur l'ensemble de l'Inde.

J'aime trop ce pays, je connais trop sa diversité, j'ai trop d'admiration pour ses vertus, l'acharnement qu'il met à vaincre ses difficultés, ses réussites exemplaires, l'intelligence qu'il apporte à la solution de ses problèmes pour ne pas mettre en garde le lecteur contre un danger d'extrapolation abusive.

Ce témoignage ne concerne en effet qu'un petit groupe d'hommes qu'une nature implacable et des circonstances hostiles ont arrachés de chez eux et projetés dans une ville qui a poussé la volonté d'accueil au-delà de l'imaginable.

J'ai tenu à respecter leur anonymat. J'ai donc changé leurs noms et modifié un certain nombre de détails concernant les événements qui les mettent en scène. Ceux-ci se sont déroulés il y a plusieurs années. Mais les hommes qui les ont vécus existent toujours.

DOMINIQUE LAPIERRE

Indications de prononciation des
mots indiens :
les U, OO, W se prononcent OU
le J se prononce DJ

PREMIÈRE PARTIE

*Vous êtes
la lumière du monde*

1

Sa tignasse frisée et ses rouflaquettes qui rejoignaient les pointes tombantes de ses moustaches, son torse court et râblé, ses bras musclés et ses jambes un peu arquées lui donnaient l'air d'un guerrier mogol. Hasari Pal, trente-deux ans, n'était pourtant qu'un paysan, l'un des quelque cinq cents millions d'habitants de l'Inde de ces années-là qui demandaient leur subsistance à la déesse Terre. Il avait construit sa hutte de deux pièces, en torchis et couverte de chaume, un peu à l'écart du village de Bankuli, au Bengale occidental, un État du nord-est de l'Inde trois fois plus vaste que la Belgique et aussi peuplé que la France. Son épouse Aloka, une jeune femme au teint clair et à l'air séraphique, l'aile du nez percée d'un anneau d'or et les chevilles ornées de plusieurs bracelets qui tintaient à chaque pas, lui avait donné trois enfants. L'aînée, Amrita, douze ans, avait hérité les yeux en amande de son père et la jolie peau fruitée de sa mère. Manooj, dix ans, et Shambu, six ans, étaient deux solides garçons aux cheveux noirs ébouriffés, plus prompts à chasser les lézards à la fronde qu'à guider le buffle dans la rizière familiale. Vivaient aussi au foyer du paysan son père, Prodip, un homme sec et buriné, le visage barré d'une fine moustache grise ; sa mère, Nalini, une vieille femme voûtée et ridée comme une noix ; ses deux frères cadets, leurs épouses et leurs enfants, soit en tout seize personnes.

Les ouvertures très basses de la hutte préservaient une relative fraîcheur durant l'été torride et un peu de chaleur pendant les nuits froides d'hiver. Ombragée par des bougainvilliers rouges et blancs, une étroite véranda la longeait sur deux côtés. Assise sous un auvent en contrebas, Aloka actionnait du pied une sorte de balancier en bois muni d'un pilon qui servait à décortiquer le riz. Tic-tac, tic-tac, au fur et à mesure que la pédale à riz montait et descendait, sa fille Amrita poussait sous le pilon de nouvelles poignées de grains. Le riz décortiqué était alors ramassé par la grand-mère qui le triait. Dès qu'elle avait rempli une corbeille, elle allait la vider au *gola*, le petit silo planté sur pilotis au milieu de la cour, dont la toiture à deux niveaux servait à la fois de grenier et de pigeonnier.

Tout autour de la hutte, les rizières dorées s'étendaient à perte de vue, émaillées de loin en loin du vert foncé des vergers de manguiers, du vert clair des bouquets de palmiers, du vert tendre des bosquets de bambous. Dentelle scintillante où se reflétait le bleu du ciel, les canaux d'irrigation quadrillaient la campagne de leurs mailles serrées. Des passerelles enjambaient de leurs fines arabesques quelques étangs couverts de lotus et de jacinthes où barbotaient des canards. Sur les diguettes, des enfants faisaient avancer à coups de badine de gros buffles luisants qui soulevaient une poussière ocre. En cette fin d'une accablante journée de chaleur, le disque rougeoyant de Surya, le dieu Soleil, s'enfonçait à l'horizon. Une brise bienfaisante arrivait de la mer. De l'immense étendue plate montait l'appel joyeux des myriades d'oiseaux qui tournoyaient au ras des épis d'or pour fêter la tombée du soir. Le

Bengale était bien ce paradis chanté par les troubadours et les poètes où, les nuits de lune, le dieu Krishna venait jouer de la flûte avec les *gopi*, ses bergères, et entraînait son amante Râdhâ dans sa danse.

Le soleil maintenant disparu, c'était « l'heure de la poussière des vaches », quand le bétail rentre des pâturages, les hommes des rizières, et que les poules grimpent sur leurs perchoirs. Son pagne de coton relevé entre les jambes pour faciliter sa marche, Hasari Pal cheminait paisiblement en sifflotant, une charrue de bois sur l'épaule. A l'approche de la nuit, les pigeons redoublaient leurs rondes et roucoulements. Dans le tamarin, une tribu de mynahs, les moineaux de l'Inde, entamaient un concert assourdissant. Deux écureuils zébrés des « trois marques de doigts du dieu Râma » faisaient la course sur le papayer. Hérons et aigrettes se hâtaient vers leurs nids. Un chien galeux reniflait le sol en quête d'un endroit propice où passer la nuit. Puis les crissements suraigus des cigales s'éteignirent peu à peu. Ce fut le dernier tic-tac de la pédale à riz. Et le silence. Aussitôt éclata le chœur des grenouilles dominé par le coassement rythmé d'un crapaud-buffle.

En moins de cinq minutes, la nuit tropicale était tombée sur la terre. Comme chaque soir, la douce Aloka au teint de pêche souffla dans la conque pour saluer la déesse de la nuit. Une de ses belles-sœurs agita une clochette afin de chasser les mauvais esprits, surtout ceux qui habitaient le banyan centenaire au bout du chemin. Les deux vaches et le buffle furent attachés dans la cahute qui servait d'étable. Une chèvre récalcitrante obligea grands et petits à se disperser pour la rattraper. Quand tout fut rentré dans l'ordre, Hasari ferma le portail d'épineux interdisant l'accès de la cour aux chacals et aux renards. Sa mère accomplit alors un rite aussi vieux que l'Inde. Elle ajouta de l'huile dans la lampe qui brûlait devant les images polychromes des dieux tutélaires : Râma et son épouse Sîtâ, la déesse des fruits de la terre ; Lakshmi, déesse de la prospérité, assise sur un lotus ; Ganesh, le dieu de la chance à tête d'éléphant. Deux autres chromos décolorés par les ans laissaient deviner, l'un le visage d'enfant d'un Krishna avalant goulûment un bol de beurre, représentation populaire du dieu-berger le plus tendrement aimé des masses hindoues ; l'autre, le dieu-singe Hanuman, personnage légendaire des fabuleuses aventures de la mythologie indienne.

Tandis que les femmes cuisaient le repas dehors, sur le fourneau en terre, Hasari et ses deux frères vinrent s'asseoir près de leur père sous la véranda. De capiteuses fragrances émanaient d'un buisson de jasmin, embaumant la nuit que traversaient les lumières fugitives d'un ballet de lucioles. Dans le ciel étoilé brillait un mince croissant. C'était la « lune de Shiva », la nouvelle lune du bienfaiteur du monde, du dieu aux mille yeux de la prospérité. Les quatre hommes étaient plongés dans une méditation silencieuse lorsque Hasari vit son père observer ses fils l'un après l'autre. Puis il l'entendit murmurer, comme pour lui-même : « Le charbon ne change pas de couleur quand on le lave. Ce qui ne peut être guéri doit être enduré. »

Le vieil homme ne savait plus combien de générations de lotus avaient éclos et s'en étaient allées dans l'étang depuis qu'il était né. « Ma mémoire est comme le camphre qui s'évapore avec le temps. Il y a tant de choses que j'ai oubliées. Je suis bien âgé à présent et j'ignore combien il me reste des corbeilles de riz que les dieux de la vie ont remplies pour moi à ma naissance. » Prodip Pal se souvenait par contre qu'il avait été autrefois un paysan prospère. Il avait possédé jusqu'à six greniers pleins de riz et quatre hectares de terres fertiles. Il avait pu assurer l'avenir de ses fils et doter généreusement ses filles aînées pour leur trouver de bons maris. En vue de ses vieux jours avec sa femme, il avait gardé le lopin de terre et la maison hérités de son père. « Nous pourrons y vivre tous deux en paix, lui avait-il promis, jusqu'à l'heure où Yama, le dieu des morts, viendra nous chercher. »

Il s'était trompé. Cette parcelle avait été offerte à son père par un *zamindar*, un grand propriétaire terrien, en reconnaissance de son dévouement. Un jour, le descendant de ce bienfaiteur la revendiqua. Prodip Pal refusa de la rendre. L'affaire vint devant le tribunal. Le jeune *zamindar* ayant acheté le juge, le paysan fut obligé d'abandonner sa terre et sa maison. Contraint de payer les frais du procès, il dut sacrifier la dot épargnée pour sa dernière fille et les lopins des deux fils cadets. « Le cœur de ce propriétaire malhonnête était plus dur que celui du chacal », avait-il dit.

Hasari, l'aîné des garçons, avait heureusement recueilli la famille entière sous le toit où ils étaient tous réunis aujourd'hui. Hasari était un bon fils. Il faisait l'impossible pour convaincre son père qu'il restait le chef du foyer. Le vieil homme connaissait en effet mieux que personne les droits et les devoirs de tous les habitants du village, les us et coutumes, les limites des rizières et des pâturages. Lui seul pouvait entretenir des rapports harmonieux avec les grands propriétaires fonciers — atout primordial pour la survie de modestes paysans. Comme il aimait à le répéter : « Les poissons ne peuvent se permettre de vivre en mauvais termes avec le crocodile de l'étang. » Il n'en demeurait pas moins que ce père vénéré par ses enfants avait tout perdu au cours des ans et qu'il n'était plus « chez lui ». « Je n'avais cependant pas à me plaindre, convenait-il. J'étais certes un homme ruiné mais mes trois fils étaient là. Quelle bénédiction que ces fils ! » Grâce à eux, il jouissait encore de tout ce qui peut faire la richesse d'un paysan indien : un grenier à riz, une meule de paille, deux vaches et un buffle, un champ, un peu de grain en réserve dans les jarres pour les mauvais jours, quelques roupies même, dans la tirelire. Et que dire de ses belles-filles ? Elles aussi avaient apporté le bonheur dans la maison. Elles étaient toutes les trois belles comme Pârvati[1] et toutes les trois capables d'être mères des Pandava[2]. Oui, les Pal étaient pauvres, mais ils étaient heureux. Demain les lotus seraient humides de rosée. Ce serait le temps de la moisson, le temps de l'espoir. Et sur le vieux tronc du *mowa*, les orchidées chanteraient la gloire de Dieu.

1. L'épouse du dieu Shiva.
2. Les cinq frères héros de la grande épopée du Mâhabhârata.

2

De nouvelles et terribles épreuves attendaient pourtant le vieux Prodip Pal et les siens. Comme dix ou douze millions de paysans bengalis en cette deuxième moitié du XXᵉ siècle, ils seraient victimes de ce phénomène endémique que les économistes appellent le cycle de la misère. Une inéluctable descente le long de l'échelle sociale, le fermier devenant métayer, puis paysan sans terre, puis ouvrier agricole, obligé de s'exiler enfin. Inutile de rêver au cheminement inverse. Ici chacun consacrait toutes ses forces à défendre un statut sans cesse menacé. L'améliorer était impensable : la misère ne peut engendrer qu'une misère plus grande encore. S'il est vrai que le charbon ne change pas de couleur quand on le lave, on peut également parer la pauvreté des couleurs les plus chatoyantes, elle restera pauvreté.

Leurs démêlés judiciaires avec le *zamindar* n'avaient laissé aux Pal qu'un quart d'hectare de bonne terre, de quoi produire de cinq à six cents kilos de riz. Cela représentait à peine un quart des besoins pour nourrir la famille. Pour combler le déficit, le père et ses fils obtinrent le métayage d'une autre parcelle. Alors que certains propriétaires exigeaient en échange les trois quarts de la récolte,

Prodip Pal en reçut la moitié. Cet apport était capital. Une fois le riz épuisé, il y avait les noix des trois cocotiers et les légumes, de beaux légumes des terres hautes exigeant peu d'irrigation, comme les serpents-gourdes, sortes de concombres pouvant mesurer jusqu'à deux mètres de long, les courges et les radis géants. Il y avait aussi les fruits du jaquier dont certains pesaient près de dix kilos. La famille Pal put ainsi subsister tant bien que mal pendant deux ans. Elle put même acheter deux chèvres et remercier régulièrement les dieux en portant des offrandes au petit temple édifié au pied du plus ancien banyan du village.

Dès la troisième année, le malheur frappa de nouveau. Un parasite détruisit le champ de riz en pleine croissance. Pour surmonter cette catastrophe, le père prit le chemin de l'unique maison de brique dont le toit de tuiles dominait le village. Presque tous les habitants de Bankuli devaient ainsi, un jour ou l'autre, se rendre chez le *mohajan,* le bijoutier-usurier, un homme ventripotent au crâne aussi lisse qu'une boule de billard. Quelque répugnance qu'il inspirât, le *mohajan* était ici comme ailleurs le personnage clef du village, son banquier, son assureur, son prêteur sur gages. Et bien souvent, son vampire. En hypothéquant le champ familial, le père d'Hasari obtint le prêt de deux cents kilos de riz avec obligation d'en rembourser trois cents dès la première récolte. Ce fut une année de grandes privations pour la famille Pal. Toutefois, « telle la tortue qui avance avec peine pour atteindre son but, la page du dieu de la vie avait pu être tournée ». Mais les dettes contractées et l'impossibilité d'acheter suffisamment de semences firent des deux années suivantes un véritable cauchemar. L'un des frères d'Hasari dut abandonner le métayage pour s'engager comme ouvrier agricole. Cette

20

fois, la misère avait réellement commencé à étrangler les Pal. Les intempéries s'en mêlèrent. En une nuit, un orage d'avril fit tomber toutes les mangues et les noix de coco. Il fallut vendre le buffle et Rani, l'une des vaches, pourtant si utiles à la saison des labours. Rani refusa de s'en aller. Elle tirait de toutes ses forces sur sa corde en poussant des beuglements déchirants. Chacun y vit un funeste augure, le signe de la colère de Râdhâ, l'amante du dieu-berger Krishna.

Le départ des animaux priva la famille Pal d'une partie du si précieux lait quotidien et, surtout, de l'indispensable bouse qui, mélangée à de la paille et façonnée en galettes séchées au soleil, servait de combustible pour la cuisson des aliments. Chaque jour, la fille d'Hasari et ses cousines durent partir à la recherche de bouses de remplacement. Mais cette manne précieuse n'appartenait pas à qui voulait la ramasser et les villageois leur faisaient la chasse. Elles apprirent à se cacher et à chaparder. De l'aube à la nuit, les frères d'Amrita battaient la campagne avec leurs cousins les plus âgés en quête de tout ce qui pouvait se manger ou se monnayer. Ils cueillaient des fruits et des baies sauvages. Ils ramassaient du bois mort et des brindilles de margousier avec lesquelles les Indiens se nettoient les dents. Ils attrapaient des poissons dans les étangs. Ils confectionnaient des guirlandes avec les fleurs des champs. Et ils allaient vendre leur récolte au marché qui se tenait trois fois par semaine à douze kilomètres de chez eux.

Deux événements vinrent encore aggraver la détresse économique des Pal. Affaibli par le manque de nourriture, le plus jeune frère d'Hasari tomba malade. Un jour, il cracha du sang. Pour des gens aussi pauvres, la maladie était une malédiction plus terrible que la mort. Les honoraires d'un médecin, l'achat de médicaments représentaient plusieurs mois de revenus. Pour sauver son frère, Hasari eut recours au seul expédient qui lui restait : il brisa la tirelire de terre cuite et courut demander au prêtre du village de conjurer le sort en célébrant une *puja*, un culte d'offrande aux dieux.

Le garçon retrouva assez de forces pour prendre part au second événement qui devait cette année-là enfoncer un peu plus sa famille dans la misère, le mariage de sa plus jeune sœur. Son vieux père venait enfin de lui trouver un mari et rien ne devait empêcher les noces de se dérouler selon le rituel traditionnel. Combien de millions de familles indiennes avaient-elles été ruinées pour des générations par le mariage de leurs filles ? D'abord, il y avait la dot, cette coutume ancestrale, officiellement abolie depuis l'Indépendance mais toujours bien ancrée dans les mœurs. Le petit fermier avec lequel le père d'Hasari avait négocié le mariage de sa dernière fille exigea en guise de dot une bicyclette, deux pagnes de coton, un transistor et dix grammes d'or, ainsi que des bijoux pour la jeune mariée. Soit un bon millier de roupies, quelque huit cents francs. L'usage voulait en outre que le père de la jeune fille assumât seul les frais de la noce, soit un autre millier de roupies pour rassasier les invités des deux familles et acheter les cadeaux dus à l'officiant brahmane. Une saignée pour ces pauvres gens. Mais le mariage de ses filles est un devoir sacré pour un père. Après le départ de la dernière, le vieil homme aurait achevé sa tâche ici-bas. Il pourrait alors attendre en paix la visite de Yama, le dieu des morts.

Il retourna chez l'usurier pour solliciter un prêt de deux mille roupies. En gage, il apportait les derniers bijoux de sa femme Nalini, un pendentif assorti à des boucles d'oreilles en or, et deux bracelets en argent. Ces parures, la mère d'Hasari les avait reçues à son mariage selon cette même coutume cruelle mais prévoyante de la dot qui constitue en fait l'unique épargne familiale en Inde. La somme que prêta le *mohajan* ne représentait que la moitié de leur valeur. Avec un taux d'intérêt astronomique : cinq pour cent par mois, soixante pour cent pour un an ! La vieille femme avait peu de chances de revoir les bijoux qu'elle avait portés avec tant de fierté les jours de fête durant leurs quarante années de vie commune.

Puis Prodip Pal demanda à ses fils de jeter leurs filets dans l'étang et de pêcher toutes les carpes et *ruyi* qui s'y trouvaient. Grâce à la fameuse récolte qui avait précédé la guerre avec la Chine, le fils aîné Hasari avait pu acheter quelques douzaines d'alevins pour ensemencer sa réserve d'eau. Les poissons s'étaient multipliés et pesaient aujourd'hui plusieurs kilos chacun. Épargnés jusqu'ici en prévision d'une famine totale, ils seraient la surprise du banquet de la noce.

« Le crépuscule est proche, se répétait le vieil homme, mais le soleil rougeoie toujours. Notre *châkrâ*, la roue de notre destin, n'est pas encore arrivé au bout de sa course. »

« C'était une terre alluviale très pâle, se souvenait Hasari Pal. C'était notre terre. La mère-terre. Bhû-devî, la déesse-terre. Je n'avais jamais connu de terre d'une autre couleur et je l'aimais comme elle était, sans lui poser de questions. N'aime-t-on pas sa mère comme elle est, quels que soient son teint et ses défauts ? On l'aime. Et si elle souffre, on souffre de la voir souffrir.

« C'était le mois de mai, le cœur de l'été au Bengale. L'air paraissait trembler dans la campagne surchauffée. Chaque jour, j'observais longuement le ciel avec confiance. Il prenait des tons de plumes de paon. D'après ce qu'avait annoncé le prêtre brahmane du village, encore une lune et la mousson bienfaitrice serait là. Le brahmane était un homme très sage et très savant. Il était aussi très âgé et il connaissait tous les villageois comme s'ils faisaient partie de sa famille, bien que cela fût impossible car il appartenait à une naissance très haute, très pure, très au-dessus de nos castes à nous. Le premier jour de chaque année nouvelle, notre père et tous les autres chefs de famille du village allaient le consulter pour apprendre quel sort réservaient les douze mois à venir aux hommes, aux bêtes et aux récoltes. Comme bon nombre de sa caste, notre vieux brahmane connaissait les lois des saisons et les chemins suivis par les astres. C'était lui qui fixait les dates des travaux agricoles et des cérémonies familiales. Personne ne savait comment il faisait ses calculs, mais il étudiait les mouvements des planètes et il désignait les jours les plus propices aux semailles, aux moissons ou aux mariages. Cette année, la saison des mariages était terminée. A présent, c'était à la terre d'être fécondée par l'eau du ciel. Le brahmane avait prédit une année d'une richesse exceptionnelle, une année bénie par les dieux, comme il en vient tous les dix ans, ou même plus. Une année sans sécheresse ni épidémies, ni parasites, ni sauterelles, ni aucune autre calamité. Il savait, lui. »

Le temps de semer le riz était donc venu. Chaque famille alla offrir sa *puja* aux dieux. Hasari se rendit avec son père et ses frères devant le petit autel au pied du banyan à l'entrée des champs. « Gauri, je t'offre cette graine, récita le père en déposant un grain de riz devant l'image de l'épouse du dieu Shiva, la protectrice des paysans. Donne-nous beaucoup d'eau et rends-nous cent grains en échange. » Trois jours plus tard, quelques orages bienfaisants vinrent abreuver les semis.

Hasari était sûr que, cette année, les dieux étaient bien avec les paysans de Bankuli. Son père n'avait pas hésité à réemprunter deux cents roupies à l'usurier chauve en gageant une partie de la future récolte. Hasari avait dépensé vingt-cinq roupies[1] pour louer un attelage de bœufs et labourer le champ en profondeur, une quarantaine de roupies pour les semences et consacré le reste à l'achat d'engrais et d'insecticides. Ce serait une des plus belles moissons. Et comme les pluies de pré-mousson étaient tombées en temps voulu, les Pal pourraient s'épargner la location de la pompe à eau. Heureusement, car cela revenait à six roupies l'heure. Une fortune !

Chaque matin, avec son père et ses frères, Hasari allait s'accroupir au bord du champ. Il restait là des heures à contempler la levée des jeunes pousses d'un vert tendre. La mousson était annoncée pour le vendredi 12 juin. Le vendredi n'est pas un jour très propice dans le calendrier hindou, mais peu importait : la mousson est la mousson, et son arrivée est chaque année le cadeau des dieux au peuple de l'Inde.

1. Une roupie = 0,80 franc.

3

Hommes, femmes, enfants, tous, même les bêtes, guettaient le ciel. D'ordinaire, un vent violent se lève quelques jours avant qu'éclate la mousson. Le ciel s'obscurcit brusquement. Les nuages envahissent la terre. Ils roulent les uns sur les autres comme du coton que l'on carde. Ils courent à la surface des champs, à une vitesse fantastique. Puis d'autres nuages leur succèdent, énormes, comme bordés d'or. Quelques minutes plus tard, explose une rafale formidable, un ouragan de poussière. Enfin, une nouvelle vague de nuages noirs, cette fois sans bords dorés, plonge le ciel et la terre dans les ténèbres. Un interminable roulement de tonnerre ébranle l'espace. Et c'est le déchaînement. Agni, le dieu du feu des Védas, le protecteur des hommes et de leurs foyers, lance ses foudres. Les grosses gouttes chaudes se transforment en cataractes. Les enfants se jettent tout nus sous le déluge en hurlant de joie. Les hommes exultent et les femmes, à l'abri des vérandas, chantent en action de grâces.

L'eau. La vie. Le ciel féconde la terre. C'est la renaissance. La victoire des éléments. En quelques heures, la végétation jaillit de toutes parts, les insectes se multiplient, les grenouilles sortent par milliers, les reptiles pullulent, les oiseaux gazouillent en bâtissant leurs nids. Et surtout, les champs se couvrent comme par enchantement d'un duvet du plus beau vert, de plus en plus dru, de plus en plus haut. Le rêve et la réalité se sont rencontrés. Après une ou deux semaines, dans le ciel enfin apaisé, apparaît l'arc d'Indra, le roi de tous les dieux, le seigneur des éléments et du firmament. Aux humbles paysans, cet arc-en-ciel révèle que les dieux ont fait la paix avec les hommes. La moisson sera belle.

Une bonne mousson, cela signifiait que le champ des Pal, qui ne mesurait qu'un quart d'hectare, produirait autour de cinq cents kilos de riz. De quoi nourrir toute la famille pendant plus de trois mois. En attendant la prochaine récolte, les hommes devraient louer leurs bras chez les *zamindar,* un emploi très aléatoire qui ne procurait souvent que quatre à cinq jours de travail par mois, parfois quelques heures seulement. La journée était en ce temps-là rémunérée trois roupies, deux francs quarante, plus une portion de riz soufflé et six *bidi,* ces sortes de cigarettes en forme de minuscules cornets, faites d'une pincée de tabac roulée dans une feuille de *kendu.*

Mais le vendredi 12 juin s'acheva sans que paraisse le moindre nuage. Les jours suivants, le ciel resta d'un blanc d'acier. Heureusement, Hasari avait pris la précaution de retenir la pompe d'irrigation. Ne pouvant s'offrir ce luxe, Ajit, le voisin des Pal, se lamentait. Au bout de quelques semaines, les jeunes pousses de sa rizière virèrent au jaune. Les anciens du village fouillèrent leur mémoire pour se souvenir quand, au temps passé, la mousson s'était ainsi fait attendre. L'un d'eux se rappela que l'année de la mort du mahatma Gandhi, elle n'était arrivée que le 2 juillet. Et l'année de la guerre avec les Chinois, elle n'était pratiquement pas venue du tout. D'autres fois, comme l'année de la mort du taureau primé, elle était tombée si fort, vers le 15 juin, que tous les semis avaient été noyés. Ce n'était pas mieux.

L'inquiétude commença à gagner les plus optimistes. Bhâgavan, le Grand Dieu, était-il fâché ? Avec leurs voisins, les Pal allèrent demander au prêtre de célébrer une *puja* afin que vienne la pluie. Pour prix de ses services, le brahmane réclama deux *dhoti* pour lui, un sari pour sa femme et vingt roupies, seize francs. Tous coururent réemprunter de l'argent au *mohajan*. Autrefois, une *puja* consistait à sacrifier un animal, un bouc par exemple. De nos jours, on ne faisait plus guère de sacrifices d'animaux. Cela coûtait trop cher. Le prêtre se contenta d'allumer une mèche imprégnée de *ghee*, le beurre clarifié rituel, devant la statue de Ganesh, le dieu qui apporte la chance. Puis il fit brûler des bâtonnets d'encens et psalmodia des *mantrâ*[1] que les paysans écoutèrent respectueusement.

Mais ni Ganesh ni les autres dieux n'entendirent les prières et Hasari fut obligé de louer la pompe d'irrigation. Pendant six heures, les pulsations de l'engin inondèrent les pousses du champ des Pal du sang indispensable à leur croissance. Elles prirent leur belle couleur d'émeraude et grandirent de dix centimètres. Il devint alors urgent de les repiquer. Sur l'immense plaine cultivée au-delà du carré vert de son champ, Hasari apercevait des dizaines de carrés déjà jaunis. Ceux qui n'avaient pu donner assez d'eau à leur rizière mesuraient l'étendue du désastre. Pour eux, il n'y aurait pas de récolte, le spectre de la famine pointait à l'horizon.

Plus personne à présent ne scrutait le ciel. Le

1. Formule sacrée en sanscrit.

poste de radio du *mohajan* déclarait maintenant que, cette année, la mousson viendrait avec un grand retard. Elle n'avait pas encore atteint les îles Andaman. Ces îles se trouvent très loin dans la mer du Bengale, presque au large de la Thaïlande. De toute façon, la radio ne pouvait plus rien apprendre aux paysans de Bankuli. « Elle ne pouvait qu'apporter le mauvais œil, pensait Hasari. Tant que nous ne verrions pas le coucou-geai, nous savions que la pluie ne serait pas pour demain. »

Au début de juillet, plusieurs Bauls en robe ocre traversèrent le village. Les Bauls sont des moines itinérants qui chantent la gloire du dieu Krishna. Ils s'arrêtèrent près du sanctuaire de Gauri, sous le banyan à la lisière des champs, et se mirent à chanter en ponctuant leurs strophes des grincements d'une sorte de luth à une corde, de clochettes et de toutes petites cymbales. « Oiseau de mon cœur, ne sois pas vagabond, implorait leur mélopée. Ne sais-tu pas que ton errance nous est souffrance ? Ô oiseau, viens, et avec toi notre eau. »

Toute l'attention des Pal se porta désormais sur l'étang qui servait de réservoir d'eau communal. Son niveau baissait à vue d'œil. Des villageois palabraient sans fin pour évaluer le temps que mettraient les pompes d'irrigation à le vider, compte tenu de l'évaporation, importante par cette chaleur torride. Le moment fatidique arriva le 23 juillet. Il fallut ramasser les poissons qui se débattaient dans la vase et les distribuer. Par ces temps d'angoisse, ce fut l'occasion de réjouissances inattendues. Manger du poisson était une véritable aubaine. Dans bien des foyers pourtant, des mères de famille prévoyantes renoncèrent à ces agapes et firent sécher les poissons.

Dans le champ des Pal, le lumineux vert émeraude vira bientôt au vert-de-gris, puis au jaunâtre.

Le riz se courba, se ratatina, et finalement mourut. Ce riz qu'ils avaient caressé, palpé, ausculté. Ce riz avec lequel ils avaient souffert, baissé la tête, vieilli. « Je ne pouvais me résoudre à l'abandonner, confiera Hasari. Terrassé par l'ampleur du désastre, je restais sans bouger au bord de mon champ. » Devant chaque lopin de terre, des paysans accablés restèrent là, eux aussi, toute la nuit tête baissée. Peut-être pensaient-ils à la complainte du fakir fou de Dieu : « Il y avait un trésor dans mon champ, mais aujourd'hui quelqu'un d'autre en possède la clef et ce trésor ne m'appartient plus. »

A l'aube, Hasari dut se résigner. Il rentra chez lui, s'assit sous la véranda avec son père et ses frères. Le vieux Prodip résuma la situation : « Nous ne retournerons plus au champ cette saison. » Quelques instants plus tard, Hasari entendit sa mère soulever les couvercles des jarres rangées dans l'appentis. Elles contenaient le riz que les Pal avaient mis de côté pour attendre la future moisson. La pauvre femme était en train d'estimer le temps que sa famille pourrait tenir avec ces maigres réserves. Hasari connaissait la réponse. « En nous rationnant et en préservant quelques poignées de grains pour les offrandes aux dieux, il nous restait deux mois de nourriture. » Sa femme, ses belles-sœurs et les enfants s'approchèrent. Tous sentaient que quelque chose n'allait pas. La vieille femme referma les jarres et déclara, avec une apparente sérénité : « Nous avons du riz pour quatre bons mois. Après, il y aura les légumes. » Rassurés, grands et petits retournèrent à leurs occupations. Seul Hasari resta en arrière. Il vit des larmes couler le long des joues de sa mère. Son père lui aussi s'était levé. Il vint poser sa main sur l'épaule de sa femme. « Nalini, mère de mes fils, dit-il, nous nous priverons tous les deux pour que le riz dure plus longtemps. Les enfants ne doivent pas souffrir. » Elle approuva de la tête et ils se sourirent.

Beaucoup d'habitants du village n'avaient déjà plus rien. Le premier signe de cette réalité fut la disparition des familles les plus pauvres, celles des Intouchables. Ils avaient compris : cette année, il n'y aurait pas un seul épi de riz à glaner dans les champs. Personne n'en parlait, mais on savait qu'ils étaient partis pour la grande ville de Calcutta, distante d'une centaine de kilomètres. Ensuite, ce fut le tour des pères et des fils aînés dans les maisons où les jarres étaient vides. Puis, des familles entières prirent le chemin de la ville.

Le départ de leurs voisins affecta particulièrement les Pal. Ils se connaissaient depuis tant de lunes. Avant d'abandonner sa maison, le vieil Ajit brisa ses pots de terre cuite et il éteignit la lampe à huile, cette flamme qui brûle en permanence dans tous les foyers. Certaines étaient allumées depuis des générations. D'une main un peu tremblante, il détacha les images des dieux qui trônaient sur le petit autel familial et les roula dans sa musette. C'étaient des dieux très souriants et leurs sourires paraissaient incongrus ce matin-là. Prem, le fils aîné, déposa des fleurs et quelques grains de riz devant le trou à côté du seuil. C'était le trou du cobra. Prem récita une prière au serpent, le priant de « garder la maison et de la défendre jusqu'à notre retour ». Malheureusement, à ce moment-là un chat noir passa devant la hutte. C'était un présage défavorable. Pour ruser avec les mauvais esprits, le vieil Ajit devait les attirer sur une fausse piste. Il partit seul et se dirigea vers le nord avant de bifurquer lentement vers le sud où le rejoindrait sa famille. Avant de s'en aller à son tour, le fils aîné ouvrit la cage du perroquet. Lui, au moins, serait libre. Mais au lieu de filer droit vers le ciel, l'oiseau sembla désemparé. Après un temps d'hésitation, il se mit à voleter de buisson en buisson derrière ses maîtres qui s'éloignaient dans la poussière.

L'été s'acheva presque sans une averse et revint la saison des semailles d'hiver. Mais faute d'eau, il n'y aurait pas de semailles d'hiver. Ni lentilles, ni patates douces, ni riz d'hiver. Bhaga, l'unique vache restant aux Pal, n'avait plus que la peau sur les os. Depuis longtemps on n'avait plus de paille à lui donner, sans parler de son. On la nourrissait avec le cœur des trois bananiers qui faisaient un peu d'ombre sur la hutte. Un matin, Hasari la trouva couchée sur le flanc, la langue pendante. Il comprit que tout le bétail allait périr. Comme des vautours, des marchands de bestiaux accoururent des bourgs alentour. Ils offrirent aux paysans d'acheter les animaux encore vivants et repartirent avec des camions pleins de vaches enlevées pour cinquante roupies (quarante francs) et de buffles pour à peine une centaine de plus. « Ne vous lamentez pas, rassuraient-ils, faussement compatissants. Vous pourrez toujours racheter vos bêtes l'an prochain. » Ce qu'ils ne disaient pas, c'est que leur prix serait alors dix fois plus élevé. Quelques jours plus tard, des corroyeurs vinrent à leur tour rafler les carcasses des animaux dont les paysans n'avaient pas eu le cœur de se séparer. Quinze roupies ! Douze francs ! C'était ça ou rien.

Novembre passa. Le départ du bétail avait définitivement supprimé la seule source de combustible : plus de bouse pour faire cuire les aliments. Plus de lait non plus, et l'on cessa d'entendre les rires des enfants dont les ventres étaient gonflés comme des ballons. Plusieurs moururent, victimes des vers, de diarrhées et de fièvres. Victimes de la faim, en réalité.

Au milieu de janvier, les habitants apprirent

qu'on distribuait des vivres au chef-lieu, à une ving-taine de kilomètres. Au début, personne ne voulut s'y rendre. « Nous étions des paysans, pas des men-diants, racontera plus tard Hasari Pal. Mais pour les femmes et les enfants, il a bien fallu nous résigner à accepter ces secours. » Par la suite, des émissaires du gouvernement passèrent dans les villages pour annoncer une opération appelée « Du travail pour de la nourriture ». Des chantiers furent ouverts dans la région pour creuser des canaux, rehausser les chemins, agrandir les réservoirs d'eau, relever les digues, défricher les broussailles, faire des trous le long des routes afin d'y planter des arbres. « Nous recevions un kilo de riz par journée de travail, une aumône pour nourrir toute une famille, alors que la radio disait que les silos à grains étaient pleins dans le reste du pays. »

Vers le 20 janvier, se répandit une terrible nou-velle : le puits proche du petit autel de Gauri était à sec. Des hommes descendirent au fond pour le sonder. Les veines étaient taries. La municipalité dut instaurer des tours pour les trois autres puits du village qui donnaient encore un peu. L'eau fut rationnée.

D'abord un seau par jour et par famille. Puis un demi-seau. Enfin, un seul gobelet par personne que l'on devait aller boire sur place, dans la maison du maire. Jour et nuit, de longues files s'étiraient devant sa porte. Il fallut placer des sentinelles armées d'un gourdin auprès du seul puits qui n'était pas encore tout à fait à sec. On racontait qu'à quelques kilomètres au nord, des éléphants sau-vages mourant de soif encerclaient un étang et char-geaient les imprudents qui s'approchaient.

Les champs n'étaient plus que de vastes étendues blêmes couvertes d'une croûte craquelée. Les arbres n'avaient pas mieux résisté. Beaucoup étaient déjà morts. Partout les buissons avaient grillé depuis longtemps.

La force de résistance des Pal touchait à son terme. Un jour, le vieil homme réunit sa famille au grand complet. De la pointe nouée de son *dhoti*, il sortit cinq billets de dix roupies roulés ensemble et deux pièces d'une roupie qu'il tendit à Hasari.

— Prends cet argent, toi mon fils aîné, et pars pour Calcutta avec les tiens. Dans la grande ville, tu trouveras du travail. Tu nous enverras ce que tu pourras. Tu représentes à présent notre unique espoir de ne pas mourir de faim.

Hasari se prosterna et, de ses deux mains, toucha les pieds de son père. Le petit homme posa sa paume sur la tête puis sur l'épaule de son fils et la tint serrée jusqu'à ce qu'il se relève. A l'écart, les femmes pleuraient en silence.

Le lendemain matin, quand les premiers rayons de Surya, le dieu Soleil, blanchirent l'horizon, Hasari Pal et les siens se mirent en route sans se retourner vers ceux qui les regardaient partir. Hasari marchait devant avec sa fille aînée Amrita. Sa femme Aloka, dans son sari de coton vert, suivait avec leurs deux fils, Manooj et Shambu. Hasari portait à l'épaule une musette de toile dans laquelle sa femme avait mis un peu de linge et les sandales qu'il avait reçues de ses parents avec sa dot. C'était la première fois que ces paysans quittaient leur village pour une destination si lointaine. Les deux garçons trépignaient de joie à la perspective de l'aventure. « Mais moi j'avais peur, avouera Hasari, peur de ce qui nous attendait. »

4

Après une matinée de marche, plusieurs heures dans un autocar bringuebalant et une nuit dans la cohue d'un wagon de troisième classe, Hasari Pal et sa famille arrivèrent à la gare de Howrah, l'un des deux terminus ferroviaires de Calcutta. Ils restèrent un bon moment sans oser faire un pas tant le spectacle à la descente du wagon les étourdit. Ils étaient prisonniers d'une mer de gens qui allaient et venaient dans tous les sens, de coolies qui portaient des montagnes de valises et de paquets, de vendeurs qui proposaient toutes les marchandises imaginables. Ils n'avaient jamais vu tant de richesses : des pyramides d'oranges, de sandales, de peignes, de ciseaux, de cadenas, de lunettes, de sacs ; des piles de châles, de saris, de *dhoti ;* des journaux, de la nourriture et des boissons de toutes sortes. Des moines itinérants qu'on appelle sadhous se promenaient entre les voyageurs. Pour une piécette de vingt *paisa,* ils leur versaient dans la bouche quelques gouttes d'eau sacrée du Gange et leur imposaient les mains. Des cireurs de chaussures, des nettoyeurs d'oreilles, des cordonniers, des écrivains publics, des astrologues offraient leurs services. Hasari et les siens étaient abasourdis, ahuris, perdus. Autour d'eux, beaucoup d'autres voyageurs paraissaient aussi désemparés. « Qu'allons-nous faire maintenant ? se demandait le paysan. Où allons-nous dormir ce soir ? »

Ils déambulèrent un moment au milieu de tout ce monde et avisèrent une famille installée dans un coin du hall principal. C'étaient des paysans du Bihar chassés, comme eux, par la sécheresse. Ils comprenaient un peu le bengali. Cela faisait plusieurs semaines qu'ils vivaient là. A côté de leurs balluchons bien ficelés, ils avaient disposé quelques ustensiles et leur *chula,* un petit fourneau portatif. Ils s'empressèrent de mettre les nouveaux venus en garde contre la police qui faisait souvent irruption pour expulser ceux qui campaient dans la gare. Hasari les questionna sur les possibilités d'obtenir du travail. Eux-mêmes n'avaient encore rien trouvé. Pour ne pas mourir de faim, ils avaient dû se résigner à « envoyer leurs enfants mendier dans la rue », avouèrent-ils. On pouvait lire la honte sur leurs visages. Hasari expliqua qu'un jeune homme de son village travaillait comme coolie dans le grand marché du Barra Bazar et qu'il allait essayer de le contacter. Ils lui proposèrent de veiller sur sa femme et ses enfants pendant qu'il ferait ses recherches. Réconforté par la bienveillance de ces inconnus, Hasari alla acheter plusieurs *samosa,* ces beignets en forme de triangles fourrés de légumes ou de viande hachée. Il les partagea entre ses nouveaux amis, sa femme et ses enfants qui n'avaient rien mangé depuis la veille. Puis il sortit de la gare.

La vue de ce paysan fraîchement débarqué déclencha un raz de marée immédiat. Un essaim de marchands ambulants l'assaillit aussitôt, proposant des stylos à bille, des sucreries, des billets de loterie et mille autres objets. Des mendiants se précipitèrent. Des lépreux aux mains estropiées s'agrippèrent à sa chemise. Aux abords de la gare, dans une sorte de folie collective, tournoyait un cyclone de camions, d'autobus, de taxis, de chars à bras, de scooters, de cyclo-pousses, de calèches, de motos, de bicyclettes. Tout cela avançait pêle-mêle, au pas, dans un désordre et un vacarme terrifiants. Trompes des triporteurs, klaxons des camions, vrombissements des moteurs, sirènes des autobus, grelots des carrioles, cloches des calèches, hurlements des haut-parleurs, c'était à celui qui ferait le plus de bruit. « C'était pire que le tonnerre avant les premières gouttes de la mousson, se souviendra toujours Hasari. J'ai cru que ma tête allait éclater. » Au milieu de ce déchaînement, il aperçut un policier impavide qui tentait de régler la circulation. Il se faufila jusqu'à lui pour s'enquérir de la direction du bazar où travaillait sa connaissance. Le policier leva son bâton vers l'enchevêtrement de poutrelles métalliques qui montait dans le ciel au bout de la place. « C'est de l'autre côté du pont ! »

L'unique pont qui reliait les villes jumelles de Calcutta et de Howrah par-dessus le fleuve Hooghly, un bras du Gange, était certainement le pont le plus encombré de l'univers. Chaque jour, plus d'un million de personnes et des centaines de milliers de véhicules le franchissaient dans un maelström hallucinant. Hasari Pal fut aussitôt happé par un torrent de gens qui, dans chaque sens, se frayaient un passage à travers deux lignes ininterrompues de marchands assis sur la chaussée derrière leurs étalages. Sur les six voies, des centaines de véhicules étaient complètement englués dans un gigantesque embouteillage qui s'étendait à perte de vue. Des camions rugissaient en tentant de déborder la file des tramways et des autobus rouges à impériale, apparitions incongrues dans ce décor de folie. Surchargés de grappes humaines accrochées à leurs flancs, ils étaient tellement penchés qu'on s'attendait à tout moment à les voir basculer. Il y avait aussi des chars à bras croulant sous des monceaux de caisses, de tuyaux, de machines, traînés par de pauvres bougres dont les muscles semblaient près de se déchirer sous la peau. Le visage déformé par l'effort, des coolies trottinaient, des paniers et des ballots empilés sur la tête. D'autres transportaient des bidons arrimés aux deux bouts d'une longue perche posée sur l'épaule. Poussés à coups de bâton par leurs gardiens, des troupeaux de buffles, de vaches et de chèvres essayaient de se faufiler dans le labyrinthe des carrosseries, mais des animaux affolés s'échappaient de tous côtés. « Quel martyre pour ces pauvres bêtes », se dit Hasari en songeant avec nostalgie à la beauté paisible de sa campagne.

De l'autre côté du pont, le trafic lui parut encore plus dense. Il eut peur de se perdre. C'est alors qu'il aperçut une carriole à deux roues avec deux voyageurs assis sur le siège. Entre les brancards, il y avait un homme. « Mon Dieu, se dit-il, il y a même des hommes-chevaux à Calcutta ! » Il venait de découvrir son premier pousse-pousse. Plus il s'approchait du bazar, plus nombreuses étaient ces curieuses petites voitures qu'on appelle ici *rickshaws* et qui trimballaient des personnes, des marchandises, ou les deux à la fois. Il suivait leur course du regard et se prit à rêver. Aurait-il la force, lui, de gagner la vie de sa famille en tirant une telle machine ?

Le Barra Bazar était un quartier grouillant d'une foule disparate, avec des maisons de plusieurs étages, si hautes qu'Hasari s'étonna qu'elles puissent tenir debout. Les entrelacs de ruelles, d'allées couvertes, d'étroits passages bordés de centaines d'échoppes, d'ateliers et de boutiques faisaient penser à une ruche en pleine effervescence. Des ruelles entières étaient occupées par des marchands de parures et de guirlandes de fleurs.

Accroupis derrière des montagnes de roses du Bengale, de jasmin, d'œillets d'Inde, de soucis, des enfants enfilaient boutons et pétales comme des perles pour confectionner des colliers à plusieurs rangs, aussi gros que des pythons, avec des pendeloques également en fleurs et des entrelacs de fils d'or. Humant avec délice les senteurs de ces étalages, Hasari acheta pour dix *paisa* une poignée de pétales de roses et alla les déposer sur le *lingam* de Shiva — le dieu à la fois bienveillant et terrible — qu'il rencontra dans une niche au coin d'une rue. Il se recueillit un instant devant cette pierre noire cylindrique qui symbolisait le principe de la vie et demanda au grand yogi qui savait où était la vérité de l'aider à trouver celui qu'il cherchait.

Plus loin, Hasari pénétra sous une arcade où des dizaines d'échoppes ne vendaient que des parfums contenus dans une kyrielle de fioles et de flacons colorés. Puis il entra dans une allée couverte où ne se tenaient, dans un miroitement d'or et de verroterie, que des bijoutiers. Il n'en crut pas ses yeux. Ils étaient des centaines, alignés tels les animaux d'un zoo derrière les grilles des cages renfermant leurs trésors. Des femmes parées de saris coûteux se pressaient contre les barreaux et les marchands ne cessaient d'ouvrir et de verrouiller les coffres blindés derrière eux. Ils manipulaient leurs minuscules balances avec une agilité inattendue. Hasari vit plusieurs pauvres femmes au voile reprisé se bousculer aussi devant leurs grilles. Ici comme dans son village, les bijoutiers étaient aussi des usuriers.

Au-delà de cette rue des *mohajan*, s'étendait le secteur des marchands d'étoffes et de saris. Beaucoup de femmes s'attardaient devant leurs somptueux étalages, surtout devant ceux des boutiques spécialisées dans les parures de noces ruisselantes d'or et de paillettes.

Le soleil était accablant et les marchands d'eau qui déambulaient en agitant leurs clochettes faisaient de bonnes affaires. Hasari donna cinq *paisa* à l'un d'eux pour étancher sa soif. L'œil sans cesse aux aguets, il dévisageait chaque coolie, chaque commerçant, questionnait des porteurs. Mais il eût fallu un miracle pour qu'il retrouvât son compatriote dans un tel grouillement. Il continua d'errer jusqu'à la tombée de la nuit. Il était éreinté. « Labourer dix arpents de rizière était bien moins fatigant que cette course sans fin dans ce bazar. » Il avait hâte de retourner près des siens. Il acheta cinq bananes et se fit indiquer la direction du grand pont. Ses enfants se jetèrent sur les bananes comme des oisillons affamés et toute la famille s'endormit par terre dans la gare. Heureusement, la police ne vint pas cette nuit-là.

Le lendemain matin, Hasari emmena son fils Manooj avec lui. Ils explorèrent un autre quartier du Barra Bazar, d'abord le coin des chaudronniers et des ferblantiers, puis celui des ateliers où des dizaines d'hommes et d'enfants, torse nu, passaient leur journée à rouler des *bidi*, les fines cigarettes indiennes. Il y avait si peu de lumière à l'intérieur qu'on ne pouvait distinguer les visages. A tous ceux qui voulaient bien l'écouter, Hasari donnait le nom et le signalement de son ami. Mais autant chercher un grain de riz dans une botte de paille ! Il devait y avoir des centaines de coolies qui s'appelaient Prem Kumar et qui lui ressemblaient. Ce deuxième soir, Hasari rapporta encore des bananes. Les Pal les partagèrent avec la famille d'à côté qui n'avait rien à manger.

Après le troisième jour de recherches, n'ayant plus d'argent pour acheter des bananes, Hasari dut se résigner à un geste humiliant pour un fier paysan. Avant de reprendre le chemin de la gare, il ramassa les épluchures et les déchets qu'il put trouver. « Ce soir-là, ma femme suggéra que notre fille Amrita aille mendier devant l'entrée de la gare. Elle dit cela en pleurant, accablée par le désespoir et la honte. Nous étions des paysans, pas des mendiants. » Les Pal ne purent se résoudre à cette idée qui les révoltait. Ils attendirent encore toute une journée et une autre nuit. Mais à l'aube du surlendemain, ils envoyèrent la fillette et ses deux frères se poster là où les riches voyageurs descendaient des taxis et des automobiles particulières.

La mort dans l'âme, Hasari repartit de nouveau vers le Barra Bazar. Il passa devant un atelier où des coolies chargeaient des barres de fer sur un *telagarhi,* un de ces longs chars à bras. L'un des coolies fut subitement pris de vomissements. Il cracha du sang. Ses camarades l'allongèrent sur le sol. Il était si pâle qu'Hasari le crut mort. Le paysan regardait la scène, consterné, quand le patron de l'atelier sortit en criant parce que le *telagarhi* n'était pas encore parti. Hasari se précipita et lui proposa de remplacer le coolie défaillant. L'homme hésita, mais sa livraison ne pouvait plus attendre et il offrit trois roupies pour la course, payables à l'arrivée.

Sans réaliser ce qui lui arrivait, Hasari s'arc-bouta avec les autres pour ébranler le chargement. Le patron n'avait pas précisé que la destination était une fabrique située de l'autre côté du grand pont, bien au-delà de la gare. Or, pour franchir ce pont, il fallait grimper une côte. Les coolies eurent beau forcer comme des damnés, leur charroi s'immobilisa à mi-pente. Hasari eut l'impression que les veines de son cou allaient se rompre. Un policier s'approcha et les menaça de sa matraque car ils bloquaient la circulation. « Bougez de là, bande de feignants ! » hurlait-il au milieu des klaxons et des pétarades. Le plus âgé des coolies s'est alors baissé.

Il a pesé de toutes ses forces sur une roue et a poussé un cri pour lancer les autres en avant.

Quand il revint à la gare tard ce soir-là, Hasari Pal était exténué mais fier de faire aux siens la surprise du premier argent gagné. La surprise, c'était à lui qu'elle était réservée. Sa femme et ses enfants avaient disparu. L'autre famille aussi. Il finit par les retrouver sur le terre-plein derrière la station des autocars. « Des policiers nous ont chassés à coups de bâton, expliqua sa femme en pleurant. Ils ont dit que s'ils nous revoyaient dans la gare, ils nous jetteraient en prison. »

Les Pal ne savaient plus où aller. Ils traversèrent le grand pont et marchèrent droit devant eux. Il faisait nuit noire, mais les rues étaient encore pleines de monde malgré l'heure tardive. Déconcertés par cette fourmilière qui allait en tous sens, se bousculait, criait, ils arrivèrent sur une place au cœur de la ville. Pitoyable dans son pauvre sari de paysanne, Aloka avait pris dans ses bras son plus jeune fils et tenait sa fille par la main. Manooj, l'aîné, marchait devant avec son père. Ils avaient tellement peur de se perdre qu'ils ne cessaient de s'appeler dans la nuit. Le trottoir était encombré de dormeurs enveloppés de la tête aux pieds dans un morceau de toile de *khadi*. On aurait dit des cadavres. Dès qu'ils trouvèrent un espace libre, les Pal s'arrêtèrent pour souffler un peu à côté d'une famille qui campait là. La mère était en train de rôtir des *chapati*. Ces gens étaient originaires de la région de Madras mais, par chance, ils parlaient un peu l'hindi, langue qu'Hasari comprenait vaguement. Eux aussi avaient fui leur campagne pour le mirage de Calcutta. Ils offrirent aux Pal une galette toute chaude et balayèrent un coin du trottoir pour leur permettre de s'installer près d'eux. L'hospitalité de ces inconnus réchauffa le cœur du paysan. Sa famille serait en sécurité en leur compagnie, le temps qu'il trouve un travail. Il avait appris une rude leçon cet après-midi-là. « Puisque dans cette ville inhumaine des hommes se tuent à la tâche, ce serait bien le diable si je ne parviens pas un jour à prendre la place d'un mort. »

5

Cette ville qu'Hasari n'hésitait pas à qualifier
d'« inhumaine » était en fait une ville-mirage où, en
une génération, six millions de crève-la-faim
comme lui étaient venus chercher l'unique espoir de
nourrir leur famille. Dans ces années-là, Calcutta
était encore, en dépit de son déclin depuis un demi-
siècle, l'une des cités les plus actives et prospères du
tiers monde. Grâce à son port et à ses nombreuses
industries, ses usines métallurgiques, chimiques et
pharmaceutiques, ses minoteries, ses fabriques de
toile de jute et de cotonnades, elle distribuait l'un
des revenus par habitant les plus élevés de l'Inde,
juste après Delhi et Bombay. Un tiers des importa-
tions et près de la moitié des exportations indiennes
transitaient par les eaux de l'Hooghly, ce bras du
Gange au bord duquel elle avait été fondée voici
trois siècles. Trente pour cent des transactions bancaires de tout le pays s'y déroulaient, et un tiers des
recettes fiscales y était prélevé. Surnommé « la Ruhr
de l'Inde », son arrière-pays produisait deux fois
plus de charbon que la France et autant d'acier que
les combinats de la Corée du Nord. Calcutta attirait
vers ses usines et ses entrepôts toutes les ressources
naturelles de ce vaste territoire : le cuivre, le manga-
nèse, le chrome, l'amiante, la bauxite, le graphite, le

mica, ainsi que les bois précieux de l'Himalaya, le thé d'Assam et de Darjeeling et près de cinquante pour cent du jute mondial.

De cet hinterland convergeaient également chaque jour vers ses bazars et ses marchés des flots ininterrompus de denrées alimentaires : céréales et sucre du Bengale, légumes du Bihar, fruits du Cachemire, œufs et volailles du Bangladesh, viandes de l'Andhra, poissons de l'Orissa, crustacés et miel des Sundarbans, tabac et bétel de Patna, fromages du Népal. A ces produits s'ajoutaient quantité d'articles et objets qui alimentaient l'un des commerces les plus diversifiés et actifs d'Asie. On ne dénombrait pas moins de deux cent cinquante variétés d'étoffes dans les bazars de Calcutta et plus de cinq mille teintes et nuances de saris. Avant d'atteindre cette Mecque de l'industrie et du commerce, ces marchandises traversaient de vastes régions souvent extrêmement déshéritées où des millions de petits paysans comme les Pal arrachaient durement leur subsistance à de maigres lopins de terre. Comment l'imagination de ces multitudes n'aurait-elle pas, chaque fois que surgissait un malheur, pris le même chemin que ces richesses ? Car cette métropole est située au cœur d'une des régions à la fois les plus fertiles mais aussi les plus défavorisées de la planète, une zone de mousson parfois absente ou au contraire dévastatrice, entraînant sécheresse ou inondations bibliques ; une zone de cyclones et de raz de marée annihilateurs, de séismes apocalyptiques, d'exodes politiques et de guerres religieuses comme ni le climat ni l'histoire d'aucun autre pays n'en ont jamais autant engendré. Le séisme qui ébranla le Bihar le 15 janvier 1937 fit des centaines de milliers de morts et catapulta des villages entiers vers Calcutta. Six ans plus tard, une famine causa la mort de trois millions et demi de personnes au seul Bengale et déplaça des millions de réfugiés. L'indépendance de l'Inde et la Partition de 1947 jetèrent encore vers Calcutta quelque quatre millions de musulmans et d'hindous chassés du Bihar et du Pakistan oriental. Le conflit de 1962 avec la Chine, puis la guerre de 1965 contre le Pakistan y entraînèrent plusieurs centaines de milliers de réfugiés supplémentaires. En 1965, un cyclone d'une puissance égale à celle de dix bombes H de trois mégatonnes capables d'anéantir une ville comme New York puis une effroyable sécheresse au Bihar y drainèrent une fois de plus des communautés entières. A présent, c'était une nouvelle sécheresse qui chassait vers Calcutta des milliers de paysans affamés comme les Pal.

L'arrivée de ces vagues successives de naufragés avait transformé Calcutta en une énorme concentration humaine. En quelques années, la ville allait condamner ses dix millions d'habitants à vivre sur moins de trois mètres carrés soixante-dix chacun, les quatre ou cinq millions d'entre eux qui s'entassaient dans ses bidonvilles devant se contenter parfois d'à peine plus d'un mètre carré seulement. Il en résultait une situation qui faisait de cette ville l'un des plus grands désastres urbains du monde. Une ville rongée de décrépitude où dix mille maisons et des immeubles neufs de douze étages ou plus menaçaient à tout moment de se lézarder et même de s'écrouler. Façades fissurées, toits branlants, murs dévorés par la végétation tropicale, certains quartiers semblaient sortir d'un bombardement. Une lèpre d'affiches, de placards publicitaires, de slogans politiques peints sur les murs, de panneaux réclames, interdisait ravalements ou simples coups de peinture. Faute d'un service de ramassage adéquat, mille huit cents tonnes d'ordures s'accumulaient chaque jour dans les rues, attirant des multitudes de mouches, de moustiques, de rats, de cancrelats et autres bestioles. L'été, cette prolifération entraînait d'importants risques d'épidémies. Il n'y a pas si longtemps, il était encore fréquent de mourir du choléra, d'hépatites, d'encéphalites, de typhoïde et de rage. Les articles et les reportages de la presse locale ne cessaient de dénoncer ce dépotoir empoisonné de fumées, d'effluves et de gaz nauséabonds, ce décor ravagé de chaussées défoncées, d'égouts crevés, de conduites d'eau éclatées, de lignes téléphoniques arrachées. Bref, Calcutta représentait une telle banqueroute matérielle que même ses défenseurs s'étonnaient que des hommes soient venus s'y entasser en si grand nombre.

Ils étaient des milliers, des centaines de milliers, des millions qui grouillaient jour et nuit sur les places, dans les avenues, dans les plus étroites ruelles. Le moindre bout de trottoir était occupé, squatterisé, encombré par des marchands ambulants, des campements de familles sans toit, des dépôts de matériaux ou d'ordures, des boutiques, des quantités de sanctuaires et de petits temples. Il en résultait un désordre indescriptible dans la circulation, un taux d'accidents record, des embouteillages de cauchemar. Faute de W.-C. publics, des centaines de milliers d'habitants étaient contraints de faire leurs besoins dans la rue.

Dans les années 60, sept familles sur dix ne disposaient pour leur survie quotidienne que d'une ou deux roupies, pas même de quoi acheter un kilo de riz. Calcutta était bien alors « cette ville inhumaine » que découvrait la famille Pal où il arrivait que des gens meurent sur le trottoir dans l'indifférence générale. C'était aussi une poudrière de violence et d'anarchie où les masses se tourneraient bientôt vers le mythe salvateur du communisme.

A la faim, aux conflits des communautés s'ajoutait l'un des climats les plus éprouvants de la planète. Torride huit mois de l'année, la chaleur y faisait fondre l'asphalte des rues et se dilater les structures métalliques du pont de Howrah au point que l'ouvrage mesurait un mètre cinquante de plus le jour que la nuit. Par bien des aspects, la ville ressemblait à la déesse Kâlî que vénéraient des millions de ses habitants, Kâlî la Terrible, image de peur et de mort, représentée avec des yeux au regard terrifiant, un collier de serpents et de crânes autour du cou. Même des slogans peints sur les murs proclamaient, à l'occasion, la faillite de cette cité : « Ici il n'y a plus d'espoir, il ne reste que la colère. »

Et pourtant, de quel passé prestigieux pouvait s'enorgueillir cette métropole jugée inhumaine par tant de ses habitants ! Depuis sa fondation en 1690 par une poignée de marchands anglais jusqu'au départ de son dernier gouverneur britannique le 15 août 1947, Calcutta avait incarné, plus qu'aucune autre cité au monde, le rêve impérial de la domination du globe par l'homme blanc. Pendant près de deux siècles et demi, elle avait été la capitale de l'Empire britannique des Indes. Jusqu'en 1912, ses gouverneurs généraux et ses vice-rois y avaient imposé leur autorité sur un pays plus peuplé que toute l'Europe. Ses avenues avaient vu défiler autant d'escadrons et se promener autant d'élégantes en palanquin ou en calèche que les Champs-Élysées et le Mall de Londres. Même décrépis par des lustres de mousson, ses édifices publics, ses monuments, son centre des affaires, ses résidences à balustres et colonnades témoignaient encore de cet héritage. Tout au bout de l'avenue sur laquelle George V et la reine Mary avaient paradé en 1911 dans un carrosse constellé d'or entre deux haies de

Highlanders en tuniques écossaises et guêtres blanches, s'élevait au milieu d'un parc de quinze hectares l'imposant édifice de cent trente-sept pièces où l'Empire avait logé ses vice-rois. Raj Bhavan, le Palais du gouvernement, était une réplique de Kedleston Hall, l'un des plus beaux châteaux d'Angleterre. Le vice-roi Lord Wellesley en avait décoré le grand salon de marbre avec douze bustes de César. Avant de devenir, à l'Indépendance, la résidence du gouverneur indien du Bengale, Raj Bhavan avait été le cadre de fêtes et de réjouissances d'une somptuosité défiant l'imagination. Les soirs de réception, le représentant de Sa Très Gracieuse Majesté s'asseyait sur un trône de velours pourpre rehaussé de dorures, entouré de tout un aréopage d'aides de camp et d'officiers en grand uniforme. Deux serviteurs indiens enturbannés le rafraîchissaient en agitant délicatement des éventails de soie écarlate tandis que des gardes armés de lances incrustées d'argent lui faisaient une haie d'honneur.

Bien d'autres vestiges non moins glorieux, souvent engloutis dans le chaos des constructions et des bidonvilles, attestaient de la majesté passée de cet ancien joyau de la Couronne. Ainsi le stade où, le 2 janvier 1804, l'équipe de Calcutta, conduite par le petit-fils du Premier ministre britannique Walpole, avait ouvert, contre une équipe d'anciens d'Eton, le score du premier match de cricket disputé en Orient. Ou cette orgueilleuse enclave de quatre cents hectares au bord des eaux saintes de l'Hooghly qui abritait l'une des plus impressionnantes citadelles construites par l'homme. Édifié pour protéger les trois premiers comptoirs — dont l'un, Kalikata, ainsi baptisé car situé près d'un village consacré à Kâlî, devait donner son nom à la ville —, le Fort William avait été le berceau de Calcutta et celui de la conquête par l'Angleterre de son immense empire d'Asie.

De tous ces emblèmes de la gloire passée, aucun n'était toutefois plus éclatant que l'impressionnante pièce montée de marbre blanc qui s'élevait à l'extrémité du parc Maidan. Érigé grâce à une souscription des Indiens eux-mêmes pour commémorer les soixante-trois années de règne de celle qui croyait incarner le mieux la vocation de la race blanche à faire le bonheur des peuples, le Victoria Memorial conservait la plus étonnante collection de reliques jamais réunie sur une épopée coloniale. Les statues de l'impératrice à tous les âges de sa splendeur ainsi que celles des envoyés de la Couronne qui s'étaient succédé ici ; le portrait de Kipling, les sabres aux pommeaux incrustés d'or et de pierres précieuses portés par les généraux britanniques aux batailles qui avaient donné les Indes à l'Angleterre ; les parchemins entérinant ces conquêtes, les messages manuscrits de Victoria adressant son affection « à ses peuples d'au-delà les mers », tous les souvenirs étaient là, pieusement conservés pour les regards incrédules des générations présentes.

Malgré la chaleur, les fièvres, les serpents, les chacals, les singes et même les tigres qui rôdaient parfois la nuit aux abords des résidences de l'avenue Chowringhee, Calcutta avait offert à ses bâtisseurs une existence plus facile et plus heureuse qu'aucune autre. Pendant deux siècles et demi, des générations d'Anglais y avaient commencé leurs journées par une promenade en calèche ou en limousine à l'ombre des banyans, des magnolias et des bouquets de palmiers du Maidan. Chaque année avant Noël, une étincelante saison de polo, de courses de chevaux et de réceptions attirait à Calcutta toute l'élite de l'Asie. La principale activité des ladies de la Belle Époque avait été d'essayer dans leurs boudoirs les dernières toilettes de Paris et de Londres confectionnées par des tailleurs indigènes dans de somptueuses étoffes et brocarts tissés à Bénarès ou à Madras. Pendant près d'un demi-siècle, les rendez-vous les plus recherchés de ces privilégiées avaient été avec messieurs Malvaist et Siret, les fameux coiffeurs français qu'un astucieux commanditaire avait fait venir de Paris.

Grâce à l'abondance de ses divertissements, la Calcutta d'autrefois avait gagné le surnom de « Paris de l'Orient ». Pas une de ses soirées ne commençait sans une délicieuse excursion vespérale sur l'Hooghly, à bord d'une de ces longues gondoles propulsées par une quarantaine de rameurs en turbans rouge et vert et tuniques blanches ceintes d'écharpes dorées. Ou bien c'était une promenade le long du fleuve dans les allées de l'Eden Garden où un vice-roi fou d'architecture orientale avait fait transporter, planche par planche, une pagode des hauts plateaux birmans. Chaque fin d'après-midi, une fanfare de la garnison offrait, face au fleuve, un concert de musique romantique pour le plus grand ravissement des expatriés en crinolines, redingotes et hauts-de-forme. Plus tard dans la soirée, il y avait toujours quelque tournoi de whist ou d'hombre dans l'un des multiples clubs « interdits aux chiens et aux Indiens » qui faisaient l'orgueil de la Calcutta britannique. Puis c'était quelque bal et souper sous les lambris des luxueuses demeures de Chowringhee, ou sur la piste de danse en bois de teck de la *London Tavern*. Ceux qui avaient une prédilection pour l'art dramatique n'avaient que l'embarras du choix. Calcutta se flattait d'être la capitale artistique et intellectuelle des Indes. Chaque soir, on jouait Shakespeare au *New Play House* et les plus récents succès de Piccadilly dans de nombreux autres théâtres. Au début du siècle, une grande dame de la ville, Mrs. Bristow, avait même converti l'un des salons de sa résidence en scène d'opéra pour y recevoir les meilleurs ténors et divas d'Europe. L'*Old Empire Theatre* avait accueilli sur ses planches les chaussons de la grande Anna Pavlova pour un inoubliable récital qui précéderait de peu ses adieux. Dans ce même théâtre, le *Calcutta Symphony Orchestra* offrait chaque dimanche un concert sous la baguette de son fondateur, un commerçant bengali nommé Shosbree. Au lendemain de la Grande Guerre, sur l'avenue Chowringhee prospérait le restaurant trois étoiles le plus célèbre d'Asie. *Firpo* allait être jusque dans les années 60 le *Maxim's* de l'Orient, le temple des réjouissances gastronomiques et mondaines de Calcutta. De même qu'elle avait ses stalles attitrées à la cathédrale Saint-Paul, toute famille qui se respectait avait sa table réservée dans la grande salle en forme de L. Le patron italien vous y accueillait tel un potentat oriental, ou bien vous renvoyait si votre mine et votre accoutrement n'avaient pas l'heur de lui plaire. Animée par les musiciens de Francisco Casanovas, un Grand d'Espagne reconverti dans la clarinette, la piste de danse du *Firpo* avait été le berceau des romances de la dernière génération de l'homme blanc en Asie.

Ceux qui préféraient à ces plaisirs les trésors de la si féconde culture bengalie n'étaient pas moins gâtés. Dès le XVIIIe siècle, Calcutta avait été la patrie des philosophes, des poètes, des conteurs et des musiciens. Avec Tagore, elle donna même un prix Nobel de littérature à l'Inde et un prix Nobel de sciences avec J.C. Bose ; avec Ramakrishna et Vivekananda, des sages parmi les plus vénérés du pays ; avec Satyajit Ray, l'un des lauréats les plus comblés du cinéma mondial ; avec Sri Aurobindo, l'un des géants de la spiritualité universelle ; avec Satyen Bose, l'un des grands savants de la théorie de la relativité.

Les vicissitudes du destin n'avaient pas complètement balayé ce prestigieux héritage. Calcutta demeurait le phare artistique et intellectuel de l'Inde, et sa culture restait aussi vivante et créatrice que jamais. Les baraques des centaines de bouquinistes de College Street étaient toujours bourrées de livres, d'éditions anciennes, de pamphlets, de littérature, de publications de tous genres, aussi bien en anglais que dans les nombreuses langues de l'Inde. Même si les Bengalis ne constituaient plus guère qu'une partie de sa population active, Calcutta comptait sans doute plus d'écrivains que Paris et Rome réunis, plus de revues littéraires que Londres et New York, plus de cinémas que New Delhi, plus d'éditeurs que tout le reste du pays. Chaque soir, il s'y donnait plusieurs représentations théâtrales, divers concerts classiques et récitals où, du sitariste universellement renommé comme Ravi Shankar, au plus humble joueur de flûte ou de tabla, tous communiaient devant des auditoires populaires dans un même amour de la musique. La moitié des troupes de théâtre de l'Inde se produisaient ici. Les Bengalis prétendaient qu'un de leurs érudits avait traduit Molière dans leur langue avant même que les Anglais aient entendu parler de lui.

Toutefois, pour Hasari Pal et les millions d'exilés qui s'entassaient sur ses trottoirs et dans ses bidonvilles, Calcutta ne représentait ni culture ni histoire. Seulement l'espoir d'y trouver de quoi vivre un jour de plus. Car dans une métropole de cette importance, il y avait toujours quelques miettes à ramasser. Alors que dans un village grillé par la sécheresse ou inondé par la mousson, même les miettes n'existaient plus.

6

Après une nouvelle journée passée à courir le Barra Bazar, Hasari Pal revint un soir avec un sourire de fête tout à fait inattendu.

— Que le Bhâgavan soit béni ! s'exclama Aloka en apercevant son mari. Regardez, les enfants ! Votre père a l'air content. Il a certainement rencontré le coolie de notre village. Mieux encore, il a peut-être obtenu du travail. Nous sommes sauvés !

Hasari n'avait trouvé ni l'un ni l'autre. Il ne rapportait aux siens que deux cornets de papier journal remplis de *muri*, du riz grillé dans du sable chaud, dernier recours des pauvres pour tromper leur faim. Les grains parcheminés étant durs, il fallait les mastiquer longtemps, ce qui faisait durer l'illusion d'avoir quelque chose sous la dent.

Parents et enfants mâchèrent un long moment en silence.

— Tiens ! C'est pour toi, dit Hasari en donnant joyeusement le reste de sa ration à son plus jeune fils qui lui adressait un regard suppliant.

Aloka avait suivi le geste de son mari avec un pincement au cœur. Chez les pauvres en Inde, on réservait toujours la nourriture en priorité à celui qui était capable de travailler pour subvenir aux besoins de la famille. Hasari avait beaucoup maigri depuis leur arrivée à Calcutta. Ses os devenaient saillants. Deux rides profondes s'étaient creusées le long de sa moustache. Ses cheveux noirs et luisants avaient blanchi au-dessus des oreilles, un phénomène rare chez un Indien si jeune. « Mon Dieu, comme il a vieilli », pensa sa jeune épouse en le voyant s'allonger pour la nuit à même l'asphalte de leur bout de trottoir. Elle songea à la première fois où elle l'avait vu, si beau, si robuste, sous le chapiteau décoré dressé pour leur mariage devant la hutte familiale. Il venait alors de son village, porté dans un palanquin escorté par ses parents et ses amis. Le brahmane avait orné son front de pâte de riz et de petites feuilles de basilic. Il portait une tunique blanche toute neuve et un turban d'un jaune safran très vif. Aloka se souvenait de sa frayeur quand sa mère et ses tantes l'avaient laissée seule avec lui après la cérémonie. Elle n'avait que quinze ans, et lui à peine trois de plus. Leur union avait été arrangée par leurs parents et ils ne s'étaient encore jamais rencontrés. Il l'avait regardée avec insistance et lui avait demandé son nom. Elle se souvenait aussi qu'il avait ajouté : « Vous êtes une très belle jeune fille et je me demande si vous allez me trouver assez bien pour vous. » Elle s'était contentée de sourire car il n'était pas convenable de parler librement à son mari le jour de ses noces. Elle avait rougi puis, encouragée par sa gentillesse, elle avait osé le questionner à son tour. Savait-il lire et écrire ? Non, avait-il répondu simplement avant d'ajouter avec fierté : « Mais je sais faire beaucoup d'autres choses. »

« Le père de mes enfants avait ce jour-là l'air aussi fort et solide que le tronc du grand banyan à l'entrée de notre village », se rappelait Aloka. Et maintenant, il paraissait si fragile, recroquevillé sur ce morceau de trottoir. Elle avait du mal à réaliser que c'était ce même homme dont les bras puissants l'avaient serrée comme des tenailles la nuit de leurs noces. Bien que sa tante aînée lui eût donné quelques explications, elle était alors si timide et ignorante qu'elle s'était débattue pour échapper à son étreinte. « N'ayez pas peur, avait-il dit, je suis votre mari et vous serez la mère de mes enfants. »

Aloka ruminait ces souvenirs dans l'obscurité quand un drame éclata à côté d'elle. Leurs voisins, ces braves gens qui avaient si généreusement accueilli sa famille en plein désarroi, venaient de s'apercevoir que leur fille aînée n'était pas rentrée. C'était une jolie fillette de treize ans, fine et douce, avec une longue natte dans le dos et des yeux verts. Elle s'appelait Maya, ce qui signifie « Illusion ». Chaque matin, elle partait mendier à la porte des grands hôtels de l'avenue Chowringhee et de Park Street où descendaient les hommes d'affaires et les riches touristes étrangers. Personne ne pouvait tendre la main dans ce secteur qui représentait une vraie mine d'or sans être immédiatement contrôlé par le syndicat des racketteurs. Ainsi Maya remettait-elle chaque soir la totalité de ses gains de la journée au chef du gang qui lui versait en échange cinq roupies de salaire quotidien. Maya avait eu de la chance d'être acceptée car, pour inciter leurs « clients » à plus de générosité, les racketteurs préféraient exploiter des gosses difformes ou estropiés, des culs-de-jatte sur leur planche à roulettes ou des mères en haillons avec un bébé décharné dans les bras. On dit même que des enfants étaient mutilés à leur naissance pour être vendus à ces tortionnaires.

La jeune Maya ressentait douloureusement l'obligation d'avoir à mendier. Plusieurs fois, au moment de partir « travailler », elle s'était jetée en sanglotant dans les bras de sa mère. De telles scènes étaient fréquentes dans les rues de Calcutta où tant de gens étaient condamnés à subir les pires humiliations pour survivre. Mais l'adolescente ne s'était jamais dérobée. Elle savait que les cinq roupies qu'elle rapportait étaient, pour sa famille, une question de vie ou de mort.

Ce soir-là, elle n'était pas revenue. A mesure que les heures passaient, son père et sa mère devenaient fous d'inquiétude. Ils se levaient, se rasseyaient, tournaient en rond en gémissant des imprécations incompréhensibles. Depuis trois mois qu'ils avaient échoué sur ce trottoir, ils en avaient appris assez pour que leur angoisse soit justifiée. Les raisons ne manquaient pas en effet. Comme ailleurs dans le monde, l'enlèvement d'enfants existait aussi à Calcutta. Si les criminels qui le pratiquaient s'attaquaient de préférence aux fillettes de dix à quinze ans, les jeunes garçons n'en étaient pas épargnés pour autant. Les enfants étaient en général vendus à un réseau de pourvoyeurs de maisons de plaisir qui les expédiaient dans les grandes villes comme Madras, Bombay et New Delhi, ou les exportaient vers certaines capitales arabes des pays du golfe Persique. On ne les retrouvait jamais. Les plus chanceux étaient séquestrés et livrés à la prostitution à Calcutta même.

Bouleversée par la détresse de leurs voisins, Aloka réveilla son mari. Hasari proposa aussitôt au père de Maya de partir avec lui à la recherche de la jeune fille. Les deux hommes s'enfoncèrent dans les ruelles obscures encombrées de gens qui dormaient sur le seuil des portes et sur les trottoirs. Éviter de se perdre dans un tel labyrinthe où toutes les maisons se ressemblaient n'était pas une mince prouesse pour des paysans habitués à se déplacer dans la simplicité familière de leur campagne.

Après leur départ, Aloka vint s'asseoir près de sa voisine. Les joues de la pauvre femme, marquées par la petite vérole, étaient couvertes de larmes. Elle tenait un bébé endormi dans les plis de son sari. Deux autres garçons en bas âge dormaient à côté d'elle, emmitouflés dans des chiffons. Rien, semblait-il, ne pouvait troubler le sommeil des enfants, pas même, comme ici, les pétarades des camions et les grincements déchirants des tramways qui passaient dans l'avenue au ras des têtes, ou les crampes d'un ventre affamé. Depuis que ces paysans du Bihar vivaient sur ce morceau de trottoir, ils avaient délimité leur territoire comme s'ils devaient rester là pour toujours. C'était un véritable petit campement avec un coin pour dormir les uns contre les autres, et un coin cuisine avec le *chula* et les ustensiles. Comme c'était l'hiver, ces sans-abri n'avaient pas à redouter les trombes d'eau de la mousson. Mais quand le vent de décembre soufflant de l'Himalaya venait s'engouffrer dans l'avenue, il faisait un froid glacial. De tous côtés montaient les mêmes bruits obsédants : les quintes de toux, les raclements des gorges, les sifflements des crachats. Le plus pénible pour Aloka, c'était de « devoir dormir à même le sol. On se réveillait le matin, les membres douloureux comme si on avait été battu ». Par une cruelle ironie, un panneau publicitaire semblait la narguer depuis le trottoir d'en face. Il montrait un maharaja dormant béatement sur un épais matelas. Dans son rêve, il demandait : « Avez-vous jamais pensé à vous offrir un Dunlopillo ? »

Le père de Maya et Hasari Pal ne revinrent qu'après plusieurs heures, sans la fillette. Quelque chose d'étrange surprit tout de suite Aloka dans le comportement de son mari. Lui qui paraissait si las avant de partir, se montrait à présent tout guilleret. Le père de Maya était dans le même état. Sans dire un mot, ils s'assirent l'un à côté de l'autre et se mirent à rire bruyamment. Aloka s'approcha de son mari et comprit à son haleine que les deux hommes avaient bu. « J'étais indignée, racontera-t-elle. Mon mari dut sentir ma colère. Comme un chien tout penaud, il alla reprendre la place où il dormait quelques heures plus tôt. Notre voisin en fit autant. Au silence de son épouse, je devinais que la pauvre femme devait avoir l'habitude de ce genre de situation. » Cela n'avait en effet rien d'étonnant. Comme toutes les villes surpeuplées, Calcutta regorgeait de caboulots et de tripots qui proposaient, pour quelques *paisa,* d'infâmes breuvages dans lesquels les pauvres oubliaient un instant leur misère.

Aloka passa la nuit à tenter d'apporter un peu de réconfort à sa voisine. Son malheur lui fendait le cœur, d'autant plus qu'elle venait d'apprendre que son fils aîné de quinze ans était en prison. Il avait l'habitude de s'en aller chaque soir, mais il revenait toujours le lendemain avec une dizaine de roupies. Il s'était mêlé à une bande organisée qui pillait les wagons des chemins de fer. Deux mois auparavant, la police était venue l'arrêter. Depuis, les trois plus petits ne cessaient de gémir qu'ils avaient faim. « La pauvre femme ! Une fille perdue Dieu sait où, un mari ivre, un fils voleur sous les verrous : quelle malédiction ! » se lamentait Aloka, terrifiée à l'idée que le même sort guettait sa famille si son mari ne trouvait pas rapidement du travail.

Le jour venait de se lever après une nuit d'anxiété quand réapparut la jeune Maya. Sa mère se dressa comme un cobra.

— Maya, cria-t-elle en serrant son enfant dans ses bras. Maya, où étais-tu ?

L'adolescente avait un visage fermé, hostile. Elle portait des traces de maquillage sur les joues, les paupières et les lèvres et sentait une forte odeur de parfum. Elle se dégagea de l'étreinte de sa mère et lui remit un billet de dix roupies en montrant ses petits frères endormis.

— Aujourd'hui, ils ne pleureront pas.

7

Trois cent mille naufragés de la ville mirage vivaient dans la rue comme ces deux familles. Les autres s'entassaient dans les enchevêtrements de torchis et de planches de ses trois mille *slums*[1]. Un *slum* n'était pas exactement un bidonville, mais plutôt une sorte de cité ouvrière misérable uniquement habitée par des réfugiés de zones rurales. Toutes les conditions y étaient réunies pour conduire ces anciens paysans à la déchéance : sous-emploi et chômage chroniques, salaires effroyablement bas, travail inévitable des enfants, impossibilité d'épargner, endettement incurable avec mise en gage des biens privés et leur perte définitive à plus ou moins longue échéance ; absence de toute réserve de nourriture et nécessité d'acheter en quantités infimes : dix centimes de sel, vingt-cinq centimes de bois, une allumette, une cuillerée de sucre ; manque absolu d'intimité : une seule pièce pour dix ou douze personnes. Et pourtant, le miracle de ces ghettos concentrationnaires était que l'accumulation des facteurs désastreux s'y trouvait équilibrée par d'autres facteurs qui permettaient à leurs habitants

1. Mot anglais qui désigne un quartier de taudis. Se prononce « sleume ».

non seulement de rester pleinement des hommes, mais encore de se dépasser et de devenir des hommes-modèles-d'humanité.

Dans ces bidonvilles, on pratiquait l'amour et l'entraide, le partage avec plus pauvre que soi, la tolérance envers toute croyance ou caste, le respect pour l'étranger, la charité vraie pour les mendiants, les infirmes, les lépreux et même les fous. Ici, les faibles étaient aidés au lieu d'être écrasés, les orphelins immédiatement adoptés par leurs voisins, les vieillards pris en charge et vénérés par leurs enfants.

Contrairement aux occupants des bidonvilles du reste du monde, les anciens paysans réfugiés dans les *slums* de Calcutta n'étaient pas des marginaux. Dans leur exil urbain, ils avaient reconstitué, tant bien que mal, la vie de leur village. Vie adaptée et défigurée certes, mais bien réelle, au point que leur pauvreté même était devenue une forme de culture. Les pauvres de Calcutta, dans leur grande majorité, n'étaient donc pas des déracinés. Ils participaient à un univers communautaire dont ils respectaient les valeurs sociales et religieuses. Ils perpétuaient les traditions et croyances ancestrales. Enfin, et c'est capital, s'ils étaient pauvres, ils savaient que ce n'était pas par leur faute, mais à cause des crises cycliques ou permanentes qui accablaient leur région d'origine.

L'un des *slums* les plus importants et les plus anciens de Calcutta était situé dans une de ses banlieues, coincé entre les voies du chemin de fer, la grand-route de Delhi et deux usines, à quinze minutes à pied de la gare où avait débarqué la famille Pal. Inconscience ou défi, le propriétaire de la fabrique de jute qui, au début du siècle, avait logé ses ouvriers sur un ancien marécage infesté de fièvres, avait baptisé l'endroit Anand Nagar, la « Cité de la joie ». Depuis, la fabrique avait fermé ses portes mais cette première cité ouvrière avait grandi pour devenir une véritable ville dans la ville. Plus de soixante-dix mille habitants s'y agglutinaient aujourd'hui sur un espace à peine trois fois plus vaste qu'un terrain de football, soit environ dix mille familles géographiquement réparties selon leur religion. Il y avait soixante-trois pour cent de musulmans, trente-sept pour cent d'hindous, quelques îlots de sikhs, de jaïns, de chrétiens et de bouddhistes.

Avec ses rectangles de maisons basses construites autour d'une cour minuscule, avec ses toits de tuiles rouges et ses ruelles rectilignes, la Cité de la joie ressemblait en effet plus à une cité ouvrière qu'à un bidonville. Elle détenait pourtant le triste record de la concentration humaine la plus forte de la planète : cent trente mille habitants au kilomètre carré. C'était un lieu où il n'y avait pas un arbre pour trois mille personnes, pas une fleur, pas un papillon, pas d'oiseaux, à l'exception des vautours et des corneilles. Où les enfants ne savaient pas ce qu'est un buisson, une forêt, un étang ; où l'air était si chargé d'oxyde de carbone et de soufre que cette pollution entraînait la mort d'un membre au moins de chaque famille ; où la fournaise pétrifiait hommes et bêtes pendant les huit mois de l'été ; où la mousson transformait les ruelles et les gourbis en lacs de boue et d'excréments ; un endroit où, jusqu'à une période récente, la lèpre, la tuberculose, les dysenteries et toutes les maladies de carence réduisaient l'espérance de vie à l'un des niveaux les plus bas du monde ; où huit mille cinq cents vaches et bufflesses, attachées en permanence dans des étables encombrées de fumier, donnaient un lait infesté de microbes. Mais surtout, la Cité de la joie était un lieu où sévissait la plus extrême misère économique. Neuf habitants sur dix n'avaient pas une roupie par jour, quatre-vingts centimes, pour s'acheter trois cents grammes de riz. Et, à l'égal de tous les autres *slums,* la Cité de la joie était en général ignorée par les autres citoyens de Calcutta, sauf en cas de crime et de grève. Considérée comme un quartier dangereux et malfamé, un ramassis d'Intouchables, de parias, d'asociaux, c'était un monde à part, vivant à part du monde.

Échoués là au cours de migrations successives, les hommes qui peuplaient ce bidonville appartenaient à toutes les races du continent indien. On y trouvait côte à côte des Afghans de type turco-iranien, de purs Indo-Aryens du Cachemire et du Panjab, des Bettiahs chrétiens, des Oraons négroïdes, des mongoloïdes du Népal, des Tibéto-Birmans d'Assam, des aborigènes, des Bengalis, des usuriers kaboulis, des Marwaris du Rajasthan, des Sikhs aux fiers turbans en pointe, des réfugiés du lointain Kérala surpeuplé, et quelques milliers de Tamouls du Sud regroupés à part dans des huttes misérables avec leurs cochons nains, leurs coutumes et leur langue. On y voyait aussi des sages hindous installés dans de petits ashrams de planches ; des groupes de Bauls, ces moines-troubadours bengalis en robe orange dont la Cité de la joie était l'un des ports d'attache ; des Soufis musulmans à la barbe-bouc et vêtus de blanc ; toutes sortes de fakirs accoutrés des habits les plus hétéroclites, et parfois même sans aucun vêtement ; quelques Parsis adorateurs du feu, et quelques Jaïns, la bouche masquée pour ne pas risquer de nuire à la vie en avalant par mégarde un insecte. Il y avait même plusieurs dentistes chinois. Cette mosaïque serait incomplète si l'on oubliait de mentionner une petite colonie d'eunuques et les familles des mafiosi locaux qui avaient la haute main sur toutes les activités du *slum,* que ce soit la spéculation immobilière sur les étables, la distillation illicite d'alcool, les expulsions pour non-paiement de loyer, les jugements sommaires, les punitions infligées pour la moindre incartade, le marché noir, les fumeries, la prostitution, la drogue, la mainmise sur les mouvements syndicaux et politiques.

Quelques Anglo-Indiens — descendants d'enfants nés de l'union entre des Indiennes sans caste et des militaires britanniques sans grade — et une poussière de membres d'autres ethnies complétaient la population de cette tour de Babel. Jusqu'à une époque récente, seule la race blanche des Gaulois et des Celtes n'était pas représentée dans cette fourmilière. Mais, un jour, cette lacune fut comblée.

8

Quelques semaines après l'arrivée de la famille Pal à Calcutta, un Européen débarqua à son tour dans le grouillement de la gare de Howrah. Avec sa fine moustache au-dessous d'un nez en trompette, son front dégarni, son allure et sa tenue décontractées, il faisait penser à l'acteur américain Jack Nicholson. En jeans et chemise indienne, des « baskets » aux pieds, il n'avait pour tout bagage qu'une musette de toile à l'épaule. Seule une croix de métal noir, pendant sur sa poitrine au bout d'une cordelette, indiquait sa condition. Le Français Paul Lambert, trente-deux ans, était un prêtre catholique.

Calcutta était pour lui l'aboutissement d'un long itinéraire commencé à Douai, une ville du nord de la France où il était né en 1933. Fils et petit-fils de mineurs, Paul Lambert avait grandi près du puits n° 4 où son père descendait chaque matin. Un soir de l'été 1946, une ambulance s'était arrêtée devant l'entrée du coron des Lambert. Paul en avait vu sortir son père soutenu par deux infirmiers, la tête enveloppée de bandages. C'était l'été de la grande grève du bassin houiller. Lors de violents affrontements entre mineurs et forces de l'ordre, le père de Paul Lambert avait été brûlé au visage et avait perdu un œil. Ce traumatisme devait transformer cet homme tranquille et profondément croyant. Il refusa son épreuve et se réfugia dans une révolte active, radicale, désespérée. Cet ancien militant de l'Action catholique ouvrière alla rejoindre les rangs de la Ligue marxiste révolutionnaire, une organisation d'extrême gauche. Reconnaissable de loin grâce à son bandeau sur l'œil, on l'avait surnommé « le Pirate ». Il fut mêlé à de graves incidents. On parla de terrorisme ouvrier et il fut arrêté. Quelques jours plus tard, le maire de la localité vint apprendre à la mère de Paul, une Flamande douce et généreuse, que son mari s'était pendu dans sa cellule.

Le jeune Paul avait assisté impuissant à la métamorphose de son père. Son suicide fut un choc terrible pour l'adolescent. Il cessa de s'alimenter, au point qu'on craignit pour sa vie. Il s'enfermait pendant des heures dans sa chambre pour méditer devant l'image du Saint Suaire de Turin que lui avait offerte son père pour sa première communion. Ce visage du Christ à sa descente de croix ainsi qu'une photographie d'Edith Piaf et quelques livres parmi lesquels une vie de Charles de Foucault et *Vol de nuit* de Saint-Exupéry étaient ses seuls compagnons. Un matin, en embrassant sa mère au moment de partir pour le lycée, il lui avait annoncé : « Maman, je serai missionnaire. »

Paul Lambert avait longuement mûri sa décision. « Deux forces me poussaient, racontera-t-il des années plus tard. Le besoin de m'éloigner après la mort de mon père, mais surtout l'envie de réussir par d'autres moyens ce qu'il avait tenté par la violence. De nombreux immigrés travaillaient à cette époque dans les mines du Nord, des Maghrébins, des Sénégalais, des Turcs, des Yougoslaves. Mon père les avait embrigadés dans son organisation révolutionnaire. Celle-ci était devenue leur famille et lui un peu leur père. Certains passaient le soir à la maison en sortant des fosses. Il n'y avait pas encore la télévision, alors on discutait. De tout, mais surtout de justice, de solidarité, de fraternité, ce dont ils avaient le plus besoin. Un jour, un Sénégalais interpella mon père : "Tu dis toujours que tu es proche de nous mais, en fait, tu ne sais rien de nous. Pourquoi ne vas-tu pas vivre quelque temps dans nos bidonvilles et nos campagnes pauvres d'Afrique ? Tu comprendrais mieux pourquoi nous avons été obligés de partir pour venir ici casser des cailloux toute la journée au fond d'une mine !" Je n'avais jamais oublié. »

La réflexion de cet Africain avait profondément marqué le garçon. Plusieurs années auparavant, pendant le cruel été de 1940, il avait été bouleversé par le spectacle de l'exode des Belges fuyant devant les armées allemandes sur la route qui passait derrière le coron. Après l'école, il courait apporter à boire aux malheureux. Plus tard, il avait assisté aux rafles d'enfants juifs par les nazis. Avec ses parents, il leur avait lancé par-dessus les barbelés du pain et du fromage prélevés sur leur ration. Durant toute la guerre, cette famille d'ouvriers s'était privée pour partager et soulager. Sa vocation de servir les autres était née de cette révolte contre l'injustice et de cette vie d'amour et de partage dans laquelle il avait grandi.

En quittant le coron, il resta trois ans au petit séminaire de Lille. L'enseignement religieux qu'il y reçut lui parut fort éloigné des urgences quotidiennes, mais l'étude approfondie de l'Évangile le renforça dans sa volonté de se solidariser avec le sort des pauvres. A chaque période de vacances, il revenait chez lui embrasser sa mère avant de descendre en auto-stop vers la région parisienne retrouver une sorte de saint barbu. L'abbé Pierre, coiffé d'un vieux béret, et ses chiffonniers d'Emmaüs secouraient en ce temps-là les plus nécessiteux avec le produit de la vente des vieux papiers et de tout ce qu'ils pouvaient récupérer en débarrassant les caves et les greniers des plus favorisés.

Plus tard, au grand séminaire de Juvisy, Paul Lambert rencontra celui qui devait définitivement tracer sa route. Le *padre* Ignacio Fraile appartenait à une congrégation espagnole fondée au siècle dernier par un prêtre des Asturies aujourd'hui en instance de béatification à Rome. La fraternité San Vicente rassemblait des religieux et des laïcs consacrés qui faisaient vœu de pauvreté, de chasteté, d'obéissance et de charité pour « rejoindre les plus pauvres et les plus déshérités là où ils sont, partager leur vie et mourir avec eux ». Des petites communautés de prêtres et de frères étaient nées dans les banlieues industrielles de nombreuses villes européennes, en Amérique latine, en Afrique, en Asie, partout où des hommes souffraient. Il y en avait plusieurs en France.

Paul Lambert fut ordonné prêtre le 15 août 1960, jour de la fête de la Vierge. Il venait d'avoir vingt-sept ans. Le soir même, il prit le train pour Douai afin de passer quelques heures auprès de sa mère hospitalisée depuis trois mois pour des troubles cardiaques. Avant d'embrasser une dernière fois son fils, elle lui remit une boîte soigneusement enveloppée. Sur un lit de coton, il y trouva une croix de métal noir gravée des deux dates de sa naissance et de son ordination. « Ne t'en sépare jamais, mon petit, lui dit-elle en tenant les mains de son fils serrées dans les siennes. Cette croix te protégera partout où tu iras. »

Conscient que les hommes les plus abandonnés ne se trouvaient pas en Europe mais dans le tiers monde, Paul Lambert avait étudié l'espagnol pendant sa dernière année de séminaire dans l'espoir d'être envoyé dans les bidonvilles ou les *favelas* d'Amérique du Sud. Mais c'est en Inde que sa fraternité lui demanda de se rendre.

L'Inde ! Un continent d'un potentiel de richesse exceptionnel où survivaient des zones et des couches de pauvreté accablante. Un pays d'intense spiritualité et de sauvages conflits raciaux, politiques et religieux. Un pays de saints comme Gandhi, Aurobindo, Ramakrishna, Vivekananda, et de responsables politiques parfois odieusement corrompus. Un pays qui fabriquait des fusées et des satellites mais où huit habitants sur dix ne se déplaçaient qu'au pas des bœufs tirant leurs charrois. Un pays d'une beauté, d'une variété incomparables et de hideuses visions comme les bidonvilles de Bombay ou de Calcutta. Un pays où le sublime côtoyait souvent le pire mais où l'un et l'autre étaient toujours plus vivants, plus humains et finalement plus attachants qu'ailleurs.

Impatient de partir, Paul Lambert sollicita un visa de séjour. Ce fut le début d'un long purgatoire. Pendant cinq ans, les autorités indiennes promirent de mois en mois la délivrance de l'indispensable sésame. A la différence d'un visa de tourisme temporaire, un titre de séjour exigeait en effet l'approbation du ministère des Affaires étrangères de New Delhi. Sa condition de prêtre figurant sur la demande de Paul Lambert, des difficultés avaient surgi. Depuis quelque temps, l'Inde ne laissait plus entrer de missionnaires étrangers sur son territoire. Les motifs de cet interdit n'avaient jamais été officiellement précisés. On avait dénoncé des conversions massives d'hindous au christianisme.

En attendant son visa, Paul Lambert s'installa dans un bidonville d'Algériens du quartier Saint-Michel, à Marseille, puis dans un foyer d'immigrés sénégalais de Saint-Denis, près de Paris. Fidèle à son idéal de fraternité, il partageait tout : le travail éreintant rémunéré au-dessous des salaires légaux, les paillasses des bagnes à sommeil, les infâmes ratas des popotes de chambrées. Il fut successivement manœuvre, ajusteur, tourneur, fondeur et manutentionnaire.

Le 15 août 1965, cinquième anniversaire de son ordination, Paul Lambert décréta que son attente avait assez duré. En accord avec ses supérieurs, il sollicita un simple visa de tourisme. Dans la case profession, il inscrivit cette fois : « ouvrier qualifié ». Le lendemain, on lui rendait son passeport avec le précieux visa dûment estampillé par le sceau des trois lions de l'empereur Ashoka que les fondateurs de l'Inde moderne ont choisi pour emblème de leur république. Bien que ce titre ne l'autorisât à séjourner en Inde que pendant trois mois, la grande aventure de sa vie pouvait commencer. Une fois à Calcutta, la destination qui lui avait été assignée, il essaierait d'obtenir un permis de séjour permanent.

Bombay, *the Gateway of India,* « la Porte de l'Inde ». Comme des centaines de milliers de soldats et d'administrateurs britanniques, c'est par ce port de la côte Ouest qui, durant trois siècles, avait été leur première vision du continent, que Paul Lambert fit son entrée en Inde. Pour se familiariser avec le pays, avant de rejoindre Calcutta à l'autre extrémité de l'immense péninsule, il choisit le chemin des écoliers. A la gare Victoria, ce caravansérail hérissé de clochers néo-gothiques, il monta dans un wagon de troisième classe d'un train en partance pour Trivandrum et le Sud.

Le train s'arrêtait dans chaque gare. Tout le monde descendait alors sur le quai pour faire sa cuisine, sa toilette, ses besoins, au milieu d'un grouillement de marchands, de porteurs, de vaches, de chiens et de corneilles. «Je regardais autour de moi et je faisais comme les autres», relata Paul Lambert dans une lettre à ses proches. En achetant une orange, il avait pourtant découvert qu'il n'était pas «comme les autres». Il avait payé avec un billet d'une roupie, mais le marchand ne lui avait pas rendu la monnaie. L'ayant réclamée, il reçut un regard furieux et plein de mépris. Comment un *sahib*[1] pouvait-il être aussi près de ses sous? «Je pelai l'orange et en détachai un quartier quand une petite fille s'est plantée devant moi et m'a regardé de ses grands yeux noircis de khôl. Je lui ai bien sûr donné le fruit et elle est partie en courant. Je l'ai suivie. Elle était allée le partager avec ses frères et sœurs.» L'instant d'après, il n'avait plus qu'un sourire à offrir au jeune cireur de chaussures qui tournait autour de lui. Mais un sourire ne remplit pas un ventre. Paul Lambert fouilla dans sa musette et lui tendit la banane qu'il s'était promis d'avaler à l'abri des regards. «A ce rythme-là, j'étais condamné à périr très vite d'inanition. Il me semblait que toute la détresse du monde s'était donné rendez-vous autour de moi. Le plus éprouvant, c'étaient les remerciements. Comment accepter qu'un aveugle ou un enfant se prosterne pour vous toucher les pieds? S'il est aisé de donner une aumône, il est bien difficile de la refuser.» Paul Lambert songeait à ce que disait don Helder Camara. «Nos gestes d'assistance rendent les hommes encore plus assistés, affirmait l'évêque brésilien des pauvres, sauf s'ils sont accompagnés d'actes destinés à extirper la racine de la pauvreté.»

A l'entassement dans les wagons s'ajoutaient une chaleur d'étuve, une poussière chargée de suie qui brûlait la gorge, des odeurs, des cris, des pleurs et

---

1. Terme de respect, à l'origine réservé aux Blancs.

des rires qui faisaient de ce trajet en train une voie royale pour découvrir un peuple. C'est dans le buffet d'une gare du Sud que Lambert prit son premier repas indien. « Je commençai par observer les gens, racontera-t-il. Ils mangeaient avec les doigts de la seule main droite. Il faut accomplir une sacrée gymnastique pour faire des boulettes avec du riz et les tremper dans la sauce sans qu'elles s'effritent. Et sans se brûler les doigts jusqu'à l'os. Quant à la bouche, l'œsophage et l'estomac, quel embrasement à cause des épices meurtrières ! Je devais offrir un spectacle plutôt comique, car tous les clients du bistrot étaient pliés en deux. Ce n'est pas tous les jours qu'on peut rire d'un pauvre *sahib* qui a entrepris de conquérir son certificat d'indianisation. »

Au bout de dix jours, après une courte escale dans un bidonville près de Madras, Paul Lambert arrivait à Calcutta.

9

Aucune misère, pas même le dénuement le plus total sur un bout de trottoir de Calcutta, ne pouvait altérer les rites du peuple le plus propre qui soit. Dès le premier grincement du tramway sur les rails de l'avenue, Hasari Pal se levait pour aller répondre à « l'appel de la nature » dans l'égout à ciel ouvert qui coulait de l'autre côté. Une formalité qui allait devenir de plus en plus brève chez cet homme privé de nourriture. Il relevait son pagne de coton et s'accroupissait au-dessus du caniveau. Des dizaines d'hommes en faisaient autant au bord du trottoir. Personne ne leur prêtait attention. Cela faisait partie de la vie et du décor. Aloka et les autres femmes avaient fait de même, encore plus tôt, avant le réveil des hommes. Hasari allait ensuite faire la queue à la fontaine pour sa toilette. La « fontaine » était en fait une bouche d'incendie au ras de la chaussée. Il en sortait une eau brunâtre directement pompée dans l'Hooghly, le bras du Gange qui traversait Calcutta. Quand arrivait son tour, Hasari s'asseyait sur les talons, se versait une gamelle d'eau sur le crâne et se frottait vigoureusement de la tête aux pieds avec le savon des pauvres, une boulette d'argile et de cendres mélangées. Ni les morsures du froid hivernal ni les tiraillements des ventres vides n'accéléraient l'accomplissement de ce rite ancestral de purification auquel satisfaisait pieusement chaque matin le peuple des trottoirs, des plus jeunes aux plus âgés.

Hasari partait alors avec ses deux aînés pour le Barra Bazar. Ce marché regorgeait toujours de tant de marchandises qu'il y avait forcément quelque nourriture plus ou moins avariée à glaner dans les monceaux de détritus. Des centaines de pauvres hères faméliques erraient comme ce père et ses enfants dans le dédale des ruelles, tous espérant le même miracle : la découverte d'un compatriote de leur village, de leur district, de leur province ; d'un parent, d'une connaissance, d'un ami d'amis ; d'un membre de leur caste, de leur sous-caste, d'une branche de leur sous-caste ; bref, de quelqu'un qui fût susceptible de les prendre sous son aile protectrice, de leur trouver deux ou trois heures, peut-être une journée entière ou même, ô merveille, quelques jours de travail. Cette quête inlassable n'était pas aussi irréaliste qu'il pouvait paraître, tout individu en Inde étant toujours relié au reste du corps social par un réseau de liens incroyablement diversifiés, de sorte que personne, dans ce gigantesque pays de sept cents millions d'habitants, n'était jamais complètement abandonné. Sauf peut-être Hasari Pal que la « ville inhumaine » semblait obstinément rejeter.

Ce matin du sixième jour, il laissa ses enfants fouiller les ordures pour aller, une fois de plus, arpenter le bazar dans tous les sens. Il offrit ses services à des dizaines de commerçants et de transporteurs. A plusieurs reprises, il suivit même des chars à bras surchargés dans l'espoir qu'un des coolies allait tomber d'épuisement, et qu'il pourrait prendre sa place. Le ventre hurlant famine, la tête vide, le désespoir au cœur, l'ancien paysan finit par s'écrouler contre un mur. Dans son vertige, il entendit une voix :

— Tu veux gagner quelques roupies ? demandait un petit homme à lunettes qui ressemblait davantage à un employé de bureau qu'à un boutiquier du bazar. Hasari dévisagea l'inconnu avec surprise et fit signe que oui. « Tu n'as qu'à me suivre. Je vais te conduire quelque part où on va te prendre un peu de sang. Et on te donnera trente roupies. Il y en aura quinze pour moi et quinze pour toi. »

— Trente roupies pour mon sang ! répéta Hasari, médusé. Qui peut vouloir le sang d'un paumé comme moi et, en plus, me donner trente roupies ?

— Abruti, le sang c'est du sang ! répliqua vivement l'homme à lunettes. Qu'il vienne d'un bandit ou d'un paria, d'un marwari plein aux as ou d'une cloche comme toi, c'est toujours du sang.

Frappé par cette logique, Hasari fit un effort pour se mettre sur ses jambes et suivit l'inconnu.

Cet homme appartenait à une profession abondamment exercée dans cette ville où la moindre source de profits attirait toujours une nuée de parasites qu'on appelait ici les *middlemen,* les intermédiaires. Pour chaque transaction ou prestation de service, il y avait ainsi un ou plusieurs intermédiaires qui prélevaient leur dîme. L'individu à lunettes était un rabatteur. Il traquait des donneurs pour le compte de l'une des nombreuses banques du sang privées qui fleurissaient à Calcutta. Sa technique était toujours la même. Il allait rôder aux portes des chantiers, des usines, des marchés, partout où il savait trouver des hommes sans travail prêts à accepter n'importe quoi pour quelques roupies. Les tabous de l'Islam interdisant aux musulmans de donner leur sang, il ne s'intéressait qu'aux hindous.

Pour un homme à bout de ressources, vendre son sang offrait une ultime chance de survivre. Et pour d'astucieux commerçants sans scrupules, c'était l'occasion de faire fortune. Les besoins en sang des hôpitaux et des cliniques d'une immense métropole comme Calcutta s'élevaient à plusieurs dizaines de milliers de flacons par an. Les quatre ou cinq banques officielles de l'État du Bengale étant incapables de satisfaire cette demande, il était normal que des entrepreneurs privés tentent de profiter de ce marché. A Calcutta, n'importe qui pouvait ouvrir une banque du sang. Il suffisait de négocier la complicité d'un médecin, de déposer en son nom une demande auprès du département de la Santé, de louer un local, d'acquérir un réfrigérateur, quelques seringues, pipettes et flacons, et d'engager un laborantin. Résultat : une activité en plein essor dépassant, affirmait-on, un chiffre d'affaires annuel de dix millions de roupies, un million de dollars. Seule la concurrence sauvage que se livraient ces officines, privées ou non, pouvait, semblait-il, limiter l'envolée de leurs profits. Sans le savoir, Hasari Pal venait de mettre le doigt dans l'un des rackets les mieux organisés de cette ville qui en pratiquait beaucoup d'autres avec, assuraient les connaisseurs, un art et une imagination à faire pâlir d'envie Naples, Marseille ou New York.

Hasari suivit son « bienfaiteur » à lunettes à travers les rues du quartier des affaires, puis le long de l'avenue Chowringhee, et enfin sur Park Street, l'artère des commerces de luxe, des restaurants et des boîtes de nuit. Vers le haut de l'avenue et dans les rues avoisinantes se trouvaient plusieurs officines. Celle du n° 49 de Randal Street était aménagée dans un ancien garage. A peine Hasari et le rabatteur arrivaient-ils à sa hauteur qu'ils furent abordés par un homme au visage émacié et à la bouche rougie par sa chique de bétel. « Vous venez pour le sang ? » demanda-t-il à voix basse. L'homme aux lunettes acquiesça de ce subtil et inimitable balancement de la tête propre aux Indiens. « Alors, suivez-moi, dit l'inconnu avec un clin d'œil. Je sais où l'on donne quarante roupies. Cinq pour moi, le reste pour vous deux. D'accord ? »

L'homme était un autre rouage du racket et rabattait pour le compte d'une banque du sang concurrente qui se trouvait deux rues plus loin. Une enseigne portait les initiales de ses trois propriétaires. La C.R.C. était l'une des plus anciennes officines de Calcutta. Les dix roupies supplémentaires qu'elle offrait ne devaient rien à la générosité. Elle prélevait à chaque donneur trois cents millilitres au lieu des deux cent cinquante habituels. Il est vrai qu'elle ajoutait à sa gratification une prime non négligeable pour un crève-la-faim : une banane et trois biscuits au glucose. Son principal animateur était un hématologue réputé, le docteur Rana. Lui aussi était l'un des rouages du racket. Directeur d'une des banques du sang officielles, il n'avait aucun mal à détourner donneurs et acheteurs vers son officine privée. Rien n'était plus aisé. Il suffisait de faire savoir aux donneurs qui se présentaient à la banque du sang officielle que la C.R.C. payait mieux. Quant aux clients qui venaient se procurer du sang pour une urgence ou en prévision d'une opération, le médecin leur faisait répondre que les flacons du groupe sanguin recherché étaient provisoirement en rupture de stock. Et il les envoyait à sa C.R.C.

Ces pratiques pouvaient passer pour d'innocents jeux commerciaux en comparaison du manque de précautions médicales qui sévissait dans la plupart de ces officines. L'Organisation mondiale de la santé avait édicté un certain nombre de règles impératives concernant les analyses à faire avant tout prélèvement de sang en vue de transfusion. Des analyses simples et peu coûteuses qui permettaient de déceler, entre autres, la présence des virus de l'hépatite B ou de maladies vénériennes. Mais à la C.R.C., comme dans nombre de banques du sang privées, on se moquait bien des virus en ce temps-là. Seul comptait le rendement.

Hasari fut invité à s'asseoir sur un tabouret. Tandis qu'un infirmier lui nouait un garrot de caoutchouc autour du biceps, un autre lui plantait une aiguille dans la veine au creux du coude. Tous deux regardaient couler le liquide rouge avec une fascination qui croissait à mesure que se remplissait le flacon. Était-ce la vue de son sang, l'idée « qu'il se vidait comme l'outre d'un marchand d'eau du Barra Bazar », ou le manque de nourriture ? Hasari commença à défaillir. Le regard voilé, il transpirait à grosses gouttes tout en grelottant de froid. Les voix des infirmiers lui parvenaient de très loin à travers un curieux bruit de cloches. Dans un halo, il aperçut les lunettes de son « bienfaiteur ». Il sentit deux poignes qui le maintenaient sur son tabouret. Puis plus rien. Il s'était évanoui.

L'incident était si banal que les infirmiers n'interrompirent pas leur travail pour autant. Chaque jour, ils voyaient des hommes épuisés par les privations se trouver mal en vendant leur sang. S'il n'avait tenu qu'à eux, ils auraient bien pompé entièrement ces corps inertes. Ils étaient payés au flacon.

Quand il rouvrit les yeux, Hasari découvrit au-dessus de lui une vision de rêve : une banane que lui offrait l'un des hommes en blouse blanche.

— Tiens, fillette, avale ce fruit. Ça va te réincarner en Bhim[1] ! se moqua gentiment l'infirmier. Puis

---

1. Le plus fort des Pandava, les cinq frères héros du Mâhabhârata.

il sortit de sa poche un carnet à souches et demanda : « C'est comment, ton nom ? » Il gribouilla quelques mots, détacha la feuille et, péremptoire, intima : « Signe ici ! »

Hasari fit une croix et empocha les quarante roupies sous le regard cupide des deux intermédiaires qui l'avaient amené. Le partage se ferait dehors. Le paysan ignorait toutefois qu'il avait apposé sa signature sur un reçu de quarante-cinq roupies, et non pas quarante. L'infirmier aussi prélevait sa commission.

La tête vide, titubant, perdu dans ces quartiers inconnus, Hasari allait mettre des heures à retrouver le morceau de trottoir où l'attendaient sa femme et ses enfants. Sur les dix-sept roupies et demie que lui avaient laissées les rabatteurs, il décida d'en dépenser cinq pour célébrer avec les siens la joie de cet argent gagné dans la « ville inhumaine ». Il acheta une livre de *barfi*, le délicieux nougat bengali richement enrobé d'une fine feuille d'argent, et quelques *mansour*, ces sucreries jaunes faites de farine de pois chiche et de lait sucré. Plus loin, il choisit une vingtaine de cornets bien pleins de *muri*, ce riz grillé dans du sable chaud qui croquait sous la dent, afin de faire participer les voisins du trottoir à la fête. Puis il ne put résister à l'envie de s'offrir une gâterie. Il s'arrêta devant l'une des innombrables niches où des marchands, impassibles comme des bouddhas, préparaient des *pân*, ces chiques alambiquées faites de noix d'arec finement hachée, d'une pincée de tabac, d'un soupçon de chaux vive, de chutney et de cardamome, le tout empaqueté dans une feuille de bétel savamment pliée et fermée par un clou de girofle. Le *pân* donnait de l'énergie. Surtout, il trompait la faim.

Quand Aloka aperçut son mari, sa gorge se serra. « Mon Dieu, il a encore bu », pensa-t-elle. Puis, en le voyant chargé de paquets, elle craignit qu'il n'ait fait un mauvais coup. Elle courut vers lui. Les enfants l'avaient devancée. On aurait dit une portée de lionceaux se jetant sur le mâle de retour avec une carcasse de gazelle. Les enfants se partageaient déjà le nougat.

Dans la bousculade, personne ne remarqua la petite marque rouge que portait Hasari à la saignée du bras.

10

C'était là, il en était sûr. L'exaltation qui étreignait soudain Paul Lambert, ce sentiment de plénitude d'être enfin « avec eux » ne pouvaient le tromper. C'était bien là, dans ce gris, ce sale, ce pauvre, ce triste, ce puant, ce boueux. Dans ce grouillement fou d'hommes, de femmes, d'enfants, d'animaux. Dans cet enchevêtrement de gourbis en terre battue, ce fouillis de ruelles encombrées d'ordures et d'égouts à ciel ouvert. Dans cette pollution meurtrière de soufre et de fumées. Dans ce vacarme de voix, de cris, de pleurs, d'outils, de machines, de haut-parleurs. Oui, c'était bien dans ce bidonville à l'autre bout du monde que l'envoyait son Dieu. « Quelle récompense que cette certitude absolue d'être enfin arrivé là où je devais venir, racontera-t-il plus tard. Mon enthousiasme et ma soif de partage avaient eu raison de me pousser à entreprendre une expérience réputée impossible pour un Européen. J'étais au comble du bonheur. J'aurais marché pieds nus sur des braises. »

Quelques jours plus tôt, à sa descente du train, Paul Lambert était allé rendre visite à l'évêque de Calcutta. Ce dernier habitait une belle demeure de style colonial entourée d'un vaste jardin dans un quartier résidentiel. C'était un Anglo-Indien d'une cinquantaine d'années, à l'allure majestueuse dans sa soutane blanche, coiffé de sa calotte violette et la bague épiscopale au doigt.

— Je suis venu vivre avec les pauvres, lui dit simplement le prêtre français.

— Vous n'aurez guère de mal à les trouver, soupira le prélat. Il y a des pauvres partout ici, hélas !

Et il donna à Paul Lambert un mot de recommandation pour le curé de la paroisse d'un quartier populaire, de l'autre côté du fleuve.

Avec ses deux tours peintes en blanc, l'église se voyait de loin. Elle était située presque dans l'axe du grand pont métallique sur l'Hooghly, juste derrière la gare. C'était un édifice imposant, orné de vitraux très colorés avec, à l'intérieur, beaucoup de statues de saints, de troncs pour les aumônes et des ventilateurs au-dessus des stalles réservées aux fidèles. Son nom semblait un défi lancé aux innombrables sans-abri qui campaient sur la place et dans les rues alentour. Il s'étalait en lettres lumineuses sur toute la largeur du fronton : « Notre-Dame-du-bon-accueil ».

Le père Alberto Cordeiro était originaire de Goa. Il avait la peau très foncée et des cheveux bouclés soigneusement coiffés. Avec ses joues bien pleines et sa bedaine rondelette sous une soutane immaculée, il évoquait davantage un *monsignore* de la curie romaine qu'un curé de pauvres. Dans la cour devant son église était garée sa voiture, une Ambassador avec radio, et plusieurs serviteurs de religion catholique lui assuraient une existence douillette conforme à sa condition de curé de paroisse.

L'irruption de ce prêtre étranger en jeans et baskets déconcerta l'ecclésiastique.

— Vous ne portez pas la soutane ? s'étonna-t-il.

— Ce n'était pas précisément le vêtement le plus commode pour voyager, surtout avec la chaleur si inhabituelle pour moi, expliqua aimablement Paul Lambert.

— Ah ! soupira le curé. Vous autres Occidentaux, vous pouvez vous permettre ce genre de fantaisies : vous serez toujours respectés ! Vous avez la peau blanche. Tandis que pour nous, prêtres indiens, la soutane est à la fois un emblème et une cuirasse. Dans ce pays qui a le sens du sacré, elle nous garantit une place à part.

L'Indien prit connaissance du message de l'évêque.

« Vous voulez réellement aller vivre dans un bidonville ? »

— Je suis venu pour cela.

Le père Cordeiro parut scandalisé. L'air sombre et préoccupé, il se mit à arpenter la pièce, de long en large.

— Mais ce n'est pas cela, notre mission de prêtre ! Ici, les gens ne pensent qu'à vous grignoter. Vous leur donnez le bout du doigt, ils vous prennent aussitôt tout le bras. Non, mon cher, ce n'est pas leur rendre service que d'aller partager leur existence. Cela risque d'encourager leur paresse latente, et de faire d'eux des assistés. — Il arrêta son va-et-vient pour se planter devant Lambert. — Et puis, vous ne serez pas là indéfiniment ! Quand vous rentrerez chez vous, c'est ici, chez moi, qu'ils viendront bramer que le clergé ne fait rien pour eux. Mais si nous, prêtres indiens, nous faisions le plongeon, ils ne nous respecteraient plus.

L'idée d'aller habiter au milieu d'un bidonville n'avait jamais effleuré le bon père Cordeiro. Lambert comprendrait plus tard que ce refus de se mêler à la population ne provenait pas d'un manque de charité mais du souci, assez fréquent dans le clergé local, de garder une certaine distance avec la masse, cette attitude découlant du respect traditionnel de la hiérarchie dans la société indienne. En dépit de ses réticences bien naturelles, le curé se montra néanmoins compréhensif. Il confia Paul Lambert à un notable de sa paroisse, un chrétien anglo-indien qui se préoccupa de lui chercher un logement dans le grand *slum* voisin d'Anand Nagar, « la Cité de la joie ».

Il était cinq heures du soir, le surlendemain, quand le Français et son guide se présentèrent à l'entrée du bidonville. Le rouge du soleil couchant se voilait d'un linceul de vapeur grisâtre. Une odeur d'incendie imprégnait la ville à mesure que s'allumaient partout les *chula* sur lesquels cuisait le repas du soir. Dans les ruelles étroites, l'air s'était chargé d'une épaisseur âcre qui brûlait les gorges et les poumons. Un bruit se détachait de tous les autres, celui des quintes de toux qui secouaient les poitrines.

Avant de débarquer à Calcutta, Paul Lambert avait séjourné quelques jours dans un *slum* de la région de Madras, construit près d'une mine, en rase campagne. Un *slum* plein de lumière et d'espoir, car ses habitants en sortaient chaque matin pour aller travailler à l'extérieur et savaient qu'un jour ils iraient vivre dans une vraie cité ouvrière. A Anand Nagar, c'était l'inverse : tout le monde avait l'air d'être installé là depuis toujours. Et pour toujours. Une impression que confirmait d'emblée l'activité intense dont vibrait le bidonville. Des « paresseux », ces gens qu'il découvrait en se frayant un passage derrière son cicérone anglo-indien ? « Des fourmis plutôt », affirmera-t-il. Chacun s'affairait à quelque tâche, des vieillards les plus usés aux enfants à peine capables de marcher. Partout, devant le seuil de chaque masure, au pied de chaque échoppe, dans une succession de petits ateliers ou de mini-fabriques, Lambert découvrait des gens occupés à vendre, marchander, produire, bricoler, réparer, trier, nettoyer, clouer, coller, percer, porter, tirer, pousser. Deux cents mètres d'exploration et il se sentit comme ivre.

19 Fakir Bhagan Lane. L'adresse était peinte en travers des deux planches clouées qui servaient de porte à un réduit sans fenêtre, large d'à peine plus d'un mètre et profond du double. Un sol en terre battue et un plafond en bambou qui laissait voir le ciel par les trous du toit aux tuiles manquantes. Pas un meuble, pas une ampoule électrique. « Exactement la chambre qu'il me faut, pensa Lambert, tout à fait propice à une vie de pauvreté. » Avec, en prime, l'environnement adéquat. Au ras de la porte passait un égout à ciel ouvert débordant de boues noires nauséabondes et, juste en face, s'élevait un tas d'ordures. A côté, une petite estrade plantée au-dessus de l'égout abritait une minuscule *tea-shop* sous un auvent de bambous. A l'exception de son tenancier qui était hindou, tous les habitants du quartier étaient des musulmans.

Le propriétaire de la pièce, un Bengali bedonnant habillé à l'occidentale, passait pour l'un des hommes les plus riches du bidonville. Il possédait un bloc de maisons au bout de la ruelle, là où il y avait des latrines et un puits. Il fit apporter de la *tea-shop* du thé au lait sucré servi dans de petites coupes en terre cuite que l'on jetait après usage.

— Vous êtes bien sûr, *Father,* que c'est ici que vous voulez habiter ? demanda-t-il en examinant le visiteur avec incrédulité.

— Tout à fait sûr, dit Paul Lambert. Quel est le montant du loyer ?

— Vingt-cinq roupies par mois (vingt francs). Payables d'avance.

— Vingt-cinq roupies ? s'indigna l'Anglo-Indien. Vingt-cinq roupies pour ce taudis sans fenêtre, c'est du vol !

— Ça ira, coupa Paul Lambert en sortant de l'argent de sa poche. Voici trois mois de loyer.

« J'étais si heureux que j'aurais donné la lune pour un bail à vie dans ce gourbi », se souvenait Lambert. Il allait d'ailleurs vite constater combien il était privilégié : ses voisins vivaient à dix ou douze dans des réduits semblables.

L'affaire conclue, l'envoyé du père Cordeiro se hâta de présenter le prêtre français aux quelques chrétiens du bidonville. Aucun ne voulut croire que ce *sahib* en jeans qui faisait irruption dans leur taudis était un représentant de Dieu. « Mais dès qu'ils en furent convaincus, je pouvais me prendre pour le Messie », racontera Lambert. Dans l'une des courées, une jeune femme tomba à genoux. « Père, bénissez mon enfant, dit-elle en tendant vers le visiteur le bébé qu'elle tenait dans les bras. Et bénissez-nous tous, car nous ne sommes pas dignes qu'un prêtre entre sous notre toit. » Tous s'agenouillèrent et Lambert traça un signe de croix au-dessus des têtes. Apprenant qu'il allait demeurer parmi eux, ils voulurent l'aider à monter son ménage. Les uns offrirent un seau, d'autres une natte, une lampe à huile, une couverture. Plus ils étaient pauvres, plus ils s'empressaient de donner. Ce soir-là, Lambert rentra chez lui suivi d'une escorte de fidèles chargés de cadeaux, « tel un des rois mages de la Nativité ».

Alors commença la première soirée de sa nouvelle vie indienne. Ce devait être l'un des souvenirs les plus intenses de son existence. « Il faisait déjà noir. La nuit tombe très tôt sous les tropiques. J'ai allumé la lampe à huile prêtée par une famille. La mère avait eu la délicatesse de penser à me laisser plusieurs allumettes. J'ai déroulé la natte de paille de riz qu'on m'avait donnée. Je me suis assis par terre, le dos calé contre le mur, et j'ai vidé ma vieille musette achetée un jour dans le quartier arabe de Marseille. J'en ai sorti mon rasoir, mon blaireau, ma brosse à dents, une petite trousse de pharmacie offerte par mes camarades d'usine avant mon départ, un caleçon et un maillot de corps de rechange, ma Bible de Jérusalem, bref, tout ce que je possédais. Entre les pages des Évangiles se trouvait l'image qui ne m'avait jamais quitté pendant mes années au milieu des hommes déshérités et souffrants. Je la dépliai avec précaution et la contemplai longuement. »

C'était la photographie du Saint Suaire de Turin que lui avait autrefois donnée son père. Le visage du Christ imprimé sur son linceul, cet homme aux yeux baissés, à la face tuméfiée, à l'arcade sourcilière fendue, à la barbe arrachée, cet homme crucifié incarnait ce soir pour Paul Lambert tous les martyrs de ce bidonville où il venait d'arriver. « Pour moi, croyant consacré, chacun d'eux avait ce même visage de Jésus-Christ clamant à l'humanité du haut du Golgotha toute la douleur mais aussi toute l'espérance de l'homme méprisé. C'était pour cela que j'étais venu, à cause de ce "J'ai soif !" crié par le Christ. Afin de dire la faim et la soif de justice des hommes d'ici qui montaient chaque jour sur la Croix, et qui savaient regarder en face cette mort que nous, en Occident, nous ne savions plus affronter sans désespoir. Nulle part ailleurs, cette icône n'était plus à sa place que dans ce *slum*. »

Paul Lambert fixa l'image à l'aide de deux allumettes plantées dans le mur de pisé. Puis il essaya de prier, mais n'y parvint pas. Il était comme hébété. Il faudrait du temps pour que les choses se décantent. Il était assis, songeur, quand une fillette apparut sur le seuil, en haillons, pieds nus mais avec une fleur au bout de sa natte. Elle portait une assiette d'aluminium pleine de riz et de légumes. Elle la déposa devant Lambert, joignit les mains à hauteur de son front dans le geste du salut indien, inclina la tête, sourit et disparut en courant. « J'ai rendu grâces à Dieu pour cette apparition et ce repas offert par des frères inconnus. Puis j'ai mangé, à leur manière, avec les doigts. Au fond de ce réduit, il me semblait que tout prenait une dimension particulière. Ainsi, le contact des doigts avec les aliments m'a fait comprendre combien la nourriture n'est ni une chose morte ni une chose neutre, mais un don de vie. »

Vers neuf heures du soir, les bruits de la ruelle s'étant apaisés, Lambert commença à percevoir les échos de la vie qui l'entourait : les conversations dans les chambres voisines, les disputes, les pleurs, les quintes de toux. Puis l'appel lancinant d'un muezzin jaillit d'un haut-parleur. Aussitôt après, lui parvinrent des voix de femmes qui récitaient des versets du Coran. Une autre litanie succéda un peu plus tard à la prière des musulmans. Elle venait de la *tea-shop* d'en face. C'était une seule syllabe indéfiniment répétée. « *Om... ôm... ôm...* » psalmodiait le vieil hindou qui tenait la boutique. Invocation mystique qui permet depuis des millénaires aux hindous d'entrer en contact avec Dieu, ce *ôm* répandait une indicible paix intérieure. Paul Lambert l'avait entendu pour la première fois dans les villages du Sud et les vibrations de cette simple syllabe lui avaient paru chargées d'une telle puissance, d'une telle profondeur de prière qu'il l'avait adoptée pour commencer ses propres invocations au Seigneur. Prononcer le *ôm* ne demandait aucun effort. « Le *ô* sortait tout seul et se prolongeait en vibrant comme une prière dans la tête, dira-t-il. Cette nuit, en répétant ces *ôm* qui venaient de l'autre côté de la ruelle, non seulement j'avais le sentiment de parler à Dieu, mais aussi de faire un pas à l'intérieur du mystère hindou. C'était très important pour m'aider à saisir les vraies raisons de ma présence dans ce bidonville. »

Un peu après minuit, le silence enveloppa la Cité de la joie. Les palabres et les prières s'étaient tues, de même que les toux et les pleurs des enfants. Anand Nagar s'était assoupi. Engourdi par la fatigue et l'émotion, Paul Lambert ressentit lui aussi le besoin de dormir. Il plia sa chemise et ses jeans en guise d'oreiller et s'allongea sur sa natte. Il constata alors qu'en longueur, sa chambre mesurait en fait exactement sa taille, un mètre quatre-vingt-deux. Après un dernier regard à l'image du Saint Suaire, il souffla la lampe et ferma les yeux sur une félicité intérieure comme il n'en avait pas éprouvé depuis le soir de son ordination, cinq ans plus tôt.

C'est alors qu'une sarabande endiablée éclata au-dessus de sa tête. Il gratta une allumette et découvrit une troupe de rats qui se poursuivaient sur les bambous de la charpente et dévalaient le long des murs dans une cacophonie de cris aigus. Il bondit sur ses pieds et, malgré son désir de ne pas réveiller ses voisins, se mit à pourchasser les intrus à coups de chaussure. A mesure que les uns se sauvaient, d'autres arrivaient par les trous de la toiture. Devant une telle invasion, Lambert finit par baisser les bras. Pour désagréable que fût cette cohabitation, il comprit qu'elle faisait partie de sa nouvelle vie. Il se recoucha. Presque aussitôt, il sentit quelque chose frémir dans ses cheveux. Il ralluma la lampe, secoua la tête et vit tomber un énorme mille-pattes tout poilu. Bien que fervent admirateur du mahatma Gandhi et de ses principes de non-violence, il l'écrasa sans pitié. Il apprendrait plus tard l'identité de cette bestiole, une scolopendre dont la piqûre pouvait être aussi venimeuse que celle d'un scorpion. Se recouchant pour la seconde fois, il égrena un chapelet de *ôm* dans l'espoir de retrouver quelque sérénité. Mais pour cette première nuit dans ses murs, la Cité de la joie voulait offrir d'autres surprises au Français. Les moustiques indiens ont ceci de particulier qu'ils sont minuscules, qu'ils font peu de bruit et qu'ils vous narguent indéfiniment avant de se décider à piquer. Un supplice de l'attente qui, s'il n'était indien, serait chinois.

Quelques heures plus tard, c'était un bruit de bombardement qui arrachait cette fois Lambert à son sommeil. Il ouvrit sa porte et aperçut dans la ruelle une camionnette qui déversait du charbon devant la boutique du marchand de combustible. Il allait se recoucher quand il distingua dans l'obscurité deux petites silhouettes qui rampaient sous le véhicule. Le charbonnier, un homme tout noir avec des jambes d'échassier, avait, lui aussi, vu les jeunes chapardeurs. Il poussa des imprécations qui les firent détaler. Il y eut alors une galopade puis un grand « plouf » et des cris. Certain qu'un des fugitifs venait de tomber dans l'égout qui coupait la rue un peu plus bas, Lambert s'élança à son secours. Mais à peine avait-il fait trois enjambées qu'une poigne ferme l'arrêta dans son élan.

Sans avoir pu reconnaître le visage de l'homme qui l'avait empoigné, il avait compris son message. « On m'invitait à ne pas me mêler de ce qui ne me regardait pas. »

11

La vente du sang permit aux cinq membres de la
famille Pal de tenir pendant cinq jours. Ils se nourrissaient essentiellement de bananes. Abondant et
bon marché, ce fruit était en Inde la providence des
pauvres. A Calcutta, ses vertus nutritives et curatives faisaient même l'objet d'un véritable culte.
Lors des grandes fêtes de la déesse Dourga,
patronne de la ville, des bananiers figuraient sur les
autels, drapés dans des saris blancs bordés de rouge,
vénérés comme l'épouse de Ganesh, le dieu de la
chance.

Les Pal s'alimentaient aussi avec ce que glanaient
les deux aînés dans le Barra Bazar pendant que leur
père courait à la recherche d'un travail. Les derniers
paisa de la dernière roupie furent consacrés à l'achat
de quatre galettes de bouse pour faire bouillir sur le
chula des voisins une ultime marmite de déchets et
d'épluchures. Quand il n'y eut plus rien, Hasari prit
une décision héroïque. Il irait à nouveau vendre son
sang.

Du point de vue physiologique, c'était un acte
fou. Mais cette « ville inhumaine » était une ville de
folie. Une enquête médicale révélait que beaucoup
d'hommes au fond de la misère n'hésitaient pas à se
présenter chaque semaine à la porte des banques du

sang. En général, ils ne faisaient pas de vieux os. On les retrouvait morts d'anémie au hasard d'une rue, ou sur un lit du mouroir de Mère Teresa, s'éteignant comme la flamme d'une bougie privée d'oxygène. La même enquête apprenait encore que chez un donneur sur quatre la teneur du sang en hémoglobine était inférieure à cinq grammes pour cent millilitres, alors que le seuil minimum acceptable était de douze grammes et demi. Mais peu d'officines se préoccupaient alors du taux d'hémoglobine dans le sang qu'elles collectaient. De toute façon, comme l'apprendrait Hasari, il y avait une combine idéale pour truquer ce taux.

Les tarifs de la banque du sang C.R.C. étaient si alléchants qu'il y avait foule ce jour-là à sa porte. Tous les rabatteurs des établissements concurrents s'y étaient aussi donné rendez-vous pour essayer de détourner une partie de sa clientèle au profit de leurs employeurs. Hasari fut immédiatement interpellé par un individu avec deux dents en or sur le devant. « Quarante roupies, chuchota l'homme avec la mine d'une prostituée déclinant son prix. Dix pour moi, trente pour toi. »

« Trente roupies, c'est presque le double de la dernière fois », s'émerveilla Hasari qui ignorait encore qu'à Calcutta le prix du sang variait de jour en jour comme les cours du jute ou de l'huile de moutarde à la Bourse du commerce de Dalhousie Square. La différence principale venait en fait de la capacité des « intermédiaires » à évaluer la naïveté d'un pauvre quidam et à le rançonner avec plus ou moins de rapacité. Du premier coup d'œil, l'homme aux dents en or avait repéré sur le bras d'Hasari le stigmate qui faisait de lui un professionnel.

La *Paradise Blood Bank* portait bien son nom. Peinte en rose et meublée de sièges confortables, elle était installée dans une dépendance d'une des cliniques les plus modernes et les plus chères de Calcutta, exclusivement fréquentée par les riches commerçants marwaris et leurs familles. L'infirmière en blouse et coiffe blanches immaculées chargée de l'accueil des donneurs fit une grimace en voyant la pauvre mine du candidat. Elle le fit asseoir sur un fauteuil à dossier incliné. Mais contrairement aux infirmiers de la C.R.C., elle ne lui enfonça pas d'aiguille dans le bras. Au grand étonnement du paysan, elle se contenta de lui piquer l'index pour faire tomber une goutte de sang sur une plaquette de verre. L'homme aux dents en or avait compris, lui. « Cette pimbêche fait du sabotage », grogna-t-il.

Il avait deviné juste. Un instant plus tard, la jeune femme lui annonça poliment que le sang de son client était incompatible avec les normes de son officine. Le motif invoqué aurait pu concerner la plupart des habitants des bidonvilles de Calcutta : taux d'hémoglobine insuffisant.

Le coup était rude pour Hasari.

— Vous ne connaissez pas un autre endroit ? supplia-t-il dès qu'il se retrouva dans la rue avec le rabatteur aux dents en or. Je n'ai même plus de quoi acheter une banane à mes enfants.

L'homme posa une main amicale sur son épaule.

— Il ne faut pas blaguer avec ces choses-là, l'ami. Pour l'instant, c'est de la flotte que tu as dans les veines. Et si tu ne fais pas gaffe, tu risques de voir bientôt tes cendres flotter sur l'Hooghly.

Hasari se sentait tellement traqué par la misère que cette perspective lui parut inévitable.

— Cette fois, c'est foutu, constata-t-il. Nous allons tous crever.

Sa curieuse profession avait beau l'avoir endurci, le rabatteur fut ému par tant de détresse.

— Ne pleure pas, l'ami. Viens, je vais te faire un cadeau.

Il entraîna le paysan vers la pharmacie la plus proche où il acheta un flacon de médicaments. Les chimistes du laboratoire suisse qui fabriquait ce produit n'avaient probablement pas prévu l'usage qu'en feraient des êtres du tiers monde à bout de forces.

« Prends ça, l'ami, dit le rabatteur en offrant à Hasari une boîte de pastilles de sels de fer. Tu en avales trois par jour et tu t'amènes ici dans une semaine. Rappelle-toi, dans sept jours exactement. » Il ajouta, soudain menaçant : « Mais attention ! Ne me pose pas de lapin, sinon la flotte de tes veines pourrait bien couler gratuitement. » Puis, se radoucissant, il conclut : « Je t'emmènerai dans une turne où ils le trouveront très beau, ton sang, si beau qu'ils voudront te le pomper jusqu'à la dernière goutte. »

12

Les événements qui marquèrent l'existence de Paul Lambert au lendemain de sa première nuit dans le *slum* pouvaient paraître insignifiants. Et pourtant, là où soixante-dix mille personnes vivaient dans une promiscuité et des conditions d'hygiène déplorables, chaque nécessité de la vie quotidienne revêtait une difficulté particulière. Ainsi l'accomplissement des besoins naturels. L'envoyé du curé de la paroisse voisine avait incité Lambert à se rendre aux latrines d'un secteur hindou habité aussi par quelques chrétiens. Pour un hindou, l'observance de « l'appel de la nature » est un acte qui doit s'accomplir selon un rituel bien précis. Le lieu choisi ne peut être situé à proximité d'un temple. D'un banyan, du bord d'une rivière, d'un étang, d'un puits ou d'un carrefour fréquenté. Le sol ne doit pas être de couleur claire ni labouré, mais plat et dégagé, et surtout à l'écart de toute habitation. Avant de s'exécuter, un hindou doit retirer ses sandales s'il en possède, s'accroupir aussi bas que possible et ne jamais se relever en cours d'action ; prendre garde, sous peine d'offense grave, à ne pas regarder le soleil, la lune, les étoiles, un feu, un brahmane, ou une image pieuse. Il doit observer le silence et s'interdire le sacrilège de se retourner pour examiner son œuvre. Des règles prescrivent enfin la façon de procéder aux ablutions avec un mélange de terre et d'eau. Les auteurs de ces saintes instructions n'avaient évidemment pas prévu que des millions d'hommes seraient un jour entassés dans des jungles urbaines dépourvues de tout espace libre à l'écart d'habitations. Pour les hindous de la Cité de la joie, « l'appel de la nature » ne pouvait donc se faire qu'en public dans l'égout à ciel ouvert des ruelles, ou dans l'une des rares guérites aménagées récemment par les urbanistes locaux et baptisées « latrines ».

Quelle aventure pour Lambert que sa première visite à l'un de ces édicules ! A quatre heures du matin, son accès était déjà bloqué par une queue de plusieurs dizaines de personnes. Les premiers étaient là depuis près de deux heures. L'arrivée de ce *sahib* en jeans et baskets causa un vif remous de curiosité et d'amusement, d'autant plus que dans son ignorance des coutumes du pays, le Français avait commis une bévue impardonnable : il avait apporté quelques feuilles de papier hygiénique. Pouvait-on imaginer qu'on veuille recueillir dans du papier une souillure expulsée par le corps et la laisser ensuite pour les autres ? En lui montrant la boîte de conserve pleine d'eau qu'il tenait à la main, un jeune garçon essaya de lui faire comprendre qu'il fallait se laver, puis nettoyer la cuvette. Lambert constata que tout le monde en effet avait apporté un semblable récipient plein d'eau. Certains en possédaient même plusieurs qu'ils poussaient du pied à mesure que la file avançait. « Je compris qu'ils faisaient la queue pour des absents, racontera-t-il. Un vieillard édenté s'approcha et m'offrit sa cruche. Je pris l'objet avec un sourire de gratitude sans m'apercevoir que je venais de commettre un deuxième sacrilège qui déchaîna une nouvelle explosion d'hilarité. J'avais saisi le récipient avec la main gauche alors qu'elle est réservée aux contacts impurs. Avant d'atteindre les lieux d'aisances, je dus traverser un véritable lac d'excréments. Cette épreuve supplémentaire était un cadeau des vidangeurs, en grève depuis cinq mois. La puanteur était telle que je ne savais plus ce qui était le plus insupportable : l'odeur ou le spectacle. Que des gens gardent leur bonne humeur au milieu de tant d'abjection me parut sublime. Ils plaisantaient, ils riaient. Les enfants surtout qui apportaient leur fraîcheur et la gaieté de leurs jeux dans ce cloaque. Je revins de cette équipée aussi groggy qu'un boxeur envoyé au tapis dès le premier round. Nulle part ailleurs, je n'avais subi pareille agression. »

Sur le chemin du retour, le Français aperçut quelques regards hostiles. Cela n'était guère étonnant. La rumeur s'était déjà répandue que le *sahib* était un prêtre catholique. En plein quartier musulman, cette intrusion pouvait passer pour une provocation. « Dieu sait combien je me suis senti seul ce premier matin ! dira-t-il. Ne connaissant pas un traître mot des langues parlées dans le bidonville, je me faisais l'effet d'un sourd-muet. Et faute de disposer d'un peu de vin, j'étais en plus privé du réconfort de pouvoir célébrer l'Eucharistie au fond de ma tanière. Heureusement, il me restait la prière ! »

La prière ! Depuis des années, Paul Lambert commençait chacune de ses journées par une heure de contemplation. Qu'il fût dans un avion, dans un train ou une chambrée d'ouvriers immigrés, il faisait le vide, se tournait vers Dieu, s'abandonnait en lui pour se laisser interpeller. Ou pour dire simplement à son Créateur : « Me voici, je suis là, à ta disposition. » Il aimait aussi ouvrir les Évangiles au hasard et s'arrêter sur une phrase. Par exemple : « Sauve-moi, je péris », ou « De toi vient le salut », ou « Ta présence est dans cette joie. » Il décortiquait chaque mot, chaque syllabe, les retournait dans tous les sens, nourrissant sans cesse sa méditation. « C'est une gymnastique de l'esprit qui m'aide à faire silence, expliquera-t-il, à trouver le vide en Dieu. Si Dieu a du temps pour m'écouter, il en a forcément pour m'aimer. »

Ce jour-là, Lambert se sentit incapable d'un vrai silence, d'un vrai vide. Trop d'impressions l'avaient assailli depuis la veille. Il n'arrivait pas à prier comme les autres matins. « Assis devant l'image du Saint Suaire, je me mis à égrener des *ôm* à haute voix. Puis j'intercalai le nom de Jésus. "*Om...* Jésus, *ôm...* Jésus.*" C'était pour moi une façon de rejoindre la prière des habitants du *slum* qui approchaient et vivaient Dieu en permanence, tout en retrouvant la possibilité de communiquer avec mon Dieu révélé qu'ils ne connaissaient pas. Au bout d'un moment, je fus à nouveau en sa présence. Je pus lui parler.

« Seigneur me voici, c'est moi Paul. Tu sais, Jésus, que je suis un pauvre, alors aie pitié de moi. Tu sais que je ne suis pas venu ici pour accumuler des grâces. Je ne suis pas non plus venu pour les autres. Je suis là pour toi, gratuitement, pour t'aimer. Jésus, mon frère aîné, Jésus mon sauveur, je suis arrivé les mains si vides au fond de ce bidonville que je ne peux même pas célébrer le repas commémorant ton sacrifice. Mais tous les hommes aux yeux baissés, au visage tuméfié, tous les innocents martyrisés de ce lieu de souffrance ne commémorent-ils pas ton sacrifice tous les jours ? Aie pitié d'eux, Jésus d'Anand Nagar.

« Jésus de la Cité de la joie, toi l'éternel martyrisé, toi la voix des hommes sans voix, toi qui souffres à l'intérieur de tous ces êtres, qui subis leur angoisse, leur détresse, leur tristesse, mais toi qui sais t'exprimer à travers leur cœur, à travers leurs pleurs, à travers leurs rires, à travers leur amour. Jésus d'Anand Nagar, tu sais que je suis là simplement pour partager. Pour que nous puissions te dire ensemble, eux et moi, que nous t'aimons. Toi et ton Père, le Père de miséricorde, le Père qui t'a envoyé, le Père qui pardonne. Et te dire aussi à toi qui es la lumière, le salut du monde, qu'ici, dans la Cité de la joie, nous vivons dans l'obscurité. Alors, toi qui es notre lumière, Jésus, nous avons besoin de toi. Sans toi, nous sommes perdus.

« Jésus d'Anand Nagar, fais que ce bidonville mérite son nom, qu'il soit vraiment la Cité de la joie. »

13

« Mille vautours ! Cet abruti ne sait même pas compter jusqu'à sept ! » pesta le rabatteur de la banque du sang en apercevant Hasari Pal qui marchait vers lui d'un pas résolu. Il ne s'était pas écoulé une journée entière depuis leur fiasco de la veille.

— Salut, vieux frère ! lui lança joyeusement Hasari.

L'allégresse du paysan surprit l'homme aux dents en or.

— Qu'est-ce qui t'arrive, l'ami ? Tu as gagné à la loterie ?

— Je crois que j'ai trouvé un boulot. Alors, je suis venu te rapporter les pastilles à rougir le sang. Tiens, tu pourras en faire profiter quelqu'un d'autre.

La chance semblait en effet avoir enfin souri au paysan bengali. Une fois de plus, il était allé se poster près d'un des nombreux ateliers qui fabriquaient, en bordure du Barra Bazar, des pièces mécaniques pour les wagons de chemin de fer. C'était là qu'un jour il avait gagné trois roupies en prenant la place d'un coolie défaillant. Cette fois, deux hommes étaient en train de charger des lames de ressort sur un char à bras quand l'un d'eux buta contre une pierre et lâcha ce qu'il portait. Le malheureux hurla de douleur. En tombant, la lourde pièce métallique lui avait écrasé le pied. Hasari se précipita à son secours. Il déchira un pan de son pagne de coton et le noua autour de la jambe pour stopper l'hémorragie. A Calcutta, on ne pouvait guère compter sur Police-Secours ou une ambulance pour ce genre d'accidents. Le patron de l'atelier, un gros homme avec un maillot à boutons, se contenta d'appeler un pousse-pousse. Non sans quelque répugnance, il sortit plusieurs billets de cinq roupies de sa ceinture. Il en mit un dans la main du blessé et en donna un deuxième au tireur du pousse-pousse. Voyant Hasari qui portait le coolie sur la carriole, il lui en confia deux autres. « Tu en gardes un pour toi. L'autre, c'est pour graisser la patte de l'infirmier à la porte de l'hôpital pour qu'il vous laisse entrer. » Puis, s'adressant au tireur qui attendait entre les brancards de son rickshaw, il commanda d'un ton sec : « Allez, bande de feignants, foutez-moi le camp ! »

L'hésitation d'Hasari Pal à monter dans sa carriole intrigua le tireur.

— Tu n'as jamais posé tes fesses dans un rickshaw ?

— Non, reconnut le paysan en s'asseyant timidement à côté du coolie au pied blessé.

L'homme-cheval s'attela aux brancards et démarra d'un coup sec. Ses cheveux grisonnants et ses épaules parcheminées indiquaient qu'il n'était plus tout jeune. Mais chez les tireurs de rickshaw l'aspect physique n'avait pas de rapport avec l'âge. On vieillissait vite à traîner ces engins.

— Tu n'as pas l'air d'être du coin ? questionnat-il encore après avoir pris un peu de vitesse.

— Non, je viens de Bankuli.

— Bankuli ! répéta le tireur en ralentissant brusquement. Mais c'est seulement à trente kilomètres de chez moi ! Je suis de...

Même s'il n'entendit pas le nom du village qui se perdit dans un vacarme de trompes et de klaxons, Hasari eut envie de sauter en marche pour serrer cet homme dans ses bras. Il avait enfin trouvé quelqu'un de son pays dans cette « ville inhumaine ». Il fit un effort pour cacher sa joie à cause du coolie qui gémissait de plus en plus à chaque cahot. Le tireur fonçait maintenant vers l'hôpital de toute la vitesse de ses jambes un peu arquées. A chaque instant, son corps se rejetait en arrière dans un mouvement désespéré pour stopper net devant un autobus ou un camion qui lui coupait la route.

L'hôpital général de Calcutta était une ville en soi. Il se composait d'une collection de bâtiments assez délabrés, reliés par des couloirs sans fin, avec des cours où campaient des familles entières. Une plaque à l'entrée principale révélait que « En 1878, dans un laboratoire à soixante-dix mètres au sud-est de cette porte, le chirurgien-major Ronald Ross, de l'armée des Indes, découvrit la manière dont le paludisme est transmis par les moustiques ». Le tireur du rickshaw se dirigea directement vers le service des urgences. Plusieurs fois déjà, il avait amené des malades et des blessés à cet hôpital. C'était même une des spécialités des rickshaws que de servir d'ambulance à Calcutta.

« Toute une file de gens attendaient à la porte avant nous et l'on entendait beaucoup de cris et de disputes, racontera Hasari. Des femmes portaient des bébés. Ils étaient si faibles qu'ils ne pleuraient même pas. De temps en temps, on voyait passer une civière avec un mort couvert de fleurs que des porteurs conduisaient au bûcher en chantant des prières. Quand notre tour est arrivé, j'ai glissé dans la main de l'infirmier les cinq roupies que m'avait remises le patron de l'atelier. C'était un bon truc. Au lieu de nous renvoyer comme la plupart des autres, il nous dit de porter notre copain dans la salle à l'intérieur. »

Les deux hommes allongèrent le coolie sur une civière encore souillée du sang du blessé précédent. Il régnait dans la pièce une odeur saisissante de désinfectant, mais le plus frappant était sûrement la débauche d'inscriptions politiques qui ornaient les murs. Toutes les opinions se mêlaient dans un véritable délire pictural, drapeaux rouges, faucilles et marteaux, portraits d'Indira Gandhi, slogans. L'étonnement du paysan bengali fit sourire le tireur de rickshaw. « Ici, mon vieux, même à l'instant d'aller te faire charcuter, ils te rappellent qu'il faut voter pour eux. »

« Je ne me souviens pas combien de temps ils ont gardé notre coolie dans leur salle d'opération, dira Hasari. Je me demandais bien ce qu'ils pouvaient lui faire pendant tout ce temps. Une idée m'est passée par la tête. Et s'il était mort ? Peut-être l'avaient-ils tué sans le faire exprès et ils n'osaient pas laisser sortir son cadavre de peur que nous demandions des explications. Mais c'était une idée absurde, car il y avait constamment des corps qui sortaient de la pièce d'à côté, et il était impossible de savoir s'ils étaient vivants ou morts. Ils avaient tous l'air de dormir. De toute façon, j'avais déjà compris que dans cette ville les pauvres types comme nous n'avaient pas l'habitude de demander des explications. Sinon les tireurs de rickshaw, pour ne citer qu'eux, auraient depuis longtemps cassé la gueule à tous les salauds de chauffeurs d'autobus et de camion.

« Des employés apparurent enfin en portant une forme recroquevillée sur un brancard. Une infirmière tenait à bout de bras une bouteille avec un tuyau qui pénétrait dans le cou du malade. Il dormait. Je me suis approché. C'était notre copain. Il avait un gros pansement au bout de la jambe. C'est alors que j'ai compris ce qu'ils avaient fait. Ces ordures lui avaient coupé le pied. »

— C'est inutile d'attendre, il va dormir encore plusieurs heures, leur dit l'infirmière. Revenez le chercher dans deux jours.

Les deux hommes allèrent récupérer leur rickshaw dans la cour et sortirent de l'hôpital. Ils marchèrent un moment en silence. Hasari était visiblement sous le choc.

— Tu es encore un bleu, petit, lui dit le tireur de rickshaw. Il ne faut pas te biler, tu en verras d'autres.

Hasari hocha la tête.

— J'ai pourtant l'impression d'avoir déjà eu mon compte.

— Ton compte ? s'esclaffa son compagnon en cognant son grelot sur le brancard de sa guimbarde. Quand tu auras comme moi dix berges de maraude dans ce foutoir, alors tu pourras dire que tu as eu ton compte !

Ils étaient arrivés à un carrefour où un policier réglait la circulation. Le tireur prit une pièce dans sa chemise et, au passage, la déposa dans la main du policier.

— Ça coûte moins cher que de te faire piquer ta carriole sans permis, expliqua-t-il en ricanant. Puis, faisant glisser ses paumes sur les brancards, il demanda : Tu aimerais tirer un de ces engins ?

La question surprit Hasari. Comment un pauvre type comme lui pourrait-il jamais avoir la chance de devenir tireur de rickshaw ? Cela lui semblait aussi saugrenu que si on lui avait demandé s'il aimerait piloter un avion.

— N'importe quel boulot ferait mon affaire, répondit-il, touché que le tireur de rickshaw lui témoigne tant d'intérêt.

— Alors, essaye, dit l'autre en s'arrêtant pile. —
Il montra les brancards. — Tu te mets à l'intérieur,
et hop ! tu donnes un coup de reins pour décoller la
carriole.

Hasari s'exécuta docilement. « Mais si vous
croyez qu'il est facile de mettre en mouvement un
de ces fichus engins, vous vous trompez, racontera-t-il. Il faut une force de buffle ! Et quand il est en
marche, c'est pire encore. Une fois lancé, vous ne
pouvez plus l'arrêter. Il avance tout seul, comme s'il
était vivant. C'est une sensation vraiment curieuse.
Et pour stopper net en cas de danger, il faut une
sacrée habitude. Avec des passagers, ce sont bien
deux cents kilos que vous avez dans les bras. »

Le tireur de rickshaw lui montra des marques sur
les brancards, là où la peinture avait disparu.

— Tu vois, fiston, l'important c'est de trouver
l'équilibre en fonction du poids que tu trimballes.
Pour cela, tu dois placer les mains à l'endroit exact
où s'établit cet équilibre.

Décidément, Hasari n'en revenait pas que l'on
puisse faire preuve d'autant de patience et de gentillesse à son égard. « Cette ville n'est pas aussi
inhumaine que ça », songea-t-il en rendant les brancards du rickshaw à son propriétaire. Il s'épongea le
front avec un pan de son *longhi*. Cet effort l'avait
épuisé.

— Il faut célébrer ce dépucelage ! s'écria son
compagnon. C'est un grand jour pour toi. Allons
boire un verre de *bangla*[1] ! Je connais un troquet pas
cher derrière la gare de Sealdah.

Le tireur de rickshaw s'étonna du peu d'enthousiasme que suscita sa proposition. Hasari sortit le
billet de cinq roupies que lui avait donné le patron
de l'atelier.

1. Alcool distillé clandestinement.

— Mes enfants et leur mère n'ont rien mangé, s'excusa-t-il. Il faut que je leur rapporte quelque chose.

— Ne t'inquiète pas, c'est moi qui invite.

Les deux compères tournèrent à droite et s'enfoncèrent dans un quartier de maisons basses et de voies étroites pleines de gens aux fenêtres et dans la rue. Des haut-parleurs braillaient de la musique, des lessives séchaient sur les bords des toits, de nombreuses oriflammes vertes flottaient au bout de perches en bambou. Ils passèrent devant une mosquée puis devant une école où un mollah faisait la classe, sous un auvent, à des fillettes en pantalons et tuniques, un voile sur la tête. Ils se trouvaient dans un secteur musulman. Puis ils débouchèrent dans une des rues chaudes de Calcutta. Des femmes aux jupes de couleurs agressives, aux corsages largement ouverts et au visage outrageusement fardé parlaient et riaient bruyamment. Hasari était médusé. Il n'avait jamais vu pareilles créatures. Chez lui, les femmes ne portaient que le sari. « Plusieurs nous appelèrent. Il y en avait une qui me plaisait beaucoup. Elle devait être très riche car ses bras étaient couverts de bracelets jusqu'aux coudes. Mais mon ami passa devant elle sans s'arrêter. C'était un homme sérieux. »

De nombreux rickshaws encombraient la rue. Chacun d'eux était occupé par un homme qui venait se distraire. Beaucoup de pauvres bougres erraient sur les trottoirs, des coolies, des ouvriers, des sans-emploi. Calcutta est une ville d'hommes où des centaines de milliers de réfugiés vivent sans leur famille.

Une femme agrippa Hasari par le poignet. « Viens, dit-elle en lui lançant une œillade. J'ai du bonheur pour toi. Quatre roupies seulement. » Hasari se sentit rougir jusqu'à la pointe des pieds.

107

Le tireur de rickshaw vint à son secours. « Lâche-le ! ordonna-t-il à la fille en lui pointant un de ses brancards sur le ventre. » La prostituée répliqua par un torrent d'injures qui ameuta toute la rue et fit se tordre de rire les deux compères. Le tireur profita de l'incident pour mettre en garde son compagnon. « Si jamais, un jour, tu tires une de ces carrioles et qu'il t'arrive de charger une souris comme celle-ci, n'oublie pas de la faire payer d'avance. Autrement, gare à toi. A peine arrivée, elle te file entre les doigts comme une anguille. »

Après la rue des filles, les deux hommes traversèrent une place, passèrent sous un porche et entrèrent dans une vaste enceinte bordée de vieilles bâtisses aux façades lépreuses avec des balustrades d'où pendait une mosaïque de lessives bigarrées. Des buffles, des vaches, des chiens, des poules, des cochons vaquaient là au milieu d'enfants qui jouaient avec des cerfs-volants. On voyait des points de toutes les couleurs dans le ciel, retenus par une ficelle. Les cerfs-volants étaient le jouet préféré des enfants de Calcutta, comme si ce morceau de papier qui s'échappait au-dessus des toits eût porté toute leur envie de s'évader, tout leur besoin de fuir leur prison de boue, de fumées, de bruits et de misère.

Dans un coin, derrière une palissade de planches, assis dans la position du lotus sous un auvent de tuiles, se tenait un homme vêtu d'un maillot de corps crasseux. C'était le patron du débit. Le tireur de rickshaw fit asseoir Hasari sur un banc au bout de l'unique table. L'endroit empestait l'alcool. Le patron tapa dans ses mains. Surgit aussitôt un garçonnet hirsute avec deux verres et une bouteille sans étiquette ni bouchon, pleine d'un liquide grisâtre où flottaient de petits flocons blancs. Le tireur compta soigneusement sept billets d'une roupie. Il en fit une liasse bien nette et la remit au tenancier. Puis il remplit le verre d'Hasari. L'odeur d'acide que dégageait le breuvage saisit le paysan, mais son compagnon avait l'air si réjoui qu'il n'osa rien dire. Ils choquèrent leurs verres et burent une gorgée en silence. Alors, Ram Chander, c'était le nom du tireur de rickshaw, se mit à parler.

★

« J'ai dû quitter mon village après la mort de mon père. Le pauvre homme n'avait jamais réussi à éponger les dettes de la famille. Des dettes qui remontaient à son propre père et à son grand-père. Il avait hypothéqué notre terre pour payer les intérêts, mais cela n'avait pas suffi. Et quand il est mort, il m'a fallu encore emprunter pour lui offrir des funérailles convenables. Deux mille roupies ! D'abord quatre *dhoti* et pas moins de quarante mètres de fil de coton au *pujari* pour qu'il récite les prières. Puis cent kilos de riz, autant de farine, des quantités d'huile, de sucre, d'épices et de légumes pour nourrir les invités. Enfin, cinquante kilos de bois pour le bûcher et des pourboires aux préposés aux crémations. J'ai très vite compris que je ne pourrais jamais rembourser tout cet argent en restant sur place. D'autant plus que pour obtenir ce prêt j'avais perdu notre unique source de revenus en hypothéquant la prochaine récolte.

« C'est alors qu'un camarade de jeunesse revint au village à l'occasion des fêtes de Dourga. Il était tireur de rickshaw à Calcutta et il me dit : "Viens avec moi, je te trouverai une carriole à tirer. Tu gagneras tes dix à douze roupies par jour." J'ai donc décidé de partir avec lui. Je revois encore ma femme tenant mon fils par la main sur le seuil de notre hutte. Elle pleurait. Nous avions tant de fois parlé de mon départ, et ce jour était venu. Elle m'avait préparé un sac d'épaule avec un *longhi* et une chemise de rechange, une serviette aussi. Elle m'avait confectionné des *chapati* et des côtelettes de légumes pour le voyage. Jusqu'à mon dernier jour, je les verrai devant notre hutte. Leur souvenir m'a permis de tenir le coup, car c'est seulement au bout de quatre mois que, grâce à mon ami d'enfance, j'ai pu trouver un travail.

« Dans cette maudite ville, la bagarre pour dénicher un boulot est si dure que tu pourrais aussi bien attendre des années, et crever vingt fois dans l'intervalle. Et si tu n'as pas quelqu'un qui t'aide, alors tu n'as aucune chance. Même au niveau le plus bas, tout est question de relations. Et naturellement, d'argent. A chaque instant, il faut être prêt à payer. Cette ville est une ogresse. Elle fabrique des gens dont le seul but est de te dépouiller. Comme j'étais naïf en arrivant de ma campagne ! J'étais persuadé que mon copain allait me conduire tout droit chez le propriétaire de son rickshaw et lui demander de m'embaucher. Le type en question est un Bihari qui possède plus de trois cents carrioles, dont deux cents au moins roulent sans licence. Il verse un pourcentage aux flics et la question est réglée. Mais, pour ce qui était de me faire engager tout de suite, j'en suis revenu. Le Bihari, on ne le voit jamais. On ne sait même pas où il loge. C'est un caïd. Il s'en fiche pas mal que ce soit toi ou Indira Gandhi qui les tire, ses guimbardes, pourvu que chaque soir on lui apporte la comptée. C'est un employé à lui qui s'occupe de ce travail. Et c'est cet homme-là seulement qui peut te procurer un rickshaw à tirer. Mais n'imagine pas qu'on l'approche plus facilement que son patron. Il faut lui être présenté par quelqu'un qu'il apprécie. Quelqu'un qui va lui dire qui tu es, d'où tu viens, quelle est ta caste, ton clan, ta lignée.

Et tu as intérêt à le saluer de ton plus beau *namaskar*[1] et à lui balancer du *Sardarji*[2], en veux-tu en voilà. Et à invoquer la bénédiction de Shiva et de toutes les divinités sur sa personne. Sans oublier le bakchich d'usage. Car les bakchichs, c'est presque aussi important que le loyer. Tu n'as rien, tu es un pauvre type, tu te crèves pour gagner quelques roupies et nourrir ta famille, mais tu passes ton temps à sortir une pièce pour le flic du carrefour parce que tu n'as pas le droit de rouler dans cette rue ; une deuxième pour un autre flic parce que tu transportes des marchandises alors que tu es censé trimballer uniquement des gens ; un billet pour le propriétaire pour qu'il te garde dans son écurie, un autre au type de l'atelier pour qu'il te répare un rayon de roue, un autre à l'ancien titulaire du rickshaw qui t'a refilé sa guimbarde. En fin de compte, tu es sucé à longueur de journée, et si tu ne fais pas gaffe, tu te retrouves sans rickshaw parce que la police l'aura confisqué, ou parce que le propriétaire t'aura vidé.

« Moi, j'ai attendu plus de quatre mois que les dieux se décident à me donner une chance. Et pourtant, j'allais déposer tous les matins un peu de riz, des œillets, une banane ou quelque friandise devant la statue de Ganesh, dans le temple près de la cabane où je logeais. Trois tireurs de rickshaw habitaient cette masure dans la cour d'une bâtisse croulante derrière Park Circus. Eux aussi avaient laissé leur famille au village. Un vieux menuisier y taillait des rayons et réparait les roues des carrioles. Comme ils étaient tous hindous, ils faisaient popote commune. Le vieux menuisier préparait la tambouille. Il la cuisait sur

---

1. « Prosternation », salutation, bonjour.
2. *Sardar* : chef ; *Sardarji* : terme de respect.

un *chula* qu'il alimentait avec les copeaux du bois qu'il travaillait.

« C'est là que mon copain m'avait hébergé à mon arrivée à Calcutta. Entre deux poutres en bambou de la charpente, il m'avait installé une planche pour dormir, juste sous les tuiles de la toiture. Dans le mur de torchis était creusée une niche où trônait la statuette en papier mâché d'un Ganesh à tête d'éléphant tout rose. Je me souviens d'avoir pensé qu'avec la présence d'un tel dieu sous notre toit, je finirais bien par me sortir d'affaire. J'avais raison d'être confiant. Un matin, alors que je revenais de faire mes besoins, je reconnus sur son vélo le représentant du propriétaire des rickshaws. Je l'avais vu plusieurs fois quand il venait collecter les redevances et mon copain lui avait parlé de moi. C'était un homme assez petit avec des yeux malins si perçants que tu avais l'impression qu'ils jetaient des étincelles. Dès qu'il mit pied à terre, je me suis lancé.

— *Namaskar, Sardarji !* Quel honneur nous vaut la visite d'un personnage de votre importance ? Vous, le fils du dieu Shiva !

Il ne put réprimer un sourire de satisfaction.

— J'ai un gars qui s'est cassé une patte, est-ce que tu veux le remplacer ? Si tu es d'accord, tu me donnes vingt-cinq roupies pour moi tout de suite, et tu paieras deux roupies par jour au titulaire du rickshaw. En plus des six roupies du loyer, bien sûr.

« Il m'avertit en passant que la carriole en question n'avait pas d'immatriculation en règle. Ce qui voulait dire qu'en cas de saisie par la police, c'était moi qui serais obligé de payer le pot-de-vin. L'arnaque à l'état pur. Et pourtant, je me suis confondu en remerciements. "Je vous porterai une reconnaissance éternelle, lui ai-je promis. Je me sens désormais comme le plus jeune de vos frères[1]."

« Le rêve pour lequel j'avais quitté mon village se réalisait enfin. J'allais gagner la vie de ma famille entre les brancards d'un rickshaw. »

1. Étant donné le pouvoir et l'autorité dont jouit le frère aîné dans la famille traditionnelle indienne, il s'agit là d'une marque particulière de respect et de soumission.

14

A cette époque, la Cité de la joie ne comptait qu'une dizaine de puits et de fontaines pour soixante-dix mille habitants. La fontaine la plus proche de la chambre de Paul Lambert se trouvait au bout de sa ruelle, à la hauteur d'une étable à buffles. Le quartier s'éveillait quand il s'y rendit. C'était, à chaque aube, la même explosion de vie. Des gens qui avaient passé la nuit à dix ou douze dans un réduit infesté de rats et de vermine renaissaient à la lumière comme au premier matin du monde. Cette résurrection quotidienne commençait par une purification générale. Là, dans les ruelles noyées de boue, au bord du flot pestilentiel d'un égout, les habitants de la Cité de la joie chassaient les miasmes de la nuit par tous les rites d'une toilette méticuleuse. Sans dévoiler une parcelle de leur nudité, les femmes parvenaient à se laver entièrement, depuis leurs longs cheveux jusqu'à la plante des pieds, sans oublier leur sari. Puis elles prenaient le plus grand soin à huiler, peigner et tresser leur chevelure, avant de la piquer d'une fleur fraîche trouvée Dieu sait où. A chaque point d'eau, on voyait des hommes se doucher avec une boîte de conserve, des gamins se frotter les dents avec des bâtonnets de margousier enduits de cendre, des vieillards se lisser la langue avec un fil de jute, des mères épouiller leurs enfants avant de savonner vigoureusement leurs petits corps nus, même dans le froid mordant des matins d'hiver.

Paul Lambert avançait en observant tout ce qu'il découvrait autour de lui. Avant d'atteindre la fontaine, il fut saisi par la beauté d'une jeune mère drapée dans un sari rouge, assise dans la ruelle, le dos bien droit, un bébé posé sur ses jambes allongées. Le nourrisson était nu, avec seulement une amulette tenue par une cordelette autour de la taille. C'était un enfant potelé qui n'avait pas l'air de souffrir de malnutrition. Une flamme étrange passait dans leurs regards. On aurait dit qu'ils se parlaient avec leurs yeux. Subjugué, Lambert posa son seau. La jeune femme venait de verser quelques gouttes d'huile de moutarde dans ses paumes et commençait à masser le petit corps. Habiles, intelligentes, attentives, ses mains remontaient et descendaient, animées par un rythme aussi discret qu'inflexible. Travaillant tour à tour comme des vagues, elles partaient des flancs du bébé, traversaient sa poitrine et remontaient vers l'épaule opposée. En fin de mouvement, le petit doigt venait glisser sur le cou de l'enfant. La mère le fit ensuite pivoter sur le côté. Elle lui étendit les bras et les massa délicatement, l'un après l'autre, en lui chantant de vieilles comptines racontant les amours du dieu Krishna ou quelque légende venue du fond des âges épiques. Puis elle s'empara des petites mains et les pétrit de ses pouces, comme pour faire circuler le sang de la paume vers les extrémités. Le ventre, les jambes, les talons, la plante des pieds, la tête, la nuque, le visage, les ailes du nez, le dos, les fesses étaient successivement caressés, vivifiés par les doigts souples et dansants. Le massage s'acheva par une série d'exercices de yoga. Plusieurs fois de suite, la mère croisa et décroisa les bras de son fils sur la poitrine afin de libérer son dos, sa cage thoracique, sa respiration. Vint enfin le tour des jambes qu'elle remonta, ouvrit et referma sur le ventre pour provoquer l'ouverture et la relaxation complètes du bassin. L'enfant gazouillait de béatitude.

« Il s'agissait d'un véritable rituel », dira Lambert ébloui par tant d'amour, de beauté, d'intelligence. Car il imaginait toute la nourriture extra-corporelle que ce massage apportait au petit corps menacé par tellement de carences.

Après cette étincelle de lumière, la corvée de l'eau parut au Français une bien banale formalité. Plusieurs dizaines de femmes et d'enfants faisaient la queue et le débit de la pompe était si faible qu'on n'en finissait pas de remplir son récipient. Qu'importait. Le temps ne comptait pas à Anand Nagar et la fontaine était une foire aux nouvelles. Pour Lambert, c'était un champ d'observation passionnant. Une fillette s'approcha de lui avec un grand sourire et, d'autorité, s'empara de son seau. Touchant du doigt son poignet, elle lui dit en anglais :

— *Dadah*[1], tu dois être très pressé !

— Pourquoi crois-tu cela ? demanda Lambert.

— Parce que tu as une montre.

★

En rentrant chez lui, le prêtre trouva plusieurs personnes devant sa porte. Il reconnut les habitants de la courée chrétienne où l'avait emmené, le premier soir, l'envoyé du curé de la paroisse voisine. La jeune femme qui lui avait fait bénir son enfant lui offrait à présent une *chapati* et une petite bouteille.

1. Grand Frère.

— *Namaskar, Father,* dit-elle avec chaleur. Je m'appelle Margareta. Mes voisins et moi, nous avons pensé que vous n'aviez pas de quoi célébrer la messe. Voici du pain et du vin.

Paul Lambert dévisagea ses visiteurs, bouleversé. « Ils n'ont peut-être pas de quoi manger, mais ils se sont procuré du pain et du vin pour l'Eucharistie. » Il songea aux chrétiens des catacombes.

— Merci, dit-il en cachant son émotion.

— Nous avons préparé une table dans notre cour, ajouta la jeune femme avec un sourire complice.

— Je vous suis, dit Lambert, montrant cette fois sa joie.

Ces personnes appartenaient aux quelques familles — il y en avait une cinquantaine — qui constituaient le minuscule îlot de chrétiens vivant au milieu des soixante-dix mille musulmans et hindous de la Cité de la joie. Bien que tout aussi pauvres, ils étaient un peu moins déshérités que les autres. Ils devaient cet avantage à plusieurs raisons. D'abord et paradoxalement au fait qu'ils étaient minoritaires : moins les gens sont nombreux, plus il est facile de venir en aide aux plus démunis. Là où les prêtres hindous et les mollahs musulmans du secteur avaient affaire à plus d'un million de fidèles, le curé de l'église du coin comptait moins de mille paroissiens. Ensuite, pour se démarquer des autres communautés et augmenter leurs chances de décrocher un emploi de col blanc, beaucoup de chrétiens faisaient l'effort de conquérir l'instrument clef de l'ascension sociale : la langue anglaise. Enfin, s'ils parvenaient à échapper un peu mieux à l'extrême misère, c'était aussi parce que leur religion ne leur enseignait pas de se résigner à leur condition. Pour les hindous, le malheur présent résultait du poids des actions accomplies dans les incarnations pas-

sées ; il fallait accepter ce « karma » pour renaître
sous de meilleurs auspices. Préservés des tabous, les
chrétiens se trouvaient donc plus libres de se hisser
au-dessus du lot. C'est pourquoi l'Inde est parse-
mée de petites élites et d'institutions qui confèrent à
la minorité chrétienne une influence nationale hors
de proportion avec le nombre de ses membres.
C'était le cas dans la Cité de la joie.

Les chrétiens du *slum* venaient de la région de
Bettiah, un district agricole du Bihar qui avait abrité
jusque dans les années 40 l'une des communautés
chrétiennes les plus importantes de l'Inde du Nord.
L'origine de cette communauté était un superbe
chapitre de la grande saga des migrations religieuses
dans le monde. Il avait commencé vers le milieu du
XVIIIᵉ siècle. Persécutés par un souverain sanguinaire, trente-cinq Népalais convertis s'étaient enfuis
de leur pays avec leur aumônier, un capucin italien.
Ils avaient trouvé refuge dans une principauté où le
père capucin avait « miraculeusement » guéri
l'épouse du raja local. En remerciement, celui-ci
leur distribua des terres. Cette tradition d'accueil
aux chrétiens fut perpétuée par les rajas suivants.
La petite communauté prospéra et se multiplia. Un
siècle plus tard, elle comptait deux mille âmes. Avec
ses maisons blanchies à la chaux, ses rues étroites,
ses cours intérieures, ses places fleuries et sa grande
église, avec ses hommes coiffés de chapeaux à large
bord et ses jeunes filles vêtues de jupes et coiffées de
mantilles, le quartier chrétien de la ville de Bettiah
ressemblait un peu à un village méditerranéen.
C'est alors que s'abattit sur la région une étrange
calamité. Les Anglais l'appelèrent l'or bleu, les paysans l'indigo. La monoculture intensive de l'indigo-
tier utilisé pour la teinture provoqua, en 1920, la
première grande action de Gandhi. Ce fut ici, dans
la région de Bettiah, que le mahatma commença sa

campagne de non-violence active pour la libération de l'Inde. Et l'indigo fut finalement vaincu en 1942 par un produit synthétique de remplacement. Mais avant de mourir l'or bleu s'était vengé : il avait épuisé les terres et contraint à l'exil des milliers de paysans.

Les quelques familles qui s'apprêtaient à assister à la première messe de Paul Lambert dans le bidonville d'Anand Nagar venaient toutes de ces terres assassinées. Il y avait là une vingtaine de personnes, surtout des femmes avec des bébés dans les bras et quelques vieillards. Presque tous les chefs de famille étaient absents, signe que cette courée était privilégiée : les autres étaient pleines d'hommes sans travail. Dans l'assistance, se tenait également un personnage en guenilles, dont on oubliait l'aspect misérable tant son expression rayonnante retenait le regard. On l'appelait « Gunga », « le Muet ». Il était simple d'esprit et sourd-muet. Personne ne savait d'où il venait ni comment il avait échoué là. Margareta l'avait un jour ramassé dans une ruelle inondée par la mousson alors qu'il était sur le point de se noyer. Bien qu'elle fût veuve et qu'il y eût déjà huit personnes à son foyer, elle l'avait hébergé. Un beau matin, il avait disparu et on ne l'avait plus revu pendant deux ans. Puis il était réapparu. Il dormait sur quelques chiffons sous l'auvent et semblait toujours content. Un mois plus tôt, un voisin l'avait trouvé inanimé. On aurait dit qu'il s'était vidé de toute vie pendant la nuit. Margareta avait instantanément diagnostiqué le choléra. Elle l'avait chargé sur un rickshaw et conduit à l'hôpital de Howrah. Grâce à un billet de dix roupies, elle avait obtenu de l'infirmier de garde une place pour lui sur un grabat du service des urgences. En rentrant, elle avait fait un crochet par l'église Notre-Dame-du-bon-accueil et allumé un cierge. Trois jours plus tard, « Gunga » était de retour. Quand il aperçut Paul Lambert, il se précipita vers lui. Il se baissa pour lui toucher les pieds et mit ensuite ses mains sur sa tête en signe de respect.

Ce que découvrit le prêtre en entrant dans la courée des chrétiens restera à jamais gravé dans sa mémoire. « Ils avaient recouvert d'une pièce de coton immaculée une planche posée sur deux caisses et placé une bougie à chaque coin. Une assiette et un gobelet en inox rutilant servaient de patène et de ciboire. Un crucifix de bois et une guirlande d'œillets jaunes complétaient la décoration de cet autel de fortune dressé contre le puits au centre de la cour. »

Paul Lambert se recueillit un long moment, méditant sur le miracle qu'il allait accomplir dans cet environnement de *chula* qui fumaient, de guenilles qui séchaient sur les toits, d'enfants en haillons qui se poursuivaient dans les caniveaux, dans ce vacarme de trompes, de chants, de cris, de vie. Avec un morceau de cette galette sans levain si semblable à celle dont Jésus lui-même s'était servi pour son dernier repas, il allait « fabriquer » le Créateur même de cette matière. Entre ses mains, un peu de pain allait devenir Dieu, Celui qui était à l'origine de toutes choses. Lambert considérait qu'il s'agissait là de la révolution la plus prodigieuse qu'un homme puisse être appelé à opérer.

Il avait souvent célébré la messe dans une baraque de bidonville, dans la salle commune d'un foyer de travailleurs immigrés, dans un coin d'atelier d'usine. Mais aujourd'hui, au milieu de ces hommes souffrants, méprisés, brisés, il sentait tout ce que l'offrande et le partage du pain allaient avoir d'unique.

« Cette volonté de Dieu de partager la condition des plus humbles m'a toujours paru un phénomène extraordinaire, dira-t-il. Comme si de se faire homme n'avait pas suffi à satisfaire sa soif d'abaissement, et qu'Il ait voulu être encore plus proche des plus pauvres, des plus petits, des plus handicapés, des plus rejetés. Quel bonheur fou d'avoir le pouvoir de permettre à Dieu d'exprimer par l'Eucharistie cet infini de son amour. »

Lambert célébrait sa messe dans un recueillement de carmel quand trois chiens parias, la queue retroussée, traversèrent la cour en aboyant derrière un rat presque aussi gros qu'eux. La scène était si banale que personne n'y prêta attention. Par contre, le passage d'un marchand de ballons au moment de la lecture de l'Évangile capta plusieurs regards. Accrochées à leur bambou, les baudruches de couleurs vives ressemblaient à des luminaires dans ce morceau de ciel gris. Le buisson multicolore s'éloigna et la voix chaude de Lambert s'éleva au-dessus des têtes. Le prêtre avait soigneusement choisi le message de bonne nouvelle qu'elle apportait. Regardant avec tendresse les visages émaciés qui lui faisaient face, il répéta les propres paroles de Jésus :

Heureux ceux qui ont une âme de pauvre,
car le royaume des cieux est à eux.
Heureux les affligés, car ils seront consolés.
Heureux les affamés et assoiffés de la justice,
car ils seront rassasiés.

Comme il prononçait ces mots, Paul Lambert éprouva soudain une sorte de gêne. « Ces gens ont-ils vraiment besoin de paroles ? se demanda-t-il. Ne sont-ils pas tous déjà le Christ, le véhicule, le sacrement ? Ne sont-ils pas les pauvres des Écritures, les pauvres de Yahvé, ces êtres dans lesquels Jésus s'est incarné quand il a dit que là où étaient les pauvres, il était avec eux ? »

Après un silence, il ouvrit les bras comme pour étreindre cette poignée d'hommes et de femmes souffrants. Voulant les imprégner du message de l'Évangile de ce premier matin, il fixa intensément chacun de ses nouveaux frères et sœurs. Puis, laissant parler le Christ par sa voix, il s'écria : « Soyez en paix, car vous êtes la lumière du monde. »

15

La première toilette de Paul Lambert dans le bidonville commença par une nouvelle infraction aux sacro-saintes traditions. Comme il l'avait vu faire aux hommes sur le chemin de la fontaine, il s'était déshabillé, ne gardant sur lui que son caleçon. Il était sorti dans la ruelle devant sa chambre avec son seau d'eau. Il s'était accroupi sur les talons, dans cette position typiquement indienne si difficile à maintenir pour un Occidental. Il avait vidé de l'eau sur ses pieds et était en train de se frotter vigoureusement les orteils quand le vieil hindou de la *tea-shop* d'en face l'interpella, horrifié :

— *Father,* ce n'est pas comme ça que tu dois faire ta toilette ! C'est la tête qu'il faut laver en premier. Les pieds, c'est à la fin, quand tu as nettoyé tout le reste.

Le Français était sur le point de balbutier quelque excuse quand apparut la fillette qui, le soir précédent, lui avait apporté une assiette de nourriture. Le spectacle de ce *sahib* à moitié nu qui s'aspergeait d'eau l'amusa tellement qu'elle éclata de rire.

— Mais pourquoi te laves-tu, *Dadah* ? demanda-t-elle. Tu as déjà la peau si blanche !

Quelques instants plus tard, Lambert commit un quatrième impair en roulant dans le mauvais sens la natte sur laquelle il avait dormi. Au lieu de commencer par le côté de la tête, il fit l'inverse. Si bien qu'il risquait, comme le lui fit comprendre par gestes le musulman de la pièce voisine, de poser la nuit suivante sa tête à l'endroit où il avait posé ses pieds la veille. « Je savais qu'il me faudrait du temps pour saisir toutes les subtilités de la vie dans le *slum* et ne plus choquer personne. » En revenant de la fontaine, il avait encore plus nettement ressenti la réserve de ses voisins. Des femmes avaient précipitamment rabattu le pan de leur sari sur leur visage, des enfants qui jouaient aux billes avaient détalé comme des lapins. Seule la vermine ne lui témoignait aucun ostracisme. Après les rats, la scolopendre et les moustiques de la nuit, voilà que les mouches lui manifestaient à leur tour leur sympathie. « Il y en avait des centaines. Des vertes, des grises, des énormes, des minuscules. Elles se déplaçaient par escadrilles entières, toujours prêtes à s'agglutiner au moindre morceau de ma peau. Elles n'hésitaient pas à entrer dans mes oreilles, mes narines, mes yeux, jusqu'au fond de mon gosier avec chaque boulette de nourriture. Rien ne freinait leur audace. Elles ne daignaient même pas s'envoler quand je les chassais, se contentant de trottiner de quelques centimètres pour m'infliger leur supplice un peu plus loin. J'étais désarmé. Pour échapper à leur torture, j'essayais de fixer ma pensée sur un souvenir de bonheur. Sur ma mère battant des œufs en neige pour faire une île flottante, mon dessert préféré, ou sur le visage de mon père rentrant le soir de la mine, noir comme un charbonnier. »

Ce premier matin, Lambert appela aussi l'image du Christ à son secours. Les yeux braqués sur le visage torturé épinglé au mur, il répéta à voix haute une litanie de *ôm*. Au bout d'un moment, cette invocation devint complètement inconsciente. Il en calquait la cadence sur les battements de son cœur. Cette façon d'utiliser son rythme biologique pour communiquer avec Dieu le libéra peu à peu de toute contingence extérieure. Les mouches pouvaient continuer leur agression, il ne les sentait plus.

C'est alors que le joyeux visage de l'envoyé du curé de la paroisse apparut dans l'embrasure de la porte. Le brave homme était venu s'inquiéter de la façon dont le Français avait supporté ses premières heures dans le bidonville. Le récit de son équipée aux latrines, de sa toilette contraire aux rites et de ses démêlés avec les rats, les scolopendres, les mouches et autres insectes le consterna.

— Monsieur le curé me charge de vous dire qu'il y a une chambre confortable pour vous au presbytère, insista-t-il. Cela ne vous empêchera pas de venir passer ici tout le temps que vous voudrez. De grâce, acceptez. Ce n'est pas ici la place d'un prêtre.

L'Anglo-Indien hocha tristement la tête puis sortit d'un sac de moleskine les deux gros volumes que le curé lui avait demandé d'apporter à Lambert. L'un était une grammaire bengalie, l'autre un exemplaire des Évangiles en hindi. Le Français accueillit ces présents avec enthousiasme. Il savait qu'ils seraient d'irremplaçables outils pour l'aider à abattre le mur de silence qui l'isolait dans sa nouvelle existence.

Loin de le rebuter, cette incapacité de s'exprimer et de comprendre avait d'abord enchanté Lambert. « Pour un étranger comme moi débarquant parmi de si pauvres gens, c'était l'occasion unique de me placer en état d'infériorité, expliquera-t-il. C'était moi qui avais besoin des autres, et non pas eux qui avaient besoin de moi. » Réflexion fondamentale pour un homme qui se sentait tellement privilégié par rapport à son entourage qu'il se demandait s'il pourrait jamais réellement s'y intégrer. « Comment croire, en effet, qu'il soit possible de partager vraiment la condition des habitants du bidonville, au moral comme au physique, quand on jouit d'une santé de rugbyman, quand on n'a pas de famille à nourrir, loger, soigner ; quand on n'a pas à chercher du travail ni l'obsession de conserver son emploi ; quand on sait que l'on peut à tout moment s'en aller ? »

Comme il l'avait espéré, le handicap de la langue facilita ses premiers rapports avec les gens en leur donnant un sentiment d'importance, de supériorité. Comment disait-on « eau » en ourdou ? « thé » ou « seau » en hindi ? En répétant de travers ces mots dans leur langue, en les prononçant incorrectement, il déclencha leurs rires et s'attira peu à peu leur sympathie. Jusqu'au jour où, ayant compris qu'il n'était pas un simple visiteur de passage mais un des leurs, ils lui donneront le surnom le plus affectueux de leur vocabulaire, celui de « Dadah Paul », Grand Frère Paul.

L'hindi, la grande *lingua franca* de l'Inde moderne, aujourd'hui parlée par près d'un quart de milliard d'hommes, était compris par la majorité des habitants de la Cité de la joie. C'était l'une des vingt ou trente langues en usage dans le bidonville, parmi lesquelles le bengali, l'ourdou, le tamoul, le malayalam, le panjabi et quantité de dialectes. Faute de professeur, Lambert commença son apprentissage d'une façon plutôt originale. Chaque matin après son heure de méditation, il se donna une leçon d'hindi grâce aux textes qu'il connaissait mieux encore que les lignes de sa main, les Évangiles. Il s'asseyait sur sa natte, le dos bien droit contre le mur, les jambes repliées dans la position du lotus, sa Bible de Jérusalem en français posée sur une cuisse et, sur l'autre, les Évangiles en hindi envoyés par le père Cordeiro. La gracieuse et mystérieuse calli-

graphie de cet ouvrage faisait penser aux hiéro-
glyphes égyptiens. Comme l'illustre Champollion,
Lambert comprit qu'il lui fallait d'abord trouver une
clef. Il la chercha patiemment en examinant un à un
les versets en hindi dans l'espoir d'y découvrir un
nom de personne ou de lieu qui n'aurait pas été
traduit. Après plusieurs jours de recherches, ses
yeux tombèrent enfin sur un mot de dix lettres
imprimé en majuscules latines. Il identifia aussitôt le
chapitre dont il provenait et put sans peine inscrire
en face de chaque mot hindi sa correspondance en
français. Il ne lui resta qu'à décortiquer chaque
lettre l'une après l'autre pour trouver sa transcrip-
tion et reconstituer un alphabet. Ce mot clef lui
parut doublement symbolique. C'était le nom d'une
ville à l'image de celle où il se trouvait, une ville où
des foules de pauvres s'étaient rassemblées pour se
tourner vers Dieu. C'était aussi le symbole d'un
enchevêtrement inextricable de choses et de gens
comparable au bidonville de la Cité de la joie. Ce
mot magique était Capharnaüm.

16

Toutes les villes de l'ex-monde colonial les ont bannis de leurs rues comme l'un des aspects les plus dégradants de l'exploitation de l'homme par l'homme. Sauf Calcutta où, aujourd'hui encore, quelque cent mille esclaves-chevaux attelés à leurs rickshaws parcourent quotidiennement plus de kilomètres que les trente Boeing et Airbus de la compagnie aérienne intérieure Indian Airlines. Ils transportent chaque jour plus d'un million de voyageurs et personne, hormis quelques urbanistes visionnaires, ne songerait à ranger ces anachroniques carrioles au musée de l'histoire. Ici, la sueur humaine fournit l'énergie la moins chère du monde.

Avec leurs deux grandes roues à rayons de bois, leur fine nacelle et leurs brancards incurvés, les rickshaws ressemblent un peu aux tilburys de nos grands-mères. Ils ont été inventés à la fin du siècle dernier par un Occidental, missionnaire au Japon. Leur nom dérive de l'expression japonaise *ji riki shaw* qui signifie littéralement « véhicule propulsé par l'homme ». Les premiers rickshaws sont apparus en Inde vers 1880 dans les artères impériales de Simla, la capitale d'été de l'Empire britannique des Indes. Une vingtaine d'années plus tard, quelques-uns de ces véhicules arrivèrent à Calcutta, importés par des commerçants chinois qui les utilisèrent au transport des marchandises. En 1914, ces Chinois sollicitèrent l'autorisation de les affecter également au transport des personnes. Plus rapides que les antiques palanquins et plus maniables que les fiacres, ces carrioles s'étaient rapidement imposées dans le premier port de l'Asie, et leur vogue avait gagné de nombreuses métropoles du Sud-Est asiatique. Pour beaucoup d'anciens paysans parmi les millions d'hommes réfugiés à Calcutta depuis l'Indépendance, leurs brancards avaient été un gagne-pain providentiel. Nul ne sait combien de rickshaws sillonnent aujourd'hui les rues et venelles de la dernière ville du monde où ils survivent. En 1939, les Britanniques avaient limité leur nombre à six mille. Et comme aucune nouvelle plaque n'a été attribuée depuis 1949, ils sont toujours officiellement moins de dix mille. Des statistiques officieuses font état d'un chiffre cinq fois plus élevé, quatre véhicules sur cinq circulant illégalement avec un faux numéro. Chacun de ces cinquante mille rickshaws fait vivre deux tireurs qui se relaient dans ses brancards d'un lever du soleil à l'autre. La sueur de ces cent mille forçats nourrit autant de familles et l'on estime qu'au total, près d'un million d'individus demandent aux rickshaws leur assiette quotidienne de riz. Des économistes ont même calculé l'importance financière de cette activité unique dans le catalogue des processions : quatre milliards de centimes français, soit un peu plus du quart du budget des transports parisiens. Une part non négligeable de ce montant — environ cent millions de centimes par an — représente la dîme versée par les tireurs aux policiers et autres autorités pour se prémunir contre les multiples tracasseries dont ils sont victimes. Car les embouteillages démentiels qui paralysent chaque jour un peu plus l'asphalte surpeuplé de Calcutta ont poussé les responsables de la circulation à chasser les attelages d'hommes-chevaux d'un nombre croissant d'artères.

— Rien de tel qu'un grand verre de *bangla* pour te mettre un tigre dans le moteur ! s'exclama Ram Chander paraphrasant une publicité qui couvrait les murs de Calcutta.

Il entraîna son nouvel ami dehors.

— Diable oui ! renchérit Hasari, c'est comme si tu te tapais six *chapati* de suite et une bassine entière de curry de poisson. — Il fit une grimace et se frotta le ventre. — Sauf qu'avec ce pétrole-là, ça gargouille un peu là-dedans.

Cela pouvait en effet « gargouiller ». Le breuvage que les deux compères venaient d'avaler était l'une des mixtures les plus infâmes jamais distillées par les hommes dans leurs alambics. Il s'appelait *country liquor* et provenait d'un village situé en bordure de la décharge à ordures de Calcutta. Là, à longueur d'année, des déchets de toutes sortes, des viscères d'animaux et du jus de canne fermentaient dans de grandes jarres immergées au fond d'une mare putride. La page des faits divers des journaux ne cessait de relater les ravages de cet alcool-poison qui faisait chaque année en Inde autant de victimes que le paludisme. Un seul avantage : son prix. Échappant aux taxes, il ne coûtait que sept roupies la bouteille, quatre ou cinq fois moins qu'un flacon du rhum gouvernemental le plus médiocre.

Les deux amis firent un bout de chemin ensemble. Mais bientôt Ram Chander fut hélé par une dame âgée, très forte, vêtue du sari blanc des veuves. Hasari l'aida à monter dans le rickshaw et Ram partit au petit trot. En regardant s'éloigner la carriole, le paysan se dit que son ami avait bien de la chance. « Lui, au moins, il peut regarder les autres dans les yeux. Il a un travail. Il a sa dignité.

Alors que moi, je suis comme ces chiens galeux qui traînent dans les rues. Je n'existe pas. »

Avant de se séparer, les deux hommes s'étaient donné rendez-vous pour le lendemain sur l'esplanade de Park Circus, là où se croisent les tramways. Ram Chander avait promis d'essayer de présenter son ami au représentant du propriétaire de son rickshaw. « Avec un peu de chance et un bon bakchich, peut-être qu'il te trouvera une guimbarde à tirer », avait-il laissé espérer. « En temps normal, racontera Hasari, j'aurais refusé de croire à quelque chose d'aussi beau. Mais le *bangla* m'avait donné des ailes. Je me sentais dans la peau d'un cerf-volant. » Les deux hommes avaient également décidé de retourner à l'hôpital rendre visite au coolie blessé.

Le paysan erra longtemps avant de retrouver sa famille. « Il avait partout des rangées ininterrompues de boutiques, de magasins, d'étalages et des milliers de gens sur les trottoirs et la chaussée. On aurait dit que la moitié de la population passait son temps à vendre quelque chose à l'autre moitié. Il y avait des quantités d'objets que je n'avais jamais vus, comme des instruments pour peler les légumes ou faire couler le jus des fruits. Il y avait aussi des montagnes d'ustensiles, d'outils, de pièces mécaniques, de sandales, de chemises, de ceintures, de sacs, de peignes, de stylos, de lunettes noires contre le soleil. A certains endroits, il était très difficile de se frayer un chemin à cause des marchandises et des gens entassés sur la chaussée. Au coin d'une rue, j'achetai plusieurs *alu-bhurta* à un marchand ambulant. Mes enfants raffolaient de ces beignets de pommes de terre saupoudrés de sucre. Mais avec cinq roupies, je ne pouvais pas en acheter beaucoup. Et peut-être aurais-je mieux fait d'acheter à la place plusieurs rations de riz soufflé pour toute la famille. Mais quand on a du *bangla* plein la tête et le ventre, on n'est plus responsable de ses folies. »

La nuit était tombée depuis longtemps quand il reconnut enfin l'avenue où il campait. Avant d'atteindre le bout de trottoir familial, il entendit des cris et vit un attroupement. Craignant qu'un malheur ne soit arrivé à sa femme ou à l'un de ses enfants, il se précipita. C'était la voisine qui hurlait. Elle avait le visage en sang et des marques de coups sur les épaules et les bras. Son mari était encore une fois rentré ivre. Ils s'étaient disputés et il l'avait frappée avec une barre de fer. Il l'aurait tuée si des voisins ne s'étaient interposés. Il avait aussi battu les deux petits. Puis il avait pris ses hardes et était parti en vouant les siens aux griffes des démons. La pauvre femme se retrouvait seule sur le trottoir avec trois enfants en bas âge et un autre dans le ventre. Sans oublier un fils en prison et une fille prostituée. « Il y a parfois de quoi maudire son karma », pensa Hasari.

Par chance, ses deux aînés avaient pu rapporter de leur journée de fouille dans les détritus du Barra Bazar quelques débris de courges et de navets. Ils étaient tout fiers de leur exploit car tant de gens exploraient les tas d'ordures que les bonnes prises étaient rares. Leur mère emprunta le *chula* de la voisine pour cuire une soupe qu'ils partagèrent avec elle et ses enfants abandonnés. Ils partagèrent aussi les beignets. Rien n'apaise mieux le chagrin et la peur qu'un bon repas. Surtout quand on vit sur un trottoir et qu'on n'a même pas une plaque de tôle ondulée ou une toile au-dessus de la tête. Cette nuit-là, les deux familles se serrèrent un peu plus pour dormir. Seul un pauvre peut avoir besoin d'un autre pauvre.

17

Chaque nuit, vers onze heures, cela recommen-çait. C'étaient d'abord des pleurs, puis l'intensité montait, le rythme s'accélérait et cela devenait un torrent de râles qui déferlaient à travers la cloison. Un jeune musulman de dix ans se mourait de tuber-culose osseuse dans le taudis d'à côté. Il s'appelait Sabia.

« Pourquoi cette agonie d'un innocent dans un lieu déjà marqué par tant de souffrances ? » s'indi-gnait Paul Lambert. Les premiers soirs, il avait cédé à la lâcheté. Pour ne pas entendre, il s'était bouché les oreilles. « J'étais comme Job au bord de la révolte, expliquera-t-il. J'avais beau fouiller les Écri-tures à la lueur de ma lampe à huile, je n'arrivais pas à trouver d'explication satisfaisante à l'idée que Dieu puisse laisser faire cela. Qui pourrait jamais oser dire à cet enfant qui se tordait de douleur : "sois heureux, toi le pauvre, car le royaume de Dieu est à toi. Sois heureux, toi qui pleures aujourd'hui, car demain tu riras. Sois heureux, toi qui as faim, car tu seras rassasié." Cela paraissait absurde. Le prophète Isaïe tentait bien de justifier la souffrance de l'innocent : ce sont NOS souffrances qu'il endure, affirmait-il, et elles servent à nous guérir de NOS péchés. Cette idée que la souffrance d'un être pût aider à la guérison du monde était séduisante, certes. Mais comment admettre que l'agonie de mon petit voisin faisait partie de cette ascèse ? Tout en moi disait non. »

Il fallut plusieurs nuits pour que Paul Lambert acceptât d'entendre les cris de Sabia. Plusieurs autres encore pour qu'il les entende non plus seulement avec ses oreilles, mais avec son cœur. Entre sa foi de religieux et sa révolte d'homme, il se sentait écartelé. Avait-il le droit d'être heureux, de chanter les louanges de Dieu, alors qu'il y avait, à côté de lui, ce supplice intolérable ? Faute de pouvoir s'ouvrir de son dilemme à quelqu'un, Lambert eut recours à la prière. Chaque nuit, quand l'enfant de sa voisine recommençait à gémir, il faisait le vide en lui et il priait. Il cessait alors d'entendre les pleurs, les cris, les bruits ; il cessait de percevoir les frôlements des rats dans l'obscurité, il cessait de sentir les puanteurs de l'égout bouché devant sa porte. Il « entrait en apesanteur », selon sa propre expression.

« Au début, ma prière concernait exclusivement l'agonie du petit Sabia. Je suppliais le Seigneur d'alléger ses souffrances, d'abréger son sacrifice. Et s'Il jugeait que cette épreuve était vraiment utile au rachat des péchés des hommes, Lui qui n'avait pas hésité à sacrifier son propre fils, alors je lui demandais de me permettre d'en prendre une part, de me laisser souffrir à la place de cet enfant. » Nuit après nuit, les yeux tournés dans le noir vers l'image du Saint Suaire, Paul Lambert priait jusqu'à ce que les gémissements se taisent. Il priait et appelait inlassablement : « Toi qui es mort sur la Croix pour sauver les hommes, aide-moi à comprendre le mystère de la souffrance. Aide-moi à la transcender. Aide-moi, surtout, à lutter contre ses causes, contre le manque d'amour, contre les haines, contre les injustices qui la provoquent. »

134

La maladie de son jeune voisin s'aggrava et les râles de son agonie redoublèrent. Un matin, le prêtre prit l'autobus qui menait à l'hôpital de Howrah. « Il me faut une seringue et une dose de morphine, c'est très urgent », dit-il à l'infirmier responsable de la pharmacie de l'établissement en lui donnant trente roupies. « Puisque son mal était incurable et que ma prière avait échoué, dira-t-il pour se justifier, Sabia devait au moins pouvoir mourir en paix. »

Aidée de ses trois filles âgées de onze, huit et cinq ans, la mère de Sabia passait ses journées accroupie dans la ruelle à confectionner des sacs en papier avec des vieux journaux. Elle était veuve, elle aussi — il y avait beaucoup de veuves dans la Cité de la joie —, et cette activité représentait son unique source de revenus pour faire vivre sa famille. Mais à tout instant elle devait s'interrompre, se lever et déménager pour laisser passer un cyclo-pousse ou un charroi. Paul Lambert avait constaté que jamais la malheureuse ne se départait de son sourire.

Des regards hostiles le fusillèrent dès qu'il s'arrêta devant le taudis de Sabia. Pourquoi cet infidèle voulait-il entrer chez le petit musulman qui se mourait ? Voulait-il l'attirer vers sa religion ? Lui dire qu'Allah n'était pas le vrai Dieu ? Nombreux dans le quartier étaient ceux qui se méfiaient du prêtre. On racontait tant d'histoires sur le zèle des missionnaires chrétiens, sur leur habileté diabolique à se faufiler partout. N'était-ce pas pour endormir la vigilance que celui-ci, au lieu d'une soutane, portait un pantalon et des baskets ? Mais la mère de Sabia l'accueillit, elle, avec son beau sourire. Elle envoya sa fille aînée lui chercher une tasse de thé chez le vieil hindou et l'invita à pénétrer sous son toit. Une odeur de chair putride fit hésiter Lambert quelques secondes sur le seuil. Puis il plongea dans la pénombre.

Le petit musulman gisait sur un matelas de chiffons, les bras en croix, la peau creusée d'ulcères grouillants de mouches, les genoux à demi repliés sur son torse décharné. Lambert s'approcha. L'enfant ouvrit les yeux. Une étincelle de joie illumina son regard. Paul Lambert en fut bouleversé. « Comment croire ce que je voyais ? Comment pouvait-il émaner tant de sérénité de ce petit corps martyrisé ? » Ses doigts se crispèrent sur l'ampoule de morphine.

— *Salam,* Sabia, murmura-t-il en souriant à son tour.

— *Salam,* Grand Frère ! répondit l'enfant d'une voix faible Qu'est-ce que tu tiens dans la main, des bonbons ?

Surpris, Lambert laissa tomber l'ampoule qui se brisa « Sabia n'avait pas besoin de morphine. Ses traits étaient empreints d'une paix qui me désarma. Il était meurtri, mutilé, crucifié, mais il n'était pas accablé. Il venait de m'offrir la plus grande des richesses : une secrète raison de ne pas désespérer, une lumière aveuglante dans les ténèbres. »

Combien Paul Lambert avait-il de frères et de sœurs de lumière comme Sabia dans ce quartier de souffrance ? Des centaines, des milliers peut-être. Chaque matin, après avoir célébré l'Eucharistie, il allait leur apporter les quelques secours dont il disposait : un peu de nourriture, des médicaments, ou simplement le réconfort de sa présence. Rien ne stimulait davantage son moral que ses visites à une chrétienne lépreuse et aveugle qui vivait près des voies ferrées. Si incroyable que cela puisse paraître, cette femme plongée au cœur de la plus innommable pourriture rayonnait elle aussi une totale sérénité. Elle restait des journées entières à prier, recroquevillée dans un coin de son taudis sans éclairage ni aération. Derrière elle, accroché à un clou dans le mur de torchis, pendait un crucifix et, au-dessus de la porte, une niche abritait une statuette de la Vierge, noire de suie. Elle était si maigre que sa peau toute parcheminée soulignait les arêtes de ses os. Quel âge pouvait-elle avoir ? Sûrement beaucoup moins que ce qu'elle paraissait. Quarante ans au plus. Non seulement elle était aveugle, mais la lèpre avait en outre réduit ses mains à l'état de moignons et dévoré sa face. Veuve d'un petit employé de la municipalité, elle habitait le *slum* depuis vingt ans. Personne ne savait comment elle avait contracté la lèpre, mais la maladie l'avait tellement rongée qu'il était maintenant trop tard pour y porter remède. Dans un coin de la pièce, ses quatre petits-enfants âgés de deux à six ans dormaient côte à côte sur un bout de natte élimé.

Autour de cette chrétienne et des siens s'était tissée une de ces toiles d'entraide et d'amitié qui faisaient de la Cité de la joie un de ces endroits privilégiés dont avait parlé Jésus de Nazareth quand il avait invité ses disciples « à se rassembler en un lieu propice pour y attendre le Jugement dernier et la Résurrection ». Le fait était d'autant plus remarquable que les voisins de la lépreuse étaient tous hindous, ce qui normalement leur interdisait de toucher quelqu'un atteint de cette maladie maudite, d'entrer dans sa maison et même, disait-on parfois, de souiller leur regard par sa vue. Chaque jour, pourtant, ces hindous se relayaient pour apporter à cette chrétienne une assiette de riz et de légumes, pour l'aider à sa toilette, faire son ménage, s'occuper des enfants. Le *slum*, par ailleurs tellement inhumain, lui offrait ce qu'aucun hôpital n'aurait pu lui procurer. Cette femme brisée ne manquait pas d'amour.

Un sixième sens l'avertissait chaque fois de l'arrivée de Lambert. Dès qu'elle le sentait approcher, elle faisait un effort pour se redresser. Avec ce qui lui restait de mains, elle lissait sa chevelure, pathétique geste de coquetterie au fond de son absolue déchéance. Elle aménageait ensuite la place à côté d'elle remettant en ordre à tâtons un coussin de guenilles pour y accueillir son visiteur. Heureuse, elle n'avait plus alors qu'à patienter en égrenant son chapelet entre ses lèvres mutilées. Ce matin-là, le prêtre allait la combler.

— *Good morning, Father!* s'empressa-t-elle de lancer dès qu'elle perçut son pas.

— *Good morning, Grandma!* répondit Lambert en se déchaussant sur le seuil. Vous semblez en grande forme aujourd'hui.

Il ne l'avait jamais entendue se plaindre ni s'apitoyer sur son sort. Une fois de plus, il fut frappé de voir son visage ravagé arborer une expression de bonheur. Elle lui fit signe de s'asseoir à côté d'elle. Dès qu'il fut installé, elle tendit vers lui ses bras décharnés dans un geste d'amour maternel. Elle approcha ses moignons de sa figure, les promena sur son cou, ses joues, son front. La lépreuse aveugle caressait le visage du prêtre comme pour en palper la vie. « C'était bouleversant, dira-t-il. Il me semblait que c'était elle qui me donnait ce qu'elle cherchait en moi. Il y avait plus d'amour dans l'effleurement de cette chair pourrie que dans toutes les étreintes du monde. »

— *Father,* je voudrais tant que le Bon Dieu vienne enfin me chercher. Qu'attendez-vous pour le lui demander ?

— Si le Bon Dieu vous garde avec nous, *Grandma,* c'est qu'Il a encore besoin de vous ici.

— *Father,* s'il faut souffrir encore, je suis prête. Je suis prête surtout à prier pour les autres, à prier pour les aider à supporter aussi leurs souffrances. *Father,* apportez-moi leurs souffrances.

Paul Lambert lui raconta sa visite au jeune Sabia. Elle l'écoutait, ses yeux morts fixés sur lui.

— Dites-lui que je vais prier pour lui.

Le prêtre chercha dans sa musette le mouchoir bien propre dans lequel il avait soigneusement enveloppé un morceau de chapati consacré lors de sa messe du matin. Ce court instant de silence intrigua la lépreuse.

— Que faites-vous, *Father* ?

— *Grandma,* je vous ai apporté la communion. Voici le corps du Christ.

Elle entrouvrit les lèvres et Lambert déposa le fragment de galette sur le bout de sa langue.

— *Amen !* murmura-t-elle au bout d'un moment.

Son visage s'inonda alors d'une joie intense. Il y eut un long silence, troublé seulement par le bourdonnement des mouches et les éclats d'une dispute à l'extérieur. Les quatre petits corps endormis n'avaient pas bougé.

Quand Paul Lambert se redressa pour partir, la lépreuse éleva vers lui son chapelet dans un geste de salut et d'offrande.

— Dites bien à tous ceux qui souffrent que je prie pour eux.

Ce soir-là, Paul Lambert nota dans son cahier : « Cette femme sait que sa souffrance n'est pas inutile. J'affirme que Dieu veut utiliser sa souffrance pour aider d'autres êtres à supporter la leur. » Quelques lignes plus loin, il concluait : « Voilà pourquoi ma prière devant cette malheureuse ne peut plus être douloureuse. Sa souffrance est la même que celle du Christ sur la Croix ; elle est positive, rédemptrice. Elle est l'espérance. Je ressors chaque fois revivifié du taudis de ma sœur, la lépreuse-aveugle. Oui, comment désespérer dans ce *slum* d'Anand Nagar ? Ce bidonville mérite vraiment son nom de Cité de la joie. »

18

Il régnait sur sa flotte de carrioles comme un caïd
du milieu sur sa troupe de prostituées. Personne ne
le voyait jamais. Mais tous — ses tireurs, son intendant et même les policiers — acceptaient depuis
cinquante ans la puissance occulte du dénommé
Bipin Narendra, le plus grand propriétaire de rickshaws de Calcutta. Nul ne savait au juste combien
de véhicules roulaient sous ses couleurs. La rumeur
parlait d'au moins quatre cents, dont plus de la
moitié circulaient illégalement sans plaque officielle.
Mais si vous aviez rencontré Bipin Narendra sur les
marches du temple de Kâlî, vous lui auriez certainement fait l'aumône. Avec son pantalon trop large,
ses savates rafistolées, sa chemise flottante maculée
de taches et sa béquille qui soutenait une jambe
légèrement atrophiée, il ressemblait plus à un mendiant qu'à un capitaine d'industrie. Seul le sem-
piternel calot blanc planté sur son crâne chauve
rehaussait un peu l'aspect minable du personnage.
Nul ne savait son âge, pas même lui sans doute, à
deux ou trois ans près. On disait qu'il devait avoir
dans les quatre-vingt-dix ans, ce qui était fort possible car il n'avait jamais bu une goutte d'alcool,
fumé une cigarette ni mangé un gramme de viande.
Ni, bien entendu, transpiré entre les brancards des

rickshaws qui faisaient aujourd'hui sa richesse mais détruisaient un homme en moins de deux décennies.

Son plus lointain souvenir remontait à l'époque où il avait quitté son Bihar natal pour venir gagner sa vie à Calcutta. « C'était le début de la Grande Guerre en Europe, racontait-il. Il y avait beaucoup de soldats à Calcutta et tous les jours ils embarquaient sur les bateaux. Il y avait des défilés sur le Maidan où des fanfares jouaient de la musique militaire. C'était très gai. Plus gai qu'à la campagne où j'étais né. Mes parents étaient des paysans sans terre, des ouvriers agricoles. Mon père et mes frères louaient leurs bras aux *zamindar*. Mais il n'y avait du travail que quelques mois par an ; et cela n'était pas une vie. »

Son premier emploi, Bipin Narendra l'avait trouvé comme aide du chauffeur d'un autobus appartenant à un Bihari de son village. Son rôle consistait à ouvrir les portes à chaque arrêt et à faire descendre ou monter les usagers. Un autre employé faisait fonction de receveur. C'était lui qui encaissait le prix du transport, variant selon la distance. C'était lui aussi qui tirait la sonnette pour donner le signal du départ. « Je l'enviais beaucoup parce qu'il touchait un pourcentage sur chaque billet, et comme il partageait avec le chauffeur, tous les autobus faisaient la course pour se rafler mutuellement les voyageurs. Certains prétendent que ce système est toujours en vigueur de nos jours. »

Au bout de trois ans, le propriétaire de l'autobus put acheter un deuxième véhicule et Bipin Narendra obtint le poste de receveur. Combien de millions de kilomètres avait-il parcourus à travers la gigantesque métropole, il était bien incapable de le dire. « Mais, à l'époque, la ville était bien différente. Les habitants étaient beaucoup moins nombreux.

Les rues étaient propres et bien entretenues. Les Anglais étaient très sévères. On pouvait gagner de l'argent sans se cacher, en travaillant honnêtement. »

Les rickshaws avaient connu un très vif succès dès leur apparition car ils offraient un moyen de transport meilleur marché que les voitures à chevaux ou les taxis automobiles. Un jour de 1930, Bipin Narendra acheta deux de ces engins. Neufs, ils valaient deux cents roupies pièce. Mais il en avait trouvé d'occasion pour cinquante roupies seulement. Il les loua aussitôt à des émigrés biharis originaires de son village. Plus tard, il emprunta mille six cents roupies à son patron et acheta huit autres rickshaws japonais, tout neufs. Ce fut le début de sa fortune. Au bout de quelques années, celui qu'on n'appelait plus désormais que « le Bihari », possédait une trentaine de carrioles. Avec les loyers qu'il collectait lui-même chaque jour, il acheta un terrain à Ballygunge, dans le sud de Calcutta, et y fit construire sa maison. C'était un quartier assez pauvre habité en majorité par de modestes employés hindous et musulmans. Le mètre carré n'y valait pas trop cher. Entre-temps, le Bihari s'était marié et chaque fois que sa femme était enceinte, il faisait bâtir une pièce de plus. Il était maintenant propriétaire d'une maison de quatre étages, la plus haute du quartier, car sa femme lui avait donné neuf enfants, trois fils et six filles.

Le Bihari avait été un rude travailleur. Pendant près d'un demi-siècle, il s'était levé chaque matin à cinq heures pour faire à bicyclette la tournée des tireurs de ses rickshaws et collecter le montant des redevances journalières. « Je ne savais ni lire ni écrire, dira-t-il fièrement, mais j'ai toujours su compter et je n'ai jamais laissé échapper une seule des roupies qui m'étaient dues. » A mesure que chacun de ses fils avait atteint l'âge de travailler, il avait diversifié ses affaires. Il avait gardé l'aîné avec lui pour le seconder dans la gestion de sa flotte de carrioles qui en était arrivée à compter plus de trois cents unités. Il avait placé le second à la tête d'une fabrique de boulons qui fournissait les chemins de fer. Au plus jeune, il avait acheté un autobus qui desservait la ligne de Dalhousie Square à la banlieue de Garia. Pour obtenir la concession de ce trajet particulièrement lucratif, il avait versé un substantiel pot-de-vin à un *babu* de la municipalité. Quant à ses filles, il les avait toutes mariées, et bien mariées. Heureux père ! L'aînée était l'épouse d'un lieutenant-colonel de l'armée de terre, la cadette celle d'un commandant de la marine. Il avait marié les deux suivantes à des commerçants, la cinquième à un grand propriétaire foncier du Bihar, et la benjamine à un ingénieur des Ponts et Chaussées du Bengale. Un remarquable palmarès pour la descendance d'un paysan analphabète.

Pourtant, au soir de sa vie, le Bihari avait beaucoup perdu de son bel enthousiasme d'autrefois. « Les affaires ne sont plus ce qu'elles étaient, se plaignait-il. Aujourd'hui, il faut se cacher pour gagner de l'argent. On a culpabilisé l'effort, la réussite, la fortune. Tous les gouvernements qui se sont succédé à la tête de ce pays depuis l'Indépendance ont essayé de liquider les riches et de s'approprier le fruit de leur sueur. Comme si en faisant les riches plus pauvres, on faisait les pauvres plus riches ! Ici, au Bengale, les communistes ont institué des lois pour restreindre la propriété privée. Ils ont décrété qu'un individu n'avait pas le droit de posséder plus de dix rickshaws. Dix rickshaws, vous imaginez ! Comme si l'on pouvait faire vivre sa famille avec dix rickshaws quand il faut payer l'entretien, les réparations, les accidents et les bakchichs à la police.

Alors, j'ai dû me débrouiller. J'ai fait comme tous les grands propriétaires fonciers à qui l'on interdisait de posséder plus de vingt hectares de terre. J'ai éparpillé les titres de propriété de mes carrioles sur la tête de mes neuf enfants et de mes vingt-deux petits-enfants. Et pour faire le compte, j'ai encore mis des rickshaws au nom d'une dizaine de neveux. Officiellement, mes trois cent quarante-six véhicules appartiennent à trente-cinq propriétaires différents. »

En réalité, le seul et unique maître était le Bihari. Mais peu de ses tireurs connaissaient son visage. Aucun ne savait même son identité. Depuis dix ans, il avait cessé d'apparaître sur le terrain. « Je ne suis plus qu'un vieillard marchant à l'aide de sa canne à la rencontre du dieu de la mort que j'attends en paix et sérénité, disait-il. J'ai la conscience tranquille. J'ai toujours été bon et généreux envers ceux qui tiraient mes rickshaws. Quand l'un d'entre eux était en difficulté pour payer le montant de sa location, je lui faisais crédit pendant un ou deux jours. Je lui demandais, bien sûr, un intérêt. Mais j'étais raisonnable. Je ne demandais que vingt-cinq pour cent par jour. De même lorsque l'un de mes tireurs était malade ou victime d'un accident, c'est moi qui avançais les frais d'hôpital, de médicaments ou de docteur. J'augmentais ensuite le montant de sa location au prorata de ce que j'avais déboursé, et le tireur avait plusieurs semaines pour me rembourser. A présent, c'est mon factotum qui s'occupe de régler ces questions. Hélas, de nos jours, les tireurs n'ont plus la bonne mentalité d'autrefois. Ils sont perpétuellement en train de revendiquer quelque chose. Ils voudraient obtenir le titre de propriété de leurs carrioles par un simple coup de baguette magique. Ils ont même formé des syndicats pour ça. Et ils se sont mis en grève. C'est le monde à l'envers ! Alors, nous autres les propriétaires, nous avons dû nous organiser. Nous aussi nous avons créé un syndicat, la *All Bengal Rickshaw Owners Union*, l'Association des propriétaires de rickshaws du Bengale. Et nous avons recruté des hommes de main pour assurer notre protection. Il n'y avait que cela à faire avec un gouvernement qui passait son temps à dresser les ouvriers contre les patrons au nom de la lutte des classes. Plusieurs huiles, dans les hautes sphères, prétendaient même bannir les rickshaws sous prétexte qu'ils constituaient une insulte à la dignité de l'homme, et que les tireurs étaient exploités comme de véritables animaux de trait... Foutaises ! Ils ont plein la bouche de leur soi-disant respect de la personne humaine, mais ça n'empêche pas qu'il y a plus d'un million de paumés sans travail à Calcutta, et que si vous supprimez leur gagne-pain à cent mille tireurs de rickshaw, vous faites huit ou neuf cent mille crève-la-faim de plus. C'est une question de bon sens. Mais la politique et le bon sens ne sont pas les pis d'une même vache ! Alors, on fait aller comme on peut. »

Tant que son intendant lui apporterait l'argent, des redevances chaque jour après le coucher du soleil, le Bihari saurait que fondamentalement rien n'aurait changé. Pour ce vieil homme au soir de son existence, il restait la joie de voir la chemise gonflée de paquets de billets de son factotum. « Les sages de notre pays disent que le nirvâna, c'est d'atteindre le détachement suprême. Pour moi, le nirvâna, c'est de pouvoir, à quatre-vingt-dix et quelques années, compter chaque soir une à une les roupies gagnées par mes trois cent quarante-six rickshaws sur le bitume de Calcutta. »

19

« Lorsque j'étais enfant, racontera Paul Lambert, j'aimais me promener dans la campagne et cela m'amusait de décapiter les fleurs à coups de badine. Plus tard, quand je suis entré au collège, j'aimais cueillir une fleur et la mettre sur ma table. Puis je me suis dit que les fleurs étaient belles là où elles poussaient. J'ai alors cessé de les couper pour les admirer dans leur cadre naturel. Ce fut pareil pour les femmes. Un jour, j'ai dit au Seigneur que je souhaitais n'en cueillir aucune pour les laisser toutes s'épanouir là où elles vivaient.

« Saint Jean de la Croix a écrit : "Le Ciel est à moi. Jésus est à moi. Marie est à moi. Tout est à moi." Dès que l'on veut retenir une chose précise, tout le reste vous échappe, alors que par le détachement, nous pouvons jouir de tout, sans rien posséder de particulier. C'est là la clef du célibat volontaire, sinon la chasteté n'aurait pas de sens. C'est un choix d'amour. Se marier, au contraire, cela veut dire se donner, corps et âme, à un seul être. Pour ce qui est du corps, de l'amour charnel, ce n'est pas difficile. Mais donner mon âme à un seul être, cela m'était impossible. J'avais décidé de la donner à Dieu et il n'existait personne au monde avec qui je pouvais partager ce don, pas même avec ma mère que j'adorais. "Celui qui, pour moi, a renoncé à une femme, à des enfants, à un champ, celui-là le retrouvera au centuple", a dit le Christ. Il avait raison. Je n'avais pas eu de sœur, et voilà que dans la Cité de la joie, j'en trouvais des myriades qui m'apportaient de grandes joies, à commencer par cette communion du partage de vie, cette solidarité si essentielle dans un bidonville où l'on a tant besoin les uns des autres.

« Mais comment, dans un environnement aussi rude, ne pas rêver parfois à une certaine tendresse humaine ? Comment, au milieu de tant de misère, ne pas se laisser aller à désirer ces femmes, véritables flambeaux de grâce et de séduction dans leurs saris multicolores ? Dans la laideur du bidonville, elles étaient la beauté, elles étaient les fleurs. Mon problème à moi était de rester lucide. Puisque j'avais décidé de ne pas rechercher une tendresse durable, avec toutes les implications que cela aurait entraînées, je ne devais pas non plus accepter de tendresses passagères puisque j'avais répondu une fois pour toutes à l'appel du Seigneur de l'Évangile et fait mienne son injonction de n'avoir "d'autre foyer que celui où je t'enverrai".

« Ma situation n'était pas aisée. Elle l'était d'autant moins que ma réputation de père Noël attirait souvent vers moi les femmes du *slum*. Une allusion, une main posée sur la mienne, une façon coquette d'ajuster son sari, un regard troublant me laissaient parfois deviner des intentions suspectes. Peut-être me trompais-je car, en Inde, les rapports entre les femmes et les hommes sont souvent empreints d'une certaine ambiguïté. Comme la majorité des Indiennes que les révolutions féministes n'avaient pas encore atteintes, les femmes de la Cité de la joie ne disposaient pas d'autres moyens que la séduction pour attirer l'attention masculine et affirmer leur existence.

« J'aurais pu espérer que ma condition notoire de religieux me protégerait de ces manifestations. Erreur. Pouvais-je m'en étonner ? Dans toutes les œuvres de la littérature sacrée hindoue, n'y avait-il pas toujours une scène où le gourou était tenté ? Et que dire des sculptures érotiques des temples où s'étalaient à longueur de bas-reliefs de véritables orgies ? Je remarquai que c'était toujours dans une période de relâchement que la tentation me frappait avec le plus de force, et non dans un temps d'épreuve intense. C'était toujours dans une phase d'appauvrissement de mes relations avec Dieu que je me trouvais le plus vulnérable. Si l'on ne trouve pas sa joie en Dieu, on la cherche ailleurs.

« Ce risque, je le percevais tout particulièrement dans mes contacts avec Margareta, la jeune veuve qui m'avait apporté le pain de ma première messe dans le bidonville. Non qu'elle eût jamais esquissé le moindre geste ou fait la moindre allusion équivoques. Mais il se dégageait de son corps moulé dans un simple morceau de mousseline une sensualité, un parfum, un magnétisme auxquels je résistais plus difficilement qu'avec les autres femmes. Il émanait aussi de son regard, de son sourire, de sa voix et de ses attitudes une telle capacité d'amour, un tel abandon d'elle-même que cette fleur me semblait perpétuellement offerte. Je me trompais, sans aucun doute, et je soupçonnais l'environnement d'avoir faussé mes perceptions.

« Un soir, au terme d'une de ces journées que la chute du baromètre avait rendues particulièrement éprouvantes, une de ces journées où votre chemise vous colle à la peau, où votre corps et votre esprit se vident de toute énergie, j'essayais de prier devant l'image du Saint Suaire. Vacillant dans la moiteur de l'air, la petite flamme faisait danser le visage du Christ et mon ombre comme un ballet de fantômes.

J'avais l'impression de voguer sur un navire à la dérive. Je luttais pour fixer mon cœur et mon âme sur le Seigneur, mais en vain. Je me sentais affreusement abandonné. C'est alors que j'ai senti sa présence. Je ne l'avais pas entendue entrer. Cela n'avait rien d'étonnant car elle se déplaçait avec une souplesse de félin. C'était son odeur qui l'avait trahie, un léger parfum de patchouli. Je fis semblant de ne pas la remarquer. Je priai à haute voix. Mais bientôt les mots ne furent plus que des sons. Cette présence, cette respiration paisible dans l'obscurité, la pensée de cette femme que je ne voyais pas mais que je sentais m'envoûtaient insidieusement. C'était à la fois merveilleux et atroce. C'est alors que le Seigneur m'abandonna complètement. Depuis l'autre côté de la cloison arrivèrent une plainte, puis un râle, puis des gémissements ininterrompus. L'agonie de mon petit frère musulman Sabia venait de recommencer.

« Ces cris de souffrance, c'était fatal, nous ont projetés l'un vers l'autre. Semblables à des naufragés qui s'agrippent à la même bouée, nous étions deux êtres en détresse voulant proclamer, au milieu de la mort, leur irrésistible envie de vivre. Je sentais une délicieuse euphorie m'envahir quand des coups à la porte m'arrachèrent à la tentation. Le Seigneur venait à mon secours.

— Grand Frère Paul ! criait la mère du petit tuberculeux, viens vite, Sabia te réclame.

20

Comme convenu la veille, Hasari Pal se rendit sur l'esplanade de Park Circus pour y retrouver son nouvel ami Ram Chander. Mais le tireur de rickshaw n'était pas au rendez-vous. Le paysan décida de patienter. « Cet homme était mon unique espoir, racontera-t-il, ma seule certitude qu'une petite lampe brillait aussi pour moi dans cette maudite ville. J'étais prêt à l'attendre jusqu'au soir et toute la nuit s'il le fallait. Et le lendemain aussi. »

Ram Chander arriva au début de l'après-midi. Il n'avait pas son rickshaw et semblait abattu.

— Ces ordures m'ont piqué ma carriole, grognat-il. Hier soir, après avoir conduit la vieille dame que j'ai chargée quand nous nous sommes quittés, je rentrais tranquillement quand un flic m'a interpellé. La nuit venait de tomber. « Où est ta lanterne ? » m'a demandé ce salaud. Je me suis excusé. J'ai dit que j'avais oublié de l'emporter le matin. Mais il n'a rien voulu savoir. Il m'a proposé l'arrangement d'usage.

— L'arrangement d'usage ? répéta Hasari, étonné.

— Eh bien oui ! Il m'a dit : « Tu me files quinze roupies, sinon je t'embarque au commissariat. » J'ai eu beau gémir que je ne possédais pas une somme pareille, il fut intraitable. A coups de *lathi* dans les côtes il m'a poussé jusqu'au poste de police. Et là, ils ont mis ma carriole en fourrière avec un procès verbal à la clef, en m'ordonnant de me présenter demain au tribunal de police. Ils vont me coller au moins trente roupies d'amende.

Ram aspira une longue bouffée de sa cigarette coincée dans le creux de ses deux mains. « Allons casser une graine, conclut-il. On supporte mieux les emmerdes le ventre plein. »

Il entraîna Hasari vers un bistrot de Durga Road où il avait ses habitudes. L'établissement se composait d'une petite salle basse avec cinq tables au plateau de marbre. Le patron, un musulman ventru, trônait torse nu derrière ses marmites. Sur le mur derrière lui pendait une gravure noircie montrant la Ka'ba, la grande pierre noire sacrée de La Mecque. Sur chaque table était posé un bol plein de gros sel et de piments secs. Au plafond, un antique ventilateur donnait des signes d'épuisement à chaque tour de pales. Ça sentait la friture. Un jeune garçon apporta deux assiettes de riz et une coupe pleine de *dal*. Les deux amis renversèrent la soupe de lentilles sur le riz et malaxèrent le tout avec leurs doigts. Ils mangèrent en silence. Hasari se régalait. C'était son premier vrai repas depuis son arrivée à Calcutta. Quand il eut terminé, Ram Chander avait retrouvé son optimisme.

— Dans cette ville, il y a suffisamment de richesses pour remplir tous les ventres ! — Hasari se lissa la moustache, l'air perplexe. — C'est vrai, je t'assure, reprit le tireur de rickshaw. Toi, tu penses encore comme un paysan, mais bientôt tu seras un vrai *Calcutta-walla*[1] et tu connaîtras toutes les combines !

1. Un habitant de Calcutta.

151

Ram Chander laissa trois roupies sur la table et ils se mirent en route pour l'hôpital. Ils marchèrent le long d'une large avenue où passaient des tramways et arrivèrent à la gare de Sealdah. A côté, il y avait un marché où le tireur acheta des mandarines et des bananes pour le coolie blessé auquel ils allaient rendre visite.

« Devant l'hôpital, il y avait encore plus de gens que la veille, racontera Hasari. Tout le monde essayait d'entrer. Des cris et des disputes éclataient partout. Une ambulance avec une croix rouge manqua d'écraser des personnes qui se pressaient à l'entrée du service où nous avions laissé notre ami la veille. J'ai cru un instant que la foule en colère allait écharper le chauffeur. Il parvint à se dégager et ouvrit la porte arrière de son véhicule. Je vis plusieurs corps ensanglantés à l'intérieur. Ils avaient l'air d'avoir été brûlés et des lambeaux de chair pendaient de leurs jambes. Ce n'était pas beau à voir. Mais après tout, nous étions dans un hôpital, pas dans une rizière. Dans un coin de la cour étaient rassemblées plusieurs ambulances rouillées, les vitres cassées, les pneus crevés. On pouvait à peine deviner leur croix rouge. Dans ce tas de ferraille vivaient des lépreux.

« Nous avons erré dans les couloirs de l'hôpital pour essayer de retrouver notre ami. Une infirmière nous indiqua la direction d'une salle. Je crois qu'elle était le chef parce qu'elle était la seule à porter une large ceinture autour de la taille, un énorme trousseau de clefs et des galons sur l'épaule. Et puis aussi parce qu'elle semblait inspirer une vraie terreur à tout le monde. A gauche et à droite, il y avait de grandes pièces où des employés écrivaient, buvaient du thé ou bavardaient au milieu de tas de papiers attachés avec des ficelles. Certains papiers devaient être là depuis plusieurs moussons car ils tombaient en poussière, tout au moins ce qu'en avaient laissé les rats. A propos de rats, nous en vîmes plusieurs aller et venir, pas le moins du monde effarouchés. Ils devaient s'en donner à cœur joie dans une baraque pareille. Ram m'apprit qu'ils s'attaquaient parfois aux malades et aux blessés. Il m'a cité le cas d'une vieille femme paralysée qui avait eu les pieds et les mains grignotés pendant la nuit.

« Ram glissa un billet à l'infirmier en savates qui gardait l'entrée de la salle des opérés. C'était une vaste pièce avec plusieurs fenêtres et de gros ventilateurs verts au plafond. Il y avait une cinquantaine de lits serrés les uns contre les autres. A la tête de la plupart était suspendue une bouteille d'où sortait un tuyau qui était planté dans le malade. Le liquide était en général clair comme de l'eau, mais quelquefois il était rouge. Ce devait être le sang d'un pauvre type comme moi qui l'avait vendu pour pouvoir donner à manger à ses enfants. Nous avons circulé entre les lits, à la recherche de notre copain. C'était plutôt pénible, car il y avait des gars qui n'étaient vraiment pas beaux à voir. Un pauvre vieux était emprisonné de la tête aux pieds dans une carapace de plâtre. Des infirmières allaient d'un lit à l'autre en poussant un chariot couvert de bouteilles de toutes les couleurs, de coton, de pansements et d'instruments. Il fallait qu'elles aient le cœur bien accroché, ces femmes, pour faire ce travail. Des blessés s'agrippaient à leur sari blanc, d'autres les repoussaient au contraire avec des injures et des menaces.

« Notre copain était couché sur un *charpoï* en corde parce qu'il n'y avait plus de lits en fer. Il a eu l'air content de nous voir. Il nous a dit que son pied lui faisait très mal. En disant cela, il dut réaliser qu'on le lui avait coupé, car ses yeux se remplirent de larmes. Ram lui donna les fruits. Il sourit, prit une mandarine et nous montra le lit voisin où gisait un petit corps dont la tête, les bras et les jambes étaient enveloppés de bandages. L'enfant avait été brûlé par l'explosion d'un poêle à pétrole. Il gémissait faiblement. Je pelai le fruit que m'avait rendu le coolie blessé pour lui et en pressai un quartier sur ses lèvres. Il ouvrit la bouche et dut faire un effort pour avaler. Pauvre gosse. Il avait l'âge de mon Shambu.

« Notre copain avait l'air très mal en point. Sa barbe avait poussé, ce qui accentuait sa mauvaise mine et ses yeux semblaient avoir reculé dans leurs trous. Son regard était plein de désespoir. Ram et moi fîmes de notre mieux pour le réconforter et l'assurer que nous ne le laisserions pas tomber. Il n'avait personne à Calcutta. Nous étions devenus sa seule famille. Je ne parle pas de Ram, mais avoir un pauvre type comme moi pour famille, ce n'était vraiment pas une affaire.

« Nous sommes restés un bon moment avec lui. Il devait avoir beaucoup de fièvre car son front se mouillait sans arrêt. Un infirmier nous a dit de sortir. Notre copain prit nos mains dans les siennes. Il les serrait de toutes ses forces pour nous retenir. Mais il fallait partir. Nous lui avons encore dit des choses pour lui donner du courage et lui avons promis de revenir. Avant de quitter la salle, je me suis retourné une dernière fois. J'ai vu sa main qui bougeait doucement comme un roseau dans la brise du soir. »

21

Une famille musulmane de sept personnes — quatre enfants et trois adultes — occupait le taudis mitoyen de la chambre de Paul Lambert. Le chef de famille s'appelait Mehboub. C'était un petit homme sec et musclé, âgé d'une trentaine d'années, avec un regard vif et volontaire sous d'épais sourcils et un front à demi caché par une épaisse chevelure frisée. Son épouse Selima portait une pierre incrustée dans l'aile du nez. Bien qu'elle fût enceinte de plusieurs mois, elle s'affairait sans cesse à balayer, récurer la vaisselle, préparer le repas, laver le linge. La mère de Mehboub, une vieille femme aux cheveux blancs coupés court qui n'y voyait pratiquement plus, vivait avec eux. Elle restait des heures accroupie dans la ruelle à marmonner des sourates du Coran. Agé de dix ans, Nasir, le fils aîné, travaillait dans un atelier de chromage. Deux de ses sœurs fréquentaient l'école coranique. La plus jeune, trois ans, jouait dans la ruelle. Cette famille jouissait d'une relative aisance. Mehboub était depuis treize ans ouvrier journalier dans un chantier naval à l'est de Calcutta. Il forgeait des hélices de bateau. Il gagnait presque trois cents roupies chaque mois, ce qui représentait une petite fortune dans le *slum* où des milliers de familles ne disposaient même pas d'une roupie par personne, par jour.

Pendant plusieurs semaines, les rapports de Paul Lambert avec ses voisins se limitèrent au seul échange d'un « *Salam !* » courtois, matin et soir. Visiblement, ces musulmans s'obstinaient à désapprouver — et ils n'étaient pas les seuls — l'intrusion d'un prêtre catholique étranger dans leur quartier. Comme toujours, ce fut grâce aux enfants que les relations se dégelèrent peu à peu. Quelques attentions, des marques d'intérêt pour leurs jeux, une friandise, il n'en fallait pas plus pour les conquérir.

Un événement dramatique permit de rompre définitivement la glace. Un soir, Mehboub rentra de son travail le visage décomposé. Le chantier naval venait de licencier toute sa main-d'œuvre journalière. C'était une pratique courante depuis qu'une loi obligeait les patrons à mensualiser leurs ouvriers au bout de quelques mois. A l'exception des intéressés, personne ne souhaitait voir appliquer cette loi. On disait même que le gouvernement, le patronat et les syndicats étaient de connivence pour lui faire échec. Le gouvernement parce que l'augmentation du nombre des salariés mensualisés renforçait fatalement la puissance des syndicats ; le patronat parce qu'une main-d'œuvre travaillant à titre précaire était plus facilement corvéable ; les syndicats enfin, parce qu'ils étaient composés de mensuels soucieux de restreindre leurs avantages à leur minorité. Et comme toujours en Inde, aux arguments objectifs s'ajoutait quelque tradition héritée de la nuit des temps. Si tous les journaliers devenaient des mensuels, qu'adviendrait-il de la coutume qui accordait au fils aîné d'un salarié mensuel le privilège d'être à son tour embauché dans l'usine où travaillait son père ? Tout le monde conspirait donc à contourner la loi. Pour ne pas avoir à titulariser, on licenciait périodiquement. Puis on réembauchait. Des milliers d'hommes vivaient ainsi dans la hantise de ne pas retrouver leur travail d'un jour à l'autre. Après treize ou quatorze ans d'emploi, lorsqu'il n'était plus possible de repousser leur titularisation, on les licenciait définitivement. C'est ce qui venait d'arriver au voisin de Paul Lambert.

Sous ses yeux, en quelques semaines, cet homme solide, aux jarrets, au torse et aux épaules musclés par les travaux les plus durs, se mit à dépérir. Il se ratatina comme un fruit sec. Le ventre torturé par la faim, il courait toute la journée les banlieues industrielles de Calcutta à la recherche de n'importe quel gagne-pain. Le soir, épuisé, il entrait dans la chambre du prêtre et s'effondrait sans un mot devant l'image du Saint Suaire. Il restait parfois une heure entière assis en lotus devant cette face d'homme qui lui ressemblait. « Pauvre Mehboub, dira Lambert. Pendant que tu priais devant mon icône, moi, dans ma révolte, j'engueulais le Seigneur. Comme pour l'agonie du petit Sabia. J'avais tant de mal à accepter qu'Il laisse se faire de telles injustices. »

Les sept membres de la famille furent bientôt réduits à survivre avec les vingt roupies (seize francs) gagnées chaque mois par Nasir, le fils aîné, dans l'atelier où il trempait, douze heures par jour, des bagues de stylo à bille dans une gamelle de chrome. Bien qu'il inhalât à longueur de journée les vapeurs meurtrières du métal sous électrolyse, Nasir était un adolescent superbe. Ce n'était pas surprenant : dans les familles pauvres, c'était toujours à celui qui travaillait qu'on réservait la nourriture. Les autres n'avaient que les miettes. Nasir complétait son salaire avec les dix roupies que lui donnait Paul Lambert. Chaque matin à l'aube, il allait en effet faire la queue pour lui aux latrines avec sa boîte pleine d'eau et revenait en courant lui annoncer que son tour était arrivé.

Un soir, après avoir médité devant l'image du Christ, Mehboub invita le prêtre à venir chez lui. Sa pièce mesurait à peine deux mètres sur un mètre cinquante. Les deux tiers en étaient occupés par un bat-flanc de planches, qui servait de table le jour, de lit la nuit, recouvert d'un patchwork de chiffons. La dernière-née dormait entre sa mère et sa grand-mère sur le « lit-table », tandis que Nasir et ses deux plus grandes sœurs couchaient dessous. Mehboub se contentait d'une natte dehors sous l'auvent. Le reste de l'ameublement consistait en un coffre métallique dans lequel étaient pieusement conservés les habits pour les fêtes du calendrier musulman, bien enveloppés dans des affiches de cinéma récupérées sur les murs de Calcutta. Un coin sous l'auvent servait de cuisine. Comme des millions d'Indiennes, Selima alimentait son *chula* avec des galettes de bouse de vache et des scories glanées sur le ballast de la voie ferrée. Une propreté méticuleuse régnait dans cette pièce sans fenêtre, sans eau et sans électricité, au point que le sol de terre battue ressemblait à un parterre de marbre que l'on n'aurait jamais osé fouler autrement que déchaussé.

Plus le dénuement était extrême, plus chaleureuse l'hospitalité. A peine Lambert eut-il pénétré sous leur toit que ses voisins s'empressèrent de lui offrir du thé, des *jelebi* et toutes sortes de sucreries tant appréciées des Bengalis. En quelques secondes, ils avaient hypothéqué leurs ressources de plusieurs jours pour l'honorer de la sorte.

Lambert souhaitait naturellement aider cette famille. Mais comment le faire sans risquer de tomber dans le piège de l'étranger-père Noël ? Un incident lui apporta la solution. Un matin qu'il faisait cuire du riz sur son réchaud à pétrole, il se brûla la main. Il prit prétexte de sa maladresse pour demander à sa voisine de lui préparer désormais ses repas. Pour prix de pension, il lui offrit trois roupies par jour, environ deux francs cinquante, une somme royale pour le *slum*. C'était pour le Français l'occasion de tenter une expérience qui lui tenait à cœur. Il exigea que la jeune femme lui préparât exactement la même nourriture que pour les siens.

« Comment partager loyalement les conditions d'existence de mes frères de la Cité de la joie sans connaître leur angoisse fondamentale, expliquera-t-il. L'angoisse qui conditionnait tous les instants de leur vie, la faim. La Faim avec un grand F, bien entendu. La Faim qui tenaillait depuis des générations des millions d'hommes de ce pays au point qu'ici le vrai clivage entre les riches et les pauvres se situait au niveau du ventre. Il y avait les *do-bela* qui mangeaient deux fois par jour, les *ek-bela* qui ne mangeaient qu'une seule fois, et les autres qui n'étaient même pas assurés d'un repas quotidien. Moi, j'étais un *tin-bela*, le représentant quasi unique d'une espèce de consommateurs inconnu des *slums*. »

La voisine considéra le Français avec surprise.

— Toi, un *Father sahib* ! protesta-t-elle. Toi, dont on dit que tu es l'un des hommes les plus fortunés de ton pays, tu veux manger la nourriture de pauvres comme nous ? Grand Frère Paul, ce n'est pas possible, tu dois avoir perdu la raison !

« Selima, ma petite sœur, comme je voulais te demander pardon ! dira plus tard Paul Lambert. En effet, comment pouvais-tu concevoir une seconde, toi qui vivais au ras des immondices, toi qui ne voyais jamais un oiseau ni le feuillage d'un arbre, toi qui, certains jours, n'avais même pas une épluchure à offrir à tes enfants, toi qui sentais s'animer dans ton ventre un autre petit innocent qui, demain, se pendrait à tes seins vides en hurlant famine, oui, comment pouvais-tu comprendre que quelqu'un puisse être assez fou pour échanger son karma au paradis contre ce bidonville maudit et venir y partager ta misère ? »

— Je suis sérieux, petite sœur, confirma Lambert. A partir de demain, c'est toi qui me nourris si tu veux bien me rendre ce service.

Le lendemain à midi, l'une des filles de Selima lui apporta une assiette avec son repas du jour. Une louche de riz, un peu de choux et de navets, un peu de *dal* — cette purée de lentilles qui fournit bien souvent leurs seules protéines aux pauvres de l'Inde. C'eût été une ration de roi pour les autres *ek-bela* du *slum*. Avec son appétit d'Européen plus habitué aux excès alimentaires qu'aux frugalités locales, le Français se préparait à engloutir ce déjeuner en deux minutes. Mais, comme il le redoutait, Selima avait respecté la tradition indienne qui voulait qu'on enflammât la moindre nourriture de piments et autres épices incendiaires. Il ne put faire autrement que d'absorber chaque bouchée avec lenteur et précaution. Un jour qu'il s'insurgerait devant un médecin indien contre cette coutume qui ôte toute leur saveur aux aliments, Lambert apprendrait le vrai motif de cette habitude culinaire. Parce qu'il déclenche la transpiration, active le métabolisme sanguin et accélère l'assimilation, le piment est avant tout un trompe-la-faim pour des millions d'êtres sous-alimentés. Et surtout, il aide à avaler n'importe quoi, même les détritus les plus avariés !

Le Français, qui ne faisait pas d'efforts physiques épuisants, supporta vaillamment son nouveau régime pendant les deux premiers jours. Quand il sentait quelques tiraillements, il allait boire un gobelet de thé au lait sucré chez le vieil hindou d'en face. Mais le troisième jour, de violentes crampes accompagnées de vertiges et de sueurs glacées commencèrent à lui tordre le ventre. A peine eut-il avalé son unique repas qu'il s'écroula sur sa natte, terrassé par la douleur. Il essaya de prier, mais son esprit lui parut aussi vide que son estomac. Le lendemain et les jours suivants, la faim ne lui laissa aucun répit. Il avait honte. Si peu de gens ici avaient la chance de manger une fois par jour une assiettée semblable à celle que lui cuisinait Selima. Il nota les réactions de son organisme. Son pouls s'était considérablement accéléré, sa respiration aussi. « Vais-je pouvoir tenir ? » s'inquiétait-il, humilié de se sentir déjà réduit à l'état de loque alors que ses compagnons de misère, avec moins de calories, continuaient de tirer des charrois ou de porter des charges de bêtes de somme. Mais au bout de quelques jours, les troubles disparurent et la sensation de faim s'estompa comme par enchantement. Son corps s'était adapté. Non seulement il ne souffrait plus mais il ressentait un certain bien-être. C'est alors qu'il commit une erreur fatale. Un visiteur de France lui ayant apporté une boîte de quenelles de Lyon et un camembert, il alla offrir ces spécialités de son pays à ses voisins si démunis. Mehboub ne les accepta qu'à la condition que son ami les partage avec sa famille. Cet écart eut un effet désastreux : il réveilla son appétit de façon incontrôlable. Les nausées, les crampes, les accès de sudation, les vertiges réapparurent avec une acuité accrue. De jour en jour, Lambert se sentit faiblir. Ses muscles fondaient à vue d'œil. Ses bras, ses cuisses, ses jambes et ses pectoraux s'étaient comme vidés de leurs fibres. Il avait perdu plusieurs kilos. Aller remplir son seau à la fontaine, la moindre tâche exigeaient de lui des efforts démesurés. Il avait du mal à rester debout plus d'une demi-heure. Il eut des hallucinations. Des cauchemars hantèrent son sommeil. Il en arrivait à bénir la sarabande des rats qui le réveillait au moment où, dans ses rêves, un défilé sans fin d'hommes décharnés arrivait jusqu'à lui. C'était une expérience vécue de la faim en soi. Au physique comme au moral, Paul Lambert avait rejoint la condition de la majorité des habitants d'Anand Nagar. Il avait atteint son but.

Et pourtant, il n'était pas dupe. Il connaissait l'exacte portée de son expérience et ses limites. « J'étais comme ces naufragés volontaires qui savent que l'on viendra les secourir au bout d'un certain laps de temps. Alors que le drame des vrais naufragés, c'est l'incertitude et le désespoir. Je savais, moi, que si ma faim dépassait les limites supportables, je n'avais qu'un geste à faire pour me rassasier. Que s'il m'arrivait un quelconque ennui de santé, il y aurait trente-six personnes pour se précipiter à mon secours.

« Mehboub et tous les habitants de la Cité de la joie étaient, eux, de vrais naufragés. Aux hurlements de leurs ventres vides s'ajoutait la détresse de ceux qui n'ont aucun secours à espérer. Leur dignité n'en paraissait que plus admirable. Jamais une plainte ne sortait de la bouche de mon voisin. Il ne laissait percer son désarroi que lorsque son plus jeune enfant pleurait de faim. Son beau visage se ravageait alors de douleur. Mais il réagissait très vite. Il empoignait la petite, la faisait sauter sur ses genoux, lui racontait une histoire, lui chantait une complainte. Et bientôt l'enfant se mettait à rire. Oubliant sa faim, elle s'arrachait alors aux bras de son père pour aller reprendre ses jeux dans la ruelle. Parfois cependant, lorsque rien ne pouvait calmer ses pleurs, Mehboub prenait sa fille dans ses bras et allait dans une courée voisine mendier un morceau de *chapati*. Jamais un autre pauvre ne lui fermait sa porte. C'était la loi du bidonville. »

22

Avec sa chemisette de coton gris, son pantalon de toile beige et ses sandales de vrai cuir, Musafir Prasad se différenciait nettement du peuple des hommes-chevaux. Après vingt années à peiner entre les brancards d'un rickshaw, il était passé du coté du capital. A quarante-huit ans, cet ancien paysan immigré du Bihar était un « caïd ». Il était l'homme de confiance du vieux Bipin Narendra, celui qu'on appelait « le Bihari ». Sous ses cheveux noirs ondulés brillant d'huile de moutarde, son cerveau fonctionnait comme un véritable ordinateur. Cet homme aux oreilles décollées et au menton en galoche gérait l'empire des trois cent quarante-six carrioles, et des quelque sept cents hommes-chevaux qui les tiraient. Et cela sans crayon ni papier pour la bonne raison qu'il ne savait ni lire ni écrire. Rien n'échappait à la surveillance diabolique de ce phénomène doué du don d'ubiquité. Qu'il fasse 45° à l'ombre ou que sévisse la mousson, il parcourait chaque jour plusieurs dizaines de kilomètres sur sa bécane grinçante. A cause de ses jambes un peu arquées et de la façon dont il se dandinait en pédalant, les tireurs l'avaient surnommé « l'Échassier ». Et tout le monde aimait bien « l'Échassier » dans les rues de l'inhumaine cité.

« Quand le Vieux m'a fait venir pour me passer la main, raconte-t-il, j'ai cru que Dieu me faisait tomber le ciel sur la tête. Depuis vingt ans que je travaillais pour lui, il m'avait toujours cantonné aux tâches subalternes, comme les réparations des carrioles, les palabres avec les flics, les accidents, les bricoles quoi. Mais la sacro-sainte collecte des redevances de chaque guimbarde, c'était lui et lui seul qui la faisait. Il n'avait jamais manqué un seul jour. Même quand l'eau vous monte jusqu'aux cuisses. Lui seul savait toutes les combines. Car si la majorité des tireurs réglaient la location de leur véhicule à la journée, il y en avait qui s'en acquittaient à la semaine ou au mois. Certains payaient moins cher que d'autres parce que les réparations étaient à leur charge. D'autres parce que leur rickshaw roulait sans autorisation légale. Comme deux hommes faisaient tourner chaque carriole, cela faisait bien sept cents bonshommes à contrôler. Il fallait donc une tête grosse comme ça. C'est-à-dire comme celle du Vieux.

« Mais un jour, le Vieux commença à sentir le poids des ans. "Écoute, Musafir, m'a-t-il dit, toi et moi, on se connaît depuis des lunes. Nous sommes tous deux biharis et j'ai confiance en toi. Tu seras mon représentant. Désormais, c'est toi qui ramasseras l'argent et tu me l'apporteras tous les soirs ici. Je te donnerai cinq *paisa* sur chaque roupie." Le Vieux n'était pas quelqu'un avec qui l'on discutait. Je me suis prosterné pour toucher ses pieds et j'ai porté mes mains à ma tête. "Vous êtes le fils du dieu Shiva, vous êtes mon maître, ai-je dit, et je vous serai éternellement reconnaissant."

« Le lendemain, je me suis levé aux aurores car je voulais aller aux latrines et à la fontaine avant les autres habitants du quartier. Les quatre compagnons avec lesquels je logeais dans un hangar près de la grande maison du Vieux dormaient encore. Eux aussi travaillaient pour lui, comme chauffeur d'autobus, ouvrier mécanicien, tireur de rickshaw et menuisier. Eux aussi étaient des Biharis. Et eux aussi avaient laissé leur famille au village pour venir chercher un gagne-pain à Calcutta.

« A quatre heures trente, j'ai enfourché ma bicyclette et j'ai pédalé directement jusqu'au temple de Lakshmi, notre déesse qui donne la prospérité, derrière le Jagu Bazar. Il faisait une nuit d'encre et le brahmane dormait encore derrière la grille. J'ai agité la cloche et il a fini par venir. Je lui ai donné dix roupies et lui ai demandé de célébrer une *puja* pour moi tout seul afin que cette journée commence sous les meilleurs auspices. J'avais apporté un cornet de riz, quelques fleurs et deux bananes. Le prêtre a disposé mes offrandes sur un plateau, et nous avons pénétré à l'intérieur du sanctuaire. Il a allumé plusieurs lampes à huile puis il a récité des *mantrâ* devant la divinité. J'ai répété des prières. Cela m'a donné une joie intense et la certitude qu'à partir de ce jour j'allais gagner beaucoup de roupies. J'ai promis à Lakshmi que plus j'aurais d'argent, plus je lui apporterais d'offrandes.

« Après la *puja*, j'ai repris ma bicyclette et pédalé en direction de Lowdon Street, près de l'école d'infirmières de la clinique Bellevue, là où le Vieux avait six carrioles. En raison de l'heure matinale, tous les tireurs étaient à la station. Ils dormaient sur le siège de moleskine, les jambes pendant dans le vide. La plupart des tireurs de rickshaw n'avaient pas de logement. Leur véhicule était leur maison. Comme ils étaient deux par guimbarde, il en résultait souvent des frictions que je devais arbitrer. Pas facile de dire à l'un qu'il pouvait dormir dans son engin, et pas à l'autre !

« J'ai ensuite filé vers Theatre Road où le Vieux

avait une douzaine de carrioles. Puis j'ai pris Harrington Street, une jolie rue résidentielle avec de belles demeures dans des jardins et des immeubles où habitaient des gens riches et des étrangers. Devant la grille d'une de ces maisons, il y avait des gardes en uniforme et le drapeau américain. Le Vieux avait au moins trente rickshaws dans ce secteur. Du fait qu'on était dans un quartier riche, c'était un coin à problèmes. Il y avait toujours un ou deux types qui s'étaient fait embarquer leur carriole par les flics sous un prétexte quelconque. Et là-bas, les flics exigeaient des bakchichs très élevés parce qu'ils savaient que les gars gagnaient leur vie mieux qu'ailleurs. Il n'y avait qu'à voir le trottoir du poste de police sur Park Street, en face du collège Saint-Xavier : il était perpétuellement encombré par une colonne de rickshaws confisqués, imbriqués et enchaînés les uns aux autres sur plus de cent mètres. Le premier matin, je dus faire des salamalecs à n'en plus finir et graisser la patte de ces brutes avec plus de soixante roupies pour libérer trois carrioles. Une formalité qui compliquait chaque fois ma comptabilité car il me fallait veiller à augmenter en conséquence les redevances des tireurs concernés pendant un nombre de jours déterminé.

« Après Harrington Street, je me dirigeai à toute allure vers les stations du Mallik Bazar, au coin du grand carrefour de Park Street et de Lower Circular Road où, sur les trente ou quarante rickshaws en stationnement, une bonne vingtaine étaient encore la propriété du Vieux. Mais avant ce nouvel arrêt, je freinai pile au coin de New Park Street pour avaler un verre de thé. Du thé bien chaud, bien fort et bien sucré comme seul Ashu, un Panjabi installé sur le trottoir, savait le préparer. Le meilleur thé des trottoirs de Calcutta. Ashu mélangeait dans sa bouilloire le lait, le sucre, et le thé avec un tel sérieux

qu'on aurait dit un brahmane accomplissant l'*arati*[1].
Je l'enviais de passer ses journées assis sur son cul,
trônant au milieu de ses ustensiles, apprécié et
considéré avec respect par ses clients.

« Mes coups de pédales me conduisirent ensuite
vers le marché aux poissons, viandes et légumes de
Park Circus près duquel stationnaient toujours une
bonne cinquantaine de carrioles. A mesure qu'avançait ma tournée, le pan de ma chemise dans lequel
j'enserrais les billets se gonflait au point de me faire
un bourrelet à la taille. Arborer un gros ventre à
Calcutta provoquait déjà une sensation bizarre.
Mais que ce gros ventre soit dû à un matelas de
billets de banque relevait du domaine du fantastique. De nombreux tireurs étaient déjà en course
ou maraudaient dans les rues en faisant tinter leur
grelot contre le brancard pour appeler les clients.
Cela m'obligea à sillonner la moitié de la ville. Mais
à midi, je me rattrapai dans le secteur des écoles et
collèges vers lesquels convergeaient deux fois par
jour des centaines de rickshaws. Conduire les
enfants à l'école, et les ramener à leur domicile était
en effet une spécialité de la corporation, et la seule
occasion d'un revenu régulier, chaque écolier ayant
en général son rickshaw attitré. On appelait cela un
« contrat ». Bénéficier d'un ou de plusieurs contrats
quotidiens donnait à un tireur la possibilité de doubler ou même tripler le montant de ses mandats à sa
famille. C'était aussi une belle garantie d'honorabi-
lité auprès des usagers. Mais combien avaient cette
chance ?

« Pour faire mon boulot correctement, il fallait
avoir un cœur de pierre, comme mon patron.
Sinon, comment réclamer à un pauvre bougre les
cinq ou six roupies de sa location alors que sa

1. L'Offrande des lumières.

carriole n'a pas encore fait un seul tour de roue ? Je savais que, pour pouvoir payer, beaucoup devaient se priver de manger certains jours. Pauvres types ! Comment tirer deux bonshommes et leurs paquets, ou deux grosses dames pleines de graisse des quartiers de riches, si vous n'avez rien dans le ventre ? On voyait tous les jours des tireurs s'écrouler en pleine rue. Chaque fois qu'un type ne se relevait pas, je devais chercher un remplaçant. Oh, ce n'étaient pas les candidats qui manquaient ! Mais le Vieux avait toujours fait très attention à bien choisir ses hommes, à se renseigner sur eux. Il n'avait jamais engagé personne sans de sérieuses recommandations. Il avait de bonnes raisons pour cela. La politique, il n'en voulait pas chez lui. Les revendications pour un oui ou pour un non, le chantage, les menaces, les grèves, c'était sa hantise. "Musafir, je ne veux pas de vers dans mes goyaves", répétait-il. Car les tireurs de rickshaw avaient maintenant leurs syndicats, et le gouvernement essayait d'infiltrer dans leurs rangs des provocateurs pour monter des actions contre les propriétaires. On disait que les tireurs devaient obtenir la propriété de leur instrument de travail. Jusqu'ici, cela n'était jamais arrivé. J'en connaissais bien un ou deux qui étaient devenus, comme moi, les représentants des loueurs. J'en connaissais aussi quelques-uns qui avaient réussi à troquer leurs brancards contre le volant d'un taxi. Mais je n'en connaissais aucun qui soit parvenu à se payer une carriole. Même une guimbarde sans permis de circuler.

« La bonne déesse Lakshmi ne resta sourde ni à mes prières ni à mes offrandes. A la fin de ma première semaine, c'est un joli paquet de cent cinquante roupies que j'ai apporté au *munshi*[1] installé

1. Écrivain public.

devant le bureau de poste de Park Street. Tous les membres de ma famille allaient être bigrement surpris au village. Leur dernière carte postale me réclamant des sous n'était arrivée que deux jours plus tôt. Leurs cartes disaient d'ailleurs toujours la même chose. Ou ils me demandaient de l'argent, ou ils m'informaient que le dernier envoi leur était bien parvenu et qu'ils avaient pu acheter le paddy ou je ne sais quoi d'autre pour le champ familial. Chez moi au village, j'avais laissé mon père, ma mère, ma femme, trois fils, deux filles et trois belles-filles, plus leurs enfants. En tout une bonne vingtaine de bouches à nourrir sur deux pauvres arpents. Sans mes mandats, c'était la famine dans la hutte de boue séchée où ma mère m'avait mis au monde, il y avait quarante-huit hivers.

« A la poste de Park Street, j'avais mon *munshi* attitré. Il se nommait De Souza. C'était un chrétien. Il venait de l'autre bout de l'Inde, au-dessous de Bombay, un endroit qui s'appelait Goa. Ce *munshi* m'accueillait toujours avec le sourire et des amabilités de bienvenue car nous étions très amis. Je lui avais apporté la clientèle de mes tireurs travaillant dans le coin, et il me versait une commission sur les opérations qu'il effectuait pour eux. C'était normal. Il n'y a rien comme les questions d'argent pour tisser des liens vraiment solides entre les travailleurs.

« C'était à cela que je pensais en voyant ce matin-là Ram Chander, l'un de mes tireurs, se précipiter vers moi avec deux billets de dix roupies à la main. Ram était un des rares Bengalis qui travaillaient pour le Vieux. La veille, il s'était fait embarquer sa carriole par les flics pour défaut de lanterne. Simple prétexte à bakchich dans cette ville où la plupart des camions et voitures roulaient sans lumières. Mais si Ram Chander m'offrait vingt roupies, ce n'était pas pour me demander d'aller lui sortir son rickshaw de la fourrière. C'était pour que j'engage le copain qui l'accompagnait. "*Sardarji*, vous êtes le noble fils de Mâ-kâlî[1], m'a-t-il lancé. Je vous présente un compatriote de mon district. Moi et les miens, nous connaissons son clan et sa lignée depuis des générations. C'est un travailleur courageux et honnête. Pour l'amour de Notre Mère Kâlî, donnez-lui un de vos rickshaws à tirer." J'ai pris les billets qu'il me tendait et examiné l'homme qui était resté un peu en retrait. Bien que très maigre, ses épaules et ses bras paraissaient solides. Je l'ai prié de relever son *longhi* pour vérifier également l'état de ses jambes et de ses cuisses. Le Vieux faisait toujours ça avant d'engager un tireur. Il disait qu'on ne confie pas un rickshaw à une biquette. J'ai longuement soupesé le pour et le contre avant de répondre à l'attente des deux Bengalis : "Vous avez de la chance. Il y a un gars qui est mort cette nuit près du marché de Bhowanipur." »

1. Notre Mère Kâlî.

23

La fête avait éclaté dans le quartier musulman de la Cité de la joie. Depuis deux jours, dans toutes les courées, les femmes déballaient les vêtements d'apparat pieusement conservés. Les hommes tendaient des guirlandes d'oriflammes multicolores en travers des ruelles. Des électriciens installaient des haut-parleurs et des chapelets d'ampoules de couleur. A chaque coin de rue, des confiseurs entassaient sur leurs plateaux des montagnes de sucreries. Oubliant leur angoisse et leur pauvreté, les cinquante mille musulmans du bidonville s'apprêtaient à célébrer l'un des grands événements de leur calendrier, la naissance du prophète Mahomet. Les vagues sonores des hymnes et des chants transformaient ce quartier de misère en une folle kermesse. Prosternés en direction de la mystique et lointaine Ka'ba, des milliers de fidèles remplissaient les six mosquées pour une nuit de prière ininterrompue.

Les boutiques des barbiers, des tailleurs, des bijoutiers étaient combles. Pour l'occasion, les pauvres se paraient comme des princes. Des hindoues accouraient chez leurs voisines musulmanes pour les aider à confectionner le festin traditionnel. D'autres, armées de peignes, de brosses, de fleurs et de rubans participaient à l'ornementation des coiffures. D'autres encore apportaient des poudres de safran, de carmin et de henné pour embellir de savants motifs le visage, les bras et les pieds de leurs amies. Les enfants faisaient l'objet d'une toilette particulièrement raffinée. Les yeux soulignés par de grands cernes de khôl, leurs corps maigrichons drapés dans d'étincelantes tuniques de soie et des voiles de mousseline, les pieds chaussés de babouches, ils paraissaient surgir de quelque gravure des Mille et Une Nuits.

Ni la liesse populaire ni les haut-parleurs ne pouvaient toutefois couvrir les gémissements obsédants qu'entendait Lambert. Mais le supplice de son petit voisin Sabia ne révoltait plus le prêtre. Il avait fini par admettre que c'était bien Jésus qui souffrait de l'autre côté du mur de torchis de sa chambre et que cette souffrance était une prière. Une question pourtant continuait à l'obséder : le sacrifice de cet enfant était-il vraiment indispensable ?

Allah Akbar ! Dieu seul est grand !
Que la paix soit avec Mahomet son prophète !
Allah Akbar !
Que la paix soit avec Noé, Abraham, Moïse,
Zacharie, Jésus et tous les autres prophètes !

Les fidèles reprenaient en chœur chaque verset lancé dans le micro par le mollah aveugle à barbebouc de la grande mosquée de la Cité de la joie, la Jama Masjid ou « Mosquée du Vendredi ». Avec sa façade crème percée de fenêtres à moucharabieh et ses quatre minarets effilés comme des cierges, c'était la construction la plus haute et la plus colorée du *slum*. Elle s'élevait sur une place, le seul espace dégagé de la fourmilière, près d'un bassin aux eaux stagnantes et visqueuses dans lequel les habitants du quartier faisaient leur lessive. Une foule joyeuse et bigarrée emplissait la place et toutes les ruelles alentour. Au-dessus des têtes s'agitaient des myriades de petits drapeaux verts et blancs, d'oriflammes rouges marquées du croissant de l'Islam, de banderoles décorées de sourates du coran et des dômes dorés des saintes mosquées de Jérusalem, de Médine et de La Mecque, emblèmes magiques qui illuminaient de foi et de rêve tout ce décor lépreux. Noble patriarche coiffé d'un turban de soie blanche, le mollah aveugle prit la tête de la procession. Deux religieux vêtus d'*abayas* grises le guidaient. Lancée d'un cyclopousse équipé d'un haut-parleur, une litanie de sourates reprise par des milliers de voix donna le signal du départ. Toutes les deux minutes, le mollah s'arrêtait, s'emparait du micro et clamait des invocations qui électrisaient les fidèles. Le cortège s'étendit bientôt sur plus d'un kilomètre, prodigieux fleuve de couleurs et de voix s'écoulant entre les murs des taudis, irriguant d'une foi vibrante et du chatoiement de ses parures le labyrinthe pestilentiel qu'il traversait. En ce jour de fête, l'Islam submergeait le *slum* de lumières, de bruits et de foi.

Du seuil de sa chambre, Lambert regardait passer la procession. « Comment tant de beauté pouvait-elle jaillir de ce lieu de misère ? » s'émerveilla-t-il. Le spectacle des enfants était particulièrement saisissant. Les roses, les bleus, les ors, les camaïeux des *shalwar* et des *ghaghra* des filles, des *kurta* de mousseline brodée et des *topi*[1] tressés des garçons chamarraient le cortège d'un bariolage enchanteur. Les hommes marchaient en tête. Au troisième rang, tenant la hampe d'un étendard rouge et vert orné d'un minaret, Lambert reconnut son voisin Mehboub. La fête avait métamorphosé le chômeur

1. Pantalons serrés aux chevilles, jupe, chemise sans col, toque.

famélique en un superbe soldat du Prophète. Parmi les enfants défilaient son fils aîné Nasir, celui qui faisait la queue pour lui aux latrines, et ses deux fillettes, ainsi que les sœurs de Sabia, toutes vêtues et ornées comme des princesses, avec d'étincelants bracelets de verroterie, des sandales à paillettes et des voiles de mousseline multicolores. « Merci, Seigneur, d'avoir donné aux flagellés de ce bidonville tant de force pour croire en toi et t'aimer », murmura-t-il en lui-même, bouleversé par le déferlement des voix qui acclamaient le nom d'Allah. C'est alors qu'il entendit quelqu'un l'appeler.

— Grand Frère Paul, j'aimerais que tu bénisses mon fils avant qu'on l'emporte. Sabia t'aimait bien, et tu es un vrai homme de Dieu.

Sabia venait de mourir. Il était mort à l'instant où la procession du prophète était passée devant le taudis de Fakir Bhagan Lane qui abritait son agonie.

Dans sa douleur, sa mère restait d'une dignité exemplaire. A aucun moment tout au long de son épreuve, le visage de cette femme n'avait trahi le moindre accablement. Qu'elle fût accroupie dans la ruelle à fabriquer ses sacs de papier, qu'elle pataugeât dans la boue en portant ses seaux d'eau, qu'elle priât à genoux au chevet de son fils, elle avait gardé son port de tête, la sérénité de son sourire, sa beauté de statue de temple. « Je ne la rencontrais jamais sans rendre grâces à Dieu d'avoir allumé dans ce pourrissoir de telles flammes d'espérance, dira Lambert. Car elle n'avait jamais désespéré. Au contraire, elle s'était battue comme une lionne. Pour payer la consultation d'un médecin et les coûteux médicaments, elle avait porté à l'usurier ses derniers bijoux rescapés d'autres épreuves : deux bracelets, un pendentif, une parure d'oreilles de pacotille. Souvent, la nuit, je l'avais entendue réciter des versets du Coran pour apaiser les douleurs de son enfant. Parfois, elle invitait ses voisines à prier avec elle à son chevet, comme les Saintes Femmes de l'Évangile avaient prié au pied de la Croix. Il n'y avait chez elle ni fatalisme ni résignation, et je n'avais jamais non plus entendu tomber de sa bouche un mot de révolte ou une plainte. Cette femme m'avait donné une leçon de foi et d'amour. »

Elle lui ouvrit un chemin au milieu des pleureuses. L'enfant reposait sur une litière, enveloppé dans un linceul blanc, une guirlande d'œillets jaunes sur la poitrine, les yeux clos, les traits de son visage détendus dans une expression de paix. Avec son pouce, Paul Lambert traça une croix sur le front encore chaud. « Adieu, mon petit frère glorieux », murmura-t-il.

Quelques instants plus tard, porté par des adolescents de la ruelle, Sabia quittait son taudis pour son dernier voyage vers le cimetière musulman au bout du *slum*. Paul Lambert suivit le petit cortège en priant. A cause de la fête, il n'y avait pas grand monde sur le passage pour saluer le départ de cet innocent. De toute façon, la mort était un événement si naturel dans la vie de tous les jours de la Cité de la joie que personne ne lui prêtait une attention particulière.

DEUXIÈME PARTIE

*Des hommes-chevaux
et leurs chariots de feu*

24

Hasari Pal resta un long moment à regarder le rickshaw comme si c'était Ganesh en personne qu'il avait devant lui, Ganesh le dieu à tête d'éléphant bienfaiteur des pauvres, celui qui apporte la chance et écarte les obstacles. Il voyait sa trompe à la place des brancards et ses grandes oreilles à la place des roues. Il s'approcha respectueusement et caressa les brancards avec la pierre de lune de sa bague. Puis il porta la main à son cœur et à son front.

« Cette carriole rangée contre le trottoir était un cadeau des dieux, dira-t-il, une charrue de ville pour faire fructifier ma sueur et donner à manger à mes enfants et à tous les miens qui attendaient au village. C'était pourtant une vieille guimbarde complètement déglinguée, et qui ne possédait même pas de permis de circuler. La peinture de la caisse partait en lambeaux, la banquette de moleskine trouée laissait passer la paille du rembourrage, plusieurs arceaux de la capote étaient brisés, et les bandages de caoutchouc autour des roues étaient si usés qu'on voyait le bois au travers. Sous le siège se trouvait un coffre destiné à recevoir les accessoires indispensables : une bouteille d'huile pour graisser le moyeu de temps en temps, une clef pour resserrer les boulons des roues, la lanterne pour l'éclairage de nuit et le tablier de toile que l'on accroche devant la capote pour transporter les femmes musulmanes qui veulent être à l'abri du regard des hommes, ou pour protéger les voyageurs pendant les averses de la mousson.

« Si je mentionne ces objets, c'est parce que mon ami Ram Chander me les avait montrés dans le coffre de son rickshaw le jour où nous avions accompagné le coolie blessé à l'hôpital. Mon coffre à moi était vide. Quelqu'un avait dû le piller quand le tireur précédent était mort dans la rue. Ram m'avait prévenu : à Calcutta, si on pouvait voler l'air qu'on respire, il y aurait des gens pour le faire !

« A l'arrière de la carrosserie une plaque de métal portait un numéro et des inscriptions. Je ne comprenais pas ce qu'elles signifiaient, mais je gravai le numéro dans ma tête comme un talisman, comme la formule magique qui devait m'ouvrir les portes d'un nouveau karma. Fou de bonheur, j'avais montré à mon ami et bienfaiteur Ram le 1 et les trois 9 qui figuraient sur la plaque. Qu'importait si ce numéro était faux. Il ne comportait que des chiffres propices de notre calendrier.

« Après l'avoir admiré un long moment, je m'installai entre les brancards du rickshaw, les soulevai avec précaution et plaçai mes mains à l'endroit usé qu'avaient lâché quelques heures plus tôt les doigts du pauvre type à qui le numéro 1999 n'avait pas porté chance. Je donnai un coup de reins en avant et j'entendis un grincement de roues. Ce grincement ressemblait au bruit rassurant de la meule écrasant les grains de riz de notre terre. Comment, dès lors, ne pas croire à la bénédiction des dieux ? En outre, ce premier jour de ma nouvelle vie tombait un samedi, le meilleur de la semaine avec le lundi, m'avait dit Ram, car on pouvait gagner plus d'argent ces jours-là en raison de l'affluence. En plus, c'était le début du mois. A partir du quinzième jour, les gens sont, paraît-il, raides comme le trident de Shiva. Le brave Ram m'avait déjà révélé bien des secrets, et appris quelques ficelles du métier. "Il y a toutes sortes de gens, m'avait-il dit. Des gentils et des salauds. Il y en a qui t'obligeront à courir, d'autres qui te diront de prendre ton temps. Certains essaieront de te gratter plusieurs *paisa* sur le prix de la course. Mais si tu as la chance de charger un étranger, tu peux demander plus d'argent." Il m'avait mis en garde contre les *goondas*[1] qui, à l'égal de certaines prostituées, ont la spécialité de vous fausser compagnie à l'arrivée sans vous payer. Et il m'avait averti : "Tu as intérêt à faire des provisions d'huile de moutarde pour masser tes abattis. Les premiers jours, tes cuisses, tes bras et ton dos te feront aussi mal que si tous les flics de Calcutta t'avaient cassé leur *lathi*[2] dessus."

« Je me retrouvai seul. Seul avec ma curieuse charrette au milieu de cette ville inconnue et grouillante. C'était terrifiant. Comment arriverai-je à me retrouver dans le fouillis des rues ? A me faufiler entre les camions, les bus, les voitures qui m'arrivaient dessus dans un vacarme assourdissant comme les vagues d'un raz de marée ? J'étais affolé. J'ai suivi les conseils de Ram et j'ai tiré le rickshaw jusqu'à la station de Park Circus pour y attendre mon premier client. Park Circus était un carrefour très animé où se croisaient plusieurs lignes d'autobus et de tramways. On y trouvait beaucoup de petits ateliers, d'écoles, de collèges, ainsi qu'un grand marché fréquenté par les ménagères des quartiers aisés. Une longue file de rickshaws stationnait en permanence à ce carrefour privilégié. Je ne

1. Voyou, truand.
2. Matraque.

peux pas dire que les tireurs qui patientaient là, assis sur leurs brancards, m'accueillirent avec des cris de joie. Il y avait si peu de miettes à ramasser dans cette maudite ville que l'arrivée d'un nouveau concurrent ne déclenchait pas forcément l'euphorie. C'étaient tous des Biharis. La plupart étaient très jeunes. Mais les plus âgés avaient l'air vraiment usés. On pouvait compter leurs côtes sous le coton élimé de leur maillot de corps.

« La file diminua rapidement. Bientôt mon tour allait venir. A mesure qu'il approchait, je sentais mon cœur taper de grands coups dans ma poitrine. Parviendrai-je à tirer cette guimbarde ? L'idée de me plonger dans le flot furieux de la circulation me paralysait à l'avance les bras et les jambes. Afin de me donner des forces, j'allai acheter, pour vingt-cinq *paisa*, un verre de jus de canne à sucre au Bihari qui faisait passer et repasser sans fin des bouts de tige sous sa roue dentée. C'était un bon commerce car on faisait la queue devant sa meule : un verre de jus de canne était souvent tout ce qu'un gars d'ici réussissait à se mettre dans le ventre pendant toute une journée. Les plus pauvres devaient parfois se contenter d'acheter un morceau de canne qu'ils mâchonnaient pour tromper leur faim. Cela ne coûtait que dix *paisa*. Mais boire tout un verre, c'était comme si vous vous mettiez une citerne d'essence dans le moteur. J'ai senti une vague de chaleur me descendre du ventre vers les cuisses. Ma guimbarde, je l'aurais traînée jusqu'au sommet de l'Himalaya.

« Le souvenir des jours heureux où je suivais dans la rizière la lente progression des buffles me traversa l'esprit. Puis, comme dans un rêve, j'entendis une voix : "*Rickshaw-walla !*" Je vis une jeune fille avec deux nattes qui lui descendaient jusqu'en bas des reins. Elle portait la blouse blanche et la jupe bleu

182

marine des écolières du collège d'à côté. Elle grimpa dans mon rickshaw et me pria de la ramener chez elle. Voyant que je n'avais pas la moindre idée de l'endroit où se trouvait sa rue, elle me guida. Jamais je n'oublierai l'instant de panique quand je me suis trouvé tout à coup au milieu du torrent. C'était fou. J'étais comme un homme qui s'était jeté à l'eau pour échapper à des bêtes fauves et qui se retrouvait cerné par une horde de crocodiles. Les chauffeurs des bus et des camions menaient la danse. Ils prenaient un malin plaisir à terroriser les rickshaws en les frôlant dans le rugissement de leurs klaxons et de leurs moteurs. Les plus enragés étaient les conducteurs des minibus. Et aussi les chauffeurs à turban des taxis. J'avais tellement peur que j'avançais au pas, l'œil sans cesse aux aguets à gauche et à droite. Je mettais toute mon attention à rechercher le bon équilibre du véhicule, à trouver l'endroit précis où placer mes mains pour mieux répartir la charge. Plus facile à dire qu'à réussir, sur des chaussées défoncées, au milieu des tranchées, des trous, des ornières, des bouches d'égouts ouvertes, des rails de tramway. Un vrai travail d'acrobate ! Heureusement, la trompe de Ganesh veillait sur moi et mon rickshaw pour mes débuts, elle me sortit des difficultés et me conduisit à bon port. "Combien vous dois-je ?" questionna la jeune fille en descendant de ma carriole. Je n'en avais aucune idée. "Donnez-moi ce que vous voulez." Elle chercha dans son porte-monnaie. "Voici trois roupies. C'est plus que le prix normal, mais j'espère que cela vous portera chance."

« Je pris les billets et les mis contre mon cœur en la remerciant avec effusion. J'étais très ému. Je gardai ma main ainsi un long moment comme pour m'imprégner de ce premier argent gagné dans la peau d'un tireur de rickshaw à Calcutta. De sentir ces billets entre mes doigts m'apporta une bouffée d'espoir, la certitude qu'en travaillant dur, je pourrai accomplir ce que les miens attendaient de moi, et être leur cormoran, celui qui distribue la becquée à tous les oisillons affamés dans la hutte au village.

« En attendant, l'argent de cette première course, c'était à ma femme et à mes enfants que je voulais l'offrir. Je me précipitai chez le marchand de friture le plus proche, et c'est avec un paquet de beignets pour seuls passagers que je m'élançai au petit trot vers le trottoir où nous campions. Mon arrivée provoqua un attroupement instantané. La nouvelle qu'un ancien paysan échoué sur le trottoir était devenu un *rickshaw-walla* s'était répandue d'un bout à l'autre de la rue tel le bruit d'un pétard de Diwali[1]. Bien que ma guimbarde fût le véhicule le plus commun de Calcutta, des gosses en escaladèrent les roues pour s'asseoir sur la banquette, des hommes soupesèrent le poids des brancards, des femmes me regardèrent avec admiration et envie. Arjuna partant sur son char à la guerre du Mâhabhârata n'aurait pas eu plus de succès. Pour tous ces pauvres gens qui, comme nous, avaient fui leur rizière, j'étais la preuve vivante qu'il y avait toujours une raison d'espérer.

« Cet accueil m'aiguillonna plus qu'une pleine assiettée de piments verts. Je repartis aussitôt. J'avais seulement fait quelques mètres quand deux énormes matrones me hélèrent pour les conduire au cinéma Hind sur Ganesh Avenue. Elles devaient bien peser deux cents kilos à elles deux et j'ai cru que ma guimbarde allait rendre l'âme avant le premier tour de roue. Les moyeux gémirent des grincements déchirants et les brancards tremblaient autant

1. La fête hindoue des Lumières, où l'on vénère Lakshmi, la déesse de la prospérité.

dans mes mains que des roseaux un jour de tempête. J'avais beau m'arc-bouter dans toutes les positions, je ne parvenais pas à trouver un équilibre correct. J'étais comme un buffle à qui l'on vient d'atteler une maison. Les deux passagères durent sentir mon incompétence car l'une d'elles m'ordonna de stopper. Sitôt descendues, elles arrêtèrent un autre rickshaw. Je ne sais pas quels piments avait mangés ce tireur-là, mais je le vis s'éloigner au petit trot sans plus de mal que s'il emportait au Gange deux statuettes de Dourga.

« Après cette cuisante humiliation, j'éprouvai le besoin urgent de me racheter. J'étais prêt à charger n'importe qui, même gratuitement, pourvu que je puisse montrer de quoi j'étais capable, moi aussi. L'occasion me fut donnée au coin de Park Street, une large rue du centre bordée d'arcades. Un jeune homme et une jeune fille, qui sortaient d'une pâtisserie avec un cornet de glace à la main, me firent signe de les prendre. Le garçon me pria de relever la capote et de fixer le tablier de toile dont on se sert pendant la mousson, ou pour dissimuler les musulmanes aux regards indiscrets. Or je n'avais pas cet accessoire ! Ne voulant pas perdre cette course, j'ai proposé de tendre à la place mon *longhi* de rechange et le jeune homme fit monter la jeune fille en me disant de faire le tour du pâté de maisons. J'étais intrigué mais, sans demander mon reste, je fixai l'étoffe à la capote et nous voilà partis pour une promenade sans destination précise. A peine avais-je tourné le coin de la rue que d'étranges soubresauts me firent presque perdre l'équilibre. Me cramponnant aux brancards pour maintenir le cap, je compris bientôt l'origine des secousses. Ma guimbarde servait de lit d'amour.

« Calcutta, tu n'es plus une ville maudite. Laisse-moi te bénir au contraire de m'avoir donné, à moi

185

pauvre paysan exilé du Bengale, la chance de gagner dix-sept roupies ce premier jour. Et laisse-moi te bénir aussi, cher Ganesh, pour avoir détourné embûches et dangers de mon attelage et m'avoir permis d'accomplir sept courses sans problèmes ni accidents. Je décidai de consacrer une partie de cet argent à l'achat de l'accessoire qui est l'emblème des tireurs de rickshaw. Nous, les paysans, nous possédons aussi nos outils nobles : les socs des charrues et les faucilles à moissonner le riz que l'on fête à la grande *puja* du dieu Vishwakarma[1]. Celui des tireurs de rickshaw, c'est le grelot qu'ils tiennent en glissant l'index droit dans sa lanière et dont ils se servent comme d'un avertisseur ou pour attirer les clients en le tapotant contre le brancard. Il y en a de toutes les tailles, des grelots, et à tous les prix. Depuis les plus ordinaires en ferraille grise jusqu'à de superbes en cuivre qui brillent autant que la planète Brihaspati. Certains donnent des sons rappelant ceux des grues couronnées pêchant au ras des étangs. D'autres font plutôt penser au cri d'un alcyon poursuivant une libellule. Ce fut à un tireur de Park Circus que j'achetai mon premier grelot, pour deux roupies. Il avait une fine lanière de cuir que je fixai à l'index devant ma bague à la pierre de lune. Avec de tels bijoux au doigt, comment ne pas sentir monter en soi de bonnes énergies, comment ne pas croire à la générosité de son karma ?

« Je n'allais pas tarder à déchanter. Le lendemain matin au réveil, mes bras, mes jambes, mon dos et ma nuque étaient si douloureux que j'eus toutes les peines du monde à me mettre debout. Mon ami Ram Chander m'avait prévenu. On ne devient pas homme-cheval du jour au lendemain, même quand

1. Le dieu des outils.

186

on est de la bonne race des paysans. L'effort prolongé de traction, les secousses brutales, les épuisantes acrobaties pour garder l'équilibre, le raidissement violent, parfois désespéré, de tout le corps pour s'arrêter en catastrophe, ce sont de rudes chocs quand on n'a pas mangé grand-chose depuis des mois et que la carcasse est déjà passablement usée.

« J'eus beau suivre les conseils de Ram et me masser à l'huile de moutarde de la tête aux pieds à la manière des lutteurs du pont de Howrah avant un pugilat, je fus incapable de reprendre les brancards de mon rickshaw. J'en aurais pleuré. Je le confiai à la garde de ma femme et me traînai jusqu'à la station de Park Circus. Je tenais coûte que coûte à remettre les cinq roupies de la location de la journée au représentant du propriétaire. Je me serais privé de nourriture, j'aurais porté ma pierre de lune chez le *mohajan* pour les payer, ces cinq roupies. C'était une question de vie ou de mort : des milliers d'autres paysans affamés attendaient de le prendre, mon rickshaw.

« A Park Circus, je retrouvai Ram. Il venait de récupérer sa carriole après son accrochage de l'autre soir avec les flics. Il trouva très drôle de me voir marcher plié en deux comme un vieillard.

— Tu n'as encore rien vu ! me lança-t-il goguenard. Avant trois mois, toi aussi tu cracheras tout rouge.

J'appris ainsi que mon ami qui avait l'air si costaud et toujours si sûr de lui avait la maladie des poumons.

— Est-ce que tu prends des médicaments pour ça ?

Il m'a regardé avec surprise.

— Tu plaisantes ? Tu as déjà vu les files d'attente au dispensaire ? Tu y vas le matin à l'aube et le soir tu y es encore. Mieux vaut s'offrir un bon petit *pân* de temps en temps.

— Un *pân* ?

— Bien sûr, pour camoufler l'ennemi. Quand tu craches, tu ne sais pas si c'est du sang ou du bétel. Alors, tu t'inquiètes moins.

« Sur ce, Ram suggéra que nous rendions visite à notre ami coolie à l'hôpital. Cela faisait deux jours que nous n'étions pas allés le voir. Tant de choses s'étaient passées pendant ces deux jours ! Prenant pitié de mon état, Ram m'offrit de me transporter dans son rickshaw. C'était plutôt comique. Les autres tireurs de la station s'amusèrent énormément de nous voir partir ainsi tous les deux. Ils n'avaient pas tellement d'occasions de se distraire.

« Quelle curieuse sensation de se retrouver à la place des passagers ! C'était encore plus terrifiant que d'être à pied entre les brancards. Tous ces autobus et ces camions dont les tôles vous éraflaient presque la figure. J'étais aux premières loges pour tout voir, comme ce taxi qui nous fonçait dessus tel un éléphant en furie, ce qui obligea Ram à une pirouette de dernière seconde. Ou ce *telagarhi* si lourdement chargé qui déboucha sur la droite et que rien, pas même un mur, n'aurait pu arrêter. J'admirais avec quelle virtuosité Ram déplaçait ses mains sur les brancards pour que seules les roues supportent le poids de la charge. Avec son grelot, on aurait dit une danseuse de Katakali.

« Le trajet jusqu'à l'hôpital fut très long. Les rues étaient encombrées de cortèges avec des banderoles rouges qui bloquaient complètement la circulation. Ces défilés semblaient faire partie du décor de Calcutta. J'en avais déjà vu plusieurs. Ici, les travailleurs étaient organisés et ils avaient l'habitude de revendiquer pour un oui ou pour un non. Cela n'existait pas dans les villages. Dans nos campagnes, à qui vouliez-vous que nous allions réclamer quoi que ce soit ? On ne proteste pas contre le ciel parce qu'il n'a pas encore envoyé la mousson. Ici il y avait un gouvernement à qui exprimer son mécontentement. Cela dit, ces manifestations dans la rue rendaient la vie difficile aux rickshaws.

« Nous nous arrêtâmes dans un bazar pour acheter des fruits. Cette fois, c'est moi qui payai avec l'argent qui me restait de la veille. J'achetai aussi un ananas que je fis peler et couper en tranches par le marchand. Nous pourrions le manger avec le coolie.

« L'hôpital débordait toujours de monde. Nous allâmes directement dans le bâtiment où nous avions vu notre copain la dernière fois. Auparavant, Ram avait enchaîné une roue de son rickshaw à un réverbère et pris avec lui les objets qui se trouvaient dans le coffre. C'était le même infirmier qui gardait la salle des opérés et nous pûmes entrer sans difficultés après lui avoir glissé deux roupies dans la poche. Il y avait toujours cette odeur épouvantable qui vous saisissait à la gorge. Nous nous faufilâmes entre les rangées de lits jusqu'à celui de notre camarade tout à fait au fond, près de la fenêtre, à côté de l'enfant brûlé à qui j'avais fait manger une mandarine. J'avais du mal à marcher à cause des courbatures et Ram était loin devant moi quand il me cria : "Il n'est plus là !"

« Le lit de notre ami était occupé par un vieux musulman à barbiche, le torse bardé de pansements. Il ne put nous renseigner. L'infirmier non plus. Il faut dire que nous ne connaissions même pas le nom du coolie blessé. Peut-être avait-il été transporté ailleurs ? Ou peut-être l'avait-on simplement renvoyé pour faire de la place à un autre ? Nous explorâmes plusieurs salles. Nous parvînmes même à pénétrer dans la pièce voisine de l'endroit où on faisait les opérations. Notre copain était introuvable. Comme nous sortions du bâtiment, nous avons vu deux infirmiers qui portaient un corps sur un brancard. Nous avons reconnu notre ami. Il avait les yeux ouverts. Ses joues étaient creusées et grises de barbe. Ses lèvres n'étaient pas fermées. On aurait dit qu'il allait nous dire quelque chose. Mais rien ne bougea. C'était fini pour lui. Je me suis demandé s'il y aurait encore des chars à bras dans sa prochaine incarnation. Ou s'il serait un *sardarji* au volant d'un taxi.

« Ram a interrogé les infirmiers pour savoir où ils emportaient notre copain. "C'est un indigent, a répondu le plus âgé. On va le jeter dans le fleuve." »

25

La mort du jeune Sabia modifia le comportement des musulmans du quartier envers Paul Lambert. Elle dissipa leurs réticences. Même les plus méfiants lui adressaient maintenant des « *Salam Father !* ». Les enfants se chamaillaient pour avoir l'honneur de porter son seau sur le chemin de la fontaine. Un autre événement survint alors qui paracheva cette transformation. A quelques portes de sa chambre vivait une fillette de quinze ans devenue aveugle à la suite d'une infection foudroyante. Ses yeux étaient purulents et la faisaient tellement souffrir qu'elle maudissait tout le monde. La cécité étant considérée comme une malédiction par bien des musulmans, on la croyait possédée par le démon. Elle s'appelait Banoo. Elle avait de longues nattes noires comme les princesses des miniatures mogoles. Un jour, sa mère vint se planter devant Paul Lambert en joignant les mains d'un air suppliant. « *Daktar*[1], pour l'amour de Dieu, fais quelque chose pour ma petite », implora-t-elle.

Comment guérir pareille infection quand on ne possède pour toute pharmacopée que quelques cachets d'aspirine, un peu d'élixir parégorique et un

1. Docteur.

tube d'une vague pommade ? Lambert résolut néanmoins d'appliquer un peu de pommade sur les yeux de la fillette. Trois jours plus tard, miracle : l'infection était enrayée. Et au bout d'une semaine, la jeune Banoo avait recouvré la vue. La nouvelle se répandit comme une traînée de poudre : « Il y a un sorcier blanc dans le quartier. »

Cet exploit valut au Français son brevet d'intégration et une notoriété dont il se serait volontiers passé. Des dizaines de malades et d'invalides prirent le chemin du 19 Fakir Bhagan Lane pour être soignés par le « Grand Frère Paul ». Il lui fallut se procurer d'autres médicaments. Sa chambre devint un havre pour les détresses les plus criantes. Elle ne désemplissait pas. Un matin, deux porteurs y déposèrent un homme barbu dont la chevelure hirsute était couverte de cendres. Il était attaché sur une chaise et n'avait ni jambes ni mains. Il était cul-de-jatte et lépreux. Son visage juvénile rayonnait pourtant d'une joie surprenante chez un tel déshérité.

— Grand Frère Paul, je m'appelle Anouar, annonça-t-il. Il faut que tu me soignes. Tu vois, je suis très malade. — Son regard tomba sur l'image du Saint Suaire. — Qui est-ce ? demanda-t-il.

— C'est Jésus.

Le lépreux parut incrédule.

— Jésus ? Non, ce n'est pas possible. Il ne ressemble pas à l'autre. Pourquoi ton Jésus à toi a-t-il les yeux fermés et l'air si triste ?

Paul Lambert savait que l'iconographie indienne reproduisait abondamment l'image d'un Christ blond aux yeux bleus, triomphant et coloré comme les dieux du panthéon hindou.

— Il a souffert, dit-il.

Le prêtre sentit qu'il fallait expliquer davantage. Une des filles de Margareta vint traduire ses paroles en bengali.

— S'il a les yeux fermés, c'est pour mieux nous voir, reprit-il. Et c'est aussi pour que nous puissions mieux le regarder, nous. Peut-être que s'il avait les yeux ouverts, nous n'oserions pas. Parce que nos yeux ne sont pas purs, ni nos cœurs, et que nous avons une grande part de responsabilité dans ses souffrances. S'il souffre, c'est à cause de moi, de toi, de nous tous. A cause de nos péchés, du mal que nous faisons. Mais il nous aime tellement qu'il nous pardonne. Il veut que nous le regardions. C'est pourquoi il ferme les yeux. Et ces yeux clos m'invitent à fermer les yeux moi aussi, à prier, à regarder Dieu en moi... et en toi aussi. Et à l'aimer. Et à faire comme lui, à pardonner à tout le monde, et à aimer tout le monde. A aimer surtout ceux qui souffrent comme lui. A t'aimer, toi qui souffres comme lui.

Une fillette en guenilles, qui s'était tenue cachée derrière la chaise du cul-de-jatte lépreux, alla déposer un baiser sur l'image et la caressa de sa petite main. Après avoir porté trois doigts à son front, elle murmura :

— *Ki koshto !* Comme il souffre !

Le lépreux paraissait ému. Ses yeux noirs étaient devenus brillants.

— Il souffre, dit encore Paul Lambert. Pourtant, il ne veut pas que nous pleurions sur lui. Mais sur ceux qui souffrent aujourd'hui. Parce qu'il souffre en eux. Aussi bien dans leurs corps que dans le cœur des isolés, des abandonnés, des méprisés, et que dans l'esprit des fous, des névrosés, des détraqués. C'est pour cela, vois-tu, que j'aime cette image. Parce qu'elle me rappelle tout cela.

Le lépreux hocha la tête d'un air méditatif, puis il leva son moignon vers l'icône.

— Grand Frère Paul, ton Jésus à toi, il est bien plus beau que celui des images.

« Oui, tu es beau, Jésus de la Cité de la joie, écrira ce soir-là Lambert dans le cahier qui lui servait de journal. Beau comme le cul-de-jatte lépreux que tu m'as envoyé aujourd'hui, avec ses mutilations, ses plaies et son sourire. C'est toi que j'ai vu en lui, toi qui incarnes toutes les détresses. Toi qui as connu Gethsémani, la sueur de sang, la tentation de Satan, l'abandon du Père, la prostration, le découragement, la faim, la soif. Et la solitude.

« Jésus d'Anand Nagar, j'ai essayé de soigner ce lépreux. Tous les jours, j'essaye de partager avec les pauvres. Je baisse la tête avec ceux que l'on écrase et que l'on opprime, comme "le raisin au pressoir, et leur jus gicle sur mes habits et j'ai taché mes vêtements". Je ne suis pas un pur ni un saint, seulement un pauvre type aussi pécheur que les autres, parfois écrasé ou méprisé à l'égal de mes frères de la Cité de la joie, mais avec la certitude au fond du cœur que tu nous aimes. Et cette autre certitude que la joie qui me remplit, jamais rien ni personne ne pourra me la ravir. Parce que tu es vraiment présent ici, au fond de ce bidonville de misère. »

26

« Avec ses doigts boudinés couverts de bagues, ses bourrelets de graisse qui faisaient éclater sa chemise, ses cheveux luisants d'huiles parfumées, il était franchement répugnant, mon premier client de la journée, racontera Hasari Pal. Et tellement arrogant par-dessus le marché. Mais j'étais trop aux abois pour m'offrir la joie de refuser de le charger. C'était un *marwari*[1]. Il avait sûrement l'habitude de rouler en taxi. Il était pressé. "Plus vite !" criait-il sans arrêt et, pour remplacer le fouet, il me bourrait les côtes de coups de pied. Des coups qui faisaient mal car il portait des mules avec un bout rigide et pointu. Il ne m'avait pas indiqué où il voulait aller. En montant, il m'avait seulement dit : "Tout droit, et au trot !" Ce *marwari* devait être habitué à commander des chevaux. Ou des esclaves. "Tourne à droite. Tourne à gauche ! Plus vite !" Les ordres claquaient et je faisais des acrobaties au milieu des autobus et des camions. Il m'ordonna de stopper plusieurs fois, et me fit repartir aussitôt. Ces arrêts brusques, quand il faut bloquer toute la charge en mouvement d'un coup de reins et d'une traction en

---

1. Marchand, originellement de l'État du Marwar au Rajasthan, réputé pour sa dureté en affaires.

arrière, sont affreusement pénibles. C'est comme si vos jarrets supportaient seuls soudain tout le poids du rickshaw et du client. Repartir n'était pas moins dur, et la douleur venait alors des épaules et des avant-bras. Il fallait un effort de bête pour remettre en marche la guimbarde. Pauvre guimbarde. A chaque arrêt et à chaque départ, ses brancards gémissaient autant que mes os. Était-ce à cause de la vague de chaleur qui s'était abattue depuis deux ou trois jours sur Calcutta, mais tout le monde avait les nerfs à fleur de peau. Au coin d'une avenue, un *sardarji* sortit le bras de son taxi pour saisir le brancard de mon rickshaw et le repousser avec une violence telle que j'en perdis l'équilibre. Ce qui me valut une nouvelle bordée d'injures de la part de mon client, et un coup de matraque du flic qui réglait la circulation. Un peu plus loin, ce sont des jeunes gens agrippés à la portière d'un tramway bondé qui m'expédièrent une volée de coups de pied. Impossible de répondre. C'étaient des humiliations qu'il fallait avaler en silence. »

La course d'Hasari se termina ce jour-là devant la porte d'un restaurant de Park Street. Avant de poser les brancards pour permettre à son client de descendre, il demanda cinq roupies. Écarlate de fureur, le gros *marwari* protesta : « Cinq roupies ! Cinq roupies pour une course de feignant ! » Alertés par ses vociférations, plusieurs tireurs de rickshaw en stationnement un peu plus loin accoururent et firent cercle autour de leur collègue. Leur air menaçant calma aussitôt l'irascible passager. Il s'empressa de fouiller dans sa poche et remit son dû à Hasari sans demander son reste. L'ancien paysan regarda le billet vert. « Comme nous disons au Bengale : quand les chiens hurlent, le tigre rentre ses griffes. »

Cette ville était assurément une jungle, avec les

lois et la hiérarchie de la forêt. Il y avait des éléphants, des tigres, des panthères, des serpents et toutes sortes d'autres animaux. Mieux valait les connaître si on ne voulait pas risquer des ennuis. Hasari Pal en fit l'expérience un jour qu'il était garé devant le *Kit Kat,* une boîte de nuit au coin de Park Street. Un chauffeur de taxi sikh s'arrêta à sa hauteur et lui fit signe de déguerpir pour lui laisser la place. Le tireur fit semblant de ne pas comprendre. Le turban du Sikh s'agita derrière le volant au rythme de furieux coups de klaxon. L'éléphant était prêt à charger. Hasari comprit qu'il allait foncer sur son rickshaw. Il n'eut que le temps de saisir ses brancards pour déménager. Il avait eu tort de s'obstiner : la loi de la jungle de Calcutta voulait que les rickshaws abandonnent la priorité aux taxis.

Le plus éprouvant dans son existence d'homme-cheval, ce n'était pas la dureté physique du travail. Il y avait à la campagne des travaux aussi éreintants que tirer d'obèses poussahs de Park Street jusqu'au Barra Bazar. Mais ils étaient saisonniers et l'on pouvait se reposer entre-temps alors que la vie de *rickshaw-walla* était un esclavage de tous les jours de la semaine et de toutes les semaines de l'année.

« Il m'arrivait parfois d'emmener des gens à la gare de Howrah, de l'autre côté du fleuve. Là-bas, il n'y avait pas de rickshaws à pied. Il n'y avait que des cyclo-pousse. Je n'avais jamais pédalé sur l'un de ces engins, mais il me semblait que l'effort devait être moindre. J'en discutai un jour avec Ram Chander. Il prit ses fesses à pleines mains avec un air d'intense souffrance. "Pauvre fleur, gémit-il, tu ne sais pas ce que c'est que de passer dix ou douze heures sur une selle de vélo ! Au début, tu as le cul plein d'ulcères. Et puis après tu as les couilles qui coincent. Et au bout de deux ou trois ans, tu ne peux plus baiser. Ton cyclo t'a rendu la queue aussi molle qu'une touffe de coton."

« Sacré Ram, il n'y avait personne comme lui pour vous démontrer qu'on trouve toujours plus malheureux que soi. »

27

« Vous verrez, mon cher, ils vous grignoteront jusqu'à l'os. A cause de votre peau blanche, ils attendront tout de vous. Pensez, un Européen dans une nécropole comme la Cité de la joie, cela ne s'est jamais vu ! » Paul Lambert songeait à ces mots du curé de la paroisse voisine en donnant quelques comprimés d'aspirine à une femme venue lui apporter son enfant terrassé par une méningite. La guérison de la jeune aveugle et sa compassion à toutes les détresses avaient suffi pour que cette prédiction se réalisât. Le « *Father* », le « *Daktar* », le « Grand Frère Paul » du 19 Fakir Bhagan Lane était devenu le père Noël. Un père Noël à la mode du *slum,* un homme qui acceptait d'écouter et qui savait comprendre, sur lequel les plus abandonnés pouvaient projeter leurs espoirs, auprès duquel ils trouvaient amitié et bienveillance. Du coup, il se voyait attribuer la paternité du moindre bienfait qui pouvait survenir, comme la décision de la municipalité de creuser dix nouveaux puits, ou la douceur exceptionnelle de la température en ce début d'hiver. Ce besoin de se référer constamment à une personne est un trait caractéristique de l'âme indienne. Sans doute est-elle due au système des castes et au fait qu'il y a un chef à l'intérieur de chaque groupe. Dans le bidonville, tout se passait toujours à travers quelqu'un. Faute de connaître ce « quelqu'un », on avait peu de chance de faire aboutir une démarche, que ce fût dans les bureaux des administrations, ceux de la police, ou dans les hôpitaux. Pour les centaines d'habitants méprisés, rejetés, de son quartier, Lambert devint ainsi « la personne » par excellence, celle qui pouvait tout grâce à sa peau blanche, à sa croix d'homme de Dieu sur la poitrine, à son porte-monnaie qui, pour des pauvres ne possédant rien, pouvait paraître aussi gonflé que celui de G.D. Birla, le célèbre milliardaire de Calcutta.

Cette notoriété l'exaspérait. Il ne voulait être ni le père Noël ni la Sécurité sociale, ni la Providence, mais seulement un pauvre parmi les pauvres. « Mon ambition était de leur donner confiance en eux afin qu'ils se sentent moins abandonnés, qu'ils aient envie d'entreprendre des actions en vue d'améliorer eux-mêmes leur sort. » Ce souhait devait s'accomplir une première fois quelques semaines avant les fêtes de Dourga. Un soir, quelques habitants du quartier conduits par Margareta se présentèrent à l'entrée de la chambre de Lambert.

— Grand Frère Paul, déclara la jeune chrétienne, nous voudrions réfléchir avec toi à la possibilité de faire ensemble quelque chose d'utile pour les gens d'ici.

Margareta fit les présentations. Il y avait là un jeune ménage hindou, un Anglo-Indien chrétien, un ouvrier musulman et une Assamaise d'une vingtaine d'années. Six pauvres qui désiraient retrouver une dignité, qui voulaient « construire ensemble ». Les Ghosh — le couple hindou — étaient beaux, sains, lumineux. Sous son voile de coton rouge décoré de motifs floraux, la jeune femme ressemblait, avec sa peau très mate et très claire, à une madone de la Renaissance. L'intensité de son regard frappa d'emblée Lambert.

« Cette femme brûlait d'un feu intérieur. » Elle s'appelait Shanta. Elle était la fille aînée d'un paysan sans
terres d'un gros bourg isolé du delta du Gange
nommé Basanti. Pour faire vivre ses huit enfants, son
père allait avec des pêcheurs de son village ramasser
du miel sauvage dans la jungle inondée des Sundarbans. Un jour, il n'était pas revenu. Il avait été
emporté par l'un des tigres mangeurs d'hommes qui
dévorent là-bas chaque année plus de trois cents
cueilleurs de miel. C'était sur le sol en terre battue de
la petite école primaire locale que Shanta avait connu
le gaillard barbu aux cheveux bouclés qui était son
mari. Ashish — l'Espoir — vingt-six ans, était l'un des
onze enfants d'un ouvrier agricole journalier. Le cas
de ce couple était presque unique : ils s'étaient mariés
par amour. Ce défi à toutes les traditions avait provoqué un tel scandale qu'ils avaient dû fuir leur village et
chercher refuge à Calcutta. Après avoir crevé la faim
pendant un an, Ashish avait trouvé un emploi de
moniteur dans un centre d'apprentissage pour enfants
handicapés de la Mère Teresa. Shanta, elle, était
institutrice dans une école de Howrah. Après la naissance de leur premier enfant, ils avaient trouvé l'Eldorado : une chambre dans une courée hindoue du *slum*
d'Anand Nagar. Deux salaires réguliers de deux cents
roupies par mois (deux fois cent soixante francs)
peuvent paraître une misère. Dans la Cité de la joie,
c'était la fortune. Les Gosh étaient des privilégiés, ce
qui rendait leur volonté de servir les autres d'autant
plus remarquable.

L'Anglo-Indien portait le nom insolite d'Aristote
John. C'était un homme au visage triste et à l'air
bilieux, comme beaucoup de membres de cette
communauté particulièrement marginale dans l'Inde
d'aujourd'hui. Il travaillait aux aiguillages de la gare
de Howrah. Le musulman Saladdin, cinquante-deux
ans, portait une courte moustache et une calotte bro-

dée sur la tête. C'était lui le plus ancien du *slum*. Rescapé des massacres de la Partition, il partageait depuis vingt ans une masure avec trois mollahs à qui il servait de cuisinier.

Construire ensemble ! Dans ce goulag où soixante-dix mille hommes luttaient pour leur survie quotidienne, dans ce lieu qui ressemblait parfois à un mouroir, rongé de tuberculose, de lèpre, de dysenterie, d'ulcères, et de toutes les maladies de carence, dans cet environnement si pollué que des milliers de malheureux n'atteignaient jamais l'âge de quarante ans, tout était à construire. Il fallait un dispensaire et une léproserie. Il fallait distribuer du lait aux enfants mourant de malnutrition, installer des fontaines d'eau potable, multiplier les latrines, expulser les vaches et les bufflesses propagatrices de tuberculose. Les urgences étaient innombrables.

« Je suggère que chacun de nous fasse un sondage autour de lui, dit Lambert, afin que nous déterminions les besoins prioritaires de nos voisins. » Les résultats arrivèrent trois jours plus tard. Ils étaient concordants et unanimes. Les véritables nécessités pressantes des habitants de la Cité de la joie n'étaient pas celles qu'imaginait Paul Lambert. Ce n'étaient pas les conditions matérielles de leur vie qu'ils voulaient d'abord changer. La nourriture qu'ils attendaient avidement n'était pas destinée aux corps rachitiques de leurs enfants, mais à leur esprit. Les six enquêtes indiquaient que la toute première revendication était la création d'une école du soir pour permettre d'apprendre à lire et à écrire aux enfants qui travaillaient toute la journée dans les ateliers, les boutiques et les *tea-shops* du quartier. Lambert chargea Margareta d'inviter les familles concernées à trouver un local qui pût servir de salle de classe et il offrit de participer à la rémunération de deux instituteurs. « J'avais atteint mon premier objectif, dira-t-il. Encourager mes frères d'Anand Nagar à se prendre eux-mêmes en charge. »

Cette première action fut le point de départ d'une entreprise de solidarité et de partage qui bouleversera un jour complètement les conditions de vie dans le bidonville. Lors de la réunion suivante, Lambert proposa la création d'une équipe de volontaires pour accompagner et guider les malades dans les hôpitaux de Calcutta. Car aller seul se faire soigner dans ces caravansérails était une aventure souvent si cauchemardesque que la plupart des gens devaient y renoncer.

N'importe qui pouvait assister aux réunions de la chambre du 19 Fakir Bhagan Lane. Le bruit se répandit vite : « Il y a des gens qui écoutent les pauvres. » C'était une telle révolution que le Français avait baptisé sa petite équipe « Comité d'écoute et d'entraide ». C'était aussi une révélation : chacun découvrait qu'il y avait plus malheureux que lui. Lambert prit pour règle de commencer chaque réunion par la lecture de l'Évangile. « Aucun récit ne collait davantage à la vie du *slum*, aucun exemple n'était plus vivant que celui du Christ soulageant les misères de ses contemporains. Hindous, musulmans, chrétiens, tous les hommes de bonne volonté pouvaient comprendre le rapport entre le message de l'Évangile et leur vie de souffrance, entre la personne du Christ et ceux qui, ici, avaient choisi de perpétuer son action. »

Ce rapport, personne ne le percevait avec autant d'intensité que la jeune Assamaise venue dès le premier soir offrir son aide à Lambert. Avec sa natte dans le dos, ses yeux bridés et ses pommettes toutes roses, elle ressemblait à une poupée chinoise. Son nom résonnait comme un *mantrâ*. Elle s'appelait Bandona, ce qui signifiait « Louange à Dieu ». Bien que de religion bouddhiste, elle avait été d'emblée conquise par l'enseignement de l'Évangile. Se mettre au service des autres pour mieux rencontrer Dieu répondait à son impatience. « Chaque fois qu'un malheureux exprimait sa détresse, le visage de Bandona se muait en un masque de douleur, racontera Lambert. Toute souffrance était sa souffrance. »

Cet être hypersensible aux autres était d'une pudeur quasi maladive pour ce qui la concernait. A toute question personnelle, elle se voilait la face du pan de son sari et baissait la tête dans un geste de défiance. La curiosité de Lambert s'en trouvait d'autant plus avivée. Un jour qu'il la taquinait, elle lui lança sèchement : « Ton Jésus lui-même n'a-t-il pas dit que nous n'étions là que pour accomplir la volonté de son Père, et que nos propres existences ne comptaient pas ? Alors, pourquoi t'intéresses-tu à moi ? »

Lambert devait pourtant lui arracher quelques bribes d'informations qui lui firent comprendre comment cette jeune fille née dans les cimes de l'Assam avait échoué dans la pouillerie d'un bidonville de Calcutta. Son père était un petit paysan installé dans la région de Kurseong, à l'extrême nord du Bengale, au pied des premiers contreforts de la chaîne himalayenne. Il travaillait une parcelle de culture en terrasses, péniblement conquise au flanc de la montagne. C'était suffisant pour faire vivre sa femme et leurs quatre enfants. Mais un jour, des entrepreneurs venus de Calcutta commencèrent à exploiter le bois des forêts. Ils fixèrent un quota journalier d'arbres à abattre. Des années auparavant, la région avait déjà été profondément transformée par le développement des *tea gardens,* les plantations de thé. Avec l'arrivée des forestiers, les jungles boisées se rétrécirent comme une peau de chagrin. Les paysans furent contraints d'aller chercher toujours plus loin le bois nécessaire à la cuisson de leurs aliments, ainsi que de nouvelles terres à cultiver. Les feux de brousse se multiplièrent.

La végétation n'ayant plus le temps de repousser avant les cataractes de la mousson, l'érosion attaqua les sols. Privé de ses pâturages traditionnels, le bétail devint un facteur de destruction. La raréfaction des produits naturels obligea les familles à développer les cultures vivrières. Le bois de feu étant de plus en plus rare, il fallut utiliser la bouse des animaux pour cuire les aliments, ce qui priva les terres de leur meilleur engrais. Les rendements chutèrent. La dégradation des sols s'accéléra. A cause du déboisement, l'eau n'était plus retenue. Les sources se tarirent, les réservoirs se vidèrent, les nappes phréatiques s'asséchèrent. Cette zone subissant la plus forte pluviosité mondiale — jusqu'à onze mètres d'eau par an en Assam —, la terre arable et l'humus furent emportés vers les plaines un peu plus à chaque mousson, laissant bientôt le roc à nu. En quelques années, la région tout entière devint un désert. Ses habitants étaient acculés à partir. Partir pour la ville qui les avait ruinés !

Bandona avait quatre ans quand sa famille se mit en marche vers Calcutta. Grâce à un cousin qui travaillait dans un magasin de vêtements, ses parents eurent la chance de trouver une pièce dans le *slum* d'Anand Nagar. Le père mourut de tuberculose cinq ans plus tard. La mère, une courageuse petite femme que rien ne pouvait abattre, brûla pendant un an des bâtonnets d'encens devant l'image noircie du fondateur de la secte bouddhiste des Bonnets jaunes, puis elle se remaria. Mais son mari la quitta peu après pour aller travailler dans le sud du pays. Elle éleva seule ses quatre enfants en récupérant dans les tas d'ordures les objets métalliques qu'elle revendait à un ferrailleur. Bandona avait commencé à gagner sa vie dès l'âge de douze ans. D'abord dans une cartonnerie, ensuite dans un atelier où elle tournait des pièces de camion. La tuberculose ayant à son tour frappé sa mère, elle devint le seul soutien de sa famille. Elle partait le matin à cinq heures et ne rentrait guère avant dix heures le soir, après deux heures d'autobus et trois kilomètres de marche. Il lui arrivait souvent de ne pas rentrer du tout à cause des fréquentes coupures de courant qui l'obligeaient à dormir au pied de sa machine-outil pour pouvoir rattraper le temps perdu dès le retour de l'électricité. A Calcutta, des dizaines de milliers de travailleurs vivaient ainsi, enchaînés à leurs outils en raison des délestages et pannes d'électricité multiples. Bandona gagnait quatre roupies par jour (trois francs vingt), ce qui lui permettait tout juste de payer le loyer du taudis familial et d'assurer à sa mère et ses frères une portion de riz ou deux *chapati* une fois par jour. Le dimanche et les jours de fête, au lieu de se reposer et de se distraire avec les jeunes filles de son âge, elle courait le *slum* à secourir les uns et les autres. Un soir, elle avait frappé à la porte de Paul Lambert.

Quelques dons reçus d'Europe permirent au prêtre de lui faire quitter son atelier et de la mettre à temps complet au service du Comité d'entraide. Personne n'avait autant que Bandona le sens du partage et du dialogue, le respect de la foi et des croyances d'autrui. Elle savait recevoir les confidences des mourants, rester après la mort à prier avec les familles, laver les cadavres, accompagner les défunts pour leur dernier voyage jusqu'au cimetière ou au bûcher. Elle n'avait rien appris, mais elle savait tout. Par intuition, par amitié, par amour. Son exceptionnelle capacité de communiquer lui ouvrait toutes les portes. Elle entrait dans n'importe quelle courée, dans n'importe quelle hutte, et s'asseyait avec les gens sans aucun préjugé de caste ou de religion. Prouesse d'autant plus remarquable qu'elle n'était pas mariée. Il était en effet inconcevable qu'une jeune célibataire pénétrât partout, en particulier dans un milieu étranger à sa caste.

Les femmes mariées ne faisaient jamais confiance à une jeune femme non mariée, même de leur caste. Car la tradition voulait qu'une jeune fille ne connaisse rien à la vie puisqu'elle doit arriver innocente au mariage sous peine d'être accusée d'immoralité et, dès lors, rejetée.

Deux ou trois fois par semaine, la jeune Assamaise emmenait des malades dans les hôpitaux de Calcutta. C'était un véritable exploit de conduire ces malheureux au milieu des flots hurlants d'une circulation qui les terrifiait, puis de les guider à travers les couloirs et les salles d'attente bondés. Dans ces établissements, un pauvre sans escorte n'avait guère de chance d'arriver jusqu'à une salle d'examens. Et quand bien même aurait-il eu cette chance, il n'aurait pu expliquer de quoi il souffrait ni comprendre le traitement à suivre puisque, neuf fois sur dix, il ne parlait pas le bengali des médecins mais l'un des vingt ou trente dialectes et langues de l'immense hinterland qui exportait ses millions de pauvres vers Calcutta. Exigeant, tempêtant, forçant les portes, Bandona se battait comme une lionne pour que ses protégés soient traités comme des êtres humains, et pour que les médicaments prescrits leur soient effectivement remis. En quelques semaines, elle allait devenir le pilier et l'âme de l'équipe du Comité d'entraide. Sa mémoire était le fichier des misères du bidonville. La qualité de son regard, de son sourire, de son amour, lui valut bientôt le surnom d'« *Anand Nagar ka Swarga Dut* » — « l'Ange de la Cité de la joie ».

Un soir, au retour d'une de ses équipées, Bandona entra comme une bombe dans la chambre de Paul Lambert pour lui annoncer que les médecins avaient diagnostiqué chez une femme enceinte du *slum* une maladie de la peau mortelle que seul un sérum fabriqué en Angleterre pouvait peut-être guérir.

— Grand Frère Paul, supplia-t-elle en prenant les

mains du prêtre, il faut que tu fasses venir ce médicament de toute urgence. Sinon, cette femme et son bébé vont mourir.

Lambert se précipita le lendemain au bureau de poste de Howrah pour expédier un télégramme au responsable de sa fraternité. Avec un peu de chance, le remède pourrait arriver avant dix jours. Neuf jours plus tard, effectivement, Paul Lambert reçut par l'excellent service postal indien, qui fonctionnait même dans les *slums,* un avis du service des Douanes le priant de venir chercher un paquet à son nom. C'était le début d'une odyssée qu'il ne serait pas près d'oublier.

28

« Il va mourir en pleine rue », se dit Hasari Pal avec effroi. La poitrine de son ami Ram Chander s'était gonflée dans un effort désespéré pour avaler un peu d'air. Ses côtes avaient sailli au point de faire éclater sa peau, son visage était devenu vert, sa bouche s'était ouverte comme celle d'un noyé privé d'air. Une quinte de toux le fit vaciller, le secoua pendant d'interminables minutes avec un bruit de piston dans une pompe à eau. Il se mit à cracher, mais comme il avait du *pân* dans la bouche, on ne voyait pas s'il crachait du sang ou du jus de bétel. Hasari l'aida à s'asseoir sur la banquette de son rickshaw et lui proposa de le ramener chez lui. Ram secoua sa crinière grise lustrée d'huile de moutarde et rassura son ami : « C'est seulement ce foutu froid, dit-il, ça va aller. »

Cet hiver bengali était meurtrier. Les vents de l'Himalaya avaient fait descendre le thermomètre jusqu'à neuf degrés, une température polaire pour une population habituée à vivre huit mois de l'année dans une étuve. Pour les hommes-chevaux, l'épreuve était particulièrement rude. Condamnés à passer du bain de sueur des courses au froid des longues attentes, leur organisme sous-alimenté résistait mal. Beaucoup mouraient.

« Ram, c'était mon frère dans cette jungle de Calcutta où tout le monde était le fauve de quelqu'un d'autre, racontera Hasari Pal. C'était lui qui m'avait aidé et soutenu, lui qui m'avait trouvé mon rickshaw. Chaque fois que j'apercevais sa tignasse grise, j'accélérais le pas pour venir ranger ma guimbarde contre la sienne. Combien d'heures avons-nous passées assis côte à côte au coin de Park Circus, de Wellesley Street ou, quand il faisait chaud, devant le grand marché de Lower Circular Road que tout le monde appelait "*Air Conditioned Market*" parce qu'il y avait à l'intérieur des appareils qui soufflaient cette chose merveilleuse que seules, croyais-je, les cimes de l'Himalaya pouvaient envoyer, de l'air froid. Le rêve de Ram, c'était de pouvoir retourner un jour dans son village et d'y ouvrir une épicerie. "Rester assis toute la journée au même endroit, ne plus bouger, ne plus courir", disait-il en parlant de son futur paradis. Et il me racontait sa vie telle qu'il l'imaginait, trônant dans sa boutique avec, autour de lui, des sacs débordant de toutes les variétés de *dal* et de riz, et d'autres sacs pleins d'épices aux parfums enivrants, et des bidons d'huile de moutarde, et sur les étagères toutes sortes d'articles, des cubes de savon, des bâtonnets d'encens, des biscuits, des sucreries. Bref, un univers de paix et de prospérité dont il serait le centre immobile, comme ces *lingam*[1] de Shiva, symboles de fertilité posés sur leur *yoni*[2] dans les temples. »

Mais avant de réaliser ce rêve, Ram Chander avait une promesse à tenir. Il devait rembourser au *mohajan* de son village le prêt qu'il avait contracté pour payer les funérailles de son père, sinon le champ familial qui servait d'hypothèque serait à

---

1. Pierre en forme de phallus symbolisant Shiva.
2. Sexe féminin.

jamais perdu. Quelques jours avant l'expiration des délais, il avait réussi à négocier un autre prêt chez l'usurier d'un village voisin. Honorer une créance à l'aide d'un deuxième emprunt, puis ce dernier avec un troisième, et ainsi de suite, étaient des opérations familières aux paysans. Au bout du compte, ils perdaient toujours leur terre.

Les cinq ans fatidiques pour éponger sa dette expiraient dans quelques semaines, juste avant les fêtes de Dourga. Malgré l'aggravation de son état, Ram Chander ne cessait de travailler comme une bête. Un matin, Hasari le rencontra devant le bureau de poste de Park Street. Lui, si robuste, n'était plus que le spectre de lui-même. Il venait faire remplir par le *munshi* la formule de son mandat mensuel. L'épaisseur du paquet de billets qu'il sortit de son *longhi* étonna son ami.

— Ma parole, tu as pillé la *Bank of India* ! s'exclama Hasari.

— Non, répondit Ram avec un sérieux inhabituel, mais ce mois-ci je suis obligé de tout leur envoyer. Autrement, notre champ sera perdu.

Tout envoyer ! Cela signifiait que, pendant le mois écoulé, il avait réduit sa nourriture à une ration de famine : deux ou trois galettes, un verre de thé ou de jus de canne par jour.

« Quand j'ai vu arriver en courant le petit garçon des voisins, j'ai compris, racontera Hasari. La nouvelle a vite fait le tour des stations du secteur et nous nous sommes retrouvés à une trentaine dans le petit hangar où habitait Ram Chander, derrière l'hôpital Chittarajan. Il reposait sur la planche qui lui avait servi de lit pendant ses cinq années passées à Calcutta. Son épaisse tignasse grise lui faisait comme une auréole. Il avait les yeux entrouverts et ses lèvres esquissaient un de ces sourires malicieux qui étaient une de ses expressions familières. On aurait dit qu'il se réjouissait du bon tour qu'il venait de nous jouer. D'après le menuisier qui partageait sa piaule, il était mort pendant son sommeil. Ce qui expliquait sans doute pourquoi il avait l'air paisible. La veille au soir, il avait eu plusieurs quintes très violentes. Il avait beaucoup craché, et même vomi du sang. Puis il s'était endormi. Et il ne s'était pas réveillé.

« Maintenant, il fallait accomplir les rites funéraires. On a discuté avec les autres tireurs de rickshaw pour savoir si nous allions l'emporter à pied au *ghat* des crémations, ou s'il était préférable de louer un Tempo. A Calcutta, vous pouvez louer ces camionnettes à trois roues pour une heure, deux heures, le temps que vous voulez. Cela coûte trente roupies l'heure. Vu la distance jusqu'au *ghat* de Nimtallah, nous sommes tombés d'accord pour prendre un Tempo. J'ai proposé de faire une collecte entre nous. Les uns ont donné vingt roupies, d'autres dix, d'autres cinq. J'ai fouillé sous le *longhi* de Ram, là où je savais qu'il cachait son argent, et j'ai trouvé vingt-cinq roupies. Ses voisins ont voulu s'associer à cette collecte, car Ram était très aimé dans tout le quartier. Il n'y avait personne comme lui pour raconter des histoires et les enfants l'adoraient. Quelqu'un est allé chercher des verres de thé à la *tea-shop* la plus proche, et nous avons tous bu autour de notre copain. Était-ce à cause de son sourire ? Il n'y avait pas de tristesse. On discutait, on allait et venait comme s'il était vivant et qu'il allait parler lui aussi. Avec trois collègues, nous sommes allés au marché, près de la gare de Sealdah, acheter les différents articles nécessaires à l'accomplissement des rites, à commencer par la civière pour transporter le corps jusqu'au *ghat*. Nous avons aussi acheté des bâtonnets d'encens, un pot de *ghee*[1], cinq mètres de toile de coton blanc et

1. Beurre fondu, cinq fois purifié.

un long cordon pour ficeler la toile autour du corps. Et aussi plusieurs guirlandes de jasmin blanc, et un pot de terre pour verser de l'eau du Gange dans la bouche et sur la tête du mort.

« Nous nous considérions comme sa famille, aussi avons-nous fait nous-mêmes sa dernière toilette. Cela n'a pas pris beaucoup de temps. Ram était mort dans son caleçon, son *longhi* et son maillot de travail. Nous l'avons lavé et enveloppé dans le linceul que nous avions acheté. A présent, seuls son visage et le bout de ses pieds étaient visibles. Puis nous l'avons allongé sur la civière. Pauvre Ram ! Il ne pesait vraiment pas lourd. Aucun tireur de rickshaw ne pèse bien lourd mais, lui, il battait le record des poids plume. Depuis l'hiver, il avait dû perdre une vingtaine de kilos. Dans les derniers temps, il avait été obligé de refuser les clients trop gros. On ne demande pas à une chèvre de tirer un éléphant ! Nous avons ensuite décoré la civière avec les guirlandes de jasmin blanc et allumé des bâtonnets d'encens aux quatre coins. L'un après l'autre, nous avons tourné autour du corps pour lui adresser un *namaskar* d'adieu.

« Avant de quitter le hangar, j'ai rassemblé ses affaires. Il n'y avait pas grand-chose, quelques ustensiles de cuisine, un *longhi* de rechange, une chemise et un pantalon pour les fêtes de Dourga et un vieux parapluie. C'était tout ce qu'il possédait.

« Six d'entre nous sont montés avec Ram dans le Tempo. Les autres ont pris l'autobus pour aller jusqu'au *ghat* des crémations, au bord du fleuve. C'était comme pour la fête de Dourga sauf que, là, nous n'apportions pas à la rivière sacrée une statue de la divinité, mais le corps de notre ami. Il nous a fallu plus d'une heure pour traverser la ville d'est en ouest et nous avons chanté des hymnes tout le long du chemin. Ces versets provenaient de la Gîta, le livre sacré de notre religion. Enfants, nous les avions appris de nos parents. Ils chantent la gloire de l'Éternité.

« Nous avons retrouvé les autres au *ghat*. Des bûchers y brûlaient en permanence et plusieurs morts attendaient sur des civières. J'ai pris contact avec le responsable des crémations. C'était un employé qui appartenait à la caste des *dôm*. La crémation des morts est leur spécialité. Ils vivent avec leur famille auprès des bûchers. Le responsable m'a demandé cent vingt roupies pour l'achat du bois. Le bois d'une crémation coûte très cher. C'est pourquoi on remet les indigents et les sans-famille à la rivière sans les brûler. Il m'a en outre demandé vingt roupies pour les services d'un prêtre, et encore dix roupies pour l'employé qui allait confectionner le bûcher. Au total, il en coûte-rait cent cinquante roupies pour faire disparaître en fumée le corps de notre ami. Quand notre tour est venu, je suis descendu jusqu'au fleuve pour remplir d'eau le pot de terre, et chacun d'entre nous a fait couler quelques gouttes sur les lèvres de Ram. Le brahmane a versé sur son front le *ghee* que nous avions apporté et il a récité les *mantrâ* rituels. Puis nous avons déposé le corps sur le bûcher. L'employé l'a recouvert d'autres bûches jusqu'à l'emprisonner complètement dans une cage de branchages. Le brahmane a encore fait couler du *ghee* à travers les bûches. On ne voyait plus qu'un peu de blanc du linceul à travers toute cette masse brune.

« A mesure qu'approchait l'instant final, je sentais l'émotion me nouer la gorge, des larmes me monter aux yeux. On a beau être endurci, il était quand même bouleversant de voir son frère enfermé dans un bûcher, prêt à brûler. Des images me revinrent à la mémoire : notre rencontre devant l'entrepôt du

Barra Bazar, quand nous avions conduit le coolie blessé à l'hôpital ; cette première bouteille de *bangla* que nous avions bue ensuite ensemble ; nos dimanches à jouer aux cartes dans le bistrot de Park Circus ; nos visites à l'homme de confiance du propriétaire des rickshaws pour le supplier de me confier une carriole. Oui, dans cette maudite ville, Ram avait été mon frère et maintenant, sans lui, je me sentais un peu orphelin. Un des autres tireurs dut s'apercevoir de mon chagrin car il s'approcha, posa sa main sur mon épaule, et dit : "Ne pleure pas, Hasari. Tout le monde doit mourir un jour." Ce n'était peut-être pas une phrase très réconfortante, mais elle m'a aidé à me ressaisir. Je me suis approché du bûcher.

« Comme Ram n'avait pas de famille à Calcutta, le brahmane me désigna pour enfoncer la torche enflammée dans la pile de bois. Ainsi que le voulait le rituel, je fis cinq fois le tour du bûcher, puis je plongeai la torche à l'endroit où se trouvait la tête. Le bûcher s'enflamma aussitôt dans un crépitement d'étincelles. Nous avons dû reculer à cause de la chaleur. Quand les flammes atteignirent le corps, je souhaitai à Ram un bon voyage. Je lui souhaitai surtout de renaître avec un meilleur karma, dans la peau d'un *zamindar,* par exemple, ou dans celle d'un propriétaire de rickshaws.

« La crémation dura plusieurs heures. Quand il ne resta plus qu'un tas de cendres fumantes, un des préposés aux crémations les a arrosées d'eau du Gange puis nous les a remises dans un tesson de terre cuite et nous sommes descendus jusqu'au fleuve les répandre au fil de l'eau afin qu'elles soient emportées vers l'éternité des océans. Après quoi, nous nous sommes immergés dans les flots pour un bain purificateur. Et nous sommes partis.

« Il nous restait à respecter un dernier rite. C'était

plus une tradition qu'un rite. Pour clore cette triste journée, nous avons envahi l'un des nombreux caboulots qui fonctionnaient jour et nuit à proximité des *ghat* des crémations et commandé plusieurs bouteilles de *bangla*. Puis, complètement ivres, nous sommes allés dîner tous ensemble. Ce fut un vrai festin de riz, de *dal*, de yaourt et de sucreries. Un festin de riches pour honorer dignement la mort d'un pauvre. »

29

Une vieille bâtisse lépreuse, un escalier puant l'urine, un grouillement de silhouettes en *dhoti* déambulant avec nonchalance dans tous les sens, le service des Douanes de Calcutta était un temple classique de la bureaucratie. Brandissant comme un talisman l'avis d'arrivée de son paquet de médicaments, Paul Lambert s'engouffra dans le premier bureau. A peine avait-il fait deux pas que son bel enthousiasme se figea. Saisi par le spectacle, il s'arrêta, médusé. Devant lui s'étendait un champ de bataille de vieilles tables et d'étagères croulant sous des monceaux de dossiers écornés vomissant une mer de papiers jaunis vaguement attachés par des bouts de cordon, des piles de registres grignotés par les rats et les cancrelats, et dont certains devaient remonter au siècle passé. Le ciment craquelé du sol était également jonché de paperasses. De tiroirs disjoints pendaient une variété infinie de formulaires imprimés. Au mur, Lambert aperçut le calendrier d'une lointaine année qui arborait une effigie poussiéreuse de la déesse Dourga terrassant le démon-buffle, incarnation du Mal.

Une quarantaine de *babus*[1] en *dhoti* siégeaient au

1. A l'origine, terme de respect ; utilisé aujourd'hui pour désigner les petits employés de l'administration.

milieu de ce désastre sous une batterie de ventilateurs vrombissant un véritable sirocco d'air moite qui faisait tourbillonner les papiers. Pendant que les uns s'escrimaient à les rattraper comme s'ils couraient à la chasse aux papillons, d'autres tapaient avec un doigt sur d'antiques machines à écrire, s'arrêtant après chaque lettre pour vérifier qu'ils avaient bien frappé la bonne touche. D'autres parlaient dans des téléphones qui semblaient n'être reliés à aucun fil. Beaucoup paraissaient occupés à des activités qui n'étaient pas toujours professionnelles. Certains lisaient le journal ou sirotaient leur thé avec une componction de brahmane absorbant l'eau sacrée du Gange. D'autres dormaient la tête posée sur les papiers qui recouvraient leur table, telles des momies sur un lit de papyrus. D'autres encore, assis sur leur siège dans la position hiératique des yogis, avaient l'air d'avoir atteint l'étape ultime du nirvâna.

Sur un socle près de l'entrée, trois divinités du panthéon hindou réunies par un écheveau de toiles d'araignées veillaient sur l'immense bureau, tandis qu'un portrait de Gandhi couvert de poussière contemplait ce chaos avec résignation. Sur le mur opposé, une affiche fanée proclamait la gloire du travail en équipe.

L'entrée d'un étranger n'avait pas suscité le moindre atome d'intérêt. Lambert avisa enfin un employé aux pieds nus qui passait avec une théière. D'un mouvement du menton, ce dernier lui indiqua un fonctionnaire qui tapait d'un doigt à la machine. Enjambant des piles de dossiers, le prêtre atteignit le personnage en question et lui tendit l'avis reçu par la poste. Le *babu* ajusta ses lunettes pour examiner longuement le papier. Toisant son visiteur, il demanda :

— Vous aimez votre thé avec ou sans lait ?

— Avec, répondit Lambert, quelque peu interloqué.

L'homme frappa plusieurs coups sur une sonnette jusqu'à ce que le préposé au thé surgisse à ses côtés pour prendre ses ordres. Il lui commanda une tasse pour son visiteur. Puis, tripotant le document, il consulta sa montre.

— Il est presque midi, monsieur Lambert, ça va être l'heure du déjeuner. Après, il sera trop tard pour retrouver votre dossier avant la fermeture des bureaux. Revenez demain matin.

— Mais il s'agit d'un envoi très urgent de médicaments, protesta le prêtre. Pour une personne en danger de mort.

Le fonctionnaire prit un air compatissant. Montrant les monceaux de paperasses qui l'entouraient, il ajouta seulement :

— Attendez votre thé. Nous ferons tout pour retrouver votre paquet le plus vite possible.

Sur cette assurance formulée avec la plus grande affabilité, le *babu* se leva et s'éloigna.

Lambert était de retour le lendemain à dix heures précises, heure de l'ouverture des bureaux administratifs en Inde. Une trentaine de personnes faisaient déjà la queue. Quelques minutes avant son tour, il vit le même fonctionnaire à lunettes se lever et s'en aller comme la veille. C'était l'heure du déjeuner. Il courut à ses trousses. Avec le même sourire courtois, le *babu* se contenta de lui montrer sa montre : il était midi. Lambert eut beau le supplier, il resta inflexible. Le Français décida de rester sur place et d'attendre son retour. Mais cet après-midi-là, comme d'autres semblait-il et pour une raison inconnue, le *babu* ne réapparut pas à son bureau.

Par malchance, le lendemain était l'un des deux samedis chômés du mois. Lambert dut patienter jusqu'au lundi. Après trois nouvelles heures de queue sur les marches de l'escalier souillé de jus de bétel, il se retrouva devant le fonctionnaire à lunettes.

— *Good morning, Father !* lui lança aimablement ce dernier avant l'invariable « vous aimez votre thé avec ou sans lait ».

Lambert était cette fois plein d'espoir. Le *babu* commença par enfourner dans sa bouche la chique de bétel qu'il venait de se confectionner. Après quelques efforts de mastication, il se leva et se dirigea vers une armoire métallique. S'arc-boutant sur la poignée, il dut s'y prendre à plusieurs reprises pour l'ouvrir. Lorsque la porte tourna sur ses gonds, l'armoire vomit une avalanche de dossiers, de registres, de cahiers et d'imprimés divers, ensevelissant presque l'infortuné fonctionnaire. Si une vie humaine n'avait pas été en jeu, Lambert eût éclaté de rire. L'urgence eut raison de son calme. Il se précipita vers le naufragé, décidé à l'extirper par la force de son océan de paperasses et à obtenir la remise immédiate du paquet de médicaments. Lambert ne connaissait pas encore les pièges, parfois subtils, de la bureaucratie locale. Dans son élan, il trébucha sur des noix de coco qu'un autre *babu* avait entreposées au pied de son fauteuil. Heureusement, il ne manquait pas de papiers par terre pour amortir sa chute.

L'incident eut un effet bénéfique. Le fonctionnaire à lunettes entreprit d'effeuiller une à une les pages de plusieurs registres tombés de l'armoire. Lambert l'observa un long moment, médusé. Ses doigts couraient sur une succession de cases et de colonnes à la recherche de quelque information cabalistique griffonnée d'une encre quasi illisible. Le doigt du *babu* s'arrêta soudain sur une page. Lambert avança la tête et n'en crut pas ses yeux. Au cœur de cet effondrement géologique de documents et d'écritures, un signe rattachait tout ce chaos à une réalité vivante, palpable, indiscutable. Il lut son nom. Cette bureaucratie n'était pas aussi inefficace que le disaient eux-mêmes les Indiens.

Sa découverte propulsa le fonctionnaire vers un autre secteur de la mer de papiers qui semblait, à chaque seconde, vouloir l'engloutir. Avec la dextérité d'un pêcheur de perles, il fit surgir un dossier à couverture jaune sur lequel Lambert déchiffra son nom pour la deuxième fois. Victoire ! Encore quelques instants de patience et la protégée de Bandona pourrait recevoir une première injection du sérum salvateur. Mais, sans doute épuisé par les efforts de sa double pêche miraculeuse, le *babu* se redressa, consulta sa montre et soupira :

— *Father,* nous continuerons après le déjeuner.

L'après-midi, le *babu* avait un air morose.

— Les indications sur la souche du registre ne correspondent pas à celles portées sur l'avis qui vous a été envoyé, annonça-t-il. Il va falloir vérifier dans d'autres registres.

« Seule la mine sincèrement désolée du fonctionnaire m'empêcha d'exploser de colère », dira Lambert.

Les sixième et septième jours passèrent sans que l'on pût mettre la main sur le bon registre. Le huitième jour, le *babu* réclama quarante roupies à Lambert pour affecter deux employés supplémentaires à la recherche des bonnes références. Une semaine entière s'écoula encore. Le désastre bureaucratique engloutissait les meilleures volontés.

Paul Lambert avait perdu tout espoir quand, au bout de cinq semaines, il reçut par la poste un nouvel avis l'invitant à venir d'urgence dédouaner son paquet. Par miracle, la protégée de Bandona était encore en vie.

Le *babu* accueillit son visiteur avec les transports

d'amitié dus à une vieille connaissance. Sa joie de le revoir était réelle. Il lui demanda encore trente roupies, cette fois pour l'achat de timbres fiscaux, et s'empara d'un pot de colle et d'un pinceau auquel il restait quatre poils. Il badigeonna abondamment l'espace réservé. Entre-temps, happés par la tempête des ventilateurs, les timbres s'étaient envolés. Ils demeurèrent introuvables et Lambert dut verser à nouveau trente roupies pour trois nouveaux timbres. Il fut ensuite invité à remplir une série de formulaires pour l'établissement des droits à payer. Leur calcul et celui de différentes taxes nécessita près d'une journée. La somme était exorbitante : trois cent soixante-cinq roupies, près de quatre fois la valeur déclarée du médicament. Mais sauver une vie n'avait pas de prix.

« Je n'étais cependant pas au bout de mes peines », racontera Lambert. En effet, le service des Douanes n'était pas habilité à encaisser directement le paiement des droits fixés par lui. Ces droits devaient être acquittés auprès de la Banque centrale, laquelle délivrait un reçu. D'où une journée de plus à errer parmi les guichets de cet établissement tentaculaire.

Serrant enfin le précieux reçu sur sa poitrine, Lambert revint en courant au bâtiment des Douanes. Il y était devenu une figure si familière que tout le monde le salua par de joyeux « *Good morning, Father !* » Seul son *babu* montra une gêne inhabituelle. Il s'abstint d'examiner le document et pria le prêtre de l'accompagner. Ils descendirent deux étages et entrèrent dans un entrepôt où s'entassaient des paquets et des caisses en provenance du monde entier. Le *babu* demanda à l'un des douaniers en uniforme d'aller chercher le colis de médicaments. Quelques instants plus tard, Paul Lambert découvrait enfin le précieux envoi, une boîte à peine plus grosse que deux paquets de cigarettes. « C'était comme un mirage, une vision de vie et d'espoir, la promesse d'un miracle. Ma longue attente, tout ce temps passé en vaines démarches, mon acharnement allaient enfin déboucher sur un sauvetage. »

Il tendit la main pour prendre possession de son paquet.

— Je regrette, *Father,* mais je ne peux vous remettre cet objet, s'excusa le douanier en uniforme. — Il montra une porte derrière lui. Une pancarte indiquait « INCINÉRATEUR DE MARCHANDISES ». — Votre médicament est périmé depuis trois jours, expliqua-t-il en se dirigeant vers la porte. Nous sommes obligés de le détruire. C'est un règlement international.

Le *babu* qui était resté muet se précipita derrière lui et le rattrapa par la chemise.

— Ce *father* est un saint homme, s'écria-t-il, il travaille pour les pauvres. Il a besoin de ce remède pour sauver la vie d'une Indienne. Même s'il est périmé, il faut le lui remettre.

Le douanier en uniforme considéra les baskets éculées de Lambert.

— Vous travaillez pour les pauvres ? répéta-t-il avec respect.

Lambert fit signe que oui. Il vit alors la main du douanier s'emparer d'un pinceau et barbouiller de noir le tampon « PÉRIMÉ ».

— *Father,* ne dites rien à personne, et que Dieu vous bénisse.

Malgré un traitement de choc, la protégée de Bandona mourut quelques semaines plus tard. Elle avait vingt-huit ans. Elle laissait quatre orphelins. Mais dans un bidonville indien ce mot ne correspondait à aucune réalité. Quand des parents mouraient, et Dieu sait que cela arrivait souvent, ils ne laissaient pas d'orphelins. Les enfants n'étaient jamais abandonnés à eux-mêmes. Des membres de la famille — un grand frère, un oncle, une tante — ou, quand il n'y en avait pas, des voisins, les recueillaient aussitôt.

La mort de la jeune femme fut très vite oubliée. C'était une autre caractéristique du *slum* : quoi qu'il advienne, la vie continuait avec une force et une vigueur sans cesse renouvelées.

30

Une myriade de serpents lumineux éclaboussait le ciel tandis qu'un fracas de pétards ébranlait le bidonville. Célébrée au cours de la nuit la plus noire de l'année, Diwali, la fête hindoue des lumières, marquait l'arrivée officielle de l'hiver. Dans ce pays où tout est mythe et symbole, elle signifiait la victoire de la lumière sur les ténèbres. Les illuminations commémoraient l'une des plus grandes épopées de la légende du Râmâyana, le retour de la déesse Sîtâ ramenée par son divin époux Râma, après son enlèvement à Ceylan par le démon Râvana.

Au Bengale, on croit aussi que les âmes des défunts commencent leur voyage à cette date de l'année et on allume les lampes pour leur indiquer le chemin. C'est en outre la fête de la déesse Lakshmi qui n'entre jamais dans les maisons obscures mais seulement dans celles brillamment éclairées. Et comme elle est la déesse de la richesse et de la beauté, on la vénère avec ardeur afin qu'elle apporte bonheur et prospérité. Enfin, pour beaucoup de Bengalis, c'est également la fête de Kâlî, la divinité qui symbolise les noires épreuves au travers desquelles les hommes progressent vers la lumière.

Pour les habitants de la Cité de la joie, Diwali,

c'était surtout l'espoir au bout de la nuit. Comme tous les foyers de l'Inde hindoue, les taudis du *slum* abritèrent cette nuit-là de furieuses parties de cartes. La fête perpétuait en effet une coutume née d'une autre légende, la fameuse partie de dés au cours de laquelle le dieu Shiva avait regagné sa fortune perdue auparavant en jouant contre Pârvati, son épouse infidèle. Pour arracher cette victoire, le dieu Shiva avait fait appel à son divin collègue Vishnou, lequel s'était opportunément incarné dans une paire de dés. Ainsi la fête de Diwali était-elle un hommage au jeu. A cette occasion, tous les hindous jouaient aux cartes, aux dés, à la roulette. Ils jouaient des billets de dix, cinq, une roupie, ou seulement des pièces de quelques *paisa*. Quand ils n'avaient pas d'argent, ils jouaient une banane, une poignée de cacahuètes, quelques sucreries. Ils jouaient n'importe quoi, mais ils jouaient. Même Lambert ne put échapper au rite. Car bien qu'habitée par des musulmans, Fakir Bhagan Lane avait aussi son flambeur. Pour ne pas laisser seul le vieil hindou de la *tea-shop* en ce soir de fête, son Grand Frère étranger d'en face accepta une partie de dominos qui se prolongea jusqu'à l'aube. Comme dans la légende, elle permit au dévot de Shiva de regagner en fin de compte les vingt allumettes que lui avait prises son adversaire.

C'est alors qu'il rentrait chez lui ce matin-là que Paul Lambert apprit la nouvelle. Selima, l'épouse de son voisin Mehboub, enceinte de sept mois, avait disparu.

La jeune musulmane avait été discrètement abordée, trois jours plus tôt à la fontaine, par l'une de ses voisines. Matrone au visage grêlé de petite vérole, Mumtaz Bibi était, dans cet univers que la promiscuité rendait transparent, un personnage un peu mystérieux. Alors que son mari n'était qu'un simple

226

ouvrier d'usine, elle vivait dans une certaine opulence. Elle habitait la seule maison en brique de la ruelle et son logement n'était pas tout à fait un taudis. Du plafond pendait un ornement rarissime : une ampoule électrique. On disait que plusieurs chambres des courées alentour étaient sa propriété mais nul ne savait d'où venait son argent. Les mauvaises langues prétendaient que Mumtaz exerçait des activités occultes en dehors du quartier. On avait vu le parrain de la mafia locale entrer chez elle. On parlait d'un trafic de *bhang*, l'herbe indienne, de distillation clandestine d'alcool, de prostitution, et même d'un réseau d'achat de petites filles pour les maisons closes de Delhi et de Bombay. Personne n'avait cependant pu étayer ces calomnies d'un soupçon de preuve.

« Arrête-toi chez moi en rentrant de la fontaine, avait-elle dit à Selima, j'ai une proposition intéressante à te faire. » Malgré sa surprise, Selima obéit. Depuis que son mari avait perdu son emploi, la pauvre femme n'était plus que son ombre. Son beau visage régulier s'était flétri et le petit brillant de sa narine était depuis longtemps tombé dans le coffre de l'usurier. Elle, toujours si droite et digne dans son vieux sari, marchait aujourd'hui comme une vieille femme. Seul son ventre restait intact, un ventre gonflé, tendu, superbe qu'elle portait avec orgueil. C'était son unique richesse. Dans deux mois, elle mettrait au monde le petit être qui bougeait à l'intérieur. Son quatrième enfant.

Mumtaz Bibi avait préparé une assiette de sucreries et deux coupelles de thé au lait. Elle fit asseoir sa visiteuse sur le bat-flanc qui lui servait de lit.

— Tu tiens à garder cet enfant ? demanda-t-elle à brûle-pourpoint en pointant un doigt vers le ventre de Selima. Si tu étais d'accord pour me le vendre, je pourrais te proposer une bonne affaire.

— Vous vendre mon enfant ? balbutia Selima, ébahie.

— Pas ton enfant, corrigea vivement la matrone, seulement ce que tu as dans ton ventre en ce moment. Et pour une bien coquette somme, ma chère : deux mille roupies[1].

L'opulente douairière de Fakir Bhagan Lane exerçait la dernière en date des professions clandestines de Calcutta : le rabattage d'embryons et de fœtus humains. A l'origine de ce commerce se trouvait un réseau d'acheteurs étrangers qui parcouraient le tiers monde pour le compte de laboratoires pharmaceutiques et d'instituts de recherches génétiques. La plupart de ces commanditaires étaient suisses ou américains. Ils utilisaient des embryons et des fœtus humains pour leurs travaux scientifiques, ou pour la fabrication de produits de rajeunissement proposés à la clientèle fortunée d'établissements spécialisés d'Europe et d'Amérique. Cette demande avait engendré un fructueux trafic, dont Calcutta était l'un des pôles. Un des fournisseurs attitrés de cette curieuse marchandise était un nommé Sushil Vohra. Il s'approvisionnait auprès de plusieurs cliniques pratiquant des avortements. Il assurait le conditionnement des expéditions qui partaient pour l'Europe ou les États-Unis, via Moscou par le vol régulier de la compagnie soviétique Aeroflot.

Les fœtus les plus recherchés étaient naturellement les plus développés, donc les plus âgés. Mais ils étaient aussi les plus difficiles à obtenir, ce qui expliquait la somme élevée proposée à Selima, alors qu'un embryon de deux mois se payait moins de deux cents roupies. Il était en effet très exceptionnel qu'une femme arrivée au sixième ou septième mois

1. 1 600 francs.

de sa grossesse consentît à se défaire de son enfant. Même dans les familles les plus pauvres, la naissance des enfants est toujours attendue avec joie. Ils constituent le seul trésor de ceux qui n'ont rien.

La rabatteuse prit un ton maternel.

— Réfléchis bien, ma fille. Tu as déjà trois petits. Ton mari est chômeur et j'ai entendu dire que l'on ne mange pas tous les jours chez toi. Ce n'est peut-être pas le moment d'ajouter une nouvelle bouche à ton foyer. Alors qu'avec deux mille roupies, on peut remplir beaucoup d'assiettes de riz, tu sais.

Elle savait, la pauvre Selima. Trouver des épluchures et quelques rogatons à mettre sous la dent des siens était sa torture quotidienne.

— Que va dire mon mari si je reviens à la maison avec deux mille roupies et plus rien dans le...? s'inquiéta la malheureuse.

La rabatteuse eut un sourire complice.

— Espèce de bourrique, les deux mille roupies, je ne vais pas te les donner d'un seul coup, tu les recevras petit à petit. Ton mari n'y verra que du feu et toi tu auras chaque jour de quoi faire manger ta famille.

Les deux femmes s'étaient séparées sur ces mots. Mais la rabatteuse avait rappelé Selima.

— J'ai oublié quelque chose. N'aie aucune crainte pour ta santé. L'opération s'effectue dans les meilleures conditions et elle dure seulement quelques minutes. Tu ne seras absente de chez toi que trois heures tout au plus.

L'idée d'un possible danger n'avait pas effleuré la femme de Mehboub : pour un pauvre du *slum*, la mort n'est pas une préoccupation. Toute la journée et la nuit suivante, la malheureuse fut hantée par la proposition de la matrone. Chaque frémissement qu'elle sentait dans son ventre lui paraissait une protestation contre l'horrible marché qu'on venait de lui offrir. Jamais elle ne pourrait consentir à cet assassinat, même pour deux mille roupies. Mais d'autres voix devaient torturer Selima cette nuit-là. Celles de ses trois enfants qui pleuraient de faim. À l'aube, elle prit sa décision : elle ferait taire leurs pleurs.

Tout fut organisé pour le surlendemain. Dès qu'il reçut le message de la matrone, le trafiquant Sushil Vohra prépara un grand bocal avec un liquide antiseptique. Un embryon de sept mois a presque la taille d'un nouveau-né. Il porta le récipient à la clinique où devait avoir lieu l'intervention. La fête des lumières posait quelques problèmes, les chirurgiens hindous habituels étant tous partis jouer aux cartes ou aux dés. Mais Sushil Vohra n'était pas homme à se laisser arrêter par de tels obstacles. Il fit venir un de leurs confrères musulmans.

L'établissement médical dans lequel la rabatteuse fit entrer Selima pouvait difficilement prétendre à l'appellation de « clinique ». C'était plutôt une sorte d'infirmerie avec une seule pièce divisée en deux par un rideau. La première moitié servait à la réception et aux soins, la seconde aux opérations. L'équipement chirurgical y était des plus sommaires : une table métallique, un tube de néon au plafond, un flacon d'alcool, un autre d'éther sur une étagère. Il n'y avait ni autoclave, ni oxygène, ni réserve de sang. Ni même d'instruments. Chaque chirurgien apportait sa trousse personnelle.

Incommodée par l'odeur d'éther qui imprégnait les lieux, Selima se laissa tomber sur l'unique tabouret composant l'ameublement. Si l'acte qu'elle allait laisser faire lui paraissait de plus en plus monstrueux, elle était totalement résignée. Entre son corsage et sa peau, elle sentait les premiers billets que lui avait remis la rabatteuse : trente roupies, de quoi acheter treize kilos de riz. « Ce soir, mon mari et mes enfants pourront manger », songea-t-elle.

Le chirurgien convoqué pour la circonstance était un homme d'une cinquantaine d'années, au front dégarni, avec de grandes oreilles poilues. Il fit allonger Selima sur la table et l'examina attentivement. Derrière lui, le trafiquant s'impatientait. L'avion de la compagnie Aeroflot décollait dans quatre heures. Il aurait tout juste le temps de porter le bocal à l'aérodrome de Dum Dum. Il avait prévenu son correspondant à New York. La transaction lui laisserait environ mille dollars.

— Qu'attendez-vous, Docteur !

Le chirurgien sortit sa trousse d'instruments, enfila une blouse, réclama du savon et une cuvette pour se laver les mains, imbiba d'éther un gros morceau de coton qu'il plaça sur le nez et la bouche de Selima. Il se frotta nerveusement la moustache en attendant que la jeune femme ait perdu conscience et saisit son bistouri. Vingt minutes plus tard, tout en plaçant des compresses de gaze pour éponger le sang de l'incision, il saisissait le fœtus par les pieds et le déposait avec son placenta entre les mains du trafiquant. C'était un garçon. C'est après avoir coupé le cordon ombilical que le drame se produisit. Du ventre de Selima sortit un gargouillement rougeâtre, puis de gros caillots noirs et, d'un coup, un véritable torrent. En quelques secondes, le ciment de la pièce fut inondé de sang. Le chirurgien tenta de comprimer le bas-ventre avec des compresses et un bandage très serré. Mais le flot rouge s'échappait toujours. Il défit le pansement et chercha à tâtons le tracé de l'aorte abdominale. Appliquant son poing sur le vaisseau, il pesa de tout son poids pour tenter d'enrayer l'hémorragie. Sans le secours d'une dose massive de coagulants, tout effort était vain. Il chercha le pouls. Le poignet de

Selima ne livrait déjà plus que d'imperceptibles et irrégulières pulsations. Une porte claqua derrière le chirurgien qui se retourna. Le trafiquant était parti en emportant le bocal. Mumtaz Bibi, la rabatteuse, en fit autant après avoir prestement récupéré ses trente roupies dans le corsage de sa victime. Le chirurgien recouvrit de son sari le corps de la jeune musulmane qui agonisait. Puis il enleva sa blouse souillée de sang et la plia soigneusement. Il rangea ses instruments dans leur trousse et enferma le tout dans son attaché-case en Skaï. Et il s'en alla lui aussi.

Selima restait seule avec l'employé de la « clinique ». On entendait des bruits de voix venant de dehors et le grincement du ventilateur. Le tampon de coton imbibé d'éther cachait toujours le visage de la malheureuse. L'employé était un petit homme rabougri avec d'épais sourcils et un nez busqué comme un bec d'aigle. Pour lui, ce corps exsangue sur la table valait toutes les parties de cartes de la fête de Diwali. Il connaissait une bonne adresse. On y dépeçait les cadavres sans identité pour en récupérer les squelettes et les exporter en Amérique.

31

Cinquante mille bombes explosant sous les cinquante mille rickshaws de Calcutta n'auraient pas causé plus d'émoi. Leurs propriétaires venaient de faire annoncer qu'ils augmentaient les redevances quotidiennes dues par les tireurs. De cinq roupies, elles passeraient à sept dès le lendemain.

C'était le coup le plus terrible reçu par la corporation des *rickshaw-walla* depuis les affrontements de 1948, quand les propriétaires avaient exigé que chaque véhicule leur rapportât une double redevance, l'une pour le jour et l'autre pour la nuit. Cette prétention avait été à l'origine de la première grève des tireurs, un *hartal*[1] de dix-huit jours qui s'était achevé par la victoire des hommes-chevaux et par un événement majeur : la création d'un syndicat. Le responsable de cette initiative était un ancien paysan du Bihar aux cheveux gris en brosse, aujourd'hui âgé de cinquante-quatre ans, un âge record dans cette profession où l'espérance de vie ne dépassait guère trente ans. En quelque treize mille jours, Golam Rassoul avait parcouru entre ses brancards plus de quatre fois la distance de la terre à la lune. Ce rescapé de trente années de moussons,

1. Arrêt total de toute activité, grève.

de bagarres, d'incidents et d'humiliations avait compris qu'un syndicat puissant était le seul moyen pour que le peuple des *rickshaw-walla* fasse entendre sa voix. Mais, contrairement aux ouvriers d'usine, les tireurs travaillaient individuellement et leurs ambitions limitées rendaient extrêmement difficile leur rassemblement en vue d'actions collectives.

Rassoul apprit à lire et à écrire, rédigea des tracts et contacta l'une des personnalités du mouvement syndical qui avait une grande expérience des meetings de masse sur l'esplanade du Maidan, le député communiste bengali Abdul Rahman. « Prenez la tête d'une croisade, l'exhorta-t-il, pour que les tireurs de rickshaw de Calcutta ne soient plus traités comme des bêtes ! »

Ainsi naquit la *Rickshaw-walla union,* un des syndicats les plus insolites du monde, une organisation de bêtes de somme à visages humains décidées à relever la tête et à se grouper pour défendre leurs droits. Affilié à la fédération communiste des *Trade-unions* indiens, le syndicat élut le député pour président et, pour secrétaire général, son inspirateur, le vétéran à cheveux gris Golam Rassoul. Deux misérables pièces au quatrième étage du bâtiment délabré des *Trade-unions* abritèrent le siège de la nouvelle organisation. Chaque matin à six heures, avant d'aller s'atteler à sa guimbarde devant la gare de Sealdah, Rassoul y tenait une permanence pour recueillir les doléances de ses camarades et leur offrir l'appui du syndicat dans leurs conflits avec propriétaires et policiers. Au début, les réunions n'attirèrent que peu de monde. Peu à peu, les tireurs vinrent de toute la ville. L'après-midi, Rassoul troquait ses brancards contre un objet qui ne faisait guère partie de la panoplie d'un tireur de rickshaw. Armé d'un stylo à bille, il s'installait derrière les piles de registres poussiéreux du « Service municipal des fiacres et des voitures à bras » pour surveiller les formalités de renouvellement des cartes d'immatriculation des rickshaws. Cela se déroulait sous une guirlande de toiles d'araignées qui tournoyaient au gré d'un ventilateur expirant, entre des images jaunissantes de Kâlî, la déesse sanguinaire aux dix bras vêtue d'une large robe à fleurs. Théoriquement, le renouvellement coûtait douze *paisa,* moins de sept centimes. Ce prix n'avait pas varié depuis 1911. Mais pour obtenir le précieux document, on disait que chaque tireur devait en fait verser une trentaine de roupies en bakchichs aux fonctionnaires de la police. Et trois fois plus, paraît-il, quand leur protecteur Rassoul n'était pas là.

Protecteur était bien le mot : en trente ans d'action syndicale, l'infatigable Rassoul avait été sans relâche sur la brèche. Meetings de protestation, marches de la faim, grèves, il avait inspiré et organisé la résistance des hommes-chevaux de Calcutta contre la voracité de leurs employeurs et les tracasseries policières. Il s'était battu contre ce qu'il appelait l'arbitraire des autorités municipales qui leur interdisaient sans cesse de nouvelles rues, sous prétexte de décongestionner une circulation devenue chaque jour plus pléthorique. Le désastre urbain de Calcutta était une menace de mort pour ceux qui gagnaient leur vie au milieu des embouteillages. Même les tireurs les plus acrobates s'y faisaient prendre comme des poissons dans une nasse. Pour échapper aux pièges tout en évitant les rues interdites, ils devaient faire d'épuisants détours.

Aujourd'hui, la hausse exorbitante des redevances constituait une nouvelle malédiction. Alors, de rue en rue, de place en place, des bords de l'Hooghly jusqu'aux gratte-ciel de Chowringhee, des bidonvilles de Howrah aux portails des luxueuses demeures de Wood Street, la ville commença à retentir d'un étrange concert. Tap, tap, tap, le son obsédant des grelots, frappés contre le bois des brancards, martelait l'immense métropole. L'heure de la colère était arrivée.

« Il y a des hommes qui disposent de couteaux pour se défendre. Ou de fusils. Ou d'armes encore plus terribles. Nous, nous n'avions qu'une petite boule de cuivre grosse comme une noix de bétel, racontera Hasari Pal. Ce misérable grelot, qui faisait un bruit aigrelet quand on le cognait contre les brancards ou contre le pied d'un réverbère, était pourtant plus fort que toutes les armes. Il était la voix des rickshaws de Calcutta. Notre voix. Elle devait faire un sacré boucan, notre voix, ce matin-là, pour que les représentants des propriétaires éprouvent le besoin de venir nous expliquer pourquoi leurs patrons avaient décidé la hausse des loyers. D'habitude, les mauvaises nouvelles, ils nous les balançaient sans faire de phrases. A-t-on besoin de donner des explications à des esclaves ? Mais là, devant le chahut qui agitait la ville, ils avaient dû comprendre que nous n'allions pas avaler leurs orties comme les braves biquettes du zoo d'Alipore. L'augmentation était beaucoup trop importante. Criant de toutes ses forces pour couvrir le tintamarre des grelots, Musafir, le représentant du Bihari, m'interpella publiquement : "Sais-tu, Hasari, combien ça coûte aujourd'hui de remplacer le rayon d'une roue ?" "Et une capote neuve ?" cria un autre factotum. "Et les bakchichs pour les flics ?" renchérit un troisième.

« Ils étaient tous de parfaits hommes de confiance qui avaient bien appris leur leçon. Mais nous, on s'en foutait du prix des rayons de roues ou des bakchichs aux flics. On ne s'était pas usé les abattis entre des brancards pour pleurer sur le sort des patrons. La seule chose qui comptait pour nous, c'était le paquet de roupies qu'on apportait chaque mois au *munshi* de la poste afin de nourrir notre famille restée au village.

« Une discussion s'engagea, mais tout le monde criait en même temps et il était impossible de se faire entendre. L'arrivée de Golam Rassoul, le secrétaire de notre syndicat, mit fin au vacarme. Malgré sa petite taille et son air de moineau tombé du nid, il avait énormément d'autorité. Il fit face aux représentants des propriétaires. "Allez dire à vos maîtres de renoncer à la hausse de leurs loyers. Sinon, il n'y aura plus un seul rickshaw dans les rues de Calcutta !"

« C'était sans appel. Rassoul ouvrit le carton qu'il avait apporté et nous distribua des tracts. Aucun de nous ne savait lire, mais nous avions tous deviné. C'était un appel à la grève. Les factotums disparurent pour aller rendre compte aux propriétaires. Eux aussi avaient un syndicat.

« Des tireurs accouraient de tous les coins de la ville avec leurs guimbardes. Il y avait même des cyclo-pousses venus de très loin, de l'autre côté du fleuve, de Barrackpore et des faubourgs éloignés. Les cyclo-pousses étaient des pauvres types comme nous, sauf qu'ils faisaient davantage de courses dans une journée.

« L'esplanade de Park Circus fut vite tellement bondée que les autobus et les trams ne pouvaient plus passer. Des escouades de policiers firent leur apparition pour rétablir la circulation. Mais que pouvaient faire une trentaine de flics contre une foule pareille ? Ils distribuèrent au hasard quelques coups de matraque puis renoncèrent. Un membre du syndicat déroula une banderole rouge fixée à deux longs bambous. On y voyait la faucille et le marteau avec le nom de notre syndicat. Élevée au-dessus des têtes, elle faisait un arc de triomphe. C'était superbe.

« Le tapage des grelots augmentait de minute en minute, à mesure qu'arrivaient de nouveaux tireurs de rickshaw. C'était assourdissant. On aurait dit que des milliards de cigales se frottaient les ailes en même temps. Là où ils se cachaient, les propriétaires devaient sûrement entendre notre raffut. A moins qu'ils n'aient tous été se faire mettre des boules de coton dans les oreilles par un *kak*[1].

« L'air dépité qu'arboraient les factotums à leur retour en disait plus que tous les discours : leurs patrons maintenaient l'augmentation annoncée. Rassoul monta sur un *telagarhi* avec un porte-voix. Je me demandais comment des sons aussi puissants pouvaient sortir d'une poitrine si chétive. "Camarades ! cria-t-il, les propriétaires de vos rickshaws veulent encore augmenter leurs profits. Leur voracité est sans limites. Hier, ils exigeaient le versement d'une double redevance, l'une pour le jour, l'autre pour la nuit. Aujourd'hui, ils augmentent vos loyers de cinquante pour cent d'un seul coup. Demain, Dieu sait quelles nouvelles prétentions ils vont vous imposer."

« Rassoul parla pendant un bon bout de temps. Son visage disparaissait derrière le porte-voix. Il dit que cette augmentation allait affamer nos enfants. Il dit que nous n'avions aucune issue à notre condition d'esclaves, que la plupart d'entre nous avaient perdu leur terre et que si on nous enlevait l'espoir de gagner notre vie en tirant un rickshaw, nous n'avions plus qu'à mourir. Il dit qu'il fallait écarter cette menace à tout prix, que nous étions assez nombreux et assez forts pour imposer notre volonté

1. Guérisseur.

et obliger les propriétaires à faire marche arrière. Et il termina en nous proposant de voter pour une grève illimitée. "*Inquilab zindabad !* Vive la révolution !" lança-t-il alors. "*Rickshaw workers union zindabad !* Vive le syndicat des tireurs de rickshaw !"

« Nous reprîmes les slogans tous en chœur et les répétâmes plusieurs fois. Cela m'a fait penser à mon ami Ram Chander. Comme il aurait été heureux de voir tous ses frères de misère unis au coude à coude pour la défense de l'assiette de riz de leurs familles, lui qui s'était si souvent battu tout seul. Nous étions emportés comme par le vent d'avant la mousson. Vive la révolution ! La révolution ? J'en avais plein la bouche, moi aussi, de ce mot sans savoir au juste ce qu'il voulait dire. Tout ce que je demandais, moi, c'était de pouvoir apporter chaque mois quelques roupies de plus au *munshi*. Et de pouvoir me taper de temps en temps une bouteille de *bangla* avec les copains.

« Rassoul demanda que ceux qui étaient pour la grève lèvent la main. Nous nous regardâmes en silence. Lequel d'entre nous pouvait envisager sans appréhension une seule journée sans son gagne-pain ? Est-ce que l'oiseau coupe la branche sur laquelle il est perché ? Les propriétaires avaient leurs jarres pleines de riz et de *dal*, eux. Nous pouvions être réduits à l'état de squelettes avant qu'ils ne perdent un seul bourrelet de leur bedaine. Et pourtant, nous n'avions pas le choix. A côté de moi, un type a levé la main. C'était un Bihari. Je le connaissais de vue. On l'appelait le Balafré parce qu'il avait reçu un coup de matraque des flics qui lui avait fendu la joue. Il toussait comme Ram. Mais, lui, il ne chiquait pas de *pân*. Quand il crachait, on ne pouvait pas se tromper sur la nature du rouge. Il se disait sans doute que, grève ou pas, pour lui cela ne faisait pas grande différence.

« D'autres mains se levèrent. Puis d'autres encore. Finalement, toutes les mains se sont levées, une à une, y compris la mienne. Ça faisait drôle de voir toutes ces mains en l'air au-dessus des têtes. Aucune n'était fermée. Non, personne ne brandissait le poing. Il n'y avait pas de haine, de la résignation plutôt. Rassoul avait beau répéter que la grève était notre seule arme, on sentait bien que c'était à contrecœur que les types avaient levé le bras. Comment leur en vouloir ? Notre syndicat des rickshaws, ce n'était pas le syndicat des ouvriers de Dunlop, ou de G.K.W., ou de ces grandes usines. Là-bas, quand les travailleurs faisaient la grève, le syndicat versait des secours. Ils pouvaient tenir des mois.

« Rassoul reprit son porte-voix pour déclarer que la grève venait d'être votée à l'unanimité. Puis il cria : "Camarades, notre vénéré président Abdul Rahman nous donne à tous rendez-vous sur l'esplanade du Maidan cet après-midi à trois heures. Tous réunis, nous ferons entendre notre colère. Tous réunis, nous ferons plier les propriétaires." Et il remit ça avec les slogans sur la révolution. A nouveau, nous les répétâmes tous en chœur. Nous étions comme ivres. Nous criions sans réfléchir. Nous criions parce que nous étions tous des pauvres réunis pour crier ensemble.

« Le plus formidable, c'était ce sentiment de revanche qui s'était brusquement emparé de nous. La grande ville de Calcutta nous appartenait. A nous les tireurs d'hommes, nous que les chauffeurs des taxis, des bus, des camions injuriaient et méprisaient. Nous que les flics rançonnaient et matraquaient, nous que les clients cherchaient toujours à escroquer de quelque *paisa* ; nous les esclaves suants et souffrants des *sardarji* et des propriétaires, nous le peuple des *rickshaw-walla,* nous étions tout à coup les maîtres. Plus un véhicule ne roulait dans le centre de la ville entièrement bloqué par nos milliers de carrioles. C'était comme une inondation, sauf qu'ici la mousson avait fait pleuvoir des carrioles vides. Je ne sais pas combien nous étions, peut-être cinquante mille ou davantage. Tels les affluents d'un fleuve, nos différents cortèges convergeaient tous sur Chowringhee, cette grande avenue le long du Maidan que ces messieurs de la police avaient interdite à nos guimbardes voici trois mois, sous prétexte que nous prenions trop de place et provoquions des encombrements. « Aujourd'hui, ils nous regardaient passer la tête basse sous leur casque blanc, leur pétard dans le baudrier bien astiqué et leur *lathi* toujours prêt à cogner sur le crâne et le dos des pauvres.

« Les responsables du syndicat avaient distribué des banderoles rouges tout le long du parcours. Elles disaient que nous étions les tireurs de rickshaw de Calcutta et que nous refusions une nouvelle augmentation de nos redevances. Elles disaient aussi que nous en avions ras le bol de toutes les tracasseries policières et que nous réclamions le droit de gagner notre riz comme tout le monde. Les passants nous regardaient défiler avec étonnement. Ils n'avaient jamais vu autant de rickshaws à la fois. Ils étaient surtout surpris. D'habitude, c'étaient les fonctionnaires de la municipalité qui descendaient dans la rue, ou les employés des chemins de fer ou les conducteurs de trams, bref ceux qui avaient la chance d'avoir un vrai emploi et qui touchaient de bonnes payes. Que des gueux qu'ils considéraient comme des bêtes de somme, qu'ils ne voyaient jamais autrement que le dos courbé, osent eux aussi manifester, cela semblait les dépasser.

« Tout en marchant, nous scandions des slogans que nous terminions par trois coups de grelot. Cela faisait un vacarme impressionnant. Au coin de

Lindsay Street, un marchand de noix de coco décapita tous ses fruits et nous les distribua pour nous désaltérer. Dommage que le cortège nous obligeât à avancer, car j'aurais bien voulu aller dire à ce type qu'il pouvait monter dans mon rickshaw et que je le conduirais où il voudrait gratuitement. Ce n'était pas tous les jours que des gens vous offraient à boire dans cette maudite ville. Plus loin, devant les arcades du *Grand Hotel* dont j'avais été fouiller les poubelles avec mes enfants, il y avait des touristes étrangers qui ne pouvaient pas regagner leurs autocars à cause de notre défilé. Ils avaient l'air de beaucoup s'intéresser à nous parce qu'ils prenaient des photographies. Quelques-uns venaient même au milieu de notre cortège pour se faire tirer le portrait avec nous. Les rickshaws de Calcutta en colère, cela valait bien les tigres blancs du zoo d'Alipore, non ? Je ne sais pas s'il y a des rickshaws en grève dans les autres pays, mais à leur retour chez eux ils pourraient montrer ces images à leurs parents et amis en disant qu'on voyait de bien curieux spectacles dans les rues de Calcutta.

« Notre cortège atteignit le point de ralliement au bout de Chowringhee. A mesure que nous nous joignions les uns aux autres, le défilé enflait jusqu'à devenir un fleuve plus large que le Gange. La destination finale était le Sahid Minar, cette colonne sur le Maidan qui monte si haut qu'elle semble percer les nuages. Tout en haut, sur le balcon, on pouvait voir des flics. Pensez, les milliers de rickshaws de Calcutta regroupés tous ensemble, cela devait donner des maux de tête à la police. Au pied de la colonne, il y avait une estrade décorée de drapeaux rouges. C'était grandiose. A notre arrivée sur l'esplanade, des hommes du syndicat nous invitaient à ranger nos guimbardes le long de la bordure du Maidan et à aller nous asseoir devant l'estrade. Je me suis demandé comment chacun pourrait retrouver son véhicule à la sortie et j'ai suivi le mouvement.

« Golam Rassoul monta sur l'estrade. Pour cet événement solennel, il avait revêtu un *dhoti* et une *kurta* tout propres. Mais, malgré ses beaux vêtements, il paraissait toujours aussi chétif. Plusieurs personnages se trouvaient sur l'estrade avec lui, mais nous ne savions pas qui ils étaient. Au bout d'un moment, Rassoul a pris un micro dans ses mains et il a crié quelque chose en hindi. Presque tous les tireurs se sont levés pour hurler : "*Abdul Rahman zindabad !* Vive Abdul Rahman !" Rassoul a repris la parole, cette fois en bengali. C'est comme ça que j'ai appris l'arrivée du président de notre syndicat. C'était un bonhomme grassouillet qui avait l'air d'un *babu* de parti politique. Lui, il n'avait pas dû en tirer souvent des rickshaws, à moins que ce ne fût dans d'autres vies. Il était escorté par une dizaine d'hommes qui écartaient les gens devant lui. C'est tout juste si on ne balayait pas la poussière sous ses pieds. Il agitait la main en passant au milieu de nous. Et lui, ce n'était pas une pauvre pierre de lune qu'il portait aux doigts, mais plusieurs bagues en or avec d'énormes pierres précieuses qui étincelaient au soleil. Il s'est installé sur l'estrade, au premier rang avec son entourage.

Rassoul annonça qu'il allait nous présenter les envoyés des autres syndicats venus nous apporter le soutien de leurs adhérents. Il y avait des représentants des filatures de jute, des voitures Hindoustan, des chantiers navals, et de je ne sais quoi encore. Au signal, nous déversions pour chacun un torrent de "*Zindabad !*" qui faisait à chaque fois s'envoler les corneilles dans toutes les directions. Cela faisait chaud au creux du ventre de découvrir que des gens s'intéressaient à des pauvres types comme nous.

Rassoul nous fit une nouvelle fois acclamer notre président. Tout heureux des applaudissements, l'homme aux bagues s'est levé pour prendre à son tour la parole. Il devait avoir une sacrée habitude de ce genre de meetings, car toutes ses attitudes semblaient spécialement calculées. A commencer par son silence. Il resta une bonne minute à nous regarder sans rien dire, dodelinant de la tête comme un paysan satisfait de contempler les épis de son champ de riz onduler jusqu'à l'horizon. Puis, il s'est décidé à parler, mélangeant des phrases en bengali et en hindi. Je n'ai pas bien saisi tout ce qu'il disait car il utilisait surtout le hindi que comprenaient la majorité des tireurs biharis. Mais il parlait rudement bien, le *babu* Abdul. J'ai tout de même compris que "les patrons étaient des affameurs, qu'ils faisaient leur fortune avec notre sueur et notre sang, et que ça continuerait tant que le gouvernement capitaliste ne se déciderait pas à les exproprier pour nous donner les carrioles que nous tirions". C'était vraiment une bonne idée et nous avons beaucoup applaudi. Il y en a même qui ont crié pour réclamer l'expropriation sur-le-champ afin qu'il n'y ait plus jamais de risque d'augmentation. Abdul continua son discours en parlant de plus en plus vite et de plus en plus fort. On aurait dit qu'il déclamait le Râmâyana tant il mettait de passion dans ses paroles. Il montrait du doigt des propriétaires imaginaires et faisait semblant de les transpercer avec un couteau. L'effet était si saisissant que certains collègues se mirent à battre des mains ou à hurler en levant le poing. Les gosses qui se faufilaient dans les rangs pour vendre du thé ou des sucreries, et même les types qui faisaient la quête, s'étaient arrêtés pour lever le poing et crier avec les autres. Je ne sais si des propriétaires ou leurs factotums regardaient de loin le spectacle et entendaient nos cris, mais, s'il y en avait, ils devaient faire une drôle de tête. Car si Abdul nous avait demandé à ce moment-là d'aller mettre le feu à leurs maisons, je crois bien que nous l'aurions tous suivi comme un seul homme. Il a préféré profiter de ce rassemblement de pauvres types, qui l'écoutaient comme un gourou sorti de la trompe de Ganesh, pour faire de la politique et attaquer le gouvernement à propos de la multiplication des tracasseries et des brutalités policières. C'était un chapitre si sensible pour nous qu'une formidable ovation interrompit son discours pendant plusieurs minutes. Des voix commencèrent à scander : "Tous au *Writers' building* !"

« Le *Writers' building*, c'est l'énorme bâtiment de Dalhousie Square qui abrite les bureaux du gouvernement. Abdul Rahman levait les bras pour essayer de faire taire ces cris. Mais un vent d'agitation s'était levé sur l'assistance. On aurait dit la tornade annonciatrice d'un cyclone. Il s'est alors passé quelque chose de très curieux. Un des tireurs est sorti de la foule et, bousculant tout sur son passage, a couru jusqu'à l'estrade. Il a escaladé les marches et s'est précipité sur le micro avant qu'Abdul ni personne d'autre ait pu s'interposer. "Camarades ! s'est-il écrié d'une voix caverneuse, le *babu* est en train de nous endormir ! Avec ses belles phrases, il cherche à étouffer notre colère ! Pour que nous restions des agneaux. Pour que tous les *sardarji* puissent continuer à nous dévorer sans bruit !"

« Nous étions tellement stupéfaits que nous nous sommes tous mis debout. C'est alors que j'ai reconnu le Balafré. Les gens sur l'estrade n'avaient pas osé lui arracher le micro. Il s'exprimait avec peine à cause de sa maladie de poitrine. "Camarades ! C'est par des actes qu'il faut montrer notre exaspération !" Il leva le bras en direction de Chowringhee. "Nous n'avons rien à faire sur cette esplanade ! C'est sous les fenêtres des propriétaires de nos rickshaws que nous devons exprimer notre volonté de ne plus nous laisser faire. Je sais où habite l'un de ces affameurs ! Savez-vous qu'à lui seul, monsieur Narendra Singh, celui que vous appelez le Bihari, possède plus de trois cents rickshaws ? Camarades, c'est à lui et à ses compères qu'il faut montrer notre force. Allons tous à Ballygunge !"

« Le Balafré reprenait un peu de souffle quand une dizaine de gaillards en uniforme kaki firent irruption sur l'estrade. Ils le ceinturèrent et le traînèrent sans ménagement au bas des marches. Abdul reprit le micro. "C'est de la provocation ! cria-t-il. Cet homme est un provocateur !" Il y eut quelques instants de confusion pendant qu'on emmenait le Balafré. Plusieurs tireurs s'étaient précipités à son secours mais on les repoussa brutalement. La révolution n'était pas pour ce soir.

« Abdul Rahman parla encore longuement. Puis ce fut le tour des représentants des autres syndicats. On sentait qu'eux, ils essayaient de nous chauffer, mais depuis l'incident avec le Balafré, le cœur n'y était plus. Tout ce qu'on voyait, c'est que ces beaux discours nous avaient empêchés de gagner notre nourriture ce jour-là et que demain ce serait pareil. On se demandait combien de temps on allait pouvoir tenir avec cette grève. A la fin de toutes les allocutions, le président du syndicat a repris le micro et nous a invités à chanter avec lui le chant des travailleurs. J'ignorais l'air et les paroles de ce chant mais les plus anciens, ceux qui étaient déjà venus à des meetings sur le Maidan, les connaissaient. Abdul Rahman et les personnalités sur la tribune entonnèrent le chant et des milliers de voix sur l'esplanade le reprirent en chœur. Les copains m'ont dit que c'était le chant des travailleurs dans tous les pays du monde. On l'appelait *l'Internationale.* »

32

Tout avait commencé par une simple affaire de redistribution des terres. Dès la prise du pouvoir par le gouvernement de coalition de gauche au Bengale, le parti communiste avait invité les paysans sans terres à s'emparer de celles des gros propriétaires et à se regrouper pour les cultiver collectivement. Hormis quelques assassinats de *zamindar* qui avaient tenté de résister, l'opération s'était déroulée sans trop de violence. C'est alors qu'éclatèrent les incidents de Naxalbari et, du coup, la question cessa d'être un classique affrontement entre propriétaires et paysans pour devenir l'une des crises politiques les plus graves qui aient menacé l'Inde depuis l'Indépendance.

Naxalbari était un district au cœur de l'étroite bande de terre que forme le nord du Bengale entre la frontière du Népal et celle du Pakistan oriental. Le Tibet et la Chine se trouvaient à cent cinquante kilomètres à peine. C'était une région accidentée de plantations de thé et de jungles propices à l'infiltration et à la guérilla. Il n'y avait aucune ville, seulement quelques hameaux et campements habités par des aborigènes qui subsistaient misérablement sur des lopins si pauvres que les planteurs n'en avaient pas voulu. Une longue tradition d'activisme rouge enfiévrait de façon endémique cette population qui s'était déjà soulevée plusieurs fois contre le pouvoir. Nulle part ailleurs la nouvelle politique de redistribution des terres n'avait été menée avec autant de vigueur. Ni avec autant d'excès. Encouragés par des étudiants maoïstes originaires de Calcutta et peut-être formés en Chine, auxquels on allait donner le nom de Naxalites, les paysans tuèrent, tendirent des embuscades, attaquèrent les forces de l'ordre. Dans le vocabulaire du communisme indien, le mot de Naxalite trouva bientôt sa place à côté de ceux de Bolchevique et de Garde rouge. S'inspirant de l'enseignement révolutionnaire de Mao Tsé-toung, les guérilleros mêlaient terrorisme et guerre populaire. Ils allumèrent sur les places des villages des autodafés pour brûler les titres d'hypothèques et les reconnaissances de dettes, avant de décapiter quelques usuriers et propriétaires à la manière chinoise devant des foules surexcitées.

La contagion gagna Calcutta. Attentats à la bombe, meurtres, manifestations violentes, séquestrations de responsables politiques et de directeurs d'usines se multiplièrent. Même les *slums* n'étaient pas épargnés. Des cocktails Molotov avaient été lancés dans les ruelles de la Cité de la joie, faisant plusieurs victimes. Les Naxalites avaient été jusqu'à profaner la statue de Gandhi à l'entrée de Park Street en la badigeonnant de goudron. Débordé, le gouvernement s'était trouvé divisé sur les mesures à prendre. Les communistes au pouvoir accusaient à la fois Pékin de chercher à déstabiliser le gouvernement de gauche au Bengale, et la C.I.A. d'infiltrer ses agents dans les commandos des Naxalites pour préparer le retour des forces conservatrices.

Les accusations contre la C.I.A. faisaient partie des arguments traditionnels. Depuis le départ des Anglais, l'organisation américaine était le bouc émissaire habituel dès qu'il était question d'impliquer l'étranger dans une affaire intérieure indienne. Ces attaques n'auraient pas tiré à conséquence si elles n'avaient fini par créer une psychose d'espionite qui eut pour résultat de soumettre un certain nombre de résidents étrangers à de multiples tracasseries policières. Paul Lambert devait être l'une de ces victimes.

Sa qualité de prêtre catholique était déjà suspecte. Il se trouvait de surcroît en situation irrégulière. Son visa de tourisme était périmé depuis des lustres et toutes ses démarches pour obtenir un permis de séjour permanent étaient restées sans réponse. En Inde comme ailleurs, l'administration n'était guère pressée. Et tant qu'elle n'avait pas rejeté officiellement sa demande, Lambert était en droit de considérer qu'il était tacitement autorisé à séjourner. En fait, ce qui risquait de jouer le plus contre lui, c'était la nature de son lieu de résidence. Aucun fonctionnaire ne pouvait admettre qu'un Européen originaire d'un des pays les plus riches du monde partageât, volontairement et pour son seul plaisir, la misère et la déchéance des habitants d'un *slum*. Sa présence à Anand Nagar devait avoir d'autres mobiles.

Quatre inspecteurs en civil vêtus à l'européenne appartenant à la D.I.B., la *District intelligence branch* de la police de Calcutta, se présentèrent donc un beau matin vers huit heures à l'entrée de Fakir Bhagan Lane. Cette intrusion policière causa une vive émotion. Tout le quartier fut immédiatement au courant. Des dizaines d'habitants accoururent. Certains s'étaient munis de bâtons pour empêcher qu'on enlève leur « Grand Frère ». Le prêtre français aurait été fort surpris d'apprendre tout ce remue-ménage autour de sa personne. Cette heure matinale était celle de son dialogue quotidien avec son

Seigneur. Assis dans la position du lotus, les yeux clos, la respiration ralentie à l'extrême, il priait face à l'image du Saint Suaire fixée sur le mur de son taudis.

« Je n'ai pas entendu les policiers cogner à ma porte, racontera-t-il. Comment les aurais-je entendus ? Ce matin-là comme tous les autres, j'étais sourd à tous les bruits. Sourd, pour être seul avec mon Dieu, pour ne plus entendre que sa voix au fond de moi, la voix de Jésus d'Anand Nagar. »

Respectant la coutume, le policier qui paraissait être le chef enleva ses sandales avant d'entrer dans la pièce. Il était joufflu et ses dents étaient rougies par le bétel. De la poche de sa chemise dépassaient trois stylos à bille.

— C'est ici que vous habitez ? demanda-t-il d'un ton rogue en jetant un regard circulaire qui en disait long.

— Oui, c'est ici.

L'image du Saint Suaire attira son attention. Il s'approcha, l'air soupçonneux.

— Qui est-ce ?

— Mon Seigneur.

— Votre patron ?

— Si vous voulez, acquiesça Lambert, soucieux de ne pas compliquer les choses.

Le policier n'était visiblement pas d'humeur à plaisanter. Il examina l'image avec attention. Sans doute avait-il trouvé une pièce à conviction. Il appela l'un de ses subordonnés et lui ordonna de la décrocher du mur.

— Où sont vos affaires personnelles ? demanda-t-il.

Paul Lambert montra la cantine métallique qu'une famille chrétienne lui avait prêtée pour abriter ses Évangiles, quelques médicaments et le peu de linge qu'il possédait. L'inspecteur en fouilla méthodiquement le contenu, examinant chaque objet un à un. Une nuée de cancrelats s'échappèrent dans toutes les directions.

— C'est tout ? s'étonna-t-il.

— Je n'ai que ça.

Son air incrédule apitoya Lambert qui eut envie de s'excuser de posséder si peu de choses.

— Avez-vous un poste de radio ? questionna-t-il.

— Non.

Il leva la tête pour inspecter la charpente et constata qu'il n'y avait même pas d'ampoule électrique. Il sortit un carnet et dessina un croquis du logement. Cela prit un long moment parce qu'aucun de ses trois stylos à bille ne fonctionnait correctement.

C'est alors qu'il y eut une diversion inattendue. Alertée par des voisins, Bandona fit irruption dans la pièce. Ses yeux bridés lançaient des flammes. Elle saisit le bras de l'inspecteur et l'entraîna vers la porte.

— Sortez d'ici ! cria la jeune Assamaise. Cet homme-là est un pauvre envoyé par Dieu. Dieu vous châtiera si vous le tourmentez.

Le policier fut tellement médusé qu'il n'esquissa pas le moindre geste de résistance. Dehors, l'attroupement avait grossi. La ruelle était pleine de gens.

— Elle a raison ! lança une voix. Laissez notre Grand Frère en paix.

Le chef des policiers parut perplexe. Se tournant vers le prêtre, il finit par joindre les mains à hauteur de son front et dit courtoisement : « Je vous serais très obligé de m'accompagner à mon quartier général. J'aimerais fournir à mes supérieurs l'occasion d'un court entretien avec vous. » S'adressant cette fois à Bandona et à la foule, il ajouta : « Ne vous inquiétez pas. Je m'engage à vous ramener votre "Grand Frère" avant la fin de la matinée. »

Lambert remercia en saluant à l'indienne tous ses amis venus à son secours et suivit les policiers jusqu'au panier à salade garé à l'entrée du bidonville. Dix minutes plus tard, il débarquait devant un immeuble décrépi non loin de l'hôpital de Howrah. Quatre étages d'un escalier obscur maculé du rouge des mâcheurs de bétel le menèrent à une grande salle tapissée d'armoires vermoulues pleines de dossiers. Derrière une vingtaine de tables encombrées d'antiques machines à écrire et de monceaux de paperasses protégées de la ronde des ventilateurs par des morceaux de ferraille, trônaient plusieurs inspecteurs. C'était apparemment l'heure de la pause car tous semblaient plus occupés à déguster leur thé en bavardant qu'à étudier les documents concernant la sécurité de l'État. L'entrée de ce *sahib* en baskets mit fin à leurs conversations.

— Voici le prêtre français qui habite à Anand Nagar, annonça le policier avec autant de fierté que s'il ramenait l'assassin du mahatma Gandhi.

Celui qui paraissait être le chef, un bel homme aux tempes grisonnantes et vêtu d'un *dhoti* immaculé, invita Lambert à s'asseoir en face de lui. Après lui avoir fait apporter une tasse de thé, il lui proposa une cigarette, alluma la sienne et demanda :

— Vous vous plaisez dans notre pays ?

— Énormément !

Il prit un air songeur. Il avait une façon étrange de fumer. Il tenait sa cigarette entre l'index et le médius et aspirait la fumée à travers la cavité formée par le pouce et l'index repliés. On aurait dit qu'il la « buvait ».

— Mais ne croyez-vous pas que notre pays a bien d'autres beautés à offrir à un hôte étranger que ses bidonvilles ?

— Certainement, approuva Lambert. L'Inde est un pays magnifique. Mais tout dépend de ce que l'on y cherche.

L'inspecteur-chef aspira une autre bouffée.

— Et que pouvez-vous donc rechercher dans un *slum* ? s'inquiéta-t-il.

Lambert essaya d'expliquer. En s'écoutant parler, il se trouva si peu convaincant qu'il eut la certitude d'accroître les soupçons des enquêteurs. Il avait tort. Il y a tant de respect en Inde pour la compassion aux autres que ses explications emportèrent la sympathie.

— Mais pourquoi n'êtes-vous pas marié ? intervint un inspecteur à moustaches.

— Je suis marié, rectifia le Français fermement. (Devant les regards sceptiques, il précisa :) Je suis marié avec Dieu.

Le policier qui avait perquisitionné dans sa chambre déplia alors l'image du Saint Suaire et la déposa sur le bureau du chef aux tempes grisonnantes.

— Chef, voici ce qu'on a trouvé chez lui. Il a prétendu que c'était la photographie de « son Seigneur ».

L'inspecteur examina minutieusement l'image.

— C'est Jésus-Christ, précisa Lambert. Juste après sa mort sur la Croix.

L'homme hocha plusieurs fois la tête avec respect.

— Et c'est avec lui que vous êtes marié ?

— Je suis son serviteur, répondit seulement le prêtre, toujours soucieux de ne pas compliquer la discussion.

En Inde, l'impact du sacré est si grand qu'il vit une nouvelle lueur de sympathie sur les visages qui l'entouraient. Il était sûr cette fois d'avoir dissipé tous les soupçons. C'est alors que le chef aux tempes grisonnantes se redressa dans son fauteuil. Son expression s'était durcie.

— J'aimerais tout de même bien savoir quels sont vos liens avec la C.I.A. ? demanda-t-il sèchement.

La question stupéfia Lambert au point qu'il en resta muet.

— Je n'en ai pas, finit-il par articuler.

Il y avait si peu de conviction dans sa voix que le chef insista.

— Et vous n'êtes en contact avec personne qui soit en liaison avec la C.I.A. ?

Lambert fit signe que non.

— Pourtant, la plupart des étrangers qui se prétendent « travailleurs sociaux » sont des agents de la C.I.A., renchérit l'adjoint à la peau luisante. Seriez-vous une exception ?

Lambert fit un effort pour rester calme.

— J'ignore si la plupart des « travailleurs sociaux » sont des agents de la C.I.A., dit-il posément. Mais j'ai lu assez de romans d'espionnage dans ma jeunesse pour vous affirmer qu'il serait très difficile à un pauvre type vivant vingt-quatre heures sur vingt-quatre au fond d'un bidonville d'être un agent efficace. Et votre police est suffisamment bien faite pour savoir que je ne reçois dans ma chambre que des habitants du *slum*. Alors, de grâce, ne perdez pas votre temps et ne me faites pas perdre le mien avec de telles sornettes.

Le chef aux tempes grisonnantes avait écouté sans broncher. Tous ses collègues faisaient à présent cercle autour de son bureau.

— Shri Lambert, pardonnez-moi de vous causer tout ce désagrément, s'excusa le chef, mais je dois accomplir ma tâche. Alors parlez-moi un peu de vos rapports avec les Naxalites.

— Les Naxalites ? répéta Lambert interloqué.

— La question n'est pas aussi saugrenue que vous semblez le croire, enchaîna sèchement l'inspecteur. (Se faisant doucereux, il ajouta :) Après tout, votre Jésus-Christ et les Naxalites n'ont-ils pas beaucoup d'idéaux en commun ? Ne prétendent-ils pas se révolter contre la même chose ? Par exemple, contre les injustices qui écrasent les petites gens ?

— Certes, approuva Lambert. Avec cette différence toutefois que Jésus-Christ conduit sa révolte par l'amour alors que les Naxalites appellent au meurtre.

— Vous êtes donc contre l'action des Naxalites ? intervint l'adjoint à la peau luisante.

— Résolument. Même si, au départ, leur cause est juste.

— Est-ce que cela veut dire que vous êtes également contre les Maoïstes ? interrogea le chef.

— Je suis contre tous ceux qui veulent couper les têtes aux uns pour donner le bonheur aux autres, dit Lambert avec fermeté.

A ce point de l'interrogatoire, il y eut comme une courte détente. L'inspecteur aux tempes grisonnantes alluma une nouvelle cigarette et le garçon de bureau remplit les tasses avec du thé au lait bouillant. Plusieurs policiers se confectionnèrent une chique de bétel qui donna à leurs gencives et à leurs dents une couleur sanguinolente peu attrayante. Puis l'interrogatoire reprit.

— Si vous n'êtes membre ni de la C.I.A., ni des commandos naxalites, ni des groupes d'action maoïstes, récapitula le chef, c'est donc que vous êtes un Jésuite ?

Lambert resta quelques secondes silencieux, partagé entre l'envie d'éclater de rire et la colère.

— Si vous cherchez à me faire dire à présent que je suis missionnaire, finit-il par répondre, vous perdez à nouveau votre temps. Je ne suis pas plus un Jésuite missionnaire qu'un agent de la C.I.A.

— Vous savez pourtant comment les missionnaires ont agi au Nagaland, insista le chef.

— Non.

— Voyons, Shri Lambert, vous ignorez vraiment

que là-bas les missionnaires se sont abouchés avec les mouvements séparatistes pour encourager la population à se révolter et à réclamer l'autonomie ?

— J'affirme que, dans leur grande majorité et qu'ils soient jésuites ou pas, l'action des missionnaires dans ce pays a été une action de progrès, répliqua vertement Lambert, agacé par la tournure que prenait l'interrogatoire. Vous savez pertinemment, d'ailleurs, que lorsque l'on parle ici du « missionary spirit », c'est le plus souvent pour souligner l'action de quelqu'un qui s'est dévoué aux autres, qui a aimé ses frères indiens.

Il y eut un silence pesant. Puis, sans un mot, le chef aux tempes grisonnantes se leva et tendit ses deux mains à son interlocuteur dans un geste empreint de respect ému. Son adjoint à la peau luisante l'imita, ainsi que tous les autres à tour de rôle. C'était à la fois émouvant, cocasse et d'une sincérité naïve. Ils s'étaient enfin compris. Leurs effusions durèrent un bon moment. Avant de raccompagner le visiteur, l'inspecteur-chef montra l'image du Saint Suaire sur sa table.

— Je suis hindou, mais j'aimerais vous demander la permission de garder ce portrait en souvenir de notre rencontre.

Paul Lambert n'en croyait pas ses oreilles. « C'est quand même fantastique. Le chef de la police qui désire le portrait du Christ. »

— C'est un cadeau auquel je tiens énormément mais je pourrai en faire tirer une copie par un photographe et vous l'offrir.

L'idée parut enchanter l'inspecteur-chef. Le policier aux doigts bagués déposa alors devant Paul Lambert une feuille de papier revêtue de plusieurs sceaux administratifs.

— Voici en échange un document qui vous fera certainement plaisir. Votre permis de séjour permanent. Mon pays est fier d'accueillir d'authentiques saints hommes tels que vous.

33

Elle est la déesse victorieuse des démons du Mal et de l'Ignorance, l'épouse du dieu Shiva, la fille des Himalayas, la reine aux multiples incarnations, l'énergie féminine des dieux, tour à tour symbole de douceur et de cruauté. Les Purâna, la légende dorée de l'hindouisme, consacrent des milliers de versets aux exploits merveilleux qu'elle a accomplis sous une pléiade de noms et d'apparences. Dans sa forme tendre, elle s'appelle Oumâ, la lumière et la grâce ; ou Gauri, la déesse à la peau claire ; ou Pârvati, la reine des montagnes ; ou Jagan Mâtâ, la mère de l'univers. Dans sa forme destructrice, elle est Kâlî la Noire, Bhaïravi la Terrible, Chandi la Furieuse, ou Dourga l'Inaccessible. C'est sous ce dernier nom et cette forme de divinité triomphatrice du mal qu'on l'adore tout particulièrement au Bengale. Tous les enfants connaissent sa fabuleuse et merveilleuse histoire.

Il y a des centaines de milliers d'années, un terrible démon ravageait la Terre. Il bouleversait les saisons et détruisait les sacrifices. C'était le démon du Mal, et les dieux eux-mêmes ne pouvaient en venir à bout. Brahma, le Créateur, avait déclaré que seul un fils qui naîtrait du dieu Shiva pourrait le vaincre.

Mais l'épouse de Shiva était morte et lui-même, tout à sa douleur, ne songeait guère à donner un fils au monde. Il vivait en ascète qui mendie sa nourriture dans les villages, comme on en voit encore aujourd'hui en Inde, les cheveux longs et le corps couvert de cendres.

Cependant la situation empirait sur la Terre et, dans le Ciel, les dieux se lamentaient que Shiva ne pensât point à se remarier. Ils demandèrent donc à Kama, dieu de l'Amour et du Désir, de faire naître l'amour dans le cœur de Shiva. Kama se mit en route, accompagné de son épouse, la Volupté, et de leur ami, le Printemps. Ils arrivèrent au pied de la montagne où méditait Shiva et, lorsque la tension de l'ascète sembla se relâcher un instant, Kama lui décocha, avec son arc de fleurs, la flèche de jasmin à laquelle personne ne résiste. Depuis lors, Shiva se mit à penser à Oumâ, fille de l'Himalaya, dans le corps de laquelle s'était réincarnée son épouse disparue. Après différentes épreuves, ils se marièrent et elle prit le nom de Pârvati, « fille de la montagne ».

Mais le démon du Mal continuait à dévaster la Terre, et si l'on devait attendre un fils de Shiva pour s'attaquer à lui, peut-être serait-il trop tard. C'est alors que les dieux unirent leurs diverses énergies en un même souffle de feu et le concentrèrent sur Pârvati qui en fut transfigurée. Elle devint la Grande Déesse, Dourga, « celle que rien ne peut atteindre ». Pour combattre le démon dans les dix directions de l'espace, elle avait dix bras que les dieux armèrent de leurs propres armes et son père, Himalaya, le Roi des Montagnes, lui offrit le lion pour monture ; puis la Lune lui donna la rondeur du visage, et la Mort ses longs cheveux noirs. Et elle avait la couleur de l'Aurore.

Le démon apparut alors sous la forme d'un

énorme buffle accompagné par les multitudes de ses armées, et la bataille commença. Les haches, les flèches et les javelots volèrent à travers l'espace, et le lion rugissant que montait la déesse se jeta sur l'armée des démons comme les flammes dans la forêt. Elle-même, de ses dix bras armés, pourfendait ses ennemis, leurs chevaux, leurs éléphants, leurs chars qui s'amoncelaient en un terrible chaos. De ses mugissements furieux, le buffle géant faisait frémir les mondes ; de ses cornes, il déracinait les montagnes et les lançait contre la déesse, qui les pulvérisait de ses flèches. Le combat dura trois jours. Plusieurs fois, Dourga fut près de succomber. Un seul instant — c'était au soir de la troisième journée —, elle interrompit sa colère pour porter doucement à ses lèvres une coupe de la liqueur des dieux, et ses yeux se mirent à flamboyer. Alors, d'un coup terrible, elle enfonça son trident dans la poitrine du monstre. Blessé à mort, celui-ci tenta d'abandonner son corps. Il projeta de sa gueule un nouveau monstre qui brandissait un cimeterre. Mais aussitôt, la déesse triomphante le décapita. C'est alors qu'elle devint toute noire et qu'on l'appela Kâlî, « la Noire », noire comme le Temps qui dévore tout. La Terre et le Ciel retentirent des cris de joie et des chants de victoire.

Une fois par an, à la fin de la mousson, les huit millions d'hindous de Calcutta commémorent cette victoire par une fête de quatre jours et quatre nuits dont la splendeur et la ferveur sont probablement sans pareilles sur le reste de la terre. Quatre jours de liesse pendant lesquels la ville devient une cité de lumières, de joie et d'espoir. La préparation de cette fête commence plusieurs mois à l'avance dans le vieux quartier des *kumhar,* la caste des potiers, où des centaines d'artisans confectionnent, de père en fils, la collection de statues la plus magnifique jamais consacrée à une divinité ou à ses saints. Pendant toute une année, ces artistes rivalisent d'inspiration pour faire jaillir de leurs mains les représentations les plus colossales et les plus somptueuses de la déesse Dourga. Après avoir formé l'ossature avec de la paille tressée, les potiers enduisent d'argile les mannequins avant de les sculpter pour leur donner la forme et l'expression voulues. Ils achèvent leurs œuvres en les décorant au pinceau et en les habillant. Commandées à l'avance par des familles, des communautés, des associations de quartiers, des usines, des ateliers, ces milliers de Dourga sont toutes destinées à prendre place, le premier jour de la fête, sous l'un des mille chapiteaux, appelés *pandal,* édifiés en travers des rues, des avenues et aux carrefours de la ville. La réalisation de ces chapiteaux et surtout leur décoration font l'objet d'extraordinaires surenchères.

Quelques semaines avant la fête, Paul Lambert reçut la visite de deux messieurs qui se présentèrent au nom du « Comité du quartier pour la construction des chapiteaux-reposoirs d'Anand Nagar ». Fort courtois et trop bien vêtus pour être des habitants du *slum,* les visiteurs exhibèrent un carnet de souscription et invitèrent le prêtre à leur remettre le montant pour lequel il avait été taxé, soit cinquante roupies. En une seule matinée, ils avaient déjà récolté plus d'un millier de roupies en rançonnant un à un les taudis de la ruelle, y compris ceux habités par des musulmans et des chrétiens.

Lambert s'indigna qu'autant d'argent pût être gaspillé pour une fête alors que tant de misère accablait les habitants de son bidonville. Il avait tort. Sa réaction d'Occidental rationnel lui faisait omettre l'essentiel. Il oubliait dans quelle osmose le peuple indien vit avec ses divinités et quel rôle les dieux jouent dans la vie de tous les jours. Un bonheur, un malheur, le travail, la pluie, la faim, une naissance, la mort, tout a toujours un rapport avec les dieux, et c'est pourquoi les plus grandes fêtes de ce pays ne commémorent jamais un anniversaire historique, pas même le jour glorieux de l'Indépendance, mais toujours un événement religieux. Aucune population n'honore ses dieux et ses prophètes avec autant de ferveur que celle de Calcutta, alors que le ciel semble l'avoir tellement abandonnée. Chaque jour ou presque, le *slum* et le reste de l'agglomération retentissent du tintamarre de quelque procession témoignant de ce mariage mystique entre un peuple et son créateur.

La semaine précédente, Lambert s'était heurté au coin de Chitpore Road à une cacophonie de fanfares. Bloquant la circulation, des danseurs se contorsionnaient en scandant le nom du prophète Hussain et en faisant tournoyer au-dessus des têtes des sabres recourbés qui étincelaient dans le soleil. C'était Moharram, la grande fête musulmane qui ouvrait l'année sainte islamique. Dans le *slum*, comme dans le reste de la ville, tous les musulmans chiites avaient revêtu leurs habits de fête. C'était un jour férié, comme il y en a quinze ou vingt autres au calendrier de cette ville mosaïque de peuples et de croyances.

L'avant-veille, c'était un tonnerre de pétards qui avait réveillé en sursaut le locataire du 19 Fakir Bhagan Lane. Les quelques familles de sikhs du bidonville célébraient la naissance du gourou Nanak, le vénéré fondateur de leur communauté née dans le Panjab, à l'autre bout de l'Inde. Une procession d'hommes enturbannés, armés du traditionnel *kirpan*[1], traversa le *slum* aux accents triomphants d'une fanfare et se dirigea vers le *gurdwara*[2]

1. Petit poignard-épée, l'un des cinq attributs des sikhs.
2. Temple sikh.

local. Pendant ce temps, de tous les coins de la ville, d'autres processions, accompagnées de chars richement décorés de guirlandes de fleurs, prenaient le chemin des autres *gurdwara*. Dans ces sanctuaires, des prêtres se relayaient pour une lecture ininterrompue du Granth, le Livre Saint. Une gigantesque tente bleu et blanc avait été dressée sur la pelouse du Maidan en vue d'un banquet monstre. L'un des responsables de la communauté sikh d'Anand Nagar, un sympathique géant au turban écarlate nommé Govind Singh, qui était chauffeur de taxi, avait invité le Français à assister à la fête. Des centaines de fidèles vinrent s'asseoir par terre, en longues rangées, d'un côté les femmes en pantalons serrés et tuniques panjabis, de l'autre les hommes avec des turbans pointus de toutes les couleurs. Des bénévoles portant des chaudrons pleins de riz et de curry de légumes passèrent entre les rangs et distribuèrent une louche de curry sur le morceau de feuille de bananier posé en guise d'assiette devant chaque convive. Des fillettes aux yeux noirs fardés de khôl versèrent du thé dans de petits bols en terre cuite qu'on briserait après usage. Toute la journée, des centaines de haut-parleurs firent retentir la joie des sikhs d'une rive à l'autre de l'Hooghly.

Hier c'était le Barra Bazar, l'immense marché de l'autre côté du pont, qui était en effervescence. Les adeptes de la secte des jaïns digambara, un rameau réformé de l'hindouisme né à l'époque du Bouddha, fêtaient le retour de la saison des pèlerinages marqué par la fin officielle de la mousson. Précédée par deux chevaux en carton blanc grandeur nature fixés sur le châssis d'une jeep, la procession se frayait un chemin dans un flot inextricable de camions, de chars à bras, de rickshaws, de véhicules de toutes sortes et d'une multitude grouillante de piétons. Au milieu du cortège, sur un char fleuri tiré par des

hommes curieusement costumés en laquais élisabé-
thains, le pape de la secte trônait à demi nu dans
une châsse dorée, saluant la multitude qui l'accla-
mait à grand renfort de cymbales et de tambours.

De toutes ces célébrations, aucune sans doute ne
témoignait de la présence de Dieu à Calcutta avec
autant d'intensité que les *puja* hindoues en l'honneur de la déesse Dourga. Même si, au cours des
ans, la fête s'était quelque peu transformée en foire
commerciale à l'image de Noël en Occident, c'était
elle qui contribuait surtout à faire de cette ville un si
haut lieu de la foi. Nulle part ce trait n'était aussi
sensible que dans les *slums,* au cœur de ces populations déshéritées auxquelles les experts de la Fondation Ford ne promettaient aucune amélioration de
leur condition avant l'année 2020. Au fond de leur
misère, elles avaient su conserver l'héritage millénaire de leurs traditions. Et aucune de ces traditions
ne s'exprimait plus visiblement que par un goût
viscéral pour la fête. La fête qui, l'espace d'un jour
ou d'une semaine, les arrachait à la réalité ; la fête
pour laquelle les petites gens s'endettaient ou se
privaient de nourriture afin d'acheter à leur famille
des habits neufs destinés à honorer les dieux ; la fête
qui véhiculait la religion mieux qu'aucun caté-
chisme, qui embrasait les cœurs et les sens par la
magie de ses chants et le rituel des longues et fas-
tueuses cérémonies liturgiques.

Alors, qu'importait si des aigrefins prélevaient
leur dîme sur la sueur et la faim des pauvres ? Au
bout du compte, c'étaient les pauvres les gagnants.
A Anand Nagar, les racketteurs n'hésitèrent pas à
contraindre les tireurs de cyclo-pousse et de *telagarhi* qui passaient par là à verser de l'argent pour
les reposoirs. Ils stoppèrent les camions et les autobus de la grand-route de Delhi pour rançonner
chauffeurs et passagers. Même le quartier des

lépreux au bout du *slum* n'échappait pas à leur ratissage. Personne ne savait quel pourcentage de cette manne allait directement dans les poches des truands. Mais ce qui restait pour la fête était suffisant pour créer sa magie.

A l'approche du jour J, une sorte d'onde vibratoire parcourut le *slum*. De grandes structures de bambous évoquant des arcs de triomphe s'élevèrent un peu partout. Des artistes les habillèrent d'étoffes aux couleurs vives. Donnant aux drapés des géométries d'un raffinement exemplaire, ils ornèrent les chapiteaux de somptueux motifs en forme de mosaïque et de damier. Le reposoir destiné à recevoir la statue de la déesse était lui-même une superbe réalisation florale, véritable échafaudage de roses, d'œillets et de jasmin qui embaumaient la puanteur alentour. Le plus surprenant était l'invraisemblable panoplie des accessoires dont s'accompagnait cette décoration. Aucun *pandal* n'était complet sans une débauche de projecteurs, de guirlandes d'ampoules, de luminaires et même de lustres victoriens. Des îlots de lumière éclaboussèrent tout à coup d'un halo surnaturel la lèpre des toits et des façades. Déversé par une chaîne de haut-parleurs, un raz de marée de chants et de musique déferla jour et nuit sur le *slum*. La fête s'accompagne partout en Inde des débordements sonores les plus extrêmes.

Ce vacarme donna le signal d'un rituel purificateur qui, en quelques jours, allait transfigurer cet univers de moisissure et de laideur. Les familles hindoues et bon nombre de familles musulmanes et chrétiennes badigeonnèrent à la chaux, teintée de vert ou de bleu, l'extérieur et l'intérieur de leurs taudis, les vérandas, les margelles des puits, les devantures des échoppes. Le vieil hindou très pieux qui tenait la *tea-shop* en face de chez Lambert profita d'une absence du prêtre pour repeindre entièrement la façade de sa chambre d'un beau blanc lumineux. Puis suivit la grande toilette des hommes. Pour la seule et unique fois de l'année, des milliers de pauvres échangèrent leurs hardes pour les habits de fête soigneusement conservés dans la malle familiale, ou bien achetés pour la circonstance en s'endettant de quelques dizaines de roupies de plus chez l'usurier du quartier. Tous les commerçants de Calcutta encourageaient ces emplettes en proposant des rabais spéciaux en l'honneur de la déesse.

Vraies stars qui allaient être livrées en pâture aux regards émerveillés du public, les Dourga passèrent pendant ce temps entre les mains d'une armée d'habilleurs, de maquilleurs et d'artistes qui les parèrent de somptueux vêtements et de bijoux. Leur mise en place sur les reposoirs pouvait alors se faire selon un rite minutieux sous la protection de la police.

Au jour prévu, à six heures du soir, la plainte des conques et le roulement obsédant des milliers de *dhâk* [1] qui, depuis des siècles, rythmaient les *puja* de Dourga, annoncèrent le début officiel de la fête. Pendant quatre jours d'une délirante kermesse, le peuple du *slum,* à l'instar des millions d'hommes dans la ville tout entière, allait défiler en famille devant les quatre *pandal* de la Cité de la joie. Curieusement, les sikhs, les musulmans, les bouddhistes et même les chrétiens s'unirent avec leurs frères hindous dans un même rêve. Les hommes portaient des *sherwani* de laine sur leurs pantalons ; les femmes, des *kurta* de soie verte et, aux oreilles, des pendentifs dorés qui leur donnaient des airs de princesses orientales. Nasir, le fils aîné de Mehboub qui fabriquait à longueur de journée des stylos à

1. Gros tambour double que l'on suspend au cou, horizontalement.

bille dans un atelier-bagne, et ses sœurs, y compris la petite dernière au ventre ballonné par les vers, étaient eux aussi maquillés et habillés comme des petits princes, alors que cette famille tragiquement meurtrie par la disparition de la mère était tombée dans la misère la plus absolue. A côté de Mehboub et de ses enfants, Paul Lambert reconnut le vieil hindou de la *tea-shop*. Son front était barré des trois raies de cendre des adorateurs de Shiva. Visiblement habité par son *darshan*[1] avec la divinité, insensible au raffut des haut-parleurs et aux lumières, les yeux clos, il semblait abîmé dans une totale béatitude. En voyant ce saint homme en prière, Lambert songea à une parole du prophète Isaïe : « Les prières des pauvres et des orphelins ne montent jamais jusqu'à moi sans recevoir une réponse. »

Au crépuscule du quatrième jour, toutes les statues de la Cité de la joie furent hissées sur des chars illuminés, drapés d'étoffes et ornés de fleurs, afin d'être processionnellement conduites, au son des fanfares, des cornemuses, des tambours et des conques, jusqu'au bord de l'Hooghly, le bras langoureux du Gange, Mère du monde. Au même moment dans toute la ville, de semblables cortèges prenaient la même direction. A bord de camions, de chars à bras, de taxis, de voitures particulières et même de cyclo-pousses et de rickshaws, des milliers de Dourga descendaient vers le fleuve accompagnées par leurs dévots propriétaires. L'un des rickshaws prisonniers de cette marée portait le numéro 1999. A chaque arrêt, Hasari Pal se retournait pour contempler le merveilleux spectacle de la déesse qu'il transportait sur le siège de sa guimbarde, une Dourga plus grande que lui, avec ses dix bras, de magnifiques cheveux noirs coiffés d'un diadème

---

1. Rencontre par le regard avec une divinité ou une Grande Âme.

d'or, et des yeux conquérants. « O mon Dieu, se disait-il, ébloui, même mon rickshaw est devenu un reposoir ! »

Des centaines de milliers d'habitants se pressaient ce soir-là sur les bords du fleuve sacré et il fallut des heures à Hasari pour accéder à la rive. Quand il y parvint enfin, les membres de la famille à laquelle appartenait la statue et qui l'avaient suivie dans trois autres rickshaws enguirlandèrent la déesse de fleurs et la descendirent lentement, respectueusement dans l'eau. Hasari la regarda s'éloigner avec émotion, entraînée par le courant. Comme toutes les autres Dourga, elle emportait vers l'éternité des océans les joies et les peines du peuple de Calcutta.

34

Rude aventure ! Après l'hindi et l'ourdou péniblement déchiffrés grâce à l'étude comparée des traductions de l'Évangile, Paul Lambert avait entrepris de briser définitivement son isolement linguistique. Armé d'une grammaire, il s'attaqua matin et soir pendant une heure à la conquête de la langue bengalie. Par chance, il y avait au début de l'ouvrage un certain nombre de phrases bengalies traduites en anglais. En se référant aux noms de villes et autres noms propres, il put, comme précédemment pour l'hindi et l'ourdou, reconstituer l'alphabet bengali. Au chapitre de la prononciation, des dessins montraient pour chaque lettre la position de la langue par rapport au palais, aux dents et aux lèvres. Ainsi le O se prononçait avec le bout des lèvres légèrement entrouvert, mais la bouche fermée. Pour faire le son U, il fallait coincer la langue contre les dents du haut. C'était si compliqué qu'il dut aller au bazar de Howrah acheter un objet qui suscita la curiosité de ses voisins : un miroir. Ainsi équipé, il réussit progressivement à maîtriser la gymnastique des innombrables lettres aspirées qui font du bengali une langue que l'on parle en donnant l'impression d'être perpétuellement à bout de souffle. Ces efforts lui permirent de faire une constatation : « L'image que me renvoyait la glace n'avait rien de réjouissant. Mon crâne s'était largement dégarni et mes joues s'étaient creusées. Elles avaient pris la teinte grise du *slum*. »

Cette triste mine était le signe que l'indianisation du Français était en bonne voie. Un jour, ses voisins comprirent qu'elle était presque achevée. C'était à la fin d'une cérémonie de mariage. Des amis hindous venaient de marier leur dernière fille au fils d'un de ses voisins. Lambert s'agenouilla devant le père et la mère pour faire ce qu'aucun étranger n'avait probablement jamais fait avant lui. Il se prosterna pour toucher leurs pieds et porta ses mains à sa tête. Par ce geste, il voulait leur dire : « Puisque ma petite sœur a épousé mon petit frère, vous êtes mes parents. Je suis entré dans votre famille. »

Ce soir-là, Lambert se rendit chez le bijoutier-usurier de sa ruelle. Il lui montra sa croix de métal avec les deux dates que sa mère y avait fait inscrire — celle de sa naissance et celle de son ordination —, et lui demanda de graver au-dessous le mot « Premanand » qu'il s'était choisi pour nom indien. En bengali, Premanand signifiait : « Bienheureux celui qui est aimé de Dieu. » Il pria le bijoutier de laisser de la place devant ce nom pour y graver, le moment venu, la troisième date la plus importante de sa vie. Car ce même jour, Lambert avait accompli une démarche officielle. Essentielle pour lui, cette démarche était incompréhensible pour des Indiens convaincus que rien ne peut changer la condition reçue à la naissance — sauf la mort et une autre incarnation. Il était allé remplir au ministère de l'Intérieur des formulaires afin de solliciter du gouvernement de l'Inde l'honneur de s'unir définitivement au peuple des pauvres de la Cité de la joie. Il avait demandé la nationalité indienne.

Ashish et Shanta Ghosh, le jeune couple hindou du Comité d'entraide, interrompirent un soir Lambert dans l'une de ses séances de mime linguistique devant son miroir.

— *Father,* nous avons quelque chose à t'annoncer, dit le garçon en se frottant fiévreusement la barbe. Tu seras le premier à le savoir.

Lambert invita les jeunes gens à s'asseoir.

« Nous avons décidé de quitter le *slum* et de retourner au village. »

Sous son voile rouge imprimé, Shanta guettait la réaction du prêtre.

« Mon Dieu, pensa Lambert, c'est la plus grande nouvelle que j'apprends depuis mon arrivée dans ce pourrissoir. Si des gens commencent à reprendre le chemin des villages, nous sommes sauvés ! » Il ne put cacher sa joie.

— Qu'est-ce qui vous a...

— Cela fait trois ans que nous économisons sou à sou, enchaîna Shanta. Et nous avons pu acheter un hectare de bonne terre proche du village à un hindou qui avait besoin d'argent pour marier sa fille.

— Nous allons faire creuser un bassin pour élever des poissons, expliqua son mari.

— Et l'eau nous permettra d'irriguer et d'obtenir une deuxième récolte de saison sèche, ajouta Shanta.

Lambert sentait qu'une sorte de miracle s'accomplissait devant lui. Le miracle auquel rêvaient les millions de crève-la-faim qui avaient dû fuir leur campagne et trouver refuge à Calcutta.

— Shanta partira d'abord avec les enfants, dit Ashish. Elle sèmera et repiquera le riz. Je resterai pour gagner encore un peu d'argent. Si la première moisson est satisfaisante, je m'en irai à mon tour.

Les beaux yeux noirs de la jeune femme brillaient dans l'ombre comme des braises.

— Nous voudrions surtout que notre retour apporte quelque chose aux habitants du village, quelque chose qui fasse souffler...

— ... un vent nouveau, dit son mari. La terre du Bengale pourrait donner trois récoltes si elle était bien irriguée. J'essaierai de créer une coopérative.

— Et moi, un atelier d'artisanat pour les femmes.

Les yeux mi-clos, son miroir sur les genoux, Lambert écoutait, émerveillé.

— Que Dieu vous bénisse, dit-il enfin, car pour une fois, ce sera d'un *slum* qu'arriveront la lumière et l'espoir.

35

L'huissier de service frappa à la porte et fit irruption sans attendre de réponse.

— Monsieur le Consul, il y a là une Indienne qui insiste pour vous parler de toute urgence. Elle dit que dans le bidonville où elle habite un missionnaire français est en train de mourir du choléra. Il refuse de se laisser transporter dans une clinique. Il veut qu'on le soigne comme les autres...

Antoine Dumont, soixante-deux ans, nœud papillon et rosette de la Légion d'honneur, représentait la République française à Calcutta. Depuis que les flibustiers de Louis XV étaient venus dans ces parages taquiner la suprématie britannique et y fonder des comptoirs, la France entretenait une mission consulaire dans l'un des vieux immeubles du quartier de Park Street. Le diplomate se frotta les sourcils et sortit dans le hall qui servait de salle d'attente. Trente ans de postes en Asie l'avaient habitué à supporter bien des désagréments du fait de ses compatriotes. Routards, hippies, drogués, déserteurs, touristes dévalisés, il ne leur avait jamais marchandé son aide ni ses secours. Mais c'était bien la première fois qu'il recevait un S.O.S. concernant un ecclésiastique « en train de mourir volontairement du choléra au fond d'un bidonville indien ».

La veille, Shanta et Margareta avaient découvert Lambert inanimé dans sa chambre. Il gisait exsangue au milieu de vomissures et de déjections. On aurait dit qu'il avait été dévoré de l'intérieur par quelque invasion de parasites. Ses muscles avaient fondu et sa peau, plissée sur ses os, ressemblait à un vieux parchemin. Il était conscient, mais d'une si grande faiblesse que tout effort risquait d'éteindre le peu de vie qui subsistait encore en lui. Les deux femmes avaient instantanément diagnostiqué le mal : une forme foudroyante de choléra qui, étrangement, frappait par prédilection les constitutions les plus robustes. Lambert avait ressenti les premiers symptômes la nuit précédente quand des coliques douloureuses l'avaient forcé à se précipiter plusieurs fois aux latrines. Malgré la chaleur, il s'était mis à grelotter. Puis il éprouva un fourmillement au bout des membres, bientôt suivi d'un tremblement musculaire généralisé. Ses pieds et ses jambes prirent une curieuse couleur bleuâtre. La peau de ses mains se dessécha, avant de se durcir et se craqueler. Bien que transpirant abondamment, il avait de plus en plus froid. Il sentait la chair de son visage se rétrécir sur ses pommettes, puis sur son nez, ses orbites, son front et jusque sur son crâne. Il eut de plus en plus de mal à fermer la bouche et les yeux. Il fut secoué de spasmes et commença à vomir. Sa respiration devint saccadée, douloureuse. Il fit un effort pour boire un peu d'eau mais rien ne put franchir sa gorge comme paralysée. Vers quatre ou cinq heures du matin, il cessa de percevoir son pouls. Il sombra alors dans une sorte de torpeur. Quand il se réveilla, il voulut se lever pour retourner aux latrines. Il n'eut pas la force de se redresser ni même de se mettre à genoux et dut s'abandonner sur place. Il pensa qu'il allait mourir et n'éprouva aucune crainte à cette idée. A cause de son extrême faiblesse, il en ressentit au contraire une sorte d'euphorie.

L'irruption des deux femmes interrompit ce qu'il appellera plus tard « une délicieuse sensation de s'en aller sur la pointe des pieds vers le nirvâna ». Mais Shanta et Margareta n'étaient pas disposées à laisser mourir leur « Grand Frère » sans se battre. Margareta saisit le seau d'eau et aspergea le visage et le torse pour humecter la peau du malade. Les premiers soins consistaient à enrayer la déshydratation. Par expérience, elle savait que seule une perfusion de sérum aurait une chance de stopper le mal. Il fallait transporter d'urgence le prêtre dans un service de soins intensifs.

— Accroche-toi, Grand Frère Paul, supplia-t-elle en lui mouillant la figure avec le pan de son voile. Nous allons te conduire à Bellevue. Là-bas, ils te tireront d'affaire.

Tous les habitants de Calcutta, même les plus pauvres, connaissaient de nom cette luxueuse clinique privée du quartier de Park Street enfouie dans les palmiers, où l'élite médicale du Bengale opérait et soignait les riches *marwaris*, les hauts dignitaires du gouvernement, et les membres de la colonie étrangère, dans des conditions d'hygiène et de confort comparables à celles des établissements occidentaux. Margareta était certaine que la *Bellevue clinic* ne refuserait pas d'accueillir le *Father*. C'était un *sahib*.

Une grimace déforma le visage de Lambert. Il voulut parler mais n'eut pas la force d'articuler. L'Indienne se pencha. Elle comprit qu'il refusait de quitter sa chambre. Il voulait « être soigné comme un pauvre d'ici ». Des hommes terrassés par le choléra, Paul Lambert en avait connu et soigné des dizaines dans les taudis de la Cité de la joie. Ils restaient chez eux. En période de mousson, les cas se multipliaient. Faute de place, de médicaments, de médecins, les hôpitaux les refusaient presque toujours. Les plus solides survivaient, les autres mouraient. Il n'était pas question pour lui d'être l'objet d'un traitement de faveur.

Devant cette résistance imprévue, les deux femmes allèrent tenir conseil avec leurs voisines. On décida d'alerter le curé de la paroisse. Lui seul, pensaient-elles, pourrait convaincre son confrère de se laisser transporter à la clinique Bellevue. L'accueil de l'ecclésiastique en soutane blanche fut des plus réservés. Il écarta d'emblée l'idée d'une action personnelle auprès de Lambert.

— Je ne vois qu'une solution, dit-il enfin. Il faut avertir le consul de France. Après tout, il s'agit d'un de ses administrés. Lui seul peut obliger *that stubborn Frenchman,* ce Français entêté, à se laisser soigner normalement. Du moins, lui seul peut essayer.

Margareta fut déléguée comme émissaire. Elle convainquit si bien le diplomate de l'urgence de son intervention qu'une Peugeot 504 grise ornée d'un fanion tricolore s'immobilisa dans l'après-midi à l'entrée du *slum* d'Anand Nagar. L'apparition de cette voiture causa une telle sensation qu'Antoine Dumont eut toutes les peines du monde à se frayer un passage au milieu de la foule agglutinée. Retroussant son pantalon, il s'engagea dans la ruelle boueuse. Incommodé par les odeurs, il dut s'arrêter deux ou trois fois pour s'éponger le visage et le cou. Malgré sa longue expérience de l'Asie, il n'avait jamais encore pénétré dans pareil décor. « Ce curé est complètement fou », se répétait-il en évitant les flaques. Arrivé auprès du corps recroquevillé par terre, il lança avec une jovialité un peu forcée :

— Bonjour, mon Révérend ! Je vous apporte les salutations respectueuses de la République française. Je suis le consul de France à Calcutta.

Paul Lambert ouvrit les yeux avec peine.

— Qu'est-ce qui peut me valoir un tel honneur ? s'inquiéta-t-il faiblement.

— Ne savez-vous pas que le tout premier devoir d'un consul est de veiller sur ses concitoyens ?

— Je vous remercie, monsieur le Consul, mais je n'ai besoin de rien. J'ai plein d'amis ici.

— Ce sont eux, justement, qui m'ont alerté. Car votre état de santé exige un...

— Rapatriement ? coupa Lambert, retrouvant soudain un peu de vigueur. Est-ce cela que vous êtes venu me proposer ? Un rapatriement sanitaire ! Il ne fallait pas vous donner tant de mal, monsieur le Consul. Je vous remercie beaucoup pour votre sympathie, mais je vous prie d'économiser votre peine et votre argent. Il n'y a jamais de « rapatriements » ou autres grands moyens pour les pauvres d'ici. Je tiens à être à la même enseigne qu'eux.

Épuisé, il laissa retomber sa tête et ferma les yeux. La sécheresse du ton avait frappé le diplomate. « Ce type est un vrai dur », songea-t-il.

— Acceptez au moins de vous laisser soigner dans une bonne clinique. (Il cherchait les mots pour convaincre :) Songez à tout ce que vous apportez à vos amis. Et au vide que votre départ ne manquerait pas de créer.

— Ma vie est entre les mains de Dieu, monsieur le Consul. C'est à lui de décider.

— C'est sûrement parce qu'il a décidé que vous devez guérir que je me trouve ici, argua le diplomate.

— C'est possible, admit Lambert, touché par la logique de cet argument.

— Dans ce cas, je vous supplie de permettre à vos amis de vous transporter dans...

— Dans un hôpital pour tout le monde, monsieur le Consul. Pas dans une clinique de riches.

Dumont sentit qu'il avait fait la moitié du chemin. Un peu de patience et Lambert se laisserait persuader tout à fait.

— Mieux vous serez soigné et plus vite vous pourrez reprendre vos activités au service des gens de ce bidonville.

— Mon souhait n'est pas de reprendre mes activités, monsieur le Consul, mais d'être certain de pouvoir toujours regarder en face et sans honte les hommes qui m'entourent.

— Je vous comprends et laissez-moi vous rassurer : pas une seule roupie ne sera prise aux pauvres pour payer votre hospitalisation. C'est le consulat qui en assumera les frais.

Lambert poussa un long soupir. Cette conversation l'avait exténué.

— Je vous remercie, monsieur le Consul, mais ce n'est pas une question d'argent. Il s'agit pour moi de respecter un engagement librement choisi. Cette maladie est providentielle. Je vous supplie de ne pas insister.

Un spasme secoua le malade. Antoine Dumont contempla le corps inanimé et se demanda un instant s'il n'était pas mort. Puis il perçut le sifflement irrégulier de la respiration.

Dehors, Ashish et Shanta, Bandona, Margareta, Aristote John, Saladdin, le vieux Surya, Mehboub et de nombreux autres voisins attendaient avec anxiété. Quand le diplomate apparut sur le seuil, ils s'avancèrent tous.

— Alors ? demanda Margareta.

Le consul ajusta son nœud papillon.

— Une demi-victoire seulement ! Pas question de clinique, mais il consent à aller « à l'hôpital de tout le monde ». L'expression est de lui. Je pense qu'il faut respecter sa volonté.

Dès le départ du consul, Margareta chargea Paul

Lambert sur un rickshaw et le transporta à l'hôpital le plus proche de la Cité de la joie. Avec sa pelouse bien entretenue, son bassin, sa fontaine, et son allée de bougainvilliers, cet établissement offrait des abords plutôt coquets. Le pavillon des urgences, signalé par un panneau rouge à peine lisible, était par contre une sinistre bâtisse à l'aspect parfaitement rebutant. Les portes étaient absentes et les vitres presque toutes brisées au milieu d'une façade lépreuse. Margareta fut tentée de demander au tireur de rickshaw de faire demi-tour. Elle n'avait pas, à l'inverse de Bandona, l'expérience des hôpitaux, et même les spectacles les plus sordides du *slum* ne l'avaient pas préparée au choc qui l'attendait. Des pansements pleins de pus et de sang jonchaient les couloirs, des lits disloqués servaient de poubelles, des matelas éventrés grouillaient de vermine, on marchait un peu partout sur des débris de toutes sortes. Le pire, c'était la cour des miracles qui hantait ces lieux. Des grands malades atteints d'encéphalite, de thrombose coronaire, de tétanos, de typhoïde, de typhus, de choléra, d'abcès surinfectés ; des blessés, des amputés, des brûlés gisaient pêle-mêle, parfois à même le sol. Accrochés par des bouts de ficelle aux murs, aux fenêtres, aux ventilateurs en panne, des flacons de sérum ou de glucose tentaient de maintenir en vie ces moribonds.

Margareta finit par dénicher une civière de bambous pour y installer Lambert inconscient. Comme personne ne venait l'examiner, elle glissa un billet dans la main d'un infirmier afin d'obtenir un flacon de sérum et une seringue qu'elle enfonça elle-même dans le bras du malade. Puis elle réclama des drogues anticholériques. Mais comme beaucoup d'établissements, cet hôpital manquait de médicaments. La presse dénonçait fréquemment le pillage dont les hôpitaux étaient victimes, lequel alimentait les nombreuses pharmacies installées à proximité.

— J'ai soif...

Lambert ouvrit les yeux sur l'univers de cauchemar de son « hôpital de tout le monde ». Il n'y avait ni cruche ni eau au chevet des malades. De temps en temps, un garçon de salle passait avec une outre et faisait payer cinquante *paisa* le gobelet. Au bout du couloir se trouvaient les latrines. La porte avait été arrachée et l'évacuation était bouchée. Les excréments débordaient et se répandaient jusque dans le couloir, pour le plus grand bonheur des mouches. Au milieu de tout ce chaos, Lambert vit passer un chien. Il allait d'un grabat à un autre, reniflant et léchant le sang, le vomi, les crachats et déjections qui souillaient le ciment.

Des centaines de malades se bousculaient quotidiennement aux portes de tels établissements, dans l'espoir d'y recevoir des soins, d'obtenir une place dans un lit — ou par terre — afin de pouvoir au moins manger pendant quelques jours. C'était presque partout le même grouillement. Dans certains pavillons de maternité, on trouvait jusqu'à trois accouchées avec leurs bébés sur un seul matelas, ce qui avait déjà entraîné l'asphyxie accidentelle de plusieurs nouveau-nés. Des campagnes de presse dénonçaient régulièrement l'incurie, la corruption et les vols qui paralysaient certains hôpitaux. Dans celui où se trouvait Lambert, une coûteuse bombe au cobalt était restée hors d'usage pendant des mois parce que personne n'avait pris la responsabilité de dépenser les six mille huit cents roupies nécessaires à sa réparation. Ailleurs, l'unité de réanimation cardiaque était fermée faute de climatisation. Autre part, les deux défibrillateurs et dix des douze électrocardiographes étaient en panne, de même que la moitié des moniteurs cardiaques équipant certains lits, sans parler de l'unité centrale de contrôle. L'approvisionnement en oxygène et en bouteilles de gaz pour la stérilisation était presque partout défectueux. « Le seul appareil qui semble fonctionner correctement, et encore quand il n'y a pas de coupure de courant, est la machine à électrochocs de l'hôpital psychiatrique », pouvait-on lire dans un journal. Le nouveau pavillon chirurgical d'un grand établissement n'avait pu être ouvert parce que la direction de la Santé n'avait toujours pas approuvé la nomination d'un liftier pour l'ascenseur. De façon quasi générale, le manque de techniciens et de plaques sensibles contraignait la majorité des malades à attendre en moyenne quatre mois pour une radiographie. Et des semaines pour la moindre analyse. Dans un hôpital proche de la gare de Sealdah, onze ambulances sur douze étaient en panne ou à l'abandon, leur toit crevé, leur moteur cannibalisé, leurs roues volées. Dans beaucoup de blocs opératoires, les boîtes de forceps, scalpels, pinces et catgut étaient pratiquement vides, pillées par le personnel. Les instruments restés en place étaient rarement affûtés. Le catgut était souvent de si mauvaise qualité que de nombreuses sutures cédaient. Dans bien des endroits, les réserves de sang étaient la plupart du temps inexistantes. Pour se procurer le précieux liquide, les patients ou leurs familles devaient alors s'adresser, avant une intervention, à ces racketteurs spécialisés auxquels Hasari Pal avait eu affaire. Ce genre de parasites trouvaient d'ailleurs aux abords des hôpitaux de multiples occasions de s'enrichir. Certains abordaient des malades à l'entrée, en général de pauvres gens venus des campagnes, et leur faisaient miroiter une hospitalisation ou un examen médical immédiat contre le versement d'une substantielle gratification. D'autres, se faisant passer pour des médecins, entraînaient leurs victimes vers des salles de consultations tenues par des infirmiers complices. Ils offraient alors aux femmes de leur garder leurs bijoux pendant l'examen radiographique, et ils disparaissaient.

Dans certains hôpitaux, le détournement de la nourriture destinée aux malades avait pris de telles proportions que les repas devaient être transportés dans des chariots cadenassés. Malgré ces précautions, de nombreuses denrées et presque la totalité du lait étaient régulièrement dérobés au profit de petits restaurants de rue et marchands de thé installés sur les trottoirs alentour. Le sucre et les œufs étaient systématiquement subtilisés pour être revendus sur place à des prix deux fois moins élevés que dans les marchés. Les journaux révélaient aussi que le pillage ne concernait pas que la nourriture. Certains établissements n'avaient plus ni portes ni fenêtres. Les ampoules électriques ayant également disparu, la nuit, les soins devaient être donnés à la bougie.

Toutefois, comme si souvent en Inde, le meilleur côtoyait partout le pire. Il existait aussi dans ces hôpitaux tout un réseau de liens humains qui, dans bien des cas, effaçaient l'impression d'isolement, d'anonymat, d'horreur. A quelques paillasses de Lambert, gisait un pauvre bougre qui, à la suite d'un accident, avait bénéficié d'une des opérations les plus délicates et audacieuses de la chirurgie moderne, une ostéosynthèse du rachis avec greffe de la colonne vertébrale. De jour en jour, Lambert constatait chez lui des progrès prodigieux. Dans cette salle commune, sordide par bien des aspects, cet homme était l'objet d'attentions et de soins admirables. Chaque matin, faisant preuve d'une patience et d'une gentillesse à toute épreuve, les infirmières le levaient et l'aidaient à retrouver, petit à petit, l'usage de ses jambes. A chacune de ses visites, le chirurgien, par ailleurs surchargé de travail, prenait le temps de l'examiner très attentivement et de bavarder avec lui en témoignant toujours autant de compétence que de bienveillante sollicitude. Quelques lits plus loin, une pauvre femme était accroupie par terre à côté du berceau de son bébé atteint de méningite. Personne n'aurait songé à empêcher cette mère angoissée de rester près de son enfant. Et jamais les préposés à la nourriture ne passaient devant elle sans lui offrir une assiette de riz.

Tout surpris d'apprendre qu'ils avaient un *sahib* comme compagnon de souffrances, plusieurs malades se traînèrent jusqu'à lui pour le prier de déchiffrer leurs ordonnances. Combien de fois Lambert s'émerveilla ainsi de découvrir avec quelle conscience et précision des médecins, pourtant débordés et ne disposant bien souvent que de bouts de papier de fortune, prescrivaient leur traitement aux plus démunis de leurs patients. Rien n'était entièrement pourri dans cette ville inhumaine.

*

Le geste de Margareta eût certainement indigné le prêtre. Elle venait de glisser vingt roupies à un infirmier pour qu'il déménage son protégé dans un lit sous un ventilateur. La pratique était courante. De pauvres hères se voyaient à chaque instant éjectés de leurs grabats pour être remplacés par les bénéficiaires de ces bakchichs. Sans les flacons de sérum, les médicaments spécifiques souvent introuvables autrement qu'au marché noir, la nourriture reconstituante que l'indomptable Indienne lui faisait parvenir chaque jour, le choléra eût sans doute emporté Paul Lambert. Pour le sauver, elle avait organisé une collecte dans le *slum* et des dizaines de pauvres s'étaient associés au sauvetage de leur

« Grand Frère ». Les enfants de Mehboub étaient allés sur le ballast de la voie ferrée glaner des scories pour en offrir le produit de la vente. Surya, le vieil hindou de la *tea-shop,* avait envoyé plusieurs paquets de sucreries. La mère de Sabia, l'enfant tuberculeux mort dans la pièce voisine, avait taillé et cousu une chemise pour son Grand Frère Paul. Même les lépreux avaient remis les aumônes récoltées pendant plusieurs journées de mendicité. Dans son épreuve, Paul Lambert n'avait pas pu être un pauvre tout à fait comme les autres.

36

On n'avait jamais vu pareil spectacle : des milliers
de rickshaws abandonnés à travers toute la ville. La
grève, la première grande grève des derniers
hommes-chevaux du monde, paralysait le moyen de
transport le plus populaire de Calcutta. « Mais la
grève est une arme pour les riches, reconnaîtra douloureusement Hasari Pal. Les plus belles résolutions
ne tiennent pas longtemps quand vous avez un
ventre tordu de crampes par la faim et la tête aussi
vide que la peau d'un cobra qui vient de muer. Ces
brutes de propriétaires le savaient bien. Ils savaient
que nous craquerions très vite. Dès le deuxième
jour, quelques camarades avaient repris leurs brancards. D'autres les imitèrent le lendemain. Et bientôt,
nous étions tous revenus sur la chaussée, appelant
les clients à coups de grelot, acceptant même des
courses au-dessous du tarif pour pouvoir acheter
tout de suite quelque chose à manger. Et nous
avons été forcés de payer les nouveaux loyers. Ce
fut très dur. Mais heureusement, dans cette ville
maudite il se produisait à tout instant un événement
qui vous empêchait de trop pleurer sur votre sort.

« Quand j'ai fait la connaissance de mon collègue
Atul Gupta, je me suis frotté plusieurs fois les yeux.
Et je me suis demandé si, au lieu d'attendre un

client au coin de Russel Street, je n'étais pas plutôt dans une salle de cinéma en train de regarder un film. Car Atul Gupta ressemblait au héros d'un film hindou. Il était beau gosse avec sa moustache noire bien lissée, ses cheveux soigneusement coiffés, ses joues bien remplies et son air conquérant. Il était vêtu d'une chemise de couleur et d'un pantalon de *sahib*. Encore plus incroyable, il portait des chaussettes et des chaussures. De vraies chaussures qui se fermaient sur le pied, pas des sandales de loqueteux en plastique. Plus surprenant encore, il portait une montre en or au poignet. Vous pouvez imaginer ça, vous, un tireur de rickshaw avec une montre en or à son poignet ?

« J'avais vu des films qui montraient des héros déguisés en *rickshaw-walla*, mais c'était du cinéma. Gupta, lui, était bien réel. Personne ne savait d'où il venait. Il est vrai qu'à Calcutta on vivait avec des gens dont on ne savait rien, alors que dans notre village, tout le monde se connaissait depuis des générations. Une seule chose était sûre concernant Gupta : il avait dû longtemps fréquenter l'école car il était plus savant que tous les brahmanes de Calcutta réunis. Personne ne récitait le Râmâyana comme lui. C'était un véritable acteur. Il s'asseyait n'importe où et commençait à dire des vers. Aussitôt, un petit groupe se formait autour de lui. En quelques secondes il nous faisait tout oublier, les coupures sous les pieds, les tiraillements d'estomac, la chaleur. Il nous envoûtait. Il avait une façon prodigieuse de personnifier tour à tour Râma, puis Sîtâ, puis l'affreux Râvana. On l'aurait écouté pendant des heures, des jours, des nuits. Il nous transportait par-dessus les montagnes, à travers les mers et les cieux. Ensuite, le rickshaw paraissait moins lourd au bout des bras. En quelques mois, ce Gupta était devenu le héros des tireurs de rickshaw de

Calcutta. Comment avait-il pu finir dans la peau d'un pauvre type comme nous ? Mystère. Certains prétendaient qu'il était un espion, d'autres un agitateur politique. Il habitait dans une pension de Free School Street fréquentée par des gens bizarres, des étrangers qui marchaient pieds nus et qui portaient des colliers et des bracelets autour des chevilles. On disait que ces gens se faisaient des piqûres de drogue et qu'ils fumaient, non pas des *bidi* mais le *bhang* qui procure le nirvâna. En tout cas, Gupta, lui, ne marchait pas pieds nus et je n'avais jamais vu une cigarette entre ses lèvres. Il travaillait dur comme nous tous. A l'aube, il était toujours le premier arrivé à la station de Park Circus. Et il trottinait encore tard après la tombée de la nuit. Il faut dire qu'il ne traînait pas des années de ventre vide derrière lui comme les autres tireurs. Il avait encore un bon moteur, lui. Comme pour la plupart d'entre nous, sa guimbarde n'avait pas de permis. A Calcutta, avec un bon bakchich, on aurait pu se procurer les clefs du paradis.

« Permis ou pas, Gupta devait se faire de bonnes journées car les femmes se disputaient pour monter dans son rickshaw. Sans doute avaient-elles l'impression d'être tirées par Manooj Kumar[1]. Pourtant, dans notre travail, il valait mieux passer pour le plus pauvre des pauvres types que ressembler à une vedette de cinéma. Car plus vous sortiez de l'ordinaire, plus les gens vous avaient à l'œil. »

Cette vérité, le bel Atul Gupta en fit l'expérience un jour qu'il reconduisait deux jeunes filles à leur domicile dans Harrington Street. Une benne à ordures était tombée en panne au milieu de la chaussée et toute la rue se trouvait bloquée. Gupta essaya de contourner l'encombrement en passant

1. Célèbre star du cinéma indien.

sur le trottoir mais un policier de la circulation s'interposa. Une violente altercation s'ensuivit et Gupta reçut plusieurs coups de matraque. Hors de lui, il posa ses brancards et se jeta sur le policier. Les deux hommes roulèrent à terre dans une furieuse empoignade. Finalement le policier courut réclamer du renfort à son commissariat et une patrouille entière revint à la charge pour capturer l'irascible tireur et confisquer son rickshaw.

Quand les policiers le relâchèrent le lendemain à midi, Atul Gupta n'était plus qu'un paquet de chair et de sang. Ils l'avaient battu toute la nuit à coups de *lathi* et lui avaient brûlé la poitrine avec des cigarettes. Ils l'avaient suspendu à un crochet par les bras, puis par les pieds, pendant des heures, en lui lacérant le corps à coups de bambou. Ce n'était pas seulement pour s'être battu avec l'un des leurs qu'ils le punissaient ainsi. C'était pour ses pantalons propres, sa chemise et ses chaussures de *sahib*, sa montre en or. Un esclave n'avait pas le droit de se différencier des autres bêtes de somme.

Non content de l'avoir rossé, le policier porta plainte contre Atul Gupta devant les juges de la Bonsal Court, le tribunal correctionnel de Calcutta. Le jour du procès, les tireurs de rickshaw firent une véritable escorte d'honneur à leur camarade. Comme il ne pouvait presque plus marcher, ils l'installèrent sur une carriole ornée de fleurs. « Il était comme un maharaja, ou comme une statue de Dourga, notre copain, se souviendra Hasari Pal, sauf qu'il avait des pansements aux bras et aux jambes et que sa figure avait l'air d'avoir été badigeonnée avec des litres de khôl tant elle était marquée d'ecchymoses. »

La Bonsal Court était un vieux bâtiment en brique de l'autre côté de Dalhousie Square au centre de la ville. Dans la cour, au pied d'un banyan, se trouvait un petit temple. Les tireurs firent descendre Gupta devant l'autel décoré des portraits de Shiva, de Kâlî, et du dieu-singe Hanuman, car il était très pieux et il voulait avoir un *darshan* avec les divinités avant de se présenter devant les juges. Hasari lui prit la main pour l'aider à faire sonner la cloche suspendue à la porte du sanctuaire. Gupta récita plusieurs *mantrâ* puis il plaça une guirlande de fleurs autour du trident de Shiva.

Sur le trottoir le long des grilles, une foule grouillante se pressait entre une double rangée de marchands de beignets et de jus de canne. L'air tiède propageait des relents de friture. Plus loin, à l'entrée de la cour, des gens faisaient la queue devant des écrivains publics accroupis derrière de vieilles machines à écrire hautes comme les gradins d'un stade. Dans la cour, des gens se faisaient ouvrir des noix de coco, d'autres buvaient du thé ou des bouteilles de soda. Il y avait même des mendiants jusque sur les marches des salles d'audience. Ce qui frappait surtout, c'était le va-et-vient constant. Des gens entraient, sortaient, discutaient. Des accusés passaient, enchaînés à des policiers. Des hommes de loi, en vestes noires très ajustées et pantalons rayés, parlaient entre eux ou avec les familles.

Gupta et ses camarades entrèrent dans un premier vestibule qui sentait le moisi. Sur des bancs, des femmes donnaient le sein à leur bébé. Des gens étaient en train de manger, d'autres dormaient à même le sol, enveloppés dans un morceau de toile de coton. Quelqu'un dit à Gupta qu'il devait aller chercher un avocat. Au bout d'un long couloir obscur, il y en avait une salle pleine. Ils étaient assis derrière de petites tables sous des ventilateurs qui faisaient voleter leurs papiers. Gupta choisit un monsieur d'un certain âge qui inspirait confiance. Il portait une chemise et une cravate sous sa veste noire aussi luisante que la surface d'une mare sous la lune. Le défenseur entraîna son client et son escorte vers un escalier qui empestait l'urine. Dans un coin de chaque palier, des juges dictaient leurs attendus à des greffiers qui les tapaient consciencieusement avec un doigt sur leur machine.

La petite troupe arriva enfin dans une grande salle. Une photographie jaunie de Gandhi décorait l'un des murs. Tout le fond de la pièce était tapissé de malles métalliques plus ou moins rouillées, fermées avec des ficelles et scellées par une ribambelle de cachets de cire rouge. Elles contenaient les pièces à conviction accumulées au cours d'années de procès : couteaux, pistolets, armes diverses et objets volés. Au milieu, des bancs étaient alignés devant une estrade. Sur cette estrade, il y avait deux tables et une cage reliée à un tunnel grillagé qui traversait toute la salle. « J'avais déjà vu un tunnel semblable une fois dans un cirque, racontera Hasari Pal. C'est par là que les tigres et les panthères étaient conduits sur la piste. » Ici, il servait à amener les malfaiteurs inculpés devant le juge. Atul Gupta n'avait pas à l'utiliser puisqu'il se présentait en prévenu libre devant le tribunal.

La salle fut bientôt pleine de tireurs de rickshaw qui attendaient l'arrivée de la Cour en buvant du thé et en fumant des *bidi*. Gupta était assis en face de l'estrade, sur un banc du premier rang, à côté de son avocat. Deux hommes mal rasés et en *dhoti* plutôt sales firent leur apparition. Ils s'avancèrent d'un air ennuyé, avec des dossiers bourrés de papiers sous le bras. C'étaient les greffiers. L'un d'eux tapa dans les mains pour demander que l'on mette en marche les deux ventilateurs du plafond. Les appareils étaient si vétustes que leurs pales mirent un temps fou à démarrer. On aurait dit deux vautours qui n'arrivaient pas à s'envoler après avoir dévoré une charogne. Une porte s'ouvrit au fond de la salle et le juge fit son entrée. Très maigre, l'air triste derrière ses lunettes rondes, il portait la toge noire bordée de fourrure des magistrats. Tout le monde se leva, même Gupta qui eut bien du mal à se mettre debout. Le juge s'assit dans le fauteuil le plus haut au centre de l'estrade, derrière une table où quantité de dossiers et de gros volumes du code pénal dissimulaient à moitié son visage. A peine venait-il d'ouvrir le dossier de l'affaire à juger qu'un pigeon se posa sur l'un des documents pour y faire ses besoins. Un greffier monta sur l'estrade essuyer la fiente avec le pan de son *dhoti*. Plusieurs familles de pigeons avaient fait leur nid sur les malles au fond de la salle.

A la suite du juge était entré un deuxième personnage en robe noire. Il louchait tellement qu'on ne savait pas s'il regardait à droite ou à gauche. C'était le P.P. — on prononçait « pipi » —, le *Public Prosecutor,* c'est-à-dire le procureur. Au pied de l'estrade à gauche, se tenaient un officier de police et un autre avocat représentant la partie civile. « C'était comme si l'on se préparait à jouer une scène du Râmâyana », dira Hasari. L'un des greffiers commença à lire l'acte accusant Atul Gupta d'avoir frappé le policier de Harrington Street. Le juge avait retiré ses lunettes, fermé les yeux et s'était enfoncé dans son fauteuil. On ne voyait plus que son crâne luisant. Quand le greffier eut terminé sa lecture, on entendit la voix du juge demander à l'avocat de la défense ce qu'il avait à dire. Hasari vit alors la main bandée d'Atul Gupta se poser sur l'épaule de son avocat pour l'empêcher de se lever. Le tireur de rickshaw voulait se défendre lui-même. Il raconta les sévices subis au commissariat avec tant de détails poignants que toute l'assistance en fut chavirée. De nombreux tireurs dans la salle étaient émus aux larmes. Les plus âgés pleuraient carrément. L'avocat de la police et le P.P. prirent à leur tour la parole. Mais tout ce qu'ils pouvaient dire ne changerait plus rien. Derrière ses livres et ses papiers, le juge lui-même avait les yeux brillants de larmes. Le bel Atul Gupta fut déclaré non coupable et acquitté. Le jugement ordonnait en outre que son rickshaw lui soit immédiatement restitué. L'audience n'avait pas duré dix minutes. « Le plus long a été nos applaudissements, racontera Hasari. Nous étions fiers et heureux pour notre copain. »

La nouvelle de l'acquittement de Gupta se répandit comme un feu de savane parmi tous les tireurs de la ville. Le Balafré et Golam Rassoul, le pilier du syndicat des rickshaws, suggérèrent d'organiser sur-le-champ une manifestation devant le Writers' Building, siège du gouvernement du Bengale, pour protester contre les abus et les violences de la police. Rassoul alerta les chefs du syndicat des *telagarhi-walla,* les tireurs de chars à bras. Ils sautèrent sur l'occasion. *Rickshaw-walla* et *telagarhi-walla* étaient les souffre-douleur des policiers de Calcutta. Le cortège démarra de Park Circus au début de l'après-midi. Les responsables des partis de gauche avaient fourni tant de banderoles, de bannières et de drapeaux rouges qu'on aurait dit un champ de coquelicots en mouvement. En tête, assis sur un rickshaw décoré de fleurs et d'oriflammes rouges, avançait le héros du jour, tiré par des collègues qui se relayaient tous les cinq cents mètres entre les brancards. C'était la carriole numéro 1999 qui avait l'honneur de le transporter, le rickshaw entre les brancards duquel son ami et admirateur Hasari Pal avait sué, souffert et espéré depuis quatre ans. Tout le long du parcours, des centaines de tireurs de chars à bras se joignirent au cortège. La circulation fut immobilisée et la paralysie générale s'étendit bientôt jusqu'aux faubourgs. Les habitants regardaient passer les manifestants sans étonnement cette fois. Jamais un cortège n'avait défilé avec autant de drapeaux et de banderoles. Les communistes avaient envoyé en renfort des équipes avec des haut-parleurs. Les responsables du syndicat criaient des slogans que les tireurs scandaient à pleins poumons. Il fallut plus de deux heures pour atteindre Dalhousie Square. La police avait bloqué les accès du bâtiment du gouvernement avec un mur de cars et de camions, et des centaines d'hommes en uniforme kaki armés de fusils. La longue façade de brique rouge hérissée de statues était protégée par un cordon de policiers en armes. La colonne dut stopper au barrage. Un officier de police à casquette s'avança vers les manifestants et demanda s'ils désiraient communiquer un message au secrétariat du Chief Minister. Atul Gupta répondit qu'il exigeait d'être reçu, avec les autres leaders syndicalistes, par le Chief Minister en personne. L'officier dit qu'il allait transmettre la requête. Les militants profitèrent de cette attente pour vociférer des discours enflammés contre la police, et crier des slogans révolutionnaires.

L'officier revint au bout d'un moment annoncer que le Chief Minister acceptait de recevoir une délégation de quatre tireurs de rickshaw. Golam Rassoul, Atul Gupta et deux autres membres du syndicat furent autorisés à franchir le barrage. Lorsqu'ils réapparurent une demi-heure plus tard, ils arboraient un air satisfait, en particulier Gupta. Il déclara dans un haut-parleur que le Chief Minister et le chef de la Police avaient donné l'assurance que les brutalités policières ne se reproduiraient plus. Un tonnerre d'applaudissements et de hourras salua cette information. Gupta ajouta qu'il avait personnellement reçu la promesse solennelle que les policiers qui l'avaient maltraité seraient punis. Il y eut une nouvelle salve d'acclamations. Gupta, Rassoul et les deux autres délégués furent alors enguirlandés de fleurs. « Nous sentions tous que quelque chose d'important pour nous venait de se produire, dira Hasari. Nous pouvions nous séparer heureux et tranquilles. Demain, commenceraient des jours meilleurs. »

Le cortège se dispersa sans incidents. *Rickshaw-walla* et *telagarhi-walla* rentrèrent chez eux. Gupta remonta dans le rickshaw d'Hasari. Avec quelques camarades, ils allèrent dans un bistrot de la rue Ganguli arroser leur victoire de quelques bouteilles de *bangla*. Ce fut à l'instant où ils sortaient de l'estaminet qu'Hasari entendit un bruit mat, comme si un pneu de bicyclette avait éclaté. Gupta poussa un cri et sa tête s'affaissa sur sa poitrine. Puis il s'effondra contre les brancards. Hasari vit qu'il avait un trou dans la tête, juste au-dessus de l'oreille. Du sang en coulait. Gupta essaya de dire quelque chose. Ses yeux sont alors devenus tout blancs.

« Nos ennemis s'étaient vengés. Ils nous avaient pris notre héros. »

37

La petite colonie était installée tout au fond du *slum,* en bordure des voies ferrées. De l'extérieur, rien ne la différenciait des autres quartiers du bidonville. On y trouvait les mêmes constructions en carré autour d'une cour, avec du linge séchant sur les toits et les mêmes égouts à ciel ouvert. C'était pourtant un ghetto d'une espèce singulière. Aucun autre habitant du *slum* n'y pénétrait jamais. C'était là que vivaient, entassés à dix ou douze par chambre, les six cents lépreux de la Cité de la joie.

L'Inde compte environ cinq millions de lépreux. L'horreur et la crainte qu'inspirent certains visages défigurés, des mains et des pieds réduits à l'état de moignons, des plaies parfois infestées de vermine, condamnaient ceux d'Anand Nagar à une ségrégation totale. S'ils étaient libres de sortir et de circuler à leur guise, un code tacite leur interdisait de pénétrer dans les maisons ou les courées des bien portants. En se faisant conduire à la chambre de Paul Lambert, le cul-de-jatte Anouar avait transgressé la règle, et cette infraction aurait pu lui coûter la vie. Il y avait déjà eu plusieurs lynchages. Par crainte du mauvais œil plus que par peur de la contagion. Tout en faisant l'aumône aux lépreux pour améliorer leur karma, les Indiens considèrent la lèpre comme une malédiction des dieux. Au cœur du quartier, une baraque de bambou et de boue séchée abritait quelques paillasses. Dans ce taudis gisaient plusieurs rescapés des trottoirs de Calcutta arrivés au bout de leur calvaire. L'un d'eux était justement Anouar.

« Cet homme lui aussi avait un sourire difficile à comprendre quand on savait ses souffrances, dira Paul Lambert. Jamais il n'exprimait la moindre plainte. Quand je le rencontrais au hasard d'une ruelle, il me saluait toujours de la même voix joyeuse : "Alors, Grand Frère Paul, tu vas bien aujourd'hui ?"

« Venant de cette épave rampant au ras de la boue, la question me paraissait si incongrue que j'hésitais à répondre. J'avais pris l'habitude de me baisser jusqu'à lui et de serrer dans mes mains le moignon de son bras droit. La première fois, ce geste l'avait tellement surpris qu'il regarda les gens autour de lui avec une expression de triomphe. Comme s'il voulait leur dire : "Vous voyez, je suis un homme comme vous. Le Grand Frère me serre la main." »

Paul Lambert savait qu'Anouar, parvenu à un stade avancé de sa maladie, endurait un véritable supplice. Il n'y avait plus rien à faire pour lui car tous les nerfs étaient atteints. Quand ses douleurs devenaient trop intolérables, il se faisait porter jusqu'au 19 Fakir Bhagan Lane où le prêtre lui faisait une piqûre de morphine. Il avait pu se procurer quelques ampoules de ce puissant analgésique qu'il réservait aux cas désespérés. Au lendemain d'une de ces injections, Lambert rencontra Anouar qui se promenait sur sa planche à roulettes. Contrairement à son habitude, il avait l'air soucieux.

— Ça ne va pas, Anouar ? se préoccupa le Français.

— Oh si, Grand Frère Paul, moi je vais très bien. Mais c'est mon voisin Saïd qui ne va pas. Il faudrait que tu viennes le voir. Il a si mal qu'il ne peut plus ni manger ni dormir.

Cet infirme rampant au milieu de la fange ne demandait rien pour lui. Il s'inquiétait pour son voisin. Il incarnait le proverbe indien : « Qu'importe le malheur si nous sommes malheureux ensemble. » Paul Lambert lui promit de venir dans l'après-midi.

Un voyage en épouvante ! Ce n'était pas une léproserie que découvrit le prêtre, mais un musée des horreurs. De véritables squelettes aux chairs décomposées et purulentes gisaient par terre ou sur des grabats immondes dans un environnement d'une effarante abjection. Encore l'insoutenable spectacle était-il peu de chose à côté de l'odeur. « Je n'avais jamais rien senti de semblable. Un mélange de pourriture, d'alcool et d'encens. Il fallait avoir l'Espérance ancrée au fond du cœur pour résister. » Accroupis au milieu des détritus et des déjections, des enfants jouaient aux billes avec de grands éclats de voix rieurs. Lambert n'eut aucun mal à identifier Saïd, l'ami d'Anouar. C'était un homme de quarante ans à peine. Il n'avait plus ni mains ni pieds. La lèpre avait aussi rongé son nez et mangé ses yeux. Anouar fit les présentations. Saïd tourna vers le prêtre son visage aveugle. Lambert crut y voir un sourire.

— Grand Frère Paul, il ne fallait pas te déranger pour moi. Je vais très bien, je t'assure.

— Ce n'est pas vrai, rectifia Anouar en secouant sa crinière, tu souffres beaucoup.

Lambert lui prit le bras pour examiner son moignon. La plaie était visqueuse et verdâtre. Des asticots grouillaient autour de l'os à vif. L'état de Saïd avait lui aussi atteint un stade au-delà de toute thérapeutique. Lambert nettoya les chairs du mieux qu'il put et avec la plus grande délicatesse. Il fit un bandage protecteur et chercha une veine sous la peau dure et craquelée du malheureux pour lui faire une piqûre de morphine. Il ne pouvait rien de plus.

A côté, une femme était étendue sur un *charpoï*

bancal, un bébé couché près d'elle. L'enfant était un beau garçon qui agitait déjà ses mains potelées. Une allergie aux médicaments avait couvert le visage de la mère de pustules et de boursouflures. Ces réactions étaient fréquentes et si traumatisantes que de nombreux lépreux refusaient d'absorber le moindre remède. Le corps de la pauvre femme était dissimulé par une toile qui lui montait jusqu'au menton. Lambert se pencha et prit l'enfant dans ses bras. Il fut étonné de la vigueur avec laquelle la petite main lui attrapa le pouce. « Il sera costaud », promit-il à la mère, oubliant qu'en Inde on ne doit pas faire de compliments sur un bébé, de crainte de lui porter malheur. La lépreuse détourna son regard. Lambert pensa qu'il l'avait blessée. Il se rapprocha d'elle et lui présenta son bébé. « Reprenez-le. Il est à vous et ne doit pas vous quitter. »

Il s'écoula une minute interminable. La mère ne faisait aucun geste pour saisir son fils. Elle pleurait. Elle repoussa enfin le drap et leva les bras. Elle n'avait plus de doigts. Lambert déposa doucement l'enfant contre son flanc. Puis, joignant les mains à la manière indienne, il la salua et sortit sans un mot, bouleversé.

Dehors l'attendait une foule d'éclopés, d'aveugles, de manchots, d'unijambistes. Ils étaient tous accourus pour avoir un *darshan* avec ce Grand Frère qui osait pénétrer dans leur tanière. « Ils souriaient, dira Paul Lambert, et leurs sourires n'étaient ni forcés ni implorants. Ils avaient des sourires d'homme, des regards d'homme, une dignité d'homme. Certains frappèrent dans leurs mains atrophiées pour m'applaudir. D'autres se bousculaient, se disputaient pour m'approcher, m'escorter, me toucher. »

Anouar entraîna le visiteur vers une courée où quatre lépreux jouaient aux cartes, accroupis sur une natte. Son arrivée interrompit la partie mais il les pria de poursuivre leur jeu. Ce fut l'occasion pour lui d'assister à un numéro de jonglerie digne des cirques les plus renommés. Les cartes volaient entre les paumes avant de retomber sur le sol dans un ballet de figures ponctué d'exclamations et de rires. Dans une courée voisine, des mendiants musiciens lui donnèrent une aubade de flûte et de tambourins. A mesure qu'il traversait le quartier, les gens sortaient de leurs masures. Sa visite tournait à la kermesse. « Devant la porte d'un taudis, un grand-père presque aveugle poussa vers moi l'enfant de trois ans qu'il venait d'adopter. Le vieil homme mendiait devant la gare de Howrah quand, un matin, ce gosse rachitique s'était réfugié auprès de lui comme un chien perdu sans collier. Lui qui ne mangeait pas tous les jours, lui qui ne guérirait jamais, il l'avait pris en charge. » Un peu plus loin, il fut ébloui par le spectacle d'une fillette qui massait de ses doigts encore intacts le corps potelé de son petit frère allongé sur ses cuisses. Anouar le précédait, se propulsant sur sa planche à roulettes avec une ardeur redoublée tant il était fier de guider son Grand Frère Paul.

— Viens t'asseoir ici, lui dit-il en lui montrant une natte faite de sacs de jute cousus ensemble et qu'une femme venait de dérouler dans l'une des cours.

Plusieurs lépreux se précipitèrent pour s'installer à côté de lui. C'est alors que Lambert comprit qu'on l'invitait à déjeuner.

« Je croyais avoir tout accepté de la misère et voilà que je ressentais une répulsion incoercible à l'idée de m'asseoir à la table de mes frères les plus meurtris, avouera-t-il. Quel échec ! Quel manque d'amour ! Quel chemin encore à parcourir ! » Il cacha son malaise du mieux qu'il put et, très vite, la chaleur de l'hospitalité acheva de le dissiper. Des femmes apportèrent des assiettes en aluminium pleines de riz fumant et de curries de légumes, et le repas commença. Lambert essayait d'oublier les mains sans

doigts bataillant avec les boulettes de riz ou les morceaux de courge. Ses hôtes semblaient confondus de
bonheur, éperdus de reconnaissance. Jamais aucun
étranger n'était venu partager leur nourriture. « En
dépit de mes haut-le-cœur, je voulais leur témoigner
mon amitié, leur montrer que je n'avais pas peur
d'eux. Et si je n'avais pas peur d'eux, c'était parce que
je les aimais. Et si je les aimais, c'était parce que le
Dieu avec lequel je vivais, et pour lequel je vivais, les
aimait aussi. Ces lépreux avaient besoin de plus
d'amour que les autres. Ils étaient des parias parmi les
parias. »

Sa générosité de cœur n'empêchait cependant pas
Lambert de s'indigner que des hommes aient pu se
laisser réduire à un tel état de déchéance physique. La
lèpre, il le savait bien, n'est pas une maladie fatale. A
condition d'être soignée à temps, elle est même facilement guérissable et ne laisse aucune séquelle. C'est ce
jour-là, devant l'atroce spectacle de tant de mutilations, qu'il prit sa décision. Il installerait une léproserie
dans la Cité de la joie. Une vraie léproserie, avec des
spécialistes capables de guérir.

Le lendemain, Paul Lambert montait dans l'autobus qui franchissait l'Hooghly. Il allait dans le sud de
Calcutta exposer son projet au seul être dans cette
ville qui puisse l'aider à le réaliser.

38

Semblable à une fleur cherchant le soleil, la coupole en forme de toit de chaume du temple de Kâlî émerge au-dessus de l'imbroglio des ruelles, des maisons bourgeoises, des taudis, des boutiques et des gîtes de pèlerins. Ce haut lieu de l'hindouisme militant, construit près d'un ancien bras du Gange au bord duquel on brûle les morts, est le sanctuaire le plus fréquenté de Calcutta. Jour et nuit, une foule de fidèles grouille à l'intérieur et autour de ses murs gris. Familles de riches, les bras chargés d'offrandes de fruits et de victuailles enveloppés de papier doré ; pénitents vêtus de coton blanc conduisant des chèvres au sacrifice ; yogis en robe safran aux cheveux relevés et noués sur le haut de la tête, le signe de leur secte peint en vermillon sur le front ; troubadours chantant des cantiques plaintifs comme des soupirs ; musiciens, mendiants, marchands, touristes, la multitude disparate se mélange dans une ambiance de kermesse.

C'est aussi l'un des endroits les plus congestionnés de cette ville surpeuplée. Des centaines de boutiques entourent le temple d'une ceinture d'étalages multicolores. On y vend de tout : des fruits, des fleurs, des poudres, des bijoux de pacotille, des parfums, des objets de piété, des ustensiles en cuivre doré, des jouets et même du poisson frais et des oiseaux en cage. Au-dessus de cette fourmilière planent la brume bleutée des bûchers et leurs odeurs d'encens et de chair brûlée mêlées. De nombreux cortèges funéraires se fraient un chemin au milieu du flot des fidèles, des vaches, des chiens, des enfants qui jouent dans la rue. Au temple de Kâlî, la vie la plus trépidante côtoie la mort.

En contrebas de l'édifice s'élève une longue construction basse aux fenêtres obstruées de dentelles de plâtre. La porte dans l'imposant porche sculpté est toujours ouverte. N'importe qui peut entrer à toute heure. Un panneau de bois annonce en anglais et en bengali : « MUNICIPALITÉ DE CALCUTTA — *NIRMAL HRIDAY* — "LA MAISON DU CŒUR PUR" — HOSPICE POUR LES AGONISANTS ABANDONNÉS. »

C'était là. Paul Lambert gravit les quelques marches et pénétra à l'intérieur du bâtiment. Une odeur indéfinissable que les désinfectants ne pouvaient plus vaincre régnait dans la pénombre d'une grande salle tout en longueur, avec une large banquette en ciment de chaque côté. Il discerna trois rangées de lits de camp presque accolés les uns aux autres et recouverts de minces matelas verts. Chacun était identifié par un numéro. Des silhouettes se déplaçaient en silence entre les rangs. Sur les lits, des hommes décharnés étaient allongés dans toutes les attitudes de l'agonie. Dans une deuxième salle, des rangées de lits semblables accueillaient les femmes. Ce qui frappa immédiatement Lambert, c'était la sérénité du lieu. L'horreur en était absente. Les malheureux rassemblés ici n'étaient plus tourmentés par l'angoisse, la solitude, la déchéance, l'abandon. Ils avaient trouvé la tendresse et la paix.

Cette paix, les cent dix pensionnaires de la Maison du cœur pur la devaient à l'infatigable petite femme en sari de coton blanc bordé d'un liséré bleu que Paul Lambert aperçut au bout de la salle, penchée sur un homme qui agonisait. L'Inde et le monde entier commençaient à connaître le nom de cette sainte qui révolutionnait depuis quelques années la pratique de la charité. Les journaux et les magazines avaient popularisé cette religieuse qui ramassait dans les rues de Calcutta les enfants abandonnés et les mourants sans famille. Son œuvre dépassait les frontières de l'Inde. Des États l'honoraient de leurs plus hautes distinctions. Elle s'appelait Mère Teresa. Elle avait cinquante-quatre ans quand Paul Lambert fit sa connaissance. Malgré sa robustesse, elle paraissait plus âgée. Son visage était déjà creusé de rides profondes et sa silhouette accusait les années de privations et de nuits sans sommeil.

Agnès Bojaxhiu était née à Skopje, en Yougoslavie, de parents albanais. Son père était un entrepreneur prospère. Très jeune, elle fut attirée par la vie des missionnaires en Inde. A dix-huit ans, prenant le nom de Teresa en souvenir de la petite fleur de Lisieux, elle était entrée dans l'ordre de Loreto et, le 20 janvier 1931, elle débarquait d'un vapeur sur un quai de Calcutta, alors la plus grande métropole de l'Empire après Londres. Pendant seize ans, elle enseigna la géographie aux filles des bourgeois bengalis dans l'un des couvents les plus prestigieux de Calcutta. Mais un jour de l'année 1946, au cours d'un voyage en chemin de fer vers la ville de Darjeeling sur les pentes de l'Himalaya, elle entendit un appel. Dieu lui demandait de quitter le confort de son couvent pour aller vivre parmi les plus pauvres des pauvres. Ayant obtenu la permission du pape, elle avait revêtu un humble sari de coton blanc pour fonder un nouvel ordre religieux dont la vocation serait de soulager les misères des plus abandonnés parmi les hommes. Un jour de 1950, était ainsi né l'ordre des Missionnaires de la Charité, une congrégation qui, trente-cinq ans plus tard, comptera deux cent quatre-vingt-cinq maisons et plusieurs centaines d'institutions charitables à travers l'Inde et tous les continents, y compris au-delà du rideau de fer. Le mouroir du Cœur pur où venait d'entrer Lambert était né d'une expérience particulièrement saisissante vécue un soir par Mère Teresa.

Juin 1952. Les cataractes de la mousson s'abattent sur Calcutta dans un bruit de fin du monde. Une forme blanche recroquevillée sous le déluge longe les murs du *Medical College Hospital* quand elle trébuche sur un corps. Elle s'arrête. C'est une vieille femme gisant sur le trottoir inondé. Elle respire à peine. Ses doigts de pieds ont été grignotés jusqu'à l'os par des rats. Mère Teresa la soulève dans ses bras et se hâte vers la porte de l'hôpital. Elle cherche l'entrée des urgences, pénètre dans un vestibule et dépose la moribonde sur une civière. Aussitôt le gardien intervient : « Remportez cette personne immédiatement ! Nous ne pouvons rien pour elle. »

Mère Teresa reprend la pauvre femme dans ses bras. Elle connaît un autre hôpital, pas très loin. Elle s'y dirige aussi vite qu'elle le peut tout en réconfortant sa protégée. Mais soudain elle perçoit un râle. Le corps s'est raidi entre ses bras. Elle comprend qu'il est trop tard. Elle pose son fardeau, ferme les yeux de la pauvresse, fait le signe de la croix et prie près d'elle un instant. « Ici, les chiens sont mieux traités que les humains », constate-t-elle avec douleur en s'éloignant.

Le lendemain, elle court à la mairie, fait le siège des bureaux. L'obstination de cette religieuse européenne en sari de coton blanc étonne. Un des adjoints du maire la reçoit. « C'est une honte que des habitants de cette ville soient contraints de mourir sur le trottoir, lui déclare-t-elle. Trouvez-moi un refuge où je pourrai aider les mourants à paraître devant Dieu dans la dignité et l'amour. »

Quelques jours plus tard, la municipalité met à sa disposition cet ancien foyer de pèlerins hindous contigu au grand temple de Kâlî. Mère Teresa exulte. Elle y voit le doigt de Dieu L'endroit est idéalement situé : c'est aux abords de ce saint lieu que la plupart des indigents se rassemblent pour mourir, avec l'espoir d'être incinérés sur les bûchers du temple. L'intrusion des religieuses en sari blanc orné d'un crucifix dans ce quartier tout entier consacré au culte de Kâlî provoque d'abord la curiosité. Mais bientôt des hindous orthodoxes s'indignent. Le bruit court que Mère Teresa et ses sœurs sont là pour convertir les agonisants au christianisme. Des incidents éclatent. Un jour, une pluie de pierres et de briques s'abat sur l'ambulance qui apporte des moribonds ramassés dans la rue. Des sœurs sont insultées, menacées. Mère Teresa finit par se jeter à genoux devant les manifestants. « Tuez-moi ! leur crie-t-elle en levant les bras en croix. Comme ça, j'irai plus vite au ciel ! »

Impressionnée, la populace se retire. Mais l'agitation continue. Des délégations du quartier se rendent à la mairie et au quartier général de la police pour réclamer l'expulsion de « la religieuse étrangère ». Le chef de la police promet de donner satisfaction mais, avant, il veut aller sur place enquêter lui-même. Il se rend au mouroir et trouve Mère Teresa au chevet d'un pauvre homme que l'on vient de ramasser. Il est prostré, dans un état de saleté indescriptible, squelettique, les jambes gonflées d'ulcères purulents. « Mon Dieu, comment fait-elle pour supporter cela ? » se demande le policier. Mère Teresa nettoie une à une les horribles plaies, applique des pansements antibiotiques, parle avec tendresse au malheureux et lui promet qu'il va aller mieux, qu'il n'a plus rien à craindre, qu'il est aimé. Une étrange sérénité baigne son visage. Le chef de la police est bouleversé.

— Voulez-vous que je vous montre notre établissement ? lui propose-t-elle alors.

— Non, *Mother*, s'excuse-t-il, ce n'est pas la peine.

Quand il sort, de jeunes fanatiques du quartier l'attendent sur le perron. « Je vous ai promis d'expulser cette étrangère, leur dit-il, et je tiendrai ma promesse. Mais pas avant que vous ayez obtenu de vos mères et de vos sœurs qu'elles viennent ici faire le travail de cette femme.

La partie n'est pas gagnée pour autant. Les jours suivants des excités continuent de jeter des pierres. Un matin, Mère Teresa aperçoit un attroupement devant le temple de Kâlî. Elle s'approche. Un homme est étendu sur le sol, les yeux révulsés, le visage exsangue. Il porte la triple cordelette des brahmanes. C'est un prêtre du temple. Personne n'ose le toucher : il est atteint du choléra. Elle se baisse, prend le brahmane à bras-le-corps et le porte au mouroir. Jour et nuit elle le soigne. Il est sauvé. Un jour il s'écriera : « Pendant trente ans, j'ai vénéré une Kâlî de pierre. C'est une Kâlî en chair et en os que je vénère aujourd'hui. » Aucun projectile ne sera jamais plus lancé contre les petites sœurs en sari blanc. La nouvelle de cet exploit fait le tour de la ville. Ambulances et fourgons de police apportent chaque jour à Mère Teresa et à ses sœurs leur ration de détresse. « *Nirmal Hriday* est le joyau de Calcutta », dira un jour la religieuse. Ce joyau, la ville elle-même le prend sous sa protection. Le maire, des journalistes, des notables viennent le visiter. Des femmes de la haute société se portent volontaires pour soigner les mourants aux côtés des sœurs. L'une d'elles deviendra l'une des grandes amies de Mère Teresa. Amrita Roy, trente-cinq ans, est belle, riche et puissante. Son oncle, le Dr B.C. Roy, un homme de cœur, n'est autre que le Chief Minister du Bengale. Une parenté qui aplanira bien des obstacles dans une ville où tout est problème, le climat, la pollution, la surpopulation et, surtout, la bureaucratie. Comme Paul Lambert, Mère Teresa doit parfois passer des journées entières dans les entrepôts de la douane pour arracher à des fonctionnaires tatillons la caisse de médicaments ou les boîtes de lait en poudre envoyées par des amis étrangers.

L'accueil des mourants abandonnés n'est pour la religieuse qu'une première étape. Il y a aussi les vivants. Et parmi les plus faibles et les plus démunis des vivants, les nouveau-nés que l'on retrouve un matin sur un tas de détritus, dans un caniveau, à la porte d'une église. Le « doigt de Dieu » conduit un jour Mère Teresa jusqu'au portail d'une vaste maison inoccupée sur un boulevard tout proche de l'endroit où est installée sa congrégation. Le 15 février 1953, *Shishu Bhavan*, « La maison des enfants », accueille son premier pensionnaire, un prématuré ramassé sur un trottoir enveloppé dans un morceau de journal. Il pèse moins de trois livres. Il n'a même pas la force de téter le biberon que lui présente Mère Teresa. Il faut le nourrir par une sonde nasale. La religieuse s'acharne. Et remporte sa première victoire dans ce nouveau havre d'amour et de miséricorde. Bientôt plusieurs dizaines de bébés s'entassent dans les berceaux et les parcs. Il en arrive cinq ou six tous les jours. Ses sœurs, ses amis, son confesseur s'inquiètent. Comment va-t-elle assurer la subsistance de tant de monde ? Avec les indigents du mouroir, cela fait plusieurs centaines de bouches à nourrir. A cette question, elle répond avec son lumineux sourire : « Le Seigneur y pourvoira ! »

Et le Seigneur y pourvoit. Des dons affluent. Des riches envoient leur chauffeur avec leur voiture pleine de riz, de légumes, de poisson. Un soir, Mère Teresa rencontre le propriétaire de la maison qui l'avait hébergée au tout début :

— C'est magnifique, lui annonce-t-elle jubilante, je viens d'obtenir du gouvernement une subvention mensuelle de trente-trois roupies pour cent de nos enfants.

— Du gouvernement ? Eh bien, je vous plains, *Mother*. Vous ne savez pas dans quel engrenage vous avez mis le doigt. Vous allez être obligée de constituer un comité de gestion, d'organiser deux réunions par mois, de tenir des livres de comptes compliqués, et Dieu sait quoi encore.

En effet, six mois ne se sont pas écoulés qu'une réunion se tient au palais du gouvernement. Une douzaine de bureaucrates en *dhoti* examinent les registres de la religieuse. Ils questionnent, ergotent, critiquent. Excédée, Mère Teresa se lève : « Vous prétendez exiger que je dépense trente-trois roupies pour les enfants que vous subventionnez, s'indigne-t-elle, alors que je n'en dépense que dix-sept pour nos autres enfants qui sont les plus nombreux. Comment pourrais-je dépenser trente-trois roupies pour les uns et dix-sept pour les autres ? Qui pourrait faire une chose pareille ? Messieurs, je vous remercie. Je me passerai de votre argent. » Et elle quitte la pièce.

Dans cette ville accablée par la surpopulation, elle déclare la guerre à l'avortement. Elle fait dessiner et placarder par ses sœurs des affiches annonçant qu'elle accueillera tous les enfants qu'on lui enverra. Sous le couvert de la nuit, des jeunes filles enceintes viennent demander une place pour leur futur bébé.

L'ange de miséricorde vole perpétuellement au secours d'autres catégories de déshérités. Après les moribonds et les enfants abandonnés, vient le tour des plus misérables des hommes, les lépreux. A Titagarh, un bidonville de la banlieue industrielle de Calcutta, elle édifie une bâtisse de briques crues et de tôle ondulée sur un terrain prêté par les Chemins de fer. Elle y héberge les malades les plus atteints, leur apportant chaque jour des pansements, des médicaments, des paroles de réconfort. Des dizaines, bientôt des centaines d'éclopés se pressent à la porte de cette oasis d'amour. Titagarh n'est qu'un début. Elle lance maintenant à travers la ville des équipes de sœurs indiennes avec mission d'ouvrir sept autres dispensaires. L'une d'elles s'installe dans le *slum* où elle avait soigné ses premiers pauvres. Les lépreux affluent. Un employé de la mairie qui habite à proximité s'insurge contre ce voisinage déplaisant. Il menace d'alerter les autorités. Mère Teresa doit céder. Mais elle met l'incident à profit. « Ce qu'il nous faut, ce sont des dispensaires mobiles », annonce-t-elle à ses sœurs. Plusieurs fourgonnettes blanches à l'emblème des Missionnaires de la Charité quadrilleront un jour l'immense cité pour aller donner des soins jusque dans les quartiers les plus délaissés.

Paul Lambert souhaitait attirer un de ces véhicules à la Cité de la joie. Mieux, il rêvait que deux ou trois sœurs viennent faire fonctionner la petite léproserie qu'il projetait d'installer dans l'ancienne école coranique du *slum*, près de l'étable à buffles. C'est pour cela qu'il était venu voir Mère Teresa.

Il s'avança dans la travée entre les lits et la trouva en train de laver les plaies d'un homme encore jeune, si maigre qu'il ressemblait à l'un de ces morts-vivants découverts par les Alliés dans les camps nazis. Toute sa chair avait fondu. Seule subsistait la peau tendue sur les os. La religieuse lui parlait doucement en bengali. « Je n'oublierai jamais le regard de cet homme, dira Lambert. Sa souffrance se changeait en surprise, puis en paix, la paix d'un être aimé. » Sentant une présence derrière elle, Mère Teresa se retourna. Elle vit la croix de métal du prêtre.

— Oh, *Father*, s'excusa-t-elle humblement, que puis-je faire pour vous ?

Paul Lambert se sentit terriblement gêné. Il venait d'interrompre un dialogue dont il percevait ce qu'il avait d'unique. Les yeux exorbités du mourant semblaient supplier Mère Teresa de se pencher à nouveau sur lui. C'était pathétique. Le prêtre se présenta.

— Je crois que j'ai entendu parler de vous ! dit la religieuse avec chaleur.

— *Mother*, je suis venu solliciter votre aide.

— Mon aide ? — Elle leva la main vers le plafond. — C'est l'aide de Dieu qu'il faut demander. Moi, je ne suis rien du tout.

Un jeune bénévole Européen passait dans l'allée en tenant une cuvette. Mère Teresa l'appela. Elle lui montra le mourant : « Aime-le, ordonna-t-elle. Aime-le de toutes tes forces. » Elle remit au jeune homme ses pinces et ses linges, et s'éloigna, guidant Paul Lambert vers un espace vide entre la salle des hommes et celle des femmes. Il y avait une table et un banc. Au mur se trouvait un texte dans un cadre. C'était un poème hindou. Lambert le lut à haute voix :

> *Si tu as deux morceaux de pain,*
> *Donnes-en un aux pauvres,*
> *Vends l'autre,*
> *Et achète des jacinthes*
> *pour nourrir ton âme.*

Puis il exposa son projet de léproserie pour la Cité de la joie.

— *Very good, Father, very good...* dit Mère Teresa avec son pittoresque accent, mélange de slave et de bengali. *You are doing God's work.* Vous faites un travail voulu par Dieu. C'est entendu, je vous enverrai trois sœurs habituées à soigner les lépreux.

Promenant son regard sur la salle pleine de corps allongés, elle ajouta :

« Ils nous donnent tellement plus que nous ne leur donnons. »

Une jeune sœur s'était approchée et lui parlait à voix basse. Sa présence était nécessaire ailleurs.

« *Good-bye, Father,* dit-elle. Venez donc nous dire la messe un de ces prochains matins. »

Paul Lambert était bouleversé. « Bénie sois-tu, Calcutta, car dans ton malheur tu as enfanté des saints. »

39

La situation ne cessait d'empirer. D'inextricables embouteillages paralysaient de plus en plus souvent les voies de circulation. A certaines heures, avancer d'un pas relevait de l'exploit. Les rues du centre étaient fréquemment engluées dans un fouillis de tramways privés d'électricité, de camions en panne, leurs radiateurs fumant comme des geysers, d'auto-bus à impériale immobilisés par une rupture d'essieu et même couchés sur le flanc. Ailleurs, des hordes de taxis jaunes aux carrosseries en lambeaux fonçaient en hoquetant dans un vacarme d'avertis-seurs. Des chars à buffles, des charrois écrasés sous d'énormes charges, tirés à bras d'hommes, des nuées de coolies portant sur la tête des montagnes de marchandises se faufilaient tant bien que mal au milieu de ce chaos. Partout, c'était la fourmilière des piétons qui disputaient aux rickshaws leur part de chaussée, souvent défoncée à cause de la rupture d'une canalisation d'eau ou d'un égout. Tout sem-blait craquer et s'effondrer chaque jour un peu plus.

« Il y avait aussi les clients qui vous piquaient la pointe d'un couteau sur le ventre et exigeaient la recette de la journée, racontera Hasari Pal, les ivro-gnes qui vous payaient à coups de poing, les *goon-das* et les prostituées qui disparaissaient sans régler la course, les élégantes *memsahib* qui vous escroquaient quelques *paisa*, les simples péquenots qui contestaient à l'arrivée le prix convenu au départ. » Un jour, Hasari pria le *munshi* d'ajouter à son mandat un court message pour son père dans la case réservée à la correspondance : « Nous allons bien. Je gagne ma vie comme tireur de rickshaw. » Gonflé de fierté d'avoir pu accomplir ce geste envers ceux qui attendaient tout de lui, il se dépêcha de regagner le trottoir où il campait avec sa femme et leurs trois enfants. Il avait ce jour-là une grande nouvelle à leur annoncer.

— Ma femme ! cria-t-il dès qu'il aperçut Aloka accroupie en train de récurer la gamelle de la voisine, j'ai trouvé un logement dans un *slum* !

Un *slum* ! Pour des paysans habitués à leur bain quotidien dans l'étang, à la propreté des huttes, à la nourriture saine de la campagne, la perspective de vivre dans un bidonville sans eau, sans égout, quelquefois sans latrines, n'offrait rien de réjouissant. Mais tout valait mieux qu'un trottoir. Là au moins, quelques morceaux de toile et de tôles posés sur des cagettes leur fourniraient un semblant de logement, un abri précaire pour affronter le froid du prochain hiver et, dans quelques mois, les débordements de la mousson.

Le bidonville où Hasari avait déniché trois mètres carrés d'espace était situé en pleine ville sur le prolongement de la grande avenue Chowringhee qui longeait le parc Maidan. Sa fondation remontait à l'époque de la guerre avec la Chine, quand des milliers de réfugiés venant du Nord avaient déferlé sur Calcutta. Des familles s'étaient un jour arrêtées sur ce terre-plein entre deux rues, avaient posé leurs misérables balluchons, planté quelques piquets et tendu des morceaux de linge pour se protéger du soleil. D'autres familles s'étaient agglutinées à ce

312

premier noyau, et c'est ainsi que le petit campement était devenu un bidonville, au beau milieu d'un quartier d'habitations. Personne ne s'y était opposé. Ni la municipalité, ni la police, ni les propriétaires du terrain. Toute la ville était déjà grêlée de semblables taches de misère, où plusieurs centaines de déracinés vivaient parfois sans même un point d'eau potable. Certains de ces îlots existaient depuis une génération. Tout le monde pourtant ne se désintéressait pas de ces squatters. A peine installé sur son carré de boue, chaque nouvel arrivant était immédiatement rançonné. C'était là un des aspects de la stupéfiante industrie d'extorsion exercée par la mafia, avec le concours de certaines autorités achetées pour la circonstance. Une mafia strictement autochtone qui n'avait rien à envier à son illustre modèle italo-américain.

Avant même d'avoir « emménagé », Hasari reçut la visite d'un petit homme borgne qui prétendait représenter le « propriétaire » des lieux, c'est-à-dire le parrain local. Le système fonctionnait selon des principes éprouvés. Chaque fois que des réfugiés s'arrêtaient quelque part pour y édifier une cahute de fortune, le représentant de la mafia se présentait muni d'un ordre de démolition en bonne et due forme émanant de la mairie. Les pauvres gens se voyaient alors proposer soit le paiement d'un loyer régulier, soit l'achat d'un emplacement. Pour ses trois mètres carrés, Hasari dut accepter de verser un « pas-de-porte » de cinquante roupies et s'engager à payer d'avance, chaque mois, vingt roupies de loyer. Ces sangsues ne limitaient pas leur racket au seul encaissement des loyers et autres « taxes de séjour ». Leur contrôle s'étendait en fait à toute la vie du bidonville. Étant la seule autorité locale, la mafia s'instaurait en « protecteur » de la population. « Protecteur » était bien le mot. Elle intervenait lorsqu'un conflit nécessitait un arbitrage ou, en période électorale, en distribuant une manne de faveurs en échange des voix : cartes de rationnement, branchement d'une canalisation d'eau, aménagement d'une masure pour en faire un temple, admission d'enfants dans une école du gouvernement.

Quiconque osait mettre en doute la légitimité de ce pouvoir occulte était impitoyablement châtié. De temps à autre des baraques prenaient feu. Parfois, c'était tout un quartier qui flambait. Parfois encore, on retrouvait un cadavre lardé de coups de couteau. Cette dictature omniprésente s'exerçait de multiples façons. Tantôt directement : c'était le cas du bidonville d'Hasari, où plusieurs représentants de la mafia habitaient sur place. Dans d'autres îlots implantés à proximité d'un chantier de construction, d'une distillerie, d'un dépôt d'ordures, d'une carrière, la mafia régnait par l'intermédiaire des gérants ou des propriétaires de ces entreprises. Ceux-ci avaient tout pouvoir sur les habitants qui dépendaient d'eux pour leur assiette de riz quotidienne. Ailleurs, c'était par le truchement de comités et d'associations qu'elle imposait sa loi. Ces organisations étaient autant de couvertures. De nature religieuse, représentant une caste ou une région d'origine, toutes offraient à la mafia et à ses connexions politiques un moyen idéal de noyauter en profondeur la population des *slums*. Il ne s'agissait plus alors du seul encaissement des loyers et des impôts. La mafia rendait la justice à l'intérieur même des familles, fixait le montant des amendes, récoltait les dons pour les fêtes religieuses, négociait les mariages, les divorces, les adoptions, les héritages, prononçait des excommunications, bref, régissait les rites et les coutumes de chacun depuis sa naissance jusqu'à sa mort : on ne pouvait trouver une place dans un cimetière si on était musulman, ni se faire incinérer si on était hindou, qu'en lui payant une dîme.

Le départ des Pal de leur trottoir s'effectua discrètement, à la tombée de la nuit. A peine avaient-ils empilé leurs maigres possessions sur le rickshaw et tourné le coin de l'avenue, qu'une nouvelle famille de réfugiés s'installait à leur place.

40

Le drame éclata à l'instant où Paul Lambert sortait des latrines. Il entendit des hurlements et vit une meute d'enfants et d'adultes accourir au pas de charge. Des pierres et des projectiles divers s'abattirent autour du petit édicule, manquant le prêtre de justesse. Il fit un bond en arrière et découvrit alors la cible de toute cette fureur : une malheureuse en guenilles, échevelée, le visage souillé de sang et de saletés, les yeux haineux, la bouche écumante, qui poussait des cris de bête en agitant ses mains et ses bras décharnés. Plus elle proférait d'injures, plus la meute s'acharnait. On aurait dit que toute la violence latente dans le *slum* explosait d'un coup : la Cité de la joie voulait s'offrir un lynchage. Le Français tenta de s'interposer mais quelqu'un l'empoigna par les épaules et le rejeta en arrière. La curée allait commencer. Des hommes s'avançaient, menaçants. Les femmes les excitaient en vociférant. C'était atroce. Le prêtre vit surgir de la mêlée un homme aux cheveux gris qui brandissait un gourdin. Il reconnut le vieil hindou qui tenait la *tea-shop* en face de chez lui. Faisant tournoyer son bâton au-dessus des têtes, il se précipita vers la malheureuse et, lui faisant de son corps un rempart protecteur, il se retourna vers ses agresseurs : « Laissez cette femme en paix ! cria-t-il. C'est Dieu qui nous rend visite. »

La foule s'arrêta, médusée. Les hurlements cessèrent brusquement. Tous les regards étaient braqués sur la frêle stature du vieil hindou. Au bout de quelques secondes qui lui parurent une éternité, Lambert vit l'un des assaillants armé d'un couteau s'approcher du vieil homme. Arrivé devant lui, il laissa tomber son arme à terre, se prosterna, lui toucha les pieds et porta ses mains à sa tête en signe de respect. Puis il se redressa, fit demi-tour et s'en alla. D'autres l'imitèrent. En quelques minutes, la meute avait disparu. Alors le vieil homme se pencha sur la folle qui le regardait d'un air de bête traquée. Lentement, délicatement, il lui essuya le visage avec le pan de sa chemise. Puis il l'aida à se relever et, la soutenant par la taille, l'entraîna dans la ruelle jusqu'à la soupente de sa *tea-shop*.

Depuis qu'il vivait en face du vieil hindou, Lambert avait appris l'histoire de ce justicier au nom lumineux de Surya, Soleil. Quelques années auparavant, les mains qui manipulaient aujourd'hui des bols de thé et des bouilloires façonnaient des boules de glaise sur un tour de pierre. Au fil de leur ronde, ces boules devenaient des gobelets, des pots, des coupes, des plats, des lampes pour le culte, des vases et même des jarres hautes de deux mètres utilisées pour les mariages. Surya était le potier de Biliguri, un gros bourg d'un millier d'habitants à deux cents kilomètres au nord de Calcutta. Ses ancêtres avaient été les potiers du village depuis des temps immémoriaux. La fonction de potier faisait aussi intimement partie de la vie de la communauté que celle de prêtre brahmane ou d'usurier. A chaque nouvelle année, dans toutes les familles hindoues, les pots étaient rituellement brisés ; de même qu'à chaque naissance, en signe de bienvenue à la vie, et à

317

chaque décès, pour permettre au défunt de partir dans l'au-delà avec sa vaisselle. On les cassait également lors des mariages, dans la famille de la mariée parce que, en s'en allant, la jeune femme mourait aux yeux de ses parents, et dans celle du marié, parce qu'avec l'arrivée de l'épousée naissait un nouveau foyer. On les brisait encore à l'occasion de nombreuses fêtes parce que les dieux voulaient que tout soit neuf sur la terre. Bref, le potier ne risquait pas de manquer de travail.

A part Surya et ses deux fils qui travaillaient avec lui, il n'y avait que sept autres artisans dans le village. Leurs ateliers donnaient tous sur la place principale. Il y avait un forgeron, un charpentier, un tresseur de paniers qui fabriquait aussi des nasses et des pièges, un joaillier qui dessinait lui-même ce que l'on appelait « les colliers d'épargne ». Dès qu'une famille avait un peu d'argent, les femmes se précipitaient chez lui pour faire ajouter un ou deux maillons d'argent à leur collier. Il y avait aussi un tisserand, un savetier et enfin un barbier, dont l'art consistait moins à s'occuper des cheveux de ses concitoyens que du bonheur de leur progéniture, car il était le marieur du village. Enfin, encadrant l'atelier de Surya, se trouvaient deux échoppes, celle de l'épicier et celle du confiseur. Sans les *mishti* de ce dernier, des douceurs plus fondantes encore que le sucre, aucun rite religieux ou social n'aurait pu être observé.

Vers la fin de la mousson de cette année-là, se produisit à Biliguri un événement apparemment insignifiant auquel personne ne prêta attention sur le moment. Ashok, le fils aîné du tisserand qui travaillait à Calcutta, revint au village avec un cadeau pour sa femme : un seau en plastique rouge comme un hibiscus. Dans cette campagne éloignée, on n'avait encore jamais vu un tel ustensile. Le matériau souple et léger dont il était fait suscita l'admiration générale. On se le passa de main en main avec émerveillement et envie. Le premier à comprendre l'intérêt de cet objet fut l'épicier. Moins de trois mois plus tard, son étalage s'ornait de seaux semblables, de plusieurs couleurs. Des gobelets, des plats et des gourdes vinrent enrichir sa collection. Le plastique avait conquis un nouveau marché. Du même coup, il frappait à mort l'un des artisans du village. Rapidement, le potier Surya vit sa clientèle diminuer. Et en moins d'un an, il sombra dans la misère avec ses fils. Les deux garçons et leurs familles prirent le chemin de l'exil vers la ville. Surya, lui, tenta de résister. Grâce à la solidarité de sa caste, il trouva du travail dans un village distant d'une cinquantaine de kilomètres qui n'avait pas encore été touché par la fièvre du plastique. Mais le virus était en marche et tous les villages furent bientôt contaminés. Le gouvernement provincial octroya même des crédits à un industriel de Calcutta pour la construction d'une usine. Un an plus tard, tous les potiers de la région étaient ruinés.

Désespéré, Surya prit à son tour le chemin de Calcutta avec son épouse. La pauvre femme qui souffrait d'asthme ne put supporter le choc de la pollution urbaine. Elle mourut au bout de quelques mois sur le trottoir où ils avaient échoué. Après la crémation de sa femme sur l'un des bûchers au bord de l'Hooghly, Surya erra longuement le long du fleuve, désemparé. A deux kilomètres environ du pont de Howrah, il vit un homme qui remplissait un panier de glaise sur la berge. Il l'aborda. L'homme travaillait dans un atelier de poterie en bordure du *slum* d'Anand Nagar où l'on fabriquait des coupes sans anse que l'on brise après usage. Grâce à cette rencontre, Surya se retrouva le lendemain derrière un tour, en train de façonner des centaines de ces petits récipients. L'atelier approvisionnait les nombreuses *tea-shops* de la Cité de la joie. Un jour, le musulman qui tenait celle de Fakir Bhagan Lane fut trouvé pendu à un bambou de la charpente. Il s'était suicidé. Surya, qui ne se sentait plus capable de faire un travail manuel prolongé, alla voir le propriétaire de la boutique et en obtint la concession. Depuis, tout en égrenant ses *ôm*, il faisait chauffer ses bouilloires de thé au lait sur son *chula* qui enfumait à longueur de journée toute la ruelle. Le vieil hindou était un homme si bon et si saint que les habitants de Fakir Bhagan Lane lui pardonnaient.

Quelque temps après son arrivée, Lambert avait reçu la visite de son voisin. Il était entré dans sa chambre en joignant les mains à la hauteur de son front. Bien que le brave homme n'ait presque plus de dents, son sourire réchauffa le cœur du Français qui l'invita à s'asseoir. Ils restèrent un long moment à se regarder en silence. « En Occident, les regards vous effleurent à peine, notera Lambert. Celui de cet homme vous livrait son âme tout entière. » Au bout d'un moment, l'hindou se leva, joignit à nouveau les mains en inclinant la tête, et sortit. Il revint le lendemain et observa le même silence respectueux. Le troisième jour, au risque de briser un délicat mystère, le prêtre l'interrogea sur les motifs de son mutisme.

— Grand Frère Paul, répondit-il, tu es une « Grande Âme ». En présence d'une Grande Âme, les mots ne sont pas nécessaires.

C'est ainsi qu'ils étaient devenus des amis. Au milieu des familles musulmanes qui environnaient le Français, l'hindou devint une sorte de bouée à laquelle il pouvait se raccrocher chaque fois qu'il perdait pied. Le lien était en effet plus facile avec les hindous. Pour eux, Dieu était partout. Dans cette porte, cette mouche, ce bambou. Et dans les millions d'incarnations d'un panthéon de divinités où Surya considérait que Jésus-Christ avait naturellement sa place, au même titre que Bouddha, Mahavira et Mahomet. Car tous ces prophètes étaient des avatars du Grand Dieu qui transcendait tout.

41

A vol d'oiseau, la ville de Miami, en Floride, est à douze mille kilomètres de Calcutta, mais c'est en années-lumière qu'il faudrait mesurer la distance réelle qui sépare ces deux villes. Certes, Miami compte des quartiers presque aussi misérables que certains *slums* de Calcutta, notamment dans sa périphérie sud et ouest essentiellement peuplée de réfugiés cubains ou haïtiens, et de Noirs américains. Depuis quelques années, les attaques de magasins, les actes de pillage, les hold-up et les crimes de toutes natures engendrés par la misère physique, la drogue, le désespoir défrayaient régulièrement la chronique. Certaines parties de la ville connaissaient une telle psychose d'insécurité que beaucoup d'habitants avaient préféré émigrer vers des zones plus calmes, voire vers d'autres régions des États-Unis. Rien de semblable ne s'était jamais produit à Calcutta où la sécurité des personnes et des biens, sauf pendant la période de terrorisme naxalite, n'avait jamais été menacée. Il s'y commettait chaque année moins de crimes que dans la seule ville basse de Miami. Une jeune fille pouvait emprunter en pleine nuit l'avenue Chowringhee ou n'importe quelle artère d'un quartier même éloigné sans courir le moindre risque.

Miami abritait des îlots de richesse et de luxe dont aucun habitant de Calcutta, y compris les privilégiés qui n'avaient jamais mis les pieds dans un *slum*, n'aurait pu soupçonner l'existence. Dans l'un de ces endroits, une vaste Marina nichée dans les palmiers et les bouquets de jacarandas, quelques milliardaires habitaient de somptueuses villas avec piscines, courts de tennis et appontements privés auxquels étaient amarrés des *cabin-cruisers* dont certains avaient la dimension de véritables petits paquebots. Plusieurs de ces propriétés comportaient également un héliport, quand ce n'était pas un terrain de polo jouxtant des écuries assez vastes pour héberger plusieurs dizaines de chevaux. Cet ensemble résidentiel était protégé par une haute clôture grillagée et gardée par une milice privée dont les voitures équipées de sirènes et de gyrophares patrouillaient jour et nuit. Personne ne pouvait y pénétrer, même à pied, s'il n'était muni d'un passe électronique dont le code changeait chaque semaine, ou s'il n'était attendu et identifié par les gardes du poste de contrôle placé à l'entrée. Il existait plusieurs îlots semblables à Miami, tout aussi luxueux. Celui-ci s'appelait King Estates, le Domaine royal.

L'une des plus belles demeures de King Estates, une sorte d'hacienda mexicaine blanche avec patios, fontaines et cloître à colonnades, était la propriété d'un chirurgien en renom, un israélite nommé Arthur Loeb. Ce géant d'un mètre quatre-vingt-dix, aux cheveux roux à peine grisonnants, passionné de romans policiers, de pêche au gros et d'ornithologie, possédait la *Bel Air Clinic,* un établissement de luxe de cent quarante lits spécialisé dans le traitement des voies respiratoires. Marié depuis vingt-neuf ans à la douce et blonde Gloria Lazar, fille unique de l'un des pionniers du cinéma parlant, il avait deux enfants, Gaby, vingt ans, une brune pétillante qui étudiait l'architecture au *College of Fine Arts* ; et Max, vingt-cinq ans, un géant roux comme lui, et tout aussi couvert de taches de rousseur, qui achevait ses études à la faculté de médecine de la *Tulane University* de La Nouvelle-Orléans. Max avait embrassé la profession de son père. Dans un an, après le concours de l'Internat, il devait se spécialiser dans la chirurgie thoracique. Arthur Loeb pouvait se sentir comblé : sa succession à la tête de la *Bel Air Clinic* semblait assurée.

— Professeur, je quitte l'Amérique.

Il n'y avait aucune moquerie dans cette appellation de « Professeur ». Le jour où Arthur Loeb, en toque et toge noire bordée de rouge, était monté sur l'estrade de l'université new-yorkaise de Columbia pour s'y voir conférer le titre de Professeur de médecine, ses enfants lui avaient donné ce surnom affectueux.

Arthur Loeb bloqua sa jument et se retourna vers son fils. Le visage de Max était totalement impassible.

— Comment cela, tu quittes l'Amérique ?

— Je vais en Inde pour un an.

— En Inde ? Et ton concours d'Internat ?

— J'ai demandé un sursis.

— Un sursis ?

— Oui, Professeur, un sursis, répéta Max en faisant un effort pour rester calme.

Son père relâcha les rênes. Les chevaux partirent au petit trot.

— Et qu'est-ce qui nous vaut cette surprise ? demanda-t-il après quelques foulées.

Max fit semblant de ne pas remarquer l'irritation qui perçait dans le ton de son père.

— J'ai simplement envie de changer un petit peu d'air... et de rendre quelques services.

— Que veux-tu dire par « rendre quelques services » ?

Max savait qu'il ne pourrait ruser longtemps.

— J'ai été invité à faire un remplacement dans un dispensaire, dit-il simplement.

— Et où ça, en Inde ? L'Inde, c'est aussi grand que l'Amérique !

— A Calcutta, Professeur.

Ce seul mot fit un tel effet sur Arthur Loeb qu'il en perdit ses étriers. Il ramena sa jument au pas en posant ses mains sur le pommeau de la selle. « Calcutta ! De toutes les villes du monde, c'est Calcutta qu'il a choisi ! » grommela-t-il en hochant la tête. Si, à l'égal de nombreux Américains, Loeb n'éprouvait guère de sympathie envers l'Inde, il ressentait par contre une franche répulsion à l'égard de Calcutta, pour lui synonyme de misère, de mendiants, de gens qu'on retrouvait le matin morts sur les trottoirs. Combien avait-il vu d'émissions de télévision, lu de réportages de magazines où toutes les tragédies de cette métropole étaient complaisamment étalées ? Plus encore que les images de famine, de surpopulation, de déchéance, c'était le souvenir d'un homme qui motivait surtout son aversion pour la plus grande démocratie de l'univers. Un personnage plein d'arrogance et de haine, donnant au monde des leçons de moralité du haut de la tribune des Nations Unies. Comme toute l'Amérique, le chirurgien se rappelait les diatribes de l'Indien Krishna Menon, l'envoyé de Nehru dans le Palais de verre, « un dangereux visionnaire aux allures de grand prêtre crachant son venin sur l'Occident au nom des valeurs d'un tiers monde qu'il prétendait étranglé par l'homme blanc ».

— C'est le seul endroit que tu as trouvé pour aller exercer tes talents ? laissa tomber Arthur Loeb. (Il ajouta, sarcastique :) Et tu t'imagines, pauvre naïf, que tes petits copains vont te garder ta place bien au chaud ? Quand tu reviendras, ils auront tous leur diplôme, et tu te retrouveras avec une nouvelle fournée qui, elle, ne te fera pas de cadeaux, crois-moi.

Max ne répondit rien.

« Ta mère est au courant ? » questionna le chirurgien.

— Oui.

— Et elle approuve ?

— Pas exactement... mais enfin, elle a eu l'air de comprendre.

— Et Sylvia ?

Sylvia Paine était la fiancée de Max. Une grande et belle fille blonde de vingt-trois ans, image parfaite de l'Américaine saine et sportive. Ses parents possédaient la propriété voisine de celle des Loeb dans le parc de King Estates. Son père était le propriétaire du principal quotidien de Miami, le *Tribune*. Elle et Max se connaissaient depuis l'enfance. Ils devaient se marier en juin, après le concours de l'Internat.

— Je l'ai également prévenue, répondit Max.

— Et qu'en pense-t-elle, Sylvia ?

— Elle m'a proposé de partir avec moi !

— La petite sotte ! grinça Athur.

Un hennissement de sa jument empêcha Max d'entendre cette appréciation. Les chevaux avaient aperçu leur écurie au bout de l'allée de lauriers-roses en fleur.

Six semaines après cette promenade à cheval, Max Loeb s'était envolé pour Calcutta. Beaux joueurs, ses parents avaient donné une « party » en son honneur. Les cartons d'invitation précisaient que Max allait passer une année sabbatique d'études et de réflexion en Asie. L'Asie, c'était vaste et Max avait accepté de ne révéler à personne sa destination précise, afin de ne pas susciter de commentaires désobligeants dans la petite colonie de milliardaires. Sa dernière soirée à Miami, il la passa avec sa fiancée. Il emmena la jeune fille dîner au *Versailles*, le restaurant français à la mode de Boca Raton, une plage chic au nord de Miami. Il commanda une bouteille de Bollinger, son champagne préféré ; elle proposa un toast au succès de sa mission et à son retour le plus tôt possible. Sylvia portait une robe de mousseline rose largement décolletée avec un rang de perles autour du cou. Ses cheveux, ramassés dans un chignon piqué d'un peigne d'écaille, lui dégageaient la nuque et lui donnaient un port de tête superbe. Max ne pouvait en détacher les yeux.

— Tu es si belle, comment vais-je faire pour me passer de toi ?

— Oh, tu trouveras des Indiennes encore bien plus belles ! Et l'on dit que ce sont des amoureuses sans égales. On dit même qu'elles savent préparer des breuvages qui rendent fou d'amour.

Max songea au bidonville que lui avait décrit Paul Lambert dans ses lettres, mais l'idée d'exciter la jalousie de la jeune fille ne lui déplaisait pas.

— J'essaierai de m'instruire pour te rendre encore plus heureuse, dit-il avec un clin d'œil.

Une simple boutade. Max savait que le physique épanoui de Sylvia cachait une nature timide, secrète et pudique. Sa grande passion était la poésie. Elle connaissait par cœur des milliers de vers et pouvait réciter toute l'œuvre de Longfellow ainsi que des poèmes entiers de Shelley, Keats, Byron ou même de Baudelaire et de Goethe. Bien qu'ils fussent amants depuis leurs années de *high school* (cela s'était passé sur le *cabin-cruiser* du père de Max pendant une pêche à l'espadon, entre Cuba et Key Largo), leur histoire d'amour avait été plus intellectuelle que physique. Hormis l'équitation et le tennis, ils n'avaient guère partagé les plaisirs habituels aux jeunes gens de leur âge. « Nous ne sortions presque jamais dans des soirées, racontera Max, et nous détestions danser. Nous préférions rester des heures sur la plage, à regarder la mer, à discuter de la vie, de l'amour, de la mort. Et Sylvia me récitait les nouveaux poèmes qui avaient enrichi son répertoire depuis notre rencontre précédente. »

Sylvia était venue lui rendre visite plusieurs fois à La Nouvelle-Orléans. Ensemble ils avaient exploré les trésors historiques de la Louisiane. Une nuit, alors qu'un orage tropical les retenait dans une plantation au bord du Mississippi, ils s'étaient aimés dans le lit où avaient dormi Mademoiselle de Granville et le marquis de La Fayette. « Nul doute que notre union était inscrite dans nos horoscopes, dira Max. Bien que la famille de Sylvia fût de religion protestante et la mienne juive pratiquante, nous savions qu'aucun événement n'aurait pu combler davantage nos parents. »

Mais voilà que sept mois avant la date fixée pour leur mariage, Max avait décidé de partir pour un an. Il n'avait pas donné à sa fiancée les raisons profondes de sa décision. Certains actes, dans la vie d'un homme, n'appellent aucune explication, croyait-il. Et pourtant, ce dernier soir, dans la douce pénombre du restaurant, porté par l'euphorie du champagne et le parfum suave d'un havane Montecristo de contrebande, il décida de dire la vérité. « Au cas où il m'arriverait malheur, je voulais que l'on sache que je n'étais pas parti sur un coup de tête. » Il raconta comment un jour, dans la bibliothèque de l'université, son regard était tombé sur la photographie d'un enfant illustrant la couverture d'une revue publiée au Canada par une association humanitaire. L'enfant était un petit garçon indien de cinq ou six ans assis devant le mur décrépi d'un taudis de Calcutta. Le casque noir de sa chevelure ébouriffée cachait son front et une partie des yeux, mais entre les mèches brillaient les deux flammes de ses pupilles. Ce qui frappa surtout Max, c'était son sourire, un sourire tranquille et lumineux qui creusait deux fossettes en découvrant quatre dents de lait éclatantes de blancheur. Il était sans doute très pauvre puisqu'il était complètement nu, mais il n'avait pas l'air affamé. Il serrait dans ses bras un bébé de quelques jours, enveloppé dans un morceau de chiffon. « Il le tenait avec tant de fierté, dira Max, tant de sérieux derrière son sourire, avec un sens si évident de ses responsabilités que je suis resté plusieurs minutes incapable d'en détacher les yeux. » L'enfant était un habitant de la Cité de la joie et le bébé dans ses bras était son plus jeune frère. Le journaliste qui avait pris la photographie racontait dans son article sa visite du *slum* et sa rencontre avec « un apôtre venu d'Occident pour vivre parmi les hommes les plus déshérités du monde ». Il s'appelait Paul Lambert. Répondant à une question du journaliste, il avait exprimé le souhait que quelqu'un possédant une formation médicale approfondie, si possible un médecin, vienne pendant un an à Anand Nagar pour travailler avec lui et l'aider à organiser une véritable infrastructure médicale dans ce lieu privé de tout secours.

— Je lui ai écrit, conclut Max. Il m'a répondu qu'il m'attendait le plus tôt possible. Il paraît que le répit de l'hiver touche à sa fin là-bas et que bientôt ce sera la fournaise de l'été et la mousson.

Ce mot de mousson fit passer un éclair dans les yeux bleus de l'Américaine.

— La mousson ! répéta-t-elle, pensive.

Un poème de Paul Verlaine qu'elle affectionnait particulièrement lui vint à la mémoire.

« *There is weeping in my heart*, récita-t-elle en

regardant Max amoureusement, *like the rain falling on the city. What is this languor which pierces my heart ?* » — « Il pleure dans mon cœur comme il pleut sur la ville. Quelle est cette langueur qui pénètre mon cœur ? »

42

L'image, dans son cadre doré orné d'une guirlande de fleurs, exprimait la force et la beauté. Sur son éléphant caparaçonné de tapis incrustés de pierreries, le personnage ressemblait à un maharaja conquérant. Il portait une tunique brodée de fils d'or et constellée de bijoux. Seuls les différenciaient d'un humain ses ailes et ses quatre bras qui brandissaient une hache, un marteau, un arc et le fléau d'une balance. Vishwakarma n'était pas un homme, en effet, ni un prince, mais un dieu du panthéon hindou. L'un des plus grands. Vishwakarma personnifiait la puissance créatrice dans la mythologie de l'Inde. Les hymnes des Védas, ces recueils de textes sacrés de l'hindouisme, le glorifiaient comme « l'architecte de l'univers, le dieu qui voit tout, le façonneur du ciel et de la terre, le créateur, le père, le dispensateur de tous les mondes, celui qui donne leurs noms aux divinités et se situe au-delà de la compréhension des mortels ». A en croire le Mâhabhârata, cette somme épique de l'hindouisme, Vishwakarma n'était pas seulement l'architecte suprême. Il était aussi l'artificier des dieux et le fabricant de leurs outils, le seigneur des arts et le charpentier du cosmos, le constructeur des chariots célestes et le créateur de tous les ornements. Par voie de conséquence, il était la divinité tutélaire des artisans, le protecteur de tous les métiers manuels qui permettaient aux hommes de subsister. Cela lui valait un culte particulier de la part des ouvriers et des artisans de l'Inde.

A l'instar des chrétiens glorifiant pendant l'Offertoire de la messe « le Dieu de l'univers, qui donne le pain, fruit du travail des hommes », les Indiens vénéraient Vishwakarma, source de travail et de vie. Chaque année après la lune de septembre, son effigie triomphante régnait sur tous les lieux de travail — des plus petits ateliers aux usines géantes les plus modernes —, abondamment décorés pour une fervente *puja* de deux jours. C'était un moment privilégié de communion entre patrons et ouvriers, une folle réjouissance des riches et des pauvres unis dans une même adoration et une même prière.

Comme tous les autres *slums*, la Cité de la joie célébrait avec une foi particulière la fête de ce dieu qui donne le riz. Ce bidonville n'abritait-il pas la plus fantastique fourmilière d'hommes au travail que l'on puisse imaginer ? Chaque jour, une porte entrouverte sur une mini-fabrique, les grincements d'une machine, un amoncellement d'objets neufs devant une cahute révélaient à Paul Lambert la présence d'un nouvel atelier. Ici, c'étaient des enfants qu'il découvrait en train de découper des feuilles de laiton pour en faire des ustensiles ; là, des adolescents, tel Nasir, le fils de Mehboub, trempaient des objets dans des bains aux vapeurs délétères. Ailleurs, pour gagner leur vie en fabriquant allumettes et feux de Bengale, d'autres jeunes s'empoisonnaient lentement à force de manipuler du phosphore, de l'oxyde de zinc, de la poudre d'amiante et de la gomme arabique.

Presque en face de chez le Français, dans l'obscurité d'une *workshop*, des spectres noircis laminaient, soudaient, ajustaient des pièces de ferronnerie dans une odeur d'huile brûlée et de métal surchauffé. A côté, dans un appentis sans fenêtre, une dizaine d'hommes assis en tailleur confectionnaient des *bidi*. C'étaient presque tous des tuberculeux qui n'avaient plus la force de manœuvrer une presse ou de tirer un rickshaw. A condition de ne pas s'arrêter une minute, ils parvenaient à rouler jusqu'à mille trois cents cigarettes par jour. Pour mille *bidi*, ils recevaient onze roupies, huit francs quatre-vingts. Un peu plus loin, dans une pièce minuscule, Paul Lambert aperçut un jour, près d'une forge, une énorme hélice de navire. La porte étant trop étroite, il fallut élargir le seuil de terre battue à coups de pioche pour faire sortir le mastodonte. Cinq hommes réussirent enfin à riper l'hélice et à la basculer sur un *telagarhi*. Le patron envoya trois coolies pousser le charroi et livrer la marchandise. Le dos et les jarrets s'arc-boutèrent dans un effort désespéré. Les roues tournèrent. Le patron soupira, satisfait : il n'aurait pas besoin d'engager un quatrième coolie. Mais qu'adviendrait-il, tout à l'heure, quand les trois malheureux arriveraient au pied de la montée du pont de Howrah ? se demanda Lambert.

Combien d'années lui faudrait-il pour les découvrir tous, ces lieux où des hommes et des enfants passaient leur existence à forger des ressorts, des pièces de camions, des axes pour métiers à tisser, des boulons, des réservoirs d'avion, et même des engrenages de turbines au dixième de micron. Toute une main-d'œuvre d'une dextérité, d'une inventivité, d'une débrouillardise surprenantes fabriquait, imitait, réparait, rénovait n'importe quelle pièce, n'importe quelle machine. Ici, le moindre morceau de métal, les plus infimes débris étaient réemployés, transformés, adaptés. « Rien n'allait jamais à la casse. Tout renaissait toujours comme par miracle. »

Dans les ténèbres, la poussière, la fournaise de leurs ateliers, les ouvriers d'Anand Nagar étaient la fierté du dieu qui donne le riz. Ils étaient aussi souvent son remords. L'article 24 de la Constitution indienne stipule que : « Aucun enfant ne peut être mis au travail dans une fabrique ou une mine, ni occupé à aucun autre poste dangereux. » Mais, pour des raisons de rendement et de docilité, une grande partie de la main-d'œuvre était extrêmement jeune. Au moment de l'embauche, un enfant avait en effet presque toujours la préférence : ses petits doigts étaient plus habiles et il se contentait d'un salaire minime. Combien de fois ces paies de misère gagnées par des enfants avec tant de fierté faisaient la différence dans une famille entre la famine et la survie !

Les ouvriers du *slum* étaient parmi les plus mal protégés du monde. Ils ne bénéficiaient d'aucune sécurité sociale ; ils étaient souvent exploités d'une façon éhontée, travaillant jusqu'à douze et quatorze heures d'affilée dans des locaux sans lumière ni ventilation où aucun zoo au monde n'oserait héberger ses animaux. Beaucoup d'entre eux mangeaient et dormaient sur place. Pas de repos hebdomadaire, pas de congés payés. Un seul jour d'absence, et c'était le renvoi. Une remarque déplacée, une revendication, une dispute, une heure de retard entraînaient un licenciement immédiat, sans compensation. Seuls ceux qui parvenaient à acquérir une certaine qualification — tourneurs, lamineurs, ouvriers sur presses spécialisées — avaient un réel espoir de conserver plus longtemps leur emploi.

Rien que dans la Cité de la joie, ils étaient des milliers. Peut-être quinze ou vingt mille. Et naturellement plusieurs centaines de mille à Calcutta, et des millions dans toute l'Inde. « Comment se fait-il qu'ils n'aient jamais utilisé cette force du nombre pour changer leur condition ? dira un jour Lambert. C'est une question qui m'a toujours intrigué et à laquelle je n'ai pas trouvé de réponse satisfaisante. Certes, leurs origines rurales ne les ont pas habitués à la revendication collective. Leur dénuement était tel que tout gagne-pain, même dans des ateliers-bagnes, était une bénédiction. Quand tant de gens manquent de travail autour de vous, comment protester contre une tâche qui permet d'apporter chaque jour à sa famille le riz dont elle a besoin ? Et lorsqu'une famille est dans la misère totale par suite de la maladie ou de la mort du père, comment ne pas comprendre que l'un des enfants se fasse embaucher n'importe où ? Sans doute la morale n'y trouve pas son compte, mais qui peut parler de morale et de droit quand il s'agit de survie ?

« Et les syndicats, que faisaient-ils pour les défendre ? A côté de trois centrales syndicales puissantes qui regroupent plusieurs millions d'adhérents, il y a en Inde près de seize mille syndicats, dont sept mille quatre cent cinquante pour le seul Bengale. Et ce ne sont pas les grèves qui manquent à leur palmarès : rien qu'au Bengale, plus de dix millions de journées de travail sont perdues chaque année. Mais dans un *slum* comme la Cité de la joie, qui oserait déclencher une grève ? Trop de monde attend votre place.

« N'en déplaise à Vishwakarma, le dieu qui donne le riz, mes frères du bidonville étaient vraiment des vrais damnés de la terre, des forçats de la faim. Et pourtant, j'étais impressionné chaque jour davantage par l'ardeur et la foi avec lesquelles ils fêtaient rituellement ce dieu, et appelaient sa bénédiction sur les machines et les outils auxquels ils étaient enchaînés. »

Depuis la veille, le travail avait cessé dans tous les ateliers du *slum*. Pendant que les ouvriers se hâtaient de nettoyer, de repeindre, de décorer leurs machines et leurs outils avec des feuillages et des guirlandes de fleurs, leurs patrons s'en allaient acheter les traditionnels chromos ou les statues en glaise, peintes et sculptées par les potiers du quartier des *kumhar*, du dieu à quatre bras juché sur son éléphant. La taille et la splendeur de ces représentations dépendaient de l'importance des entreprises. Dans les grandes usines, les statues de Vishwakarma étaient deux à trois fois plus grandes qu'un homme, et valaient chacune des milliers de roupies.

En l'espace d'une nuit, tous les bagnes de souffrance se transformèrent en lieux de culte, avec des reposoirs somptueusement ornés et fleuris. Le lendemain matin, le *slum* retentissait une nouvelle fois du vacarme joyeux de la fête. Les esclaves d'hier arboraient des chemises rutilantes et des *longhi* tout neufs ; leurs épouses avaient sorti leur sari de cérémonie si difficilement sauvegardé dans le coffre familial de la voracité des cancrelats. Les enfants resplendissaient dans leurs habits de petits princes. La sarabande joyeuse des cuivres et des tambours de la fanfare avait remplacé le tintamarre des machines autour desquelles le brahmane officiait, agitant une cloche d'une main et portant de l'autre le feu purificateur, afin que chaque instrument de travail soit consacré.

Ce jour-là, de nombreux ouvriers vinrent aussi demander à Lambert de bénir, au nom de son dieu à lui, les outils de leur survie. « Sois loué, ô Dieu de l'univers qui donnes le pain car tes enfants d'Anand Nagar t'aiment et croient en toi, répéta le prêtre dans chaque atelier. Et réjouis-toi avec eux de ce jour de lumière dans la tristesse de leur vie. »

Après les bénédictions commencèrent les festivités. Employeurs et contremaîtres servirent aux ouvriers et à leurs familles un banquet de curry de viande et de légumes, de yaourt, de *puri*[1] et de *laddou*[2]. Le *bangla* et le *todi*[3] coulèrent à flots. On but, on rit, on dansa. Surtout, on oublia. Vishwakarma pouvait sourire sur ses mille coussins de fleurs : il avait réconcilié les hommes avec le travail. Les réjouissances se poursuivirent jusqu'au milieu de la nuit illuminée par des projecteurs. Ce peuple privé de presque toutes les distractions s'abandonnait à nouveau à la magie de la fête. Les ouvriers et leurs familles couraient d'atelier en atelier, s'émerveillaient devant les plus belles statues, félicitaient les auteurs des décorations les plus somptueuses. Partout, des haut-parleurs déversaient une mousson d'airs populaires et des pétards ponctuaient les libations.

Le lendemain, les ouvriers de chaque atelier chargèrent les statues sur un *telagarhi* ou un rickshaw et les accompagnèrent au son des tambours et des cymbales jusqu'au Banda ghat au bord de l'Hooghly. Ils les portèrent sur des barques et ramèrent jusqu'au milieu du fleuve. Puis ils les jetèrent par-dessus bord afin que leur corps de glaise se dissolve dans l'eau sacrée mère du monde. *Vishwakarma-ki jaï !* Vive Vishwakarma ! crièrent à cet instant des milliers de voix. Puis chacun s'en alla retrouver sa machine. Et le rideau retomba pour un an sur les esclaves du dieu qui donne le riz.

---

1. Galettes de blé feuilletées et frites dans du *ghee*.
2. Petites boules de lait caillé, sucré, condensé et frit.
3. Vin de palme.

43

« La fête de Vishwakarma, nous, on l'appelait "la
puja des rickshaws", racontera Hasari Pal. Nos
usines à nous, nos ateliers, nos machines, c'étaient
deux roues, une caisse et deux brancards. Qu'une
roue casse dans un trou, qu'un camion arrache un
brancard, qu'un autobus aplatisse la caisse comme
une *chapati*, et adieu Hasari ! Inutile d'aller pleurer
dans le *gamcha*[1] du propriétaire. Tout ce qu'on
pouvait en attendre, c'était que ses *goondas* nous
offrent une raclée maison. Plus que quiconque,
nous avions sacrément besoin de la protection du
dieu. Pas seulement pour notre guimbarde. Pour
nous aussi. Un clou dans le pied, une chute ou la
fièvre rouge comme pour Ram et le Balafré, et
c'était cuit. »

Tout autant que leurs tireurs, les propriétaires
des rickshaws vouaient un culte fervent au dieu
Vishwakarma. Pour rien au monde ils n'auraient
manqué de s'assurer ses faveurs en organisant en
son honneur une *puja* aussi vibrante et généreuse
que celles des autres lieux de travail de Calcutta. En
général, la fête se déroulait dans leurs maisons. Seul
le vieux Narendra Singh, dit le Bihari, le proprié-

1. Sorte de grand mouchoir.

taire du rickshaw d'Hasari, s'obstinait à cacher son adresse. « Sans doute avait-il peur qu'on vienne tout casser chez lui un jour de colère », plaisantait Hasari. Son fils aîné louait donc un jardin, derrière Park Circus, et y faisait dresser un magnifique *pandal* que l'on décorait de guirlandes de fleurs et de centaines d'ampoules électriques de toutes les couleurs alimentées par un générateur commandé pour la circonstance. La veille de la fête, chaque tireur procédait à la toilette méticuleuse de son rickshaw. Hasari avait même acheté le fond d'une boîte de peinture noire pour camoufler les éclats sur le bois. Il graissa les moyeux des roues avec quelques gouttes d'huile de moutarde pour qu'aucun bruit désagréable n'irritât les oreilles du dieu. Puis il alla au bidonville chercher sa femme et ses enfants. Aloka lui avait préparé ses habits de fête, un *longhi* à petits carreaux marron et une chemise à raies bleues et blanches. Elle-même s'était parée du sari de cérémonie rouge et or qu'ils avaient apporté du village. C'était son sari de mariage. En dépit des rats, des cafards, de l'humidité et des débordements d'égouts, elle avait réussi à lui conserver sa fraîcheur originelle. Les enfants aussi étaient somptueusement vêtus. Si propres et si fringants que l'on venait les admirer de tout le bidonville. Le dieu serait content. Toute la famille vivait dans une cahute de misère faite de planches et de bouts de toile, mais aujourd'hui, c'étaient des princes qui sortaient de ce taudis.

Aloka, sa fille Amrita et Shambu, le plus jeune fils, montèrent dans le rickshaw. Jamais la pauvre guimbarde n'avait transporté de passagers aussi fiers et élégants. Tous trois faisaient comme un bouquet d'orchidées. C'est Manooj, le fils aîné, qui s'attela aux brancards car son père ne voulait pas transpirer dans sa belle chemise. Le lieu choisi par le fils du Bihari n'était pas très éloigné. C'est en effet une des particularités de cette ville que les quartiers riches et les bidonvilles se juxtaposent. Peu de tireurs avaient la chance de célébrer la *puja* en famille. La plupart vivaient seuls à Calcutta, les leurs étant restés au village. « Dommage pour eux, déplorait Hasari, rien n'est plus agréable que de participer à une fête au milieu des siens. C'est comme si le dieu devenait votre oncle ou votre cousin. »

Le propriétaire des rickshaws avait bien fait les choses. Son *pandal* était luxueusement décoré. Les broderies de fleurs blanches et rouges, les garnitures en feuilles de palmier faisaient comme un arc de triomphe à l'entrée. Au milieu, sur un tapis d'œillets et de jasmin, trônait une énorme statue de Vishwakarma magnifiquement fardée avec du rouge sur les lèvres et du khôl aux yeux. « Qu'il est grandiose notre dieu, s'extasia Hasari. Quelle puissance il dégage avec ses bras qui brandissent une hache et un marteau comme pour forcer les bienfaits du ciel. On aurait dit que sa poitrine pouvait souffler la tempête, ses biceps soulever des montagnes, ses pieds écraser toutes les bêtes sauvages de la création. Avec un tel dieu pour protecteur, comment nos minables guimbardes ne seraient-elles pas des chariots célestes ? Et nous, les pauvres types qui les tiraient, des chevaux ailés ? »

Hasari et sa famille se prosternèrent devant la divinité. Aloka avait apporté des offrandes : une banane, une poignée de riz, et des pétales de jasmin et d'œillets qu'elle déposa à ses pieds. Son mari alla ranger son rickshaw à côté de tous les autres dans le jardin. Un des fils du Bihari s'empressa de décorer le véhicule avec des guirlandes de fleurs et des feuillages. « Quel dommage qu'il ne puisse parler pour vous remercier », lui dit Hasari. Toutes ces guimbardes aux brancards fleuris pointés comme des lances vers le ciel composaient un splendide spectacle. L'ancien paysan avait peine à reconnaître les minables carrioles grinçantes qu'avec ses collègues il s'essoufflait à traîner chaque jour. « On aurait dit qu'un coup de baguette magique leur avait donné une nouvelle incarnation. »

Quand tous les rickshaws furent à leur place, il y eut un roulement de tambour, puis un tintamarre de cymbales. Un vieux prêtre tout en blanc fit son entrée, précédant une fanfare d'une cinquantaine de musiciens en vestes et pantalons rouges galonnés d'or. Un deuxième officiant, jeune brahmane au torse nu ceint de la triple cordelette, se mit à frapper frénétiquement le battant d'une cloche pour informer le dieu de leur présence, et le prêtre passa ensuite lentement entre les rangées de rickshaws, versant sur chacun quelques gouttes de l'eau sacrée du Gange et un peu de *ghee*. Chaque tireur avait le cœur serré par l'émotion. Cette fois, ce n'étaient pas des larmes de peine ni leur sueur qui coulaient sur leurs pauvres guimbardes mais l'eau fécondante du dieu qui les protégerait et donnerait à manger à leurs enfants. Quand le prêtre eut béni tous les rickshaws, il revint devant la divinité pour déposer sur ses lèvres un peu de riz et de *ghee*, avant de l'encenser du feu de l'*arati* qu'il portait dans une coupelle. L'un des fils du Bihari cria alors : « *Vishwakarma-ki jaï !* Vive Vishwakarma ! » Les quelque six cents tireurs présents répétèrent l'invocation trois fois de suite. C'était un hurlement triomphal et sincère, qui charmait davantage les oreilles des propriétaires que les slogans hostiles criés à l'occasion de la récente grève. « Mais pourquoi ne crierait-on pas en même temps : "Vive Vishwakarma et vive la solidarité des rickshaws !" se demanda Hasari. Et pourquoi pas aussi : "Vive la révolution !" Vishwakarma n'était-il pas le dieu des travailleurs avant d'être celui des propriétaires ? Même si parfois il nous donnait l'impression d'avoir oublié de graisser la roue de notre karma. »

Après la cérémonie, le fils aîné du Bihari invita l'assistance à s'asseoir sur l'herbe. Les tireurs originaires des mêmes régions se regroupèrent, de même que ceux venus en famille. Les autres fils du propriétaire des rickshaws distribuèrent à chacun une feuille de bananier sur laquelle ils versèrent du riz et du curry de mouton. Chacun reçut aussi plusieurs *chapati*, des pâtisseries et une mandarine. Un véritable banquet que les estomacs rétrécis par les privations n'avaient pas la possibilité d'absorber entièrement. « De toute façon, dira Hasari, moi, ce qui me remplissait le plus le ventre, c'était le spectacle de nos patrons penchés sur nous pour nous servir. Je croyais voir une famille de tigres offrir de l'herbe à un troupeau d'antilopes. »

44

On frappait à la porte du 19 Fakir Bhagan Lane. C'était Anouar. Paul Lambert aida le cul-de-jatte lépreux à franchir le seuil et l'installa sur la natte de paille de riz qui lui servait de lit. L'infirme avait l'air gêné.

— Grand Frère Paul, j'ai un service à te demander, finit-il par dire en joignant ses paumes atrophiées dans un geste de supplique.

— Je suis ton frère, tu peux tout me demander.

— Eh bien voilà, est-ce que tu pourrais aller dire à Puli que je veux épouser Meeta.

— Meeta ? répéta Lambert, interloqué. Mais c'est sa femme !

— Justement, Grand Frère Paul, c'est pourquoi je voudrais que ce soit toi qui le lui demandes. A toi, il ne pourra pas refuser. Toi, tout le monde te respecte.

Puli était un petit homme sec à la peau très noire d'une cinquantaine d'années. Originaire du Sud, il avait un jour fait escale à Calcutta et n'en était plus reparti. Il avait dû contracter la lèpre dans sa jeunesse au cours des longues pérégrinations de sa vie nomade : il était montreur de singes. Reconverti dans la mendicité, il hanta pendant des années les escaliers du temple de Kâlî. Un différend avec le caïd local du racket des mendiants le força à s'exiler sur les marches de la gare de Howrah, de l'autre côté du fleuve. Son don de comédien lui procurait d'appréciables revenus. Pas un voyageur ne résistait à la drôlerie de ses mimiques ni à l'horreur de ses plaies. La maladie l'avait relativement épargné, aussi se confectionnait-il de faux pansements qu'il badigeonnait de mercurochrome. Il vivait dans l'une des plus misérables courées de la colonie des lépreux d'Anand Nagar avec son épouse Meeta, une douce jeune femme de vingt-sept ans, et trois beaux enfants âgés de quatre ans à six mois.

Meeta était la plus jeune fille d'un potier réfugié du Pakistan oriental. A l'âge de seize ans, alors qu'elle allait être mariée par ses parents à un potier de sa caste, elle découvrit sur sa joue droite une petite tache blanchâtre insensible au toucher. Après des semaines d'hésitation, elle alla faire la queue à la consultation de l'hôpital de Howrah. Le verdict du médecin fut immédiat : il s'agissait d'une tache de lèpre. Pour ses parents, Dieu avait maudit leur fille. Ils la chassèrent sur-le-champ du taudis familial. S'ils ne l'avaient pas fait, c'était toute la famille qui risquait d'être expulsée par les voisins. Réduite à mendier dans la rue, Meeta fut ramassée par un Bengali qui la vendit à une maison close de Calcutta. Quand le propriétaire découvrit que sa nouvelle pensionnaire était lépreuse, il la roua de coups et la jeta sur une décharge. Elle y fut recueillie par des chiffonniers, conduite au mouroir de Mère Teresa et sauvée in extremis. Alors elle revint mendier près de la gare. C'est là que l'ancien montreur de singes l'avait trouvée. Il la prit aussitôt sous sa protection. Un an plus tard, il l'épousa.

La requête d'Anouar laissa Lambert sans voix. Il ignorait encore à quel point le monde des lépreux était un univers à part avec ses lois propres. La lèpre

— surtout dans les stades avancés — exacerbe la sexualité, ce qui explique que les malades partagent souvent plusieurs femmes, et qu'ils font beaucoup d'enfants. Se considérant maudits par Dieu et exclus par le reste des hommes, aucun tabou ni interdit ne les arrêtent. Ils sont libres. Aucun représentant de la loi ne viendrait jamais mettre son nez dans leurs affaires. A Anand Nagar, ces hommes défigurés, estropiés, déchus ne manquaient pas de femmes. Leurs revenus de mendiants leur permettaient toujours d'en acheter. Le dernier recours d'une famille très pauvre qui ne réussissait pas à marier l'une de ses filles à cause de sa disgrâce physique ou de quelque infirmité était de la vendre à un lépreux. Une seule épouse suffisant rarement aux appétits d'un malade, la plupart des hommes avaient plusieurs femmes, et réciproquement. Les unions étaient organisées par un intermédiaire avant d'être célébrées lors de fêtes aux fastes aussi coûteux que les noces des bien-portants.

— Grand Frère Paul, reprit Anouar avec vigueur, je t'assure que tu n'auras pas de mal à convaincre Puli. J'ai de quoi le satisfaire.

A ces mots, le lépreux enfonça ses moignons dans la ceinture de son pagne et en sortit une liasse de billets liés par une ficelle.

« Trois cents roupies, ça ne se refuse pas ! »

— Tu as demandé son avis à Meeta ? s'inquiéta Lambert pour qui cette question était primordiale.

Anouar parut surpris.

— Meeta fera ce que son mari lui ordonnera, rétorqua-t-il tranquillement.

Bien entendu, Lambert refusa. Il était prêt à jouer tous les rôles au service de ses frères, sauf de s'entremettre pour une union qu'il réprouvait. Anouar fut obligé de s'adresser directement à son « rival ». Après de laborieuses négociations, la transaction fut finalement conclue pour cinq cents roupies, deux cents de plus que n'en contenait la liasse dans la ceinture du cul-de-jatte. Anouar emprunta la différence (et même beaucoup plus, pour couvrir les frais du mariage) à l'usurier de la colonie, un gros Panjabi qui faisait travailler plusieurs mendiants pour son compte.

Dans cette communauté où chaque membre se savait impur et maudit par Dieu, la religion ne jouait aucun rôle. Jamais un brahmane ou un mollah ne venait officier chez les lépreux. Hindous, musulmans et chrétiens vivaient mélangés dans une apparente indifférence aux croyances et aux rites de leur religion d'origine. Quelques coutumes se perpétuaient néanmoins, comme le choix d'une date propice pour un mariage. La colonie possédait même son astrologue, un vieillard à barbe blanche nommé Joga qui, pendant quarante ans, avait exercé la profession de diseur de bonne aventure sur l'esplanade du Maidan. Son travail n'était pas toujours facile, surtout quand les futurs mariés ignoraient leur date de naissance. C'était le cas d'Anouar et de Meeta. Le vieux Joga se contenta de suggérer un mois qui était sous l'influence bénéfique de la planète Vénus et un jour de la semaine qui n'était ni un vendredi, ni un samedi, ni un dimanche, les trois jours néfastes du calendrier hebdomadaire indien.

Un ghetto de damnés en pleine bacchanale. Au jour dit, ébloui par les faisceaux des projecteurs, ahuri par les beuglements d'une sono en folie, Paul Lambert pénétra dans le quartier des maudits. Bien qu'il eût exprimé sa désapprobation pour l'alliance qui allait se conclure, il n'avait pas cru devoir refuser l'invitation de ses amis. Trop rares en effet étaient les bien portants qui offraient à ces parias l'amitié de leur présence. Des lépreuses drapées dans des saris de mousseline chamarrée attendaient sur le seuil l'invité d'honneur des mariés pour lui passer autour du cou une guirlande d'œillets et de jasmin et lui apposer sur le front le *tilak* de bienvenue, ce point de poudre écarlate symbolisant le troisième œil de la connaissance. Ce soir, Lambert aurait bien besoin de cet œil supplémentaire pour découvrir tous les raffinements de la fête dont il allait être le prince. Il avait troqué ses baskets et sa vieille chemise noire contre des mules en forme de gondoles et une magnifique *kurta* de coton blanc brodé, cadeaux des futurs époux à leur grand frère de misère. Autour de lui, le spectacle était incroyable. Dans leurs chemises neuves et leurs gilets colorés, avec leurs joues bien rasées et leurs pansements immaculés, les lépreux avaient repris forme humaine. Leur gaieté donnait chaud au cœur. Le maître de cérémonie était Puli lui-même, l'autre époux de la future mariée. Donnant libre cours à ses talents de comédien, il avait déniché quelque part un frac et un gibus qui le faisaient ressembler à un Monsieur Loyal de quelque Magic Circus.

— Sois le bienvenu chez nous, Grand Frère Paul ! hurla-t-il de sa voix de fausset en étreignant Paul Lambert avec ses moignons.

Son haleine révélait qu'il avait déjà entamé les réserves de *bangla* destinées à la soirée. Il entraîna son invité d'honneur vers la case du « marié ». Lambert eut peine à reconnaître la misérable cahute. Les lépreux avaient tout repeint en l'honneur du mariage d'Anouar. Des guirlandes de fleurs pendaient de la charpente de bambou et la terre battue du sol étincelait d'un parterre de *rangoli*. Expression de la joie populaire à l'occasion des fêtes et des grandes solennités, les *rangoli* sont de magnifiques compositions géométriques de bon augure tracées avec de la farine de riz et des poudres de couleur.

Les grands malades avaient été hébergés par différentes familles. Au milieu de la pièce, il n'y avait qu'un *charpoï*, décoré lui aussi de fleurs et recouvert d'un superbe patchwork fait de dizaines de petits carrés bariolés. Assis sur cette couche princière se trouvait Anouar le cul-de-jatte. A côté, était posé le trône sur lequel il se ferait porter tout à l'heure jusqu'au lieu de la cérémonie. Il accueillit son garçon d'honneur avec des effusions de tendresse. Puis brusquement, il redevint grave. « Grand Frère Paul, est-ce que tu aurais une petite ampoule pour moi ? demanda-t-il à voix basse. J'ai terriblement mal ce soir. »

Instruit par l'expérience, Paul Lambert n'allait jamais rendre visite aux lépreux sans emporter une dose de morphine. Ce soir pourtant, il se demandait quel effet l'analgésique risquait d'avoir sur le comportement de son ami pendant la fête, et surtout après, lorsqu'il se retrouverait seul avec sa jeune épouse. Par précaution, il n'injecta que la moitié d'une ampoule. A peine avait-il rangé sa seringue qu'une demi-douzaine de matrones vêtues de longues robes multicolores, le front orné d'un diadème, le cou et les bras couverts de bimbeloterie, entrèrent en chantant des *bhajan*, des chants religieux. Déguisements et parures faisaient oublier leurs infirmités. Bien qu'Anouar fût d'origine musulmane, elles venaient accomplir l'un des rites essentiels de tout mariage hindou, le *holud-nath*, la purification du marié. Elles s'emparèrent du cul-de-jatte, le frictionnèrent à l'aide de toutes sortes d'onguents et de pâtes jaunes qui répandaient une forte odeur de musc et de safran. La scène eût été d'une cocasserie irrésistible si l'objet de tous ces soins n'avait pas été un corps à demi détruit. Leurs onctions terminées, les matrones procédèrent à la toilette du marié en l'aspergeant d'eau. Puis elles entreprirent de l'habiller. Anouar se laissait faire comme un enfant. Elles lui enfilèrent d'abord sa *kurta* de soie verte avec des boutons dorés. Comment cet homme qui se traînait au ras de la boue sur une planche à roulettes avait-il pu rêver d'une telle parure ? Puis elles lui passèrent un ample pantalon de soie rouge vif. Avec ses mains atrophiées, le lépreux secoua le bas vide du vêtement et se mit à rire. « Ça t'irait mieux à toi qu'à moi ! » lança-t-il à Lambert. « Ces deux jambes folles dans ce décor de fête, cela vous faisait un nœud à l'estomac », avouera le Français.

En l'absence de toute autorité religieuse, c'était au maître de cérémonie que revenait la conduite des célébrations. Aucun théologien de quelque religion que ce fût n'aurait trouvé son chemin dans l'imbroglio du rituel observé par les lépreux de la Cité de la joie. Mais Puli était un as et après tout, ce mariage le concernait de très près. Aussi n'avait-il rien oublié, à commencer par la sacro-sainte coutume dont il serait l'un des bénéficiaires : l'envoi par le fiancé de cadeaux à sa promise et à sa famille.

— Grand Frère Paul, c'est toi le garçon d'honneur, c'est donc toi qui porteras les cadeaux d'Anouar à Meeta.

Il accompagna son invitation d'un clin d'œil qui voulait dire : « Avec toi, au moins je suis sûr que rien ne disparaîtra en route. »

Anouar exhuma alors de sa paillasse une collection de petits paquets enveloppés dans du papier journal retenu par des élastiques. Chaque paquet contenait quelque bijou ou ornement. A part trois anneaux en argent véritable, le reste était plutôt de la pacotille de bazar, une bague pour les orteils, des boucles d'oreilles, une pierre pour le nez, un collier d'ambre et une *matthika*, cette parure frontale que portaient aussi les matrones. Le choix des cadeaux avait été négocié entre Puli et Anouar. Aux bijoux s'ajoutaient deux saris, quelques tubes de cosmétiques et une boîte de friandises à la cannelle. Puli disposa le tout dans un panier qu'il tendit à Lambert. Puis il appela l'escorte. Six lépreux, coiffés de shakos de carton rouge et vêtus de gilets jaunes à brandebourgs sur des pantalons blancs, entrèrent dans la case. C'étaient les musiciens. Deux d'entre eux tenaient des baguettes de tambour entre leurs phalanges rongées, deux autres des cymbales, et les deux derniers des trompettes cabossées. Puli leva son gibus et la petite procession s'ébranla dans un tohu-bohu de carnaval. Aussi majestueux que Balthazar marchant vers Bethléem, Paul Lambert avançait, son panier d'offrandes calé sur la tête, attentif à ne pas glisser dans un égout avec ses mules en forme de gondole. Puli était si fier de montrer son invité d'honneur à toute la colonie qu'il fit faire au cortège plusieurs fois le tour du quartier avant de pénétrer dans sa courée. En arrivant dans cette basse-fosse où il avait passé tant d'heures à réconforter les maudits du *slum*, Lambert se demanda s'il n'était pas victime d'une hallucination. Toute la cour était drapée de voiles de mousseline et tendue de guirlandes d'œillets, de roses, de jasmin. Alimentées par un générateur loué pour la fête, des dizaines d'ampoules colorées embrasaient la cour d'une clarté qu'elle n'avait jamais connue. Dessiné à la poudre sur le sol, un tapis de *rangoli* brillait telle une dentelle de marbre. C'était superbe.

Lambert remit son panier de cadeaux à l'une des matrones qui montaient la garde à la porte du taudis de Puli. Entraîné par le maître de cérémonie et la fanfare qui rivalisait de vacarme avec les beuglements de la sono, il revint au domicile d'Anouar. Il était presque minuit. C'était l'heure propice où, dans le ciel, « le jour est à cheval sur la nuit ». La cérémonie pouvait commencer. Il n'y avait pas de jument blanche caparaçonnée d'or et de velours pour conduire le cul-de-jatte vers la cour drapée de mousseline où l'attendait sa fiancée, le visage voilé d'un carré de coton rouge. Mais son fauteuil décoré de fleurs et porté comme un palanquin par quatre voisins valait bien toutes les montures. Coiffé d'un turban doré, précédé de l'inénarrable Puli qui saluait la foule en faisant des moulinets avec son gibus, accompagné par les éclats de la fanfare, il traversa le quartier, semblable à un empereur mogol se rendant à son couronnement. Derrière lui, Lambert portait cérémonieusement le morceau d'étoffe plié qui allait, dans un instant, voiler la face du lépreux avant son entrée dans la cour du mariage. Au milieu des bruits, des rires, des odeurs, parmi ces défigurés, ces estropiés, le Français vivait « une fantastique leçon d'espoir », émerveillé que « tant de vitalité et de joie puissent surgir d'une telle abjection ».

Puli leva son gibus et la musique se tut. On était à l'entrée de la courée et il fallait dissimuler le visage du marié. Deux matrones prirent le morceau d'étoffe des mains de Lambert et l'épinglèrent à la calotte du turban. La belle face barbue d'Anouar disparut aux regards. Le gibus de Puli monta de nouveau au-dessus des têtes et le cortège redémarra au bruit des tambours et des cymbales. « Dans le royaume des Cieux, ils seront les plus beaux visages », songeait le prêtre en découvrant le cercle d'épaves humaines en habit de fête qui attendaient tout autour de la petite cour. Dans une coupe pleine d'huile placée au centre du parterre des *rangoli*, brûlait une flamme. C'était le traditionnel feu sacrificiel offert aux dieux afin qu'ils bénissent l'union qui se préparait. La frêle Meeta était assise en tailleur sur un coussin, la tête inclinée en avant, complè-

tement cachée par son voile. Elle semblait en méditation. Sur son front brillait la parure dorée qu'avait
envoyée Anouar dans son panier de cadeaux. Une
odeur d'encens imprégnait l'air chargé de fumée.

Lorsque le cortège eut fait trois fois le tour de la
cour, Puli fit signe à Lambert de prendre place à
la gauche de la mariée. Puis il ordonna à ses porteurs de déposer Anouar à sa droite. Le gibus bien
enfoncé sur le crâne, bombant le torse dans son frac
trop large, il se mit alors à officier. Sacré Puli!
Personne ne pouvait imiter comme lui un brahmane. Prenant un air inspiré, il commença par débi-
ter, de sa voix de crécelle, une interminable litanie
de formules. L'assistance paraissait envoûtée par
cette mélopée monocorde que ponctuait un coup de
cymbales à intervalles réguliers. Après ce préambule, il entra dans le vif de la célébration. Le *pani-
grahan* était le rite essentiel du mariage brahma-
nique. Puli sortit de sa poche une cordelette mauve
et prit la main droite de la mariée et celle du marié
pour les attacher ensemble en répétant leurs noms à
haute voix. On célébrait ainsi le premier contact
physique entre les époux. Tandis que Puli récitait
de nouvelles prières, Lambert regardait les deux
paumes mutilées liées l'une à l'autre. Cette vision le
fit penser à une phrase de l'écrivain Léon Bloy:
« On n'entre pas au paradis demain ni dans dix ans.
On y entre aujourd'hui quand on est pauvre et
crucifié. » Vint alors le moment culminant de la
cérémonie. La fanfare et l'assistance s'étaient tues.
Puli invita les mariés à faire officiellement connaissance. Lentement, timidement, chacun écarta le
voile de l'autre avec sa main restée libre. La joyeuse
face barbue apparut devant les grands yeux un peu
tristes de Meeta. Paul Lambert se pencha pour
capter toute l'émotion de cet instant. Pour essayer

aussi de deviner les pensées de la jeune femme que son mari avait vendue pour cinq cents roupies à un cul-de-jatte. Les yeux de Meeta noircis de khôl brillaient de larmes.

Un authentique mariage hindou aurait donné lieu à quantité d'autres rites variant selon les provinces et les castes. Mais l'un d'eux était universel. Aucune cérémonie n'était complète sans lui. Puli invita les époux à tourner sept fois autour du feu sacrificiel, leurs mains droites toujours unies par la cordelette. Dans son excitation, il avait oublié l'infirmité du marié. Anouar vit alors son Grand Frère Paul se lever et lui tendre les bras.

— Vieux frère, laisse-moi t'aider à accompagner Meeta autour de la flamme, dit Lambert en prenant le cul-de-jatte dans ses bras.

Avec la jeune épousée, ils tournèrent tous trois lentement autour du feu cosmique, sept fois de suite. Les habitants de la courée et des dizaines de voisins qui avaient escaladé les toits contemplaient la scène avec attendrissement. Quand Lambert le reposa à sa place, Anouar retint son bras.

— Et toi, quand va-t-on te marier ? demanda-t-il.

Puli avait entendu. Il éclata de rire. Faisant valser son gibus, il lança :

— Et ce sera encore moi le brahmane !

Ils rirent tous aux éclats. Seule la pauvre Meeta semblait peu à l'aise et ne partageait pas la gaieté générale.

C'était l'heure du festin à présent. Au signal de Puli, des enfants apportèrent des piles de feuilles de bananier qu'ils distribuèrent à l'assistance. Aussitôt, des femmes sortirent des taudis avec des bassines fumantes de riz, de légumes, de poisson. Une louche à la main, des fillettes commencèrent le service. On discutait, on riait, on chantait, on plaisantait. Pour amuser un enfant, un vieillard sans nez faisait un masque avec ses paumes. Une odeur d'épices se répandit dans la cour à mesure que se remplissaient les feuilles de bananier. On servait même les voisins sur les toits. La sono beuglait à faire vibrer les tuiles. Superbes sur leurs coussins, les mariés et Lambert recevaient l'hommage de la communauté sous l'œil ravi de Puli qui multipliait ses pitreries. Toutes les cinq ou six minutes, il disparaissait pour revenir, l'instant d'après, encore plus excité. Lambert ne tarda pas à deviner son manège.

L'alcool ! La fête était en train de sombrer dans une monumentale beuverie. Restées cachées jusqu'alors au fond des taudis, les bouteilles de *bangla* avaient commencé à circuler parmi les convives. L'effet de la boisson fut immédiat et tout à fait inattendu. Au lieu de terrasser ces organismes sous-alimentés et malades, cette brusque ingestion d'éthyle les électrisa. Les lépreux valides bondirent sur leurs pieds et se mirent à danser. Des moignons se joignirent pour une farandole endiablée qui serpenta à travers la cour sous les rires et les vivats du reste de l'assistance. Des enfants se poursuivaient en courant avec des rires joyeux. Déchaînées à leur tour par les rasades de *bangla*, des femmes se lancèrent dans de folles rondes qui tournaient comme des toupies à travers la cour. Tant d'énergie ! Tant de vitalité ! Tant d'ardeur à vivre ! Encore une fois Lambert était ébloui. Qu'on ne vienne plus jamais lui dire que les lépreux n'étaient qu'un ramassis d'apathiques, un grouillement de loques, un rassemblement d'épaves résignées. Ces hommes et ces femmes étaient la Vie. La VIE en majuscules. La vie qui palpite, qui tourbillonne, qui frissonne, qui frémit, la vie qui vibre comme elle vibrait partout ailleurs dans cette ville bénie de Calcutta.

Soudain, au signal du gibus de Puli, les danses cessèrent d'un seul coup, les chants et les cris diminuèrent avant de s'arrêter tout à fait. Après un dernier hoquet, le générateur stoppa et toutes les guirlandes d'ampoules s'éteignirent. Ténèbres et silence étaient tombés sur l'assistance. Plus un bruit, plus une parole. Même les enfants s'étaient tus.

Sur son coussin d'honneur, Paul Lambert retenait sa respiration. Pourquoi cette obscurité subite ? Pourquoi cette immobilité ? Il distingua alors des ombres qui se faufilaient dans la nuit et entraient dans les différents logements donnant sur la cour. D'autres se glissaient au fond des vérandas. D'autres se fondaient dans l'ombre du sol. A côté de lui, les mariés avaient disparu. Dressant l'oreille, le Français perçut de faibles bruits de voix et des chuchotements. Il entendit même, vite étouffés, quelques cris. Alors il comprit.

La fête n'était pas finie. Elle se poursuivait pour trouver son accomplissement dans un rite ultime, un dernier hommage à la Vie toute-puissante. Les lépreux de la Cité de la joie faisaient l'amour.

45

« Ça a commencé par une grande fatigue et une drôle de douleur dans les os, comme si des dizaines de flics m'avaient matraqué avec leur *lathi*, racontera Hasari Pal. Je me disais que c'était probablement la vieillesse qui était un peu en avance. Elle arrive très vite chez les tireurs de rickshaw. Ici, à Calcutta, les feuilles des arbres dans les squares tombaient aussi plus tôt qu'à la campagne. Et puis j'ai senti une chaleur bizarre dans ma poitrine. Même quand j'étais au repos en attendant des clients, je sentais cette chaleur qui me mouillait de transpiration du haut en bas du corps. C'était d'autant plus étrange qu'on était en hiver et Dieu sait que, dans cette maudite ville, il peut faire aussi froid l'hiver que chaud l'été. J'avais beau ne pas quitter le vieux chandail offert par une cliente de Wood Street que je transportais tous les matins jusqu'à son arrêt d'autobus, je tremblais toujours. J'avais peut-être attrapé la maladie du moustique[1]. D'après Chomotkar, mon copain le chauffeur de taxi qui en avait souffert, cette maladie donne comme ça des grands frissons et des accès de chaleur. Il avait été guéri par des

---

1. Le paludisme.

petits cachets blancs. Il m'en a apporté tout un tas dans une feuille de journal et m'a dit d'en avaler deux ou trois chaque jour. Nous avons commencé le traitement avec une bouteille de *bangla*. Chomotkar prétendait que le *bangla* était un médicament universel. Mais je crois qu'il se trompait parce que j'ai continué à transpirer comme un bœuf. Et surtout, cette chaleur dans la poitrine devint une véritable brûlure au point que chaque respiration était douloureuse. Chaque fois que je chargeais un client, même un poids léger comme un écolier, il fallait que je ralentisse toutes les deux ou trois minutes pour retrouver mon souffle.

« Un jour, j'ai eu vraiment peur. C'était sur Park Street. J'avais garé mon rickshaw pour aller acheter des *bidi* sous les arcades quand tout à coup, en passant devant la pâtisserie *Flury's*, je me suis vu dans la vitrine. Pendant une seconde, je me suis demandé qui était ce vieil homme devant l'étalage de gâteaux, avec ces joues creuses noires de barbe, ce crâne couvert de cheveux blancs. J'ai cru voir mon père quand il m'avait béni le matin de mon départ pour Calcutta. Je n'oublierai jamais cette vision.

« A la façon qu'elle avait de me regarder depuis quelque temps, je compris que ma femme aussi s'alarmait au sujet de ma santé. Elle était devenue particulièrement attentive à mes gestes et à mes paroles. On aurait dit qu'elle guettait un signe qui pût la rassurer, lui prouver que j'allais bien. D'où, sans doute, l'empressement inhabituel qu'elle montrait à m'accueillir chaque fois que je manifestais le désir de faire l'amour. Car c'était une chose curieuse : plus je me sentais épuisé, plus j'éprouvais l'envie d'avoir des relations avec ma femme. Comme si toute la sève de mon corps usé s'était réfugiée dans l'organe de la reproduction. Ma femme, d'ailleurs, ne tarda pas à m'annoncer qu'elle attendait un enfant. Cette nouvelle me combla d'une telle joie que pendant plusieurs jours je ne ressentis plus ni la fatigue, ni le froid, ni la transpiration.

« Mais après, mon état s'aggrava brutalement. Un jour que je venais de charger un *marwari* avec un monceau de paquets, je fus obligé de m'arrêter et de poser les brancards. Quelque chose s'était bloqué dans ma poitrine, je ne pouvais plus respirer. Je tombai à genoux. Ce *marwari* était un brave homme. Au lieu de m'injurier et d'appeler un autre rickshaw, il essaya de m'aider à reprendre mon souffle en me donnant de petites tapes dans le dos. J'ai senti quelque chose de chaud gargouiller dans ma bouche. J'ai craché. Le *marwari* a regardé le crachat et a fait une grimace. Il m'a tendu un billet de cinq roupies et a transféré ses paquets à bord d'un autre rickshaw. En s'éloignant, il m'a fait un petit signe de la main. Je suis resté là un bon moment avant de me relever. D'avoir craché m'avait un peu soulagé. Je retrouvai enfin ma respiration et eus assez de force pour repartir. Ce n'était pas encore aujourd'hui que le dieu viendrait me chercher.

« Ma femme éclata en sanglots lorsque je lui fis le récit de cet incident. Les femmes sont comme les animaux. Elles sentent l'orage avant les hommes. Elle me supplia d'aller immédiatement voir un *kak* pour qu'il me vende des drogues. Un *kak* demandait seulement une roupie ou deux, alors qu'à un vrai docteur qui était allé à l'école, il fallait en donner cinq ou dix fois plus. Mais avant d'aller trouver le *kak*, ma femme a suggéré qu'il serait bon d'apporter des offrandes aux dieux pour conjurer l'ogresse Suparnaka, responsable de nombreuses maladies. Elle a disposé sur une assiette une banane, des pétales de roses et une poignée de riz et nous sommes allés au temple où j'ai remis au brahmane le billet de cinq roupies que m'avait donné le *marwari*. Il a récité des *mantrâ*. Nous avons déposé nos offrandes au pied de la statue de Ganesh et allumé plusieurs bâtonnets d'encens. Quand le dieu à tête d'éléphant eut disparu derrière un voile de fumée, nous nous sommes retirés afin de le laisser écraser l'ogresse avec sa trompe. Le lendemain, j'avais retrouvé assez de forces pour reprendre les brancards de mon rickshaw.

« Une vague de très grand froid s'abattit alors sur le nord du pays. Le bitume devint sous la plante de nos pieds nus aussi brûlant de froid qu'il l'était de chaleur pendant la pire canicule d'avant la mousson. Les nuits étaient terribles. Nous avions beau nous serrer les uns contre les autres comme dans une caisse de poissons séchés, la froidure nous mordait la peau et les os avec des dents plus pointues que celles d'un crocodile.

« Les potions du *kak* de Wellesley Street devaient contenir des substances miraculeuses car deux flacons suffirent à calmer en quelques jours la douleur dans mes os et la chaleur dans ma poitrine. J'allais pouvoir retourner devant la pâtisserie *Flury's* et me regarder sans crainte dans la vitrine. Mais bientôt je ressentis des picotements au fond de la gorge qui provoquèrent une série de toussotements incontrôlables. C'était une toux sèche et douloureuse. Elle devint de plus en plus violente, au point de me secouer comme un cocotier pendant une tornade, puis de me laisser complètement épuisé. Certes, ces quintes de toux chez les tireurs de rickshaw sont une musique aussi familière que le tintement de leur grelot. N'empêche, c'était une expérience terrifiante. Elle prouvait que le dieu n'avait pas entendu ma prière. »

46

Avec son guidon hérissé de phares et de sirènes, ses larges roues peintes en vert et rouge, son réservoir étincelant comme un filon d'argent et sa selle recouverte d'une peau de panthère, la moto ressemblait à l'un de ces gros cubes que l'on voit dans les films. Sanglé dans un pantalon de cuir à larges pattes d'éléphant et une chemise de soie, son pilote parcourait en pétaradant les ruelles boueuses de la Cité de la joie. Tout le monde connaissait ce solide gaillard à lunettes noires qui distribuait saluts et sourires comme un politicien en campagne. Il était un personnage du *slum* aussi familier que le mollah aveugle de la grande mosquée ou que le vieux brahmane du petit temple près des voies ferrées. Il s'appelait Ashoka, comme le célèbre empereur de l'histoire indienne. Il était le fils aîné et le principal lieutenant du chef de la mafia locale.

Malgré ses soixante-dix mille habitants, la Cité de la joie vivait sans aucune autorité légale. Elle n'avait ni maire, ni juges, ni policiers. Comme dans le bidonville des Pal, ce vide avait été promptement comblé par la mafia qui régnait souverainement sur le *slum*. Elle dirigeait, rançonnait, arbitrait. Et personne ne contestait son pouvoir. Il y avait plusieurs familles rivales, mais le « Parrain » le plus puissant était un hindou à grosses lunettes, âgé d'une soixantaine d'années. Il vivait avec ses fils, ses femmes et son clan dans un immeuble moderne de quatre étages bâti à proximité du *slum*, de l'autre côté de la Grand Trunk Road, la grand-route de Delhi. Il était hindou et s'appelait Kartik Babu nom que lui avait donné son père en hommage au fils de Shiva, dieu de la guerre.

Presque tous les débits de boisson clandestins du bidonville étaient sa propriété. Il y contrôlait également le trafic des stupéfiants et la prostitution. En outre, il pouvait se vanter d'être l'un des plus grands propriétaires immobiliers d'Anand Nagar. Il avait su choisir ses locataires avec une grande habileté. Aux familles de réfugiés, il avait préféré des vaches et des bufflesses. La plupart des étables qui abritaient les quelque huit mille cinq cents bêtes à cornes vivant dans le *slum* lui appartenaient. Cette invasion animale, avec sa puanteur, ses millions de mouches et le fleuve de purin déversé chaque jour dans les égouts, remontait au jour où, pour des raisons d'hygiène, la municipalité avait expulsé les étables du centre de Calcutta. On avait annoncé à grands cris la création de laiteries municipales à l'extérieur de la ville. Mais rien ne se passa et les animaux furent tout bonnement recasés dans la Cité de la joie et les autres *slums*. Le Parrain avait été le grand bénéficiaire de cette opération : il était beaucoup plus avantageux de loger une vache qu'une famille de neuf personnes. Il le disait lui-même : « Pour le même loyer et le même espace on ne risque pas la moindre revendication. »

Tout le monde savait que le Parrain disposait de bien d'autres sources de revenus. Il avait notamment la mainmise sur tout un réseau de receleurs qui achetaient et revendaient les marchandises volées dans les wagons des chemins de fer. Les profits de ce racket se chiffraient en millions de roupies. Mais surtout il tirait des bénéfices considérables d'une exploitation particulièrement odieuse. Il rançonnait les lépreux d'Anand Nagar. Non content d'encaisser les loyers de la plupart de leurs misérables taudis, il les obligeait à lui verser une redevance quotidienne d'une à deux roupies en échange de sa « protection » et d'un emplacement pour mendier aux abords de la gare de Howrah. De sérieux appuis politiques étaient nécessaires au Parrain pour pouvoir se livrer impunément à de telles exactions. Le bruit courait qu'il alimentait généreusement les caisses du parti au pouvoir dont il était l'agent électoral le plus actif. Les bulletins de vote de la Cité de la joie, même tenus par des moignons de lépreux, faisaient partie de ses manigances.

Curieusement, les habitants s'accommodaient assez bien de cet état de choses. En l'absence de toute autre autorité incontestée, ils avaient souvent recours à celle du Parrain qui devenait alors redresseur de torts, une sorte de Robin des Bois. Bien sûr, il n'intervenait presque jamais personnellement. Il déléguait son fils aîné Ashoka ou d'autres membres de son clan. Mais c'était lui qui tirait les ficelles. Il n'était jamais à court d'astuces pour imposer son pouvoir. Il envoyait des hommes de main provoquer un incident quelque part, dans l'un de ses bistrots par exemple. Ensuite, il expédiait Ashoka pour rétablir l'ordre et montrer aux gens combien il était bon et influent. Il ne se déplaçait en personne que dans les cas très délicats. Et quand Ashoka ou un autre de ses fils avaient abusé d'une fille du *slum*, il se montrait si généreux avec ses parents qu'on se hâtait d'étouffer l'affaire. Bref, c'était un seigneur.

La présence, un matin, de la moto du fils du Parrain devant la porte de Paul Lambert fit sensation dans Fakir Bhagan Lane. Des bruits coururent aussitôt : « Le Parrain cherche querelle au Grand Frère Paul... Le Parrain veut expulser le *Father*... » Cette inquiétude semblait, à première vue, injustifiée. Après s'être prosterné devant le prêtre avec autant de respect que devant la déesse Kâlî, le messager du chef de la mafia s'adressa à lui en ces termes :

— *Father*, mon père m'a chargé de vous présenter une invitation.

— Une invitation ? s'étonna le prêtre.

— Oui, il désire discuter avec vous d'une petite affaire. Oh, quelque chose de bien insignifiant.

Lambert savait que rien n'était « insignifiant » pour le Parrain de la mafia. Il jugea inutile de finasser.

— C'est bon, dit-il, je vous suis.

Ashoka battit l'air de ses mains gantées de cuir.

— Eh là, pas si vite ! Mon père ne reçoit pas à n'importe quelle heure ! Il vous attend demain à dix heures. Je viendrai vous chercher.

Traverser la Cité de la joie sur le gros cube pétaradant du prince héritier, toutes sirènes hurlantes, Paul Lambert trouva l'expérience plutôt comique. Il songeait à la tête que ferait le bon curé de la paroisse s'il l'apercevait. « De quoi lui faire avaler son goupillon ! racontera le Français. J'ignore comment les empereurs hindous et mogols recevaient leurs sujets mais il me sera également difficile d'oublier la façon royale dont m'accueillit le Parrain d'Anand Nagar. »

Son immeuble était un vrai palais. Devant la porte étaient garées trois voitures Ambassador avec antennes de radio et rideaux aux vitres, ainsi que plusieurs motos semblables à celles des policiers qui escortent les chefs d'État. Le hall du rez-de-chaussée donnait sur une grande pièce tapissée d'une moquette orientale et de confortables coussins. Un petit autel avec un *lingam* de Shiva, les images de nombreux dieux et une clochette pour sonner la *puja* décoraient un angle de la pièce. Des bâtonnets d'encens brûlaient un peu partout, exhalant une odeur entêtante. Le Parrain était assis sur une sorte de trône en bois sculpté incrusté de motifs de nacre et d'ivoire. Il portait un calot blanc et un gilet de velours noir sur une longue chemise de coton blanc. Des lunettes fumées aux verres très épais lui cachaient complètement les yeux, mais on pouvait déceler ses réactions au froncement plus ou moins saccadé de ses épais sourcils. Ashoka fit signe au visiteur de s'asseoir sur le coussin placé devant son père. Des serviteurs enturbannés apportèrent des bols de thé, des bouteilles de citronnade glacée ainsi qu'une assiette de pâtisseries bengalies. Le Parrain vida une des bouteilles puis se mit à tapoter le bras de son fauteuil avec la grosse topaze qui ornait son index.

— *Father*, soyez le bienvenu dans ma maison, dit-il d'une voix cérémonieuse et un peu sourde, et considérez-la comme votre maison.

Il se racla la gorge sans attendre de réponse et envoya un superbe crachat dans l'urne de cuivre qui brillait près de son orteil droit. A cette occasion, Lambert remarqua que ses sandales avaient des lanières incrustées de pierreries. « C'est un très grand honneur de faire votre connaissance », ajouta son hôte. Un des serviteurs revint présenter un plateau avec des cigares noués ensemble. Le chef de la mafia dénoua le ruban et offrit un cigare au prêtre qui refusa. Puis il s'en choisit un et prit tout son temps pour l'allumer.

— Vous devez être une personne tout à fait spéciale, déclara-t-il enfin en lâchant un jet de fumée, car on m'a rapporté que vous aviez fait une demande pour obtenir... non, ce n'est pas possible, je n'arrive pas à croire une chose pareille. Vous avez vraiment demandé la nationalité indienne ?

— Vous êtes très bien informé, confirma Lambert.

Le Parrain émit un gloussement satisfait et se cala dans son fauteuil.

— Vous avouerez qu'il peut paraître tout à fait surprenant qu'un étranger soit tenté d'échanger sa condition de nanti pour celle d'un pauvre Indien.

— Vous et moi n'avons sans doute pas la même conception de la richesse.

— En tout cas, je serai fier de compter un nouveau compatriote tel que vous. Et si par hasard la réponse des autorités se faisait attendre, avertissez-moi. J'ai des relations.

— Je vous remercie mais je fais confiance au Seigneur.

Le Parrain n'en crut pas ses oreilles : quelqu'un osait refuser son appui. Sans toutefois montrer sa surprise, il enchaîna :

— *Father*, dit-il insidieusement, j'ai aussi entendu des bruits curieux... Il paraît que vous auriez l'intention de créer une léproserie dans le *slum*. Est-ce exact ?

— Oh, « léproserie » est un bien grand mot, protesta Lambert. Il s'agit plutôt d'un dispensaire pour traiter les cas les plus graves. J'ai demandé à Mère Teresa l'assistance de deux ou trois de ses sœurs.

Le Parrain toisa le prêtre avec sévérité.

— Vous devriez savoir que personne ne peut toucher aux lépreux d'Anand Nagar sans ma permission.

— Alors, qu'attendez-vous pour les secourir vous-même ? Votre aide sera la bienvenue.

Les sourcils du Parrain remuèrent frénétiquement au-dessus de ses lunettes.

— Les lépreux de la Cité de la joie sont depuis douze ans sous ma haute protection, et c'est la meilleure chose qui ait jamais pu leur arriver, gronda-t-il. Sans moi, il y a belle lurette que les habitants du *slum* les auraient jetés dehors. — Il se pencha vers Lambert avec un sourire complice. — Mon cher *Father*, vous êtes-vous demandé comment les voisins de votre « dispensaire » allaient réagir à la venue de vos lépreux ?

— Je fais confiance à la compassion de mes frères, dit Lambert.

— La compassion ? Vous autres saints hommes, vous parlez toujours de compassion ! En fait de compassion, vous aurez une émeute. Ils y mettront le feu à votre dispensaire et ils les lyncheront, vos lépreux !

Paul Lambert serra les dents, préférant ne pas répondre. « Ce type est un vrai truand mais il a probablement raison », pensa-t-il. Le Parrain ralluma son cigare et tira une bouffée en renversant la tête en arrière.

— Je ne vois qu'un moyen pour vous éviter tous ces ennuis...

— C'est-à-dire ?

— Que vous souscriviez à un contrat de protection.

— Un contrat de protection ?

— Il vous en coûtera trois mille roupies par mois seulement. Nos tarifs sont d'ordinaire beaucoup plus élevés. Mais vous êtes un homme de Dieu, et vous savez bien qu'en Inde nous avons l'habitude de respecter ce qui est sacré.

Sans attendre de réponse, il tapa dans ses mains. Son fils aîné se précipita.

— Le *Father* et moi avons conclu un contrat d'amitié, annonça-t-il avec une satisfaction évidente. Vous vous mettrez d'accord tous les deux pour les modalités du règlement.

Le Parrain était vraiment un seigneur. Il ne s'occupait pas des détails.

★

Les fondateurs du Comité d'entraide de la Cité de la joie se réunirent ce soir-là dans la chambre de Paul Lambert pour débattre de l'ultimatum du Parrain.

— Le Parrain est tout-puissant, déclara Saladdin. Souvenez-vous des dernières élections. Les cocktails Molotov, les pluies de boulons, les coups de barre de fer. Des morts et tant de blessés ! Risquer de remettre le feu aux poudres pour une question d'argent, cela en vaut-il la peine ? Il faut accepter de payer.

— Trois mille roupies pour avoir le droit de soigner quelques lépreux ? s'indigna Margareta, c'est aberrant.

— C'est le montant qui te chiffonne ou le principe ? demanda Lambert.

— Le montant, bien sûr !

« Réponse exemplaire, songea Lambert. Même au fond de ce bidonville, le chantage et la corruption collent à la peau comme les mouches. » Tous les autres partageaient l'avis de Saladdin. Sauf Bandona, la jeune Assamaise.

— Que Dieu maudisse ce démon ! s'écria-t-elle. Lui donner une seule roupie serait trahir la cause de toutes les petites gens.

Lambert se sentit comme électrisé.

— Bandona a raison ! trancha-t-il. Il faut relever le défi, résister, se battre. C'est l'occasion ou jamais de montrer aux gens d'ici qu'ils ne sont plus seuls.

Le lendemain de bonne heure la moto pétaradante du fils aîné de Kartik Babu s'immobilisait devant la chambre de Lambert. Suivant les ordres de son père, Ashoka venait discuter les modalités de paiement du « contrat ». Mais la rencontre ne dura que quelques secondes, le temps pour le prêtre de signifier son refus au jeune truand. C'était le premier défi jamais porté à l'autorité du chef de la mafia de la Cité de la joie.

Une semaine plus tard, tout était prêt dans le petit dispensaire pour accueillir les premiers lépreux. Bandona et des volontaires partirent chercher les six malades les plus atteints que Lambert souhaitait hospitaliser en priorité. Lui-même se rendit chez Mère Teresa pour ramener les trois petites sœurs qui devaient donner les soins. A peine arrivée à la hauteur de la mosquée, l'équipe de Bandona fut interceptée par un commando de jeunes loubards armés de gourdins.

— On ne passe pas ! cria un adolescent boutonneux à qui il manquait les dents de devant.

La jeune Assamaise voulut poursuivre son chemin mais une avalanche de coups l'arrêta. Au même moment, le prêtre arrivait de l'autre côté du *slum* avec ses trois religieuses. Il serra les dents à la vue du nuage de fumée qui montait tout au bout de la ruelle. Ce n'était pas la fumée habituelle des *chula*. Il entendit alors une forte explosion et une clameur. Un deuxième commando avait entrepris de saccager à coups de pioche et de barre de fer l'ancienne école qui devait servir de léproserie. Terrorisés, les boutiquiers du quartier s'empressaient de barricader leurs devantures. Sur la grand-route de Delhi, on entendit le grincement suraigu de dizaines de rideaux métalliques descendus en hâte par les commerçants. Le saccage du dispensaire terminé, un troisième commando fit son apparition. Chacun de ses membres portait plusieurs bouteilles et engins explosifs dans une musette pendue à l'épaule. La rue se vida en un éclair. Même les chiens et les enfants qui grouillaient toujours partout décampèrent. Une série de déflagrations secoua tout le quartier, leur écho se répercutant très au-delà de la Cité de la joie. Aux côtés de Lambert, les petites sœurs de Mère Teresa en sari blanc récitaient le rosaire à haute voix. Le prêtre les conduisit dans la courée de Margareta et les confia à la garde de Gunga, le Muet. Puis il partit en courant dans la direction des explosions. Une voix le rappela. Il se retourna : Margareta trottinait derrière lui.

— Grand Frère Paul ! pour l'amour de Dieu, ne t'approche pas, supplia-t-elle, ils vont te tuer !

A cet instant, ils virent déboucher un cortège hérissé de drapeaux et de banderoles bariolées de slogans qui clamaient en hindi, en ourdou et en anglais : « Nous ne voulons pas de léproserie à Anand Nagar. » Un homme équipé d'un méga-phone marchait en tête et scandait des appels que répétait la foule derrière lui. L'un d'eux disait : « Pas de lépreux chez nous ! *Father sahib go home !* » Ces gens n'étaient pas du quartier et cela n'avait rien d'étonnant : Calcutta était le plus grand réservoir de manifestants professionnels du monde. N'importe quels organisations et partis politiques pouvaient en louer des milliers pour cinq ou six roupies par tête et par jour. Les mêmes qui hurlaient le matin des slogans révolutionnaires sous les drapeaux rouges des communistes paradaient le soir ou le lendemain derrière les oriflammes des partisans du Congrès. Dans cette ville en proie à un bouillonnement per-manent de tensions, toutes les occasions de se dé-fouler étaient bonnes. Lorsqu'il aperçut l'emblème du parti d'Indira Gandhi sur des banderoles qui exigeaient l'expulsion des lépreux, le responsable communiste local, un ancien contremaître des auto-mobiles Hindoustan Motors nommé Joga Banderkar, trente-deux ans, fut pris de l'envie irrépressible de manifester lui aussi. Courant aussi vite que sa jambe droite estropiée le lui permettait, il alla rameuter quelques camarades. En moins d'une heure, les communistes du *slum* réussirent à rassembler plusieurs centaines de militants pour une contre-manifestation. La réponse du Parrain au défi de Paul Lambert allait ainsi conduire à un affrontement politique.

Le phénomène était classique. De simples altercations entre voisins dégénéraient en bagarre de courée, et celle-ci en bataille rangée entre les habitants de tout un quartier, avec des blessés et parfois des morts. Le jour où le vieux Surya avait sauvé du lynchage la malheureuse démente traquée par la populace, il avait expliqué au prêtre ce mécanisme de la violence : « Tu baisses la tête, tu t'écrases, tu supportes tout indéfiniment. Tu rengaines tes rancœurs contre le propriétaire de ton taudis qui t'exploite, l'usurier qui te saigne, les spéculateurs qui font monter le prix du riz, les patrons des usines qui te refusent du boulot, les gosses des voisins qui t'empêchent de dormir en crachant leurs poumons toute la nuit, les partis politiques qui te sucent et se foutent de toi, les brahmanes qui te demandent dix roupies pour réciter un simple *mantrâ*. Tu acceptes la boue, la merde, la puanteur, la chaleur, les insectes, les rats, la faim. Et puis un jour, bang ! L'occasion t'est donnée de crier, de casser, de cogner. Tu ne sais pas pourquoi. C'est plus fort que toi : tu fonces ! »

Que, dans un tel contexte de dureté, les explosions de violence ne fussent pas plus fréquentes ne cessait d'étonner Lambert. Et de faire son admiration. Combien de fois avait-il vu dans les courées des bagarres se désamorcer aussitôt en un torrent d'insultes et d'invectives, comme si chacun voulait éviter le pire. Car les pauvres d'Anand Nagar savaient ce qu'il en coûte de se battre. Les souvenirs des horreurs de la Partition et de la terreur naxalite hantaient encore toutes les mémoires.

Ce matin-là pourtant, rien ne semblait pouvoir retenir la fureur des centaines d'hommes et de femmes qui dévalaient à travers le *slum*. Les deux cortèges se heurtèrent au coin de la grand-route de Delhi. Il y eut une empoignade sauvage puis un déluge de tuiles, de briques et de cocktails Molotov lancés depuis les toits. Paul Lambert revit la face sanglante de son père, ce soir de l'été 1947, quand policiers et grévistes des mines s'étaient battus autour des fosses du nord de la France. L'affrontement d'aujourd'hui était plus cruel. « Pour la première fois, je découvrais sur les visages un sentiment que je croyais absent de cette fourmilière de misère, expliquera-t-il. Je découvrais la haine. Elle tordait les bouches, incendiait les yeux, poussait à des actes monstrueux, comme de lancer une bouteille explosive sur un groupe d'enfants piégés dans la bataille ou de mettre le feu à un autocar plein de voyageurs, ou de se jeter sur de malheureux vieillards incapables de fuir. Il y avait beaucoup de femmes parmi les plus acharnés. J'en reconnus certaines, encore que leurs traits convulsés les rendissent presque méconnaissables. Le *slum* avait perdu la raison. Je compris ce qui se passerait le jour où les pauvres de Calcutta se mettraient à marcher sur les quartiers des riches. »

On entendit soudain un sifflement puis une détonation, suivie d'un effet de souffle si brutal que Lambert et Margareta furent projetés l'un vers l'autre. Une bouteille d'essence venait d'éclater derrière eux. Une épaisse fumée les enveloppa aussitôt. Quand le nuage se dissipa, ils étaient en pleine mêlée. Impossible de fuir sans risquer d'être abattus sur-le-champ. Heureusement, les combattants observèrent une pause pour s'adonner à un rite aussi vieux que la guerre, le pillage. Mais bientôt briques et bouteilles recommencèrent à pleuvoir. La férocité atteignit un paroxysme. Des blessés gisaient de tous côtés. Lambert vit un enfant de quatre ou cinq ans ramasser un des projectiles au bord de l'égout. L'engin explosa, lui arrachant la main. Quelques secondes plus tard, il vit une barre de fer miroiter au-dessus de la tête de Margareta. Il n'eut que le temps de se jeter devant elle et de faire dévier la trajectoire. Déjà un autre assaillant survenait, armé d'un coutelas. A l'instant où il allait frapper, Lambert vit une main saisir l'homme au collet et le rejeter en arrière. Il reconnut Mehboub, son voisin musulman, lui-même armé d'une barre de fer. Après la mort de sa femme, le musulman avait confié sa vieille mère et ses enfants à la garde de Nasir, son fils aîné, et disparu. Et voilà qu'il réapparaissait, homme de main du Parrain. Il avait les yeux tuméfiés, le front et le nez marqués d'estafilades, la moustache collée de sang et ressemblait plus que jamais à l'image du Saint Suaire devant laquelle il s'était si souvent recueilli. Autour d'eux, les coups tombaient avec une sauvagerie redoublée. Les combattants les plus déchaînés étaient de très jeunes gens. On aurait dit qu'ils se battaient pour le plaisir. C'était terrifiant.

Lambert aperçut alors derrière la mêlée la silhouette trapue et les lunettes noires d'Ashoka, le fils aîné du Parrain. Ni lui ni son père n'avaient paru sur le champ de bataille jusqu'à présent. Ashoka donnait des ordres ; le prêtre comprit qu'il allait se passer quelque chose. Son attente fut brève. « Le carnage cessa par un véritable coup de baguette magique, racontera-t-il. Les assaillants rengainèrent leurs armes, firent demi-tour et rentrèrent chez eux.

En quelques minutes, tout était redevenu normal. Seuls les gémissements des blessés, les briques et autres débris qui encombraient la chaussée, et l'odeur âcre de la fumée révélaient qu'on venait de se battre ici. Un réflexe de raison avait empêché l'irrémédiable. »

Le Parrain était satisfait. Il avait infligé la leçon qu'il souhaitait, tout en gardant le contrôle de ses troupes. Paul Lambert était prévenu : nul dans la Cité de la joie ne pouvait impunément le défier.

47

« Avec leurs beaux discours, leurs promesses et leurs drapeaux rouges, nous étions pris comme des pigeons dans la glu. A peine les avions-nous élus que tous ces *babu* de gauche nous faisaient une monstrueuse crotte dans la main, dira Hasari Pal après les élections qui avaient porté la gauche au pouvoir au Bengale. Ils commencèrent par voter une loi qui obligeait les juges non seulement à faire saisir les rickshaws circulant sans permis officiel, mais encore à les faire détruire. Eux, les soi-disant défenseurs de la classe ouvrière, eux qui avaient toujours les mots de « revendication » et de « justice » à la bouche, eux qui passaient leur temps à dresser les pauvres contre les riches, les exploités contre les patrons, voilà qu'ils s'attaquaient à notre gagne-pain. Détruire les rickshaws de Calcutta, c'était comme si on brûlait les moissons dans les champs ! Qui seraient les victimes de cette folie ? Les propriétaires des carrioles ? Foutaise ! Eux n'avaient pas besoin des cinq ou six roupies que nous rapportaient chaque jour nos guimbardes pour se remplir la panse. Alors que pour cent mille d'entre nous, bon Dieu, pour nos femmes et nos enfants, c'était la mort ! »

Comme toujours, Hasari était à la recherche

d'une explication. Le tireur qu'on appelait le Balafré en avait une : si les *babu* du gouvernement voulaient faire brûler les carrioles dépourvues de permis, c'était parce que « ces messieurs n'appréciaient pas la concurrence ». Il avait appris que des *babu* exploitaient leurs propres rickshaws qu'ils s'étaient bien sûr débrouillés de faire immatriculer dans les règles. Golam Rassoul, le secrétaire du syndicat qui avait l'air d'un moineau tombé du nid, avançait, lui, une autre raison. Depuis qu'il militait aux côtés des *babu* communistes, il avait la tête gonflée de toutes sortes de théories. Les esprits simples comme Hasari souvent du mal à les comprendre car, constatait l'ancien paysan, « nous avions beaucoup plus l'occasion de nous développer les mollets que le cerveau ».

Rassoul affirmait que les responsables des persécutions étaient en réalité les technocrates de la municipalité. D'après lui, ces grosses têtes reprochaient aux tireurs de rickshaws de travailler en marge de tout système gouvernemental, bref, de ne dépendre ni d'eux ni de l'État. « Comme si l'État avait l'habitude de faire le tour des trottoirs et des bidonvilles pour offrir du travail aux crève-la-faim sans emploi ! » rétorquera Hasari. Les tireurs de rickshaws, expliquait encore Rassoul, n'avaient plus leur place dans la Calcutta du futur dont rêvaient ces grosses têtes. Leur Calcutta devrait être celle des moteurs, pas des hommes-chevaux. Cinq mille taxis ou autobus de plus, cela rapporterait davantage à tout le monde que la sueur de cent mille pauvres types. Toujours selon Rassoul, ce n'était pas difficile à admettre. « Supposons que le gouvernement commande cinq mille taxis et autobus pour transporter les deux millions de personnes que nous transportons chaque jour dans nos guimbardes. Vous pouvez imaginer ce que cette commande va rapporter aux constructeurs de véhicules, aux fabricants de pneus, aux garages, aux marchands d'essence. Sans parler des usines de médicaments à cause de toutes les maladies que cette nouvelle pollution va provoquer. »

Quels que fussent leurs motifs, les nouveaux *babu* décidèrent de mener la vie dure aux tireurs de rickshaws. La loi fut appliquée et les confiscations des guimbardes sans permis allèrent bon train. Aucun tireur n'osait plus emprunter les grandes artères, là où il y avait des policiers qui réglaient la circulation. Mais d'autres policiers les attendaient aux stations. Les choses se passaient alors tout bêtement.

— Fais voir ton permis, ordonnait un agent au premier de la file.

— Je n'ai pas de permis, s'excusait le tireur en sortant quelques roupies de sous son *longhi*.

Cette fois, le policier faisait semblant de ne pas voir les billets. Il avait des ordres très stricts. Les bakchichs, ça ne marchait plus.

Parfois, le tireur ne répondait même pas. Il se contentait de hausser les épaules. C'était la fatalité. Et la fatalité, il en avait l'habitude. Le policier ordonnait aux tireurs de traîner leurs carrioles jusqu'au *thânâ* du quartier, le poste de police. Sur les trottoirs devant tous les *thânâ*, il y eut bientôt de longs serpents de dizaines de rickshaws imbriqués les uns dans les autres, leurs roues entravées par des chaînes. Toutes ces voitures immobilisées offraient un spectacle de désolation. On aurait dit les arbres d'un verger déracinés par un cyclone ou des poissons pris dans une nasse. « Quelle calamité, se lamentait Hasari avec ses compagnons. Tant qu'elles étaient là, cependant, enchaînées devant les *thânâ*, on pouvait toujours espérer qu'elles seraient un jour rendues à ceux qu'elles faisaient vivre. » Cet espoir lui-même allait bientôt s'évanouir. Comme le prévoyait la loi, les juges ordonnèrent la destruction des rickshaws confisqués. Un soir, ils furent tous chargés dans les bennes à ordures jaunes de la municipalité et transportés vers une destination inconnue. Rassoul ayant eu l'idée de faire suivre les camions, les tireurs apprirent que toutes les carrioles avaient été regroupées sur la décharge publique de la ville, derrière le quartier des tanneurs. Vraisemblablement pour y être brûlées.

En raison de leur dispersion, il fallait en général un temps assez long pour rassembler un nombre important de tireurs. Ce jour-là pourtant, en moins d'une heure, ils formèrent sur Lower Circular Road un formidable cortège, avec banderoles, pancartes et tous les accessoires habituels à ce genre de manifestations. Conduite par Rassoul, le Balafré et tout l'état-major du syndicat, la colonne se mit en marche vers la décharge aux cris de : « Nos rickshaws, c'est notre riz ! » Scandé par les porte-voix, le slogan était répété par des milliers de poitrines. A mesure qu'ils avançaient, d'autres travailleurs se joignaient à eux : participer à une action de masse aide à oublier qu'on a le ventre vide. A chaque carrefour, des policiers stoppaient la circulation pour les laisser passer. C'était l'usage à Calcutta. Ceux qui revendiquaient avaient la priorité.

Ils marchèrent ainsi pendant des kilomètres. Au-delà des derniers faubourgs, ils arrivèrent dans une zone de terre-pleins sans constructions. « C'est là que s'est produit le choc, dira Hasari. D'abord une puanteur à vous griller les poumons. Comme si des milliers de charognes vous engloutissaient. Comme si le ciel et la terre se décomposaient dans vos narines. Il nous fallut plusieurs minutes pour surmonter notre nausée et continuer. » Devant eux, s'étalait à perte de vue le remblai d'où montait l'odeur pestilentielle : la décharge de Calcutta. Un matelas d'ordures dix fois plus vaste que le Maidan où s'agitaient, dans un nuage de poussière nauséabonde, des camions et des bulldozers. Des nuées de vautours et de corbeaux tournoyaient au-dessus de cette pourriture. Il y en avait tellement que le ciel était par moments obscurci comme un jour de mousson. Le plus stupéfiant était le nombre des chiffonniers qui grouillaient comme des insectes au milieu des détritus.

Les tireurs aperçurent leurs carrioles tout au fond de ce décor de désolation. Elles formaient un long rempart de roues et d'arceaux encastrés les uns dans les autres. Comment le dieu avait-il pu permettre que les instruments qui donnent le riz atterrissent dans un endroit pareil ? » se demandèrent Hasari et ses camarades. C'était inconcevable. « Le dieu devait être dans les bras d'une princesse le jour où les *babu* avaient voté leur loi, s'indigna l'ancien paysan. Ou bien, il se foutait de nous. » Ce qui se passa ensuite restera pour lui le spectacle le plus terrible de sa vie. Derrière les rickshaws, en contrebas, étaient dissimulés trois camions de policiers. Quand le cortège déboucha sur le terre-plein, ils se précipitèrent hors de leurs véhicules pour lui barrer le chemin. Ils n'appartenaient pas à la police municipale mais à des unités spéciales anti-émeutes avec casques, fusils et boucliers. Ils avaient reçu l'ordre de procéder à la destruction des rickshaws confisqués et de refouler tous ceux qui s'y opposeraient.

Force armée et tireurs de rickshaw se faisaient face. Rassoul saisit un porte-voix et cria qu'ils refusaient de laisser détruire leur outil de travail. Entretemps, des photographes de presse et des journalistes étaient arrivés. Ils avaient l'air un peu gauches sur ce matelas de détritus avec leurs chaussures et leurs pantalons. L'immense remblai fut bientôt noir de monde. Les chiffonniers avaient cessé de gratter les ordures, d'autres accouraient des villages voisins. Les policiers avancèrent, leurs fusils pointés en avant. Aucun tireur ne bougea. « Devant l'énormité du crime qui se préparait, nous étions tous prêts à tomber sous les coups plutôt que de reculer, dira Hasari. Des années de lutte et de souffrance quotidiennes nous avaient endurcis. Et notre dernière grande grève nous avait révélé que nous pouvions faire trembler nos patrons. Nous nous sentions aussi solidaires que les brancards l'étaient de nos carrioles. »

C'est alors que survint le drame. Un policier gratta une allumette et enflamma une torche qu'il plongea dans la caisse d'un des rickshaws du milieu. Des flammes embrasèrent immédiatement la banquette et la capote avant de gagner les véhicules voisins. Après quelques secondes de stupeur, les premiers rangs du cortège se jetèrent contre le barrage des policiers. Ils voulaient pousser dans le vide les voitures en feu afin de sauver les autres. Mais les policiers formaient un mur infranchissable. C'est à ce moment qu'Hasari aperçut le Balafré. Il s'était hissé sur les épaules d'un camarade. Il poussa un hurlement, se redressa à la verticale, donna un formidable coup de reins et, d'une pirouette, réussit à sauter par-dessus les policiers. Ses camarades le virent se jeter dans les flammes pour faire basculer dans le ravin les carrioles qui brûlaient. C'était fou. Même les policiers s'étaient retournés, médusés. On entendit un cri jaillir du brasier. Hasari distingua un bras et une main recroquevillés sur un brancard, puis la fumée enveloppa la scène tandis qu'une odeur de chair grillée se mêlait à la puanteur. Une chape de silence tomba sur la décharge. On n'entendait plus que le crépitement des flammes dévorant les rickshaws. Les *babu* avaient gagné.

Quand le feu s'éteignit, Hasari demanda à l'un des chiffonniers de lui donner une boîte de conserve. Puis il alla chercher dans les braises quelques cendres du Balafré. Avec ses camarades, il irait les immerger dans les eaux de l'Hooghly, le bras du Gange sacré.

48

En hiver, le même phénomène se reproduisait chaque soir. A peine les femmes avaient-elles mis le feu aux galettes de bouse de vache dans leur fourneau pour cuire le repas vespéral que le disque rougeoyant du soleil disparaissait derrière un écran grisâtre. Retenues par la couche supérieure d'air frais, les volutes de fumée grasse stagnaient au niveau des toits, enfermant le *slum* sous un matelas empoisonné. Les gens toussaient, crachaient, s'asphyxiaient. Certains soirs, la visibilité se réduisait à moins de deux mètres. Une odeur de soufre semblait dominer toutes les autres. Les yeux, les narines, la gorge, les poumons vous brûlaient affreusement. C'était un supplice. Et pourtant, personne dans la Cité de la joie n'aurait osé maudire l'hiver, ce trop court répit avant les folies caniculaires de l'été.

Cette année-là, l'été survint comme la foudre. En quelques secondes, ce fut la nuit en plein jour. Affolés, les habitants sortirent des courées et se précipitèrent dans les ruelles. Du haut de la terrasse où il triait des médicaments, Paul Lambert vit fondre sur la Cité de la joie une perturbation atmosphérique d'une espèce inconnue de lui. A première vue, on aurait pu croire à une aurore boréale. Il s'agissait en réalité d'une muraille de millions de particules en suspension qui avançait à une vitesse foudroyante. Il n'eut pas le temps de se mettre à l'abri. La tornade était déjà là. Elle dévastait tout sur son passage, emportant des toitures, jetant des gens à terre, provoquant la panique des buffles dans les étables. Le *slum* fut instantanément recouvert d'un linceul de sable jaune. C'était hallucinant. Puis des éclairs illuminèrent les ténèbres. Ils étaient d'une telle brillance qu'ils paraissaient déchirer le ciel. C'était le signal d'un cataclysme qui noya cette fois le *slum* sous un bombardement de grêlons auxquels succédèrent des trombes d'eau. Quand la pluie cessa et que le soleil réapparut, un nuage de vapeur brûlante s'abattit sur le bidonville. Le thermomètre était monté de quinze degrés d'un coup, jusqu'à 40° centigrades. Paul Lambert et les soixante-dix mille habitants de la Cité de la joie comprirent que la trêve de l'hiver était terminée. L'enfer était de retour. Ce 17 mars, c'était l'été.

Saison bénie des zones tempérées, l'été infligeait aux habitants de cette partie du monde des souffrances difficiles à imaginer. Comme toujours, les plus déshérités, les miséreux des *slums*, étaient les plus cruellement frappés. Dans les taudis sans fenêtres où s'entassaient jusqu'à quinze personnes, dans ces minuscules courées calcinées toute la journée par un soleil implacable, dans les venelles où ne soufflait jamais le moindre courant d'air, alors que l'extrême pauvreté et l'absence de courant électrique interdisaient l'usage d'un ventilateur, les mois d'été avant la mousson étaient une torture aussi atroce que la faim.

A Calcutta, les policiers qui réglaient la circulation aux carrefours étaient équipés d'un parasol fixé à leur baudrier afin de leur laisser les mains libres. Les gens ne se déplaçaient que sous le couvert d'un parapluie. S'ils n'en avaient pas, ils se protégeaient du soleil comme ils pouvaient, avec un journal, un sac de toile, le pan de leur sari ou de leur *dhoti*. La fournaise s'accompagnait d'un taux d'humidité pouvant atteindre jusqu'à cent pour cent. Le moindre mouvement, quelques pas, descendre un escalier, provoquaient une sudation incontrôlable. Dès dix heures du matin, tout travail physique devenait impossible. Hommes et bêtes étaient figés dans l'incandescence de l'air immobile. Pas un souffle. La réverbération était si intense que Lambert, qui ne possédait pas de lunettes noires, eut l'impression de « recevoir du plomb fondu dans les yeux ». S'aventurer pieds nus sur l'asphalte des rues était un supplice encore plus douloureux. Le bitume liquéfié vous arrachait la plante des pieds par lambeaux entiers. Tirer un rickshaw sur ce tapis de feu relevait du plus pur héroïsme. S'élancer, trottiner, s'arrêter, repartir avec des roues qui s'engluaient dans la mélasse brûlante était un exploit à renouveler sans fin. Pour tenter de protéger ses pieds déjà ulcérés de crevasses et de brûlures, Hasari Pal se résolut à un geste que plusieurs centaines de millions d'Indiens n'avaient encore jamais accompli. Pour la première fois de sa vie, il chaussa pour aller travailler les sandales reçues pour son mariage avec la dot de sa femme. Cette initiative devait s'avérer désastreuse. Les semelles lui faussèrent très vite compagnie, aspirées par le bitume en fusion.

Les habitants d'Anand Nagar résistèrent pendant six jours, puis l'hécatombe commença. Les poumons desséchés par l'air torride, le corps vidé de sa substance, des tuberculeux, des asthmatiques, beaucoup de bébés moururent. Tous les membres du Comité d'entraide, Paul Lambert, Margareta et Bandona en tête, couraient d'un bout à l'autre du *slum* pour secourir les cas les plus tragiques. Courir n'était pas le mot car il fallait se mouvoir avec lenteur sous peine de s'écrouler sans connaissance après un bout de chemin. Sous l'effet de la température, l'organisme se déshydratait en quelques heures. « Au moindre effort, racontera Lambert, vous étiez trempés de la tête aux pieds. Puis vous ressentiez des frissons et presque aussitôt vous étiez saisis de vertiges. Les victimes d'insolation et de déshydratation étaient si nombreuses qu'on voyait dans la rue de plus en plus de pauvres gens incapables de se relever. » Curieusement, c'est le Français, pourtant peu familier avec ces agressions climatiques, qui parut le mieux résister les premiers jours aux assauts de la fournaise. Son crucifix de métal brûlant sur la poitrine nue, un *longhi* de coton ceint autour de la taille, la tête couverte d'un chapeau de paille offert par le curé de la paroisse, il ressemblait à un bagnard évadé de Cayenne. Mais le dixième jour, la température battit tous les records depuis un quart de siècle. Au thermomètre de la *tea-shop* du vieil hindou, le mercure atteignit 114° Fahrenheit, c'est-à-dire 44° centigrades à l'ombre. Compte tenu de la saturation de l'air en humidité, cela équivalait à plus de 55° au soleil. « Le plus pénible était cette moiteur dans laquelle on baignait en permanence, dira Lambert Elle provoqua bientôt des épidémies qui entraînèrent de nombreux décès. En plus du paludisme, le choléra et la typhoïde réapparurent. Mais ce furent les gastro-entérites qui firent le plus de victimes. Elles vous liquidaient quelqu'un en moins de vingt-quatre heures. »

Ce n'était pourtant qu'un préambule. D'autres épreuves attendaient le Français. Une vague de furonculose, d'anthrax, de panaris et de mycoses s'abattit sur le *slum*. Des milliers de gens furent atteints et le mal n'épargna pas les autres quartiers de Calcutta, non plus que certaines professions comme les tireurs de rickshaws et de *telagarhi* obligés de marcher pieds nus au milieu des immondices. Faute de pommades et d'antibiotiques, ces maladies de peau se propageaient à une vitesse foudroyante. A côté de chez Lambert, les enfants de Mehboub n'étaient plus qu'une plaie. Mehboub lui-même, revenu chez lui, fut victime d'une éclosion d'anthrax très douloureux que le prêtre dut inciser à coups de canif. Fin avril, la température grimpa encore et l'on assista à un phénomène surprenant. Les mouches se mirent à mourir. Puis ce fut au tour des moustiques, dont les œufs périrent également avant d'éclore. Scolopendres, scorpions, araignées et cancrelats disparurent. Les seuls survivants de la vermine de la Cité de la joie étaient les punaises. Elles se multiplièrent comme pour prendre la place laissée par les autres. Chaque soir, Lambert leur faisait une chasse implacable. Elles pullulaient. Plusieurs s'étaient même embusquées derrière l'image du Saint Suaire. A la frénésie qu'il mettait à les écraser, le prêtre mesurait le peu de sérénité auquel il était parvenu. « Au bout de tout ce temps en Inde, le résultat était fort décevant. Malgré des chapelets de *ôm* et l'exemple de détachement que me donnait Surya, le vieil hindou d'en face, je me révoltais encore contre l'inhumaine condition faite à mes frères d'ici. » Un matin, en se rasant, il eut un nouveau choc devant l'image que lui renvoyait son miroir. Ses joues avaient encore fondu et deux sillons profonds s'étaient creusés autour de sa moustache et de sa bouche, accusant la courbure comiquement retroussée de son nez. Sa peau avait pris une teinte cireuse. Elle était tendue sur ses os comme une vieille toile cirée toute luisante.

Les vrais martyrs de la chaleur étaient les ouvriers

des milliers de petits ateliers et fabriques disséminés dans la Cité de la joie et les autres *slums*. Entassés les uns contre les autres près de leurs machines dans des cagibis sans aération, ils faisaient penser à des équipages de sous-marins en perdition. La condition des femmes était aussi pitoyable. Empêtrées dans leurs saris et leurs voiles au fond de leurs taudis transformés en fours, les plus petites tâches ménagères les épuisaient.

Étrangement, dans cette touffeur qui anéantissait les plus robustes, c'était l'inaction qui était le plus pénible. « La chaleur paraissait encore plus insupportable lorsque l'on cessait de bouger, dira Lambert. Elle vous tombait dessus comme un manteau de plomb, elle vous étouffait. » Pour échapper à la suffocation, les gens tentaient de créer autour de leur visage une minuscule turbulence en agitant un morceau de carton ou de journal. « Le plus extraordinaire, c'est qu'ils continuaient à s'éventer en somnolant, et même en dormant. » Le Français avait essayé d'en faire autant mais, dès l'arrivée du sommeil, sa main lâchait son éventail de fortune. Il comprit qu'une telle prouesse devait être « une adaptation de l'espèce, un réflexe acquis par des générations en lutte contre la dureté de ce climat ».

Une nuit d'avril, Paul Lambert ressentit sous les aisselles et sur le ventre les premiers signes d'une démangeaison qui allait en quelques heures s'étendre à toutes les parties de son corps. « J'avais l'impression que des millions d'insectes me grignotaient la peau. » L'irritation devint si intense qu'il ne pouvait s'empêcher de se gratter furieusement. Tout son épiderme ne fut bientôt qu'une plaie. Suffoquant, sans force, il resta prostré dans sa chambre. Mais un *slum* n'est pas une de ces cités-dortoirs d'Occident où l'on peut disparaître ou mourir sans que les voisins le remarquent. Ici, la moindre modification aux~habitudes suscitait une curiosité instantanée. Le premier à s'inquiéter de ne pas voir sortir le *father* fut Nasir, le fils aîné de Mehboub, qui faisait pour lui chaque matin la queue aux latrines. Il alerta son père qui courut prévenir Bandona. En quelques minutes, tout le quartier sut que le Grand Frère Paul était malade. « Seul un lieu où des hommes vivent au contact de la mort peut offrir autant d'exemples d'amour et de solidarité », songea le prêtre en voyant Surya, le vieil hindou d'en face, entrer dans son taudis avec un pot de thé au lait et une assiette de biscuits. Quelques instants plus tard, la mère de Sabia lui apportait une écuelle de *lady's fingers*, ces légumes en forme de gros haricot, les seuls que les pauvres pouvaient acheter. Pour leur donner plus de goût, elle les avait agrémentés d'un morceau de citrouille et de quelques navets, une vraie folie. Puis Bandona arriva. Au premier coup d'œil, la jeune Assamaise diagnostiqua le mal. C'étaient bien des insectes qui grignotaient Lambert, mais pas ces punaises et autres bestioles qui infestaient les taudis de la Cité de la joie. Le Français était dévoré par de minuscules parasites appelés « acarus » dont l'invasion sous l'épiderme produisait une douloureuse maladie de peau qui faisait des ravages dans le *slum*.

— Grand Frère Paul, gloussa Bandona avec un sourire espiègle, tu as la gale !

La canicule n'avait pas dit son dernier mot. Fin avril, le thermomètre grimpa encore de plusieurs degrés. Un bruit qui faisait partie du décor s'éteignit sous ce nouvel assaut. Les seuls oiseaux du *slum*, les corneilles mantelées, cessèrent de croasser. On retrouva leurs cadavres sur les toits et dans les courées. Un mince filet de sang avait coulé de leur bec : la chaleur avait fait exploser leurs poumons. Le même sort devait bientôt frapper d'autres animaux.

Par dizaines, par centaines, les rats commencèrent à mourir. Dans le logement voisin de celui de Lambert, la mère de Sabia avait tendu un vieux sari au-dessus du bat-flanc où dormait sa dernière fille atteinte de varicelle. Un jour, trouvant des asticots sur le front de son enfant, la pauvre femme constata qu'ils étaient tombés de l'étoffe par un trou. En examinant la charpente, elle vit un grouillement de vers s'échapper d'un rat crevé sur une poutre de bambou.

C'est à cette époque que les vidangeurs municipaux, chargés de vider les latrines et d'évacuer le fumier des étables, décrétèrent une grève illimitée. En quelques jours, le *slum* fut submergé par un lac d'excréments. Bouchés par le fumier des étables, les égouts à ciel ouvert débordaient, déversant partout un torrent noirâtre et pestilentiel. Dans l'air torride et immobile monta bientôt une insoutenable puanteur, portée par les fumées des *chula*. Et pour couronner le tout, le mois de mai se termina par un terrible orage de pré-mousson. Du coup, le niveau des drains et des latrines monta de cinquante centimètres en une nuit. On vit des cadavres de chiens et de rats dériver sur cette marée immonde. On y vit même plusieurs chèvres et un buffle, la panse gonflée comme un dirigeable. L'orage déclencha par ailleurs un phénomène imprévu : l'éclosion, dès la dernière goutte, de millions de mouches. L'inondation avait envahi la plupart des taudis, transformant ces quelques mètres carrés surpeuplés en autant de cloaques nauséabonds.

Pourtant, au plus profond de l'horreur, survenait toujours un miracle. Celui que découvrit Paul Lambert depuis son gourbi en ce dimanche de Pentecôte, « avait le visage d'une petite fille vêtue d'une robe blanche, une fleur rouge dans les cheveux, qui marchait comme une reine au milieu de toute cette merde ».

TROISIÈME PARTIE

Calcutta mon amour

49

Une brusque décélération le plaqua contre le dossier de son siège. L'aile du Boeing venait de basculer vers la terre, dévoilant un paysage luxuriant de cultures et de cocotiers. Après deux heures au-dessus des immensités parcheminées de l'Inde centrale, Max Loeb eut l'impression d'arriver au cœur d'une oasis. Partout de l'eau, des canaux, des étangs miroitants et des marécages couverts de jacinthes sauvages qui ressemblaient, entre leurs diquettes, à des jardins flottants. Il songea aux Everglades de sa Floride et aux plates-bandes maraîchères de Xochimilco, au Mexique. Les taches sombres de nombreux buffles émergeaient de tout ce vert. Puis l'avion se redressa, découvrant d'un seul coup la ville.

Une ville démesurée, sans limites ni horizon, traversée d'un fleuve brunâtre où les navires à l'ancre avaient l'air d'oiseaux pétrifiés. Une ville aux contours indistincts à cause du linceul de fumées qui la recouvrait. La paroi scintillante d'un réservoir de pétrole, la silhouette d'une grue au bord du fleuve, les structures métalliques d'une usine perçaient par instants d'un éclair l'épaisse couche cotonneuse.

La voix chantante de l'hôtesse annonça l'atterrissage à Calcutta. Max distingua le campanile gothique d'une cathédrale, les tribunes d'un champ de courses, des autobus rouges à impériale qui glissaient sur une avenue au milieu d'un parc. Le Boeing passa enfin au ras d'un remblai et se posa.

Une gifle de feu. Dès l'ouverture de la porte, la fournaise extérieure s'engouffra dans l'avion. « J'eus l'impression d'être frappé par le souffle d'un séchoir à cheveux géant, racontera l'Américain. Sous le choc, je reculai et restai un moment incapable de bouger, cherchant ma respiration. Quand je sortis enfin sur la passerelle, je fus aveuglé par l'intense réverbération et dus m'agripper à la rambarde. »

Quelques instants plus tard, dans la cohue du hall d'arrivée, Max aperçut une guirlande de fleurs jaunes au-dessus des têtes. C'était Lambert qui brandissait le collier de bienvenue acheté sous le pont de Howrah pour accueillir à l'indienne le visiteur d'Amérique. Les deux hommes se reconnurent instinctivement. Leurs effusions furent brèves.

— Je te propose de te conduire au *Grand Hotel*, dit Lambert en montant dans un taxi. C'est le palace local. Je n'y ai jamais mis les pieds mais j'imagine que c'est un endroit plus propice que la Cité de la joie pour une prise de contact en douceur avec les réalités de cette chère ville.

Le jeune Américain transpirait de plus en plus.

« A moins que tu ne souhaites faire immédiatement le plongeon, enchaîna Lambert avec un clin d'œil. Et il s'agit bien d'un plongeon : les égoutiers se sont encore mis en grève. Tu sais, ce n'est pas la Floride que tu vas trouver chez nous ! »

Max réprima une grimace. Il réfléchissait à l'alternative proposée quand son regard se posa sur le bras de son compagnon.

— Qu'est-ce que tu as là ? s'étonna-t-il en montrant la peau pleine de croûtes.

— Oh, rien. J'ai attrapé la gale.

Le jeune médecin poussa un grognement. Lambert avait sans doute raison : il valait mieux prendre le temps de s'acclimater. Passer sans transition d'un paradis de milliardaires au tréfonds de l'enfer pouvait causer des blessures irréversibles. Max se méfiait de ce genre de traumatismes. Combien de solides gaillards du *Peace Corps* américain avaient flanché dès leur première confrontation avec la misère ! On avait dû les rapatrier d'urgence. Il était certes préférable de s'adapter petit à petit, dans le confort d'une chambre climatisée, soutenu par de généreuses rasades de whisky, et quelques savoureux cigares Montecristo. Rien ne pressait, après tout. Au bout d'un moment, Max se tourna brusquement vers son compagnon.

— Tout compte fait, j'aime mieux faire le plongeon tout de suite, annonça-t-il. Je vais avec toi.

Une heure plus tard, les nouveaux amis étaient attablés face à face sous la lumière crachotante d'un des bistrots du bidonville. Un ventilateur à bout de souffle brassait un air torride chargé de relents de friture.

— Du ragoût de buffle ? s'inquiéta l'Américain à la vue de l'étrange mixture qu'un des jeunes serveurs avait déposée devant lui.

— Pas du « ragoût », rectifia le Français en essuyant son assiette avec gourmandise, juste de la sauce. Il n'y a pas un gramme de viande là-dedans. Mais ça a tellement mijoté avec les os, la couenne, la moelle, la gélatine que c'est plein de protéines. C'est comme si tu te tapais une entrecôte de Charolais. Et pour trente *paisa*, vingt-quatre centimes, tu ne voudrais tout de même pas qu'on te serve un canard au sang, non ?

Max fit une moue qui en disait long sur sa répugnance.

« Et dis-toi que nous avons une fichue chance d'avoir trouvé une table, enchaîna Lambert, désireux de présenter son bidonville sous le meilleur jour. C'est le *Maxim's* de l'endroit. »

L'image fit sourire l'Américain qui continuait d'examiner le contenu de son assiette, la crasse du décor et la clientèle avec circonspection. Une vingtaine d'hommes étaient en train de prendre leur repas dans un fracas d'éclats de voix. Ils étaient tous des ouvriers d'usine sans leur famille, ou des travailleurs d'ateliers condamnés à vivre à proximité de leurs machines à cause des coupures de courant. L'établissement appartenait à un gros musulman chauve nommé Nasser qui trônait derrière son chaudron fumant tel un bouddha derrière le feu sacrificiel. Nasser était le responsable de la cellule locale du parti communiste marxiste. Aucune folie du thermomètre ne pouvait le déloger de son observatoire d'où il commandait à ses dix employés. Ces derniers appelaient le Français *Father, Uncle* ou « Grand Frère Paul ». Cinq étaient des enfants du *slum*. L'aîné n'avait pas treize ans. Ils travaillaient de sept heures du matin à minuit pour un salaire mensuel de dix roupies (huit francs) et leur nourriture. Pieds nus, vêtus de haillons, ils couraient remplir les seaux à la fontaine, lavaient les tables, nettoyaient par terre, chassaient les mouches, servaient les repas, rabattaient les clients. De vrais petits hommes infatigables et toujours joyeux. Trois autres, préposés à l'épluchage des légumes, étaient des simples d'esprit. Le gros Nasser les avait ramassés à quelques mois d'intervalle alors qu'ils mendiaient sur la grand-route de Delhi au milieu des camions qui manquaient chaque jour de les écraser. Ils logeaient sur place, dormant sur le perchoir que leur patron leur avait aménagé avec des planches suspendues aux bambous de la charpente. A la plonge, enfin, officiaient un aveugle et un borgne L'aveugle portait une barbichette blanche et chantait à longueur de journée des sourates du Coran. Lambert ne passait jamais devant le restaurant sans aller lui dire quelques mots. « Comme Surya, le vieil hindou de la *tea-shop*, cet homme avait le don de recharger mes batteries. Il répandait des ondes bénéfiques. »

Comment faire percevoir en quelques heures toutes les subtilités de la vie d'un *slum* indien à un Américain qui débarquait d'une autre planète ? Lambert savait par expérience que la Cité de la joie était un lieu qui devait se découvrir à dose homéopathique. Et surtout se mériter. Ce serait long et difficile. Mais un événement exceptionnel allait survenir ce premier soir qui précipiterait les choses et projetterait Max Loeb d'un seul coup au cœur même du décor. Le Français faisait déguster le dessert à son compagnon, un morceau de *barfi*, le délicieux nougat bengali que l'on mange dans sa mince feuille de papier d'argent, quand un homme fit irruption. Il se précipita vers Lambert et lui parla en bengali en joignant les mains dans un geste de supplique. Il avait l'air très ému et très pressé. Max Loeb remarqua qu'il lui manquait plusieurs phalanges aux deux mains.

— Tu t'y connais en obstétrique ? demanda Lambert en se levant.

L'Américain haussa les épaules.

— Ce qu'on apprend à la fac, c'est-à-dire pas grand-chose.

— Viens ! Ça sera toujours mieux que rien. Il semble que quelques-uns de mes amis aient voulu te réserver une petite surprise de bienvenue. — Lambert adorait plaisanter. L'étonnement de l'Américain l'enchanta. — Oui, Docteur, ils veulent t'offrir une naissance !

— Et je dois mettre la main à la pâte ?

— Tu as deviné !

Ils éclatèrent de rire et s'élancèrent sur les pas du messager qui s'impatientait. Pataugeant dans la fange jusqu'aux mollets, ils avançaient avec précaution. De temps en temps, ils heurtaient quelque chose de mou, sans doute un cadavre de chien ou de rat. L'obscurité tombe de bonne heure sous les tropiques et la nuit était noire comme de l'encre.

— Il vaudrait mieux que tu évites de piquer une tête dans l'un des gros collecteurs, fit observer Lambert, faisant allusion aux caniveaux profonds de deux mètres qui traversaient le *slum*.

— Ce serait pourtant une bonne façon de me faire regretter les plages de Floride !

— A condition d'en réchapper ! Dans cette merde, tu claques en quelques secondes. A cause des gaz.

Ils cheminèrent pendant plus d'un quart d'heure avec prudence sous les regards ébahis des habitants qui se demandaient où pouvaient bien aller ces deux *sahib* dans ce cloaque à une heure pareille.

— Baisse la tête !

L'avertissement épargna à l'Américain de se fracasser le crâne contre une grosse poutre de bambou.

— Ici, il faudra t'habituer à te plier en deux. Remarque, ça aide à rester humble !

Max courba son grand corps pour pénétrer dans la courée. Elle était pleine de gens qui discutaient bruyamment. L'arrivée des deux étrangers ramena un peu de silence. Dans la faible lueur d'une chandelle, l'Américain aperçut des visages sans nez, des moignons qui s'agitaient comme des marionnettes. Il comprit qu'il se trouvait dans le quartier des lépreux. Comme Paul Lambert à sa première visite, Max n'en crut pas ses yeux. Un spectacle d'une étonnante beauté illuminait cette déchéance. « Dans les jambes de ces corps mutilés, jouaient des enfants. De superbes enfants joufflus qui semblaient sortir d'une publicité pour Nestlé. » Un vieillard à cheveux gris entraîna Lambert et son compagnon vers un taudis d'où provenaient de faibles gémissements. Alors qu'ils se courbaient de nouveau pour en franchir le seuil, deux vieilles femmes toutes ridées voulurent s'interposer. De leurs bouches rougies par du bétel jaillit un flot d'invectives. « Les matrones ! expliqua le Français en se retournant vers Max. Notre venue est un affront pour elles. » Le vieillard les repoussa sans ménagement et entraîna les visiteurs à l'intérieur. Quelqu'un approcha une bougie, éclairant alors un long visage très pâle aux orbites profondément creusés.

— Meeta ! cria Lambert, stupéfait.

L'épouse du cul-de-jatte Anouar paraissait épuisée. Elle baignait dans une mare de sang. Elle ouvrit les yeux avec peine. Quand elle vit le nez retroussé et le front dégarni au-dessus d'elle, sa bouche esquissa un sourire.

— Grand Frère Paul ! murmura-t-elle.

Elle tendit les mains vers lui, tandis que Max retirait les chiffons qui servaient de compresses sur son ventre.

— Il faut faire vite, déclara l'Américain. Sinon, ils claquent tous les deux !

Entre les cuisses de la lépreuse, il venait de découvrir le sommet d'un petit crâne sanguinolent. L'enfant était coincé à mi-chemin. Sa mère ne parvenait pas à l'expulser. Peut-être était-il déjà mort.

« Tu as quelque chose pour lui soutenir le cœur ? » demanda-t-il en cherchant le pouls de la jeune femme.

Lambert fouilla dans son inséparable musette où

il trimballait toujours quelques médicaments de première urgence. Il en sortit un flacon.

— J'ai un peu de Coramine.

Max fit la grimace.

— Tu n'as rien de plus fort ? Un tonique cardiaque en intraveineuse ?

La question lui parut si incongrue que, malgré le tragique de la situation, Paul Lambert éclata de rire.

— Tu me prends pour un drugstore de Miami ?

L'Américain s'excusa d'un sourire un peu forcé et Lambert réclama un gobelet d'eau dans lequel il versa le médicament. S'agenouillant au chevet de la jeune lépreuse, il lui souleva la tête et la fit boire lentement, ajoutant sans le vouloir au breuvage les gouttes de sueur qui tombaient de son front. Il faisait au moins 45° dans la pièce.

— Dis-lui de recommencer à pousser le plus fort possible, ordonna Max.

Lambert traduisit en bengali. Meeta contracta son corps en haletant. Des larmes de douleur coulaient sur ses joues.

— Non, pas comme ça ! Il faut qu'elle pousse vers le bas. Dis-lui de respirer d'abord à fond et de pousser ensuite en expirant. Dépêche-toi !

Max était en nage. Il s'épongea le visage et le cou. Un goût rance lui remontait dans la bouche. Était-ce la chaleur, le ragoût de buffle du dîner qui ne passait pas, la puanteur ou la vue de toutes ces mutilations ? Il fut pris d'une incoercible envie de vomir. En le voyant blanc comme un linge, Lambert vida le reste du flacon de Coramine dans le gobelet où venait de boire la lépreuse.

— Avale ça en vitesse !

Max eut un sursaut à la vue du récipient.

— Tu es fou ?

— Tu n'as pas le choix. Ils te regardent tous. Si tu fais le dégoûté, ils pourraient se fâcher. Avec les lépreux, on ne sait jamais. Lambert savait que Meeta n'était pas contagieuse, mais l'idée de terrifier ce grand escogriffe d'Américain l'enchantait. Voyant qu'il devenait de plus en plus livide, il eut pitié : « Tu n'as rien à craindre, sa lèpre à elle ne s'attrape pas. »

Max porta le gobelet à ses lèvres, ferma les yeux et avala d'un trait. Une fillette aux yeux noirs bordés de khôl s'était approchée et l'éventait avec un morceau de carton. Il se sentit mieux. Il se pencha pour examiner de plus près la parturiente et constata que l'enfant se présentait de travers. Ce n'était pas le haut du crâne qui émergeait, mais la nuque. Pour le dégager, il n'y avait qu'un seul moyen : le faire basculer.

Lambert guettait l'avis de l'Américain.

— Tu crois que le gosse vit encore ?

— Comment savoir sans stéthoscope ? (Le médecin colla son oreille sur le ventre de la lépreuse. Il se redressa, l'air dépité :) « Aucune pulsation. Mais cela ne veut rien dire. Il est tourné à l'envers. (Désignant la femme, il s'énerva :) Pour l'amour de Dieu, dis-lui de pousser plus fort !

La Coramine agissait. La lépreuse se contracta avec une vigueur accrue. Max comprit qu'il fallait profiter de ce sursaut car c'était sans doute la dernière chance.

— Va de l'autre côté, dit-il à Lambert. Pendant que j'essaye de redresser l'enfant, toi tu lui masses vigoureusement le ventre, de haut en bas, pour aider l'expulsion.

Dès que Lambert fut passé à l'action, le médecin glissa délicatement sa main derrière la nuque du bébé. Meeta poussa un gémissement.

— Dis-lui de respirer à fond et de pousser régulièrement, sans à-coups.

Tous les muscles de la lépreuse se tendirent. La

tête renversée, la bouche crispée, elle faisait un effort désespéré.

Max ne réussira jamais à expliquer ce qui se produisit alors. Sa main venait d'atteindre les épaules du bébé quand deux boules poilues tombées du toit passèrent devant ses yeux et atterrirent sur le ventre de la mère. Dans la charpente, des rats avaient survécu à la vague de chaleur. Ils étaient aussi gros que des chats. Surpris, Max avait brusquement dégagé sa main. Était-ce la rapidité de son geste ? Le choc provoqué par la chute des animaux ? Une chose était certaine : le corps de l'enfant s'était redressé d'un seul coup.

— Pousse, pousse vite ! hurla Max à la lépreuse.

Dix secondes plus tard, il recevait dans les mains un paquet de chair enrobé de glaires et de sang. Il le souleva comme un trophée. C'était un superbe garçon qui devait peser près de six livres. Il vit ses poumons se gonfler et sa bouche s'ouvrir sur un cri qui déclencha un formidable écho de joie dans la courée. Une des matrones trancha le cordon et le ligatura avec un fil de jute. L'autre apporta une cuvette pour procéder à la toilette de l'enfant et de sa mère. En voyant la couleur des linges, l'Américain eut un haut-le-cœur. « Ces gens doivent être rudement solides ! » songea-t-il.

Comme aucun brahmane n'acceptait d'entrer dans une courée de lépreux, c'est à Paul Lambert qu'échut l'honneur d'accomplir le premier rite qui suit la naissance d'un enfant. Il sentit qu'on lui touchait les pieds et découvrit Anouar sur sa planche à roulettes qui portait ses moignons à son front en signe de respect. La face barbue du cul-de-jatte exultait : « Grand Frère Paul, tu m'as donné un fils ! Un fils ! » Paralysé par l'angoisse, le deuxième mari de Meeta s'était tenu à l'écart jusqu'à cet instant triomphal. Il apportait maintenant un bol plein de grains de riz. Le coinçant entre ses bras mutilés, il le leva comme une offrande vers le prêtre. « Tiens, dit-il, dépose ce riz près de mon garçon pour que les dieux lui donnent longue vie et prospérité. » Puis il réclama une lampe à huile à l'une des matrones. Conformément au rite, sa mèche devait brûler sans interruption jusqu'au lendemain. Si elle s'éteignait, le nouveau-né ne vivrait pas.

Dans sa première lettre à sa fiancée, Max Loeb racontera en ces termes la manifestation d'enthousiasme qui suivit : « Tous les lépreux de la courée débordaient de joie. Impossible de les retenir. Des mains sans doigts se jetèrent à mon cou, des visages ravagés me donnèrent l'accolade. Des infirmes brandissaient leurs béquilles et les faisaient claquer comme des baguettes de tambour. "Grand Frère, Grand Frère, que Dieu te bénisse !" criaient les gens. Même les matrones se joignirent à la fête. Des enfants apportèrent des biscuits et des friandises qu'il fallut manger sous peine de manquer aux règles de l'hospitalité. J'étouffais. J'avais la nausée. L'odeur de pourriture était encore plus insoutenable dans la cour qu'à l'intérieur du taudis. Paul Lambert, lui, paraissait comme chez lui. Il serrait toutes les mains sans doigts qui se tendaient vers lui. Moi je me contentais de joindre les miennes dans ce joli geste de salut que j'avais vu faire à l'aéroport. Les pleurs du nouveau-né emplissaient la nuit. Ma première nuit à Calcutta. »

50

« Il n'y a pas que des tigres et des serpents dans cette jungle de Calcutta, s'émerveilla Hasari Pal. On y rencontre aussi des biches et des agneaux. Même parmi les chauffeurs de taxi. » Ces derniers étaient en général de vrais caïds qui n'avaient aucune sympathie pour les hommes-chevaux. Roulant comme des rajas dans leurs bolides noir et jaune, ils ne rataient pas une occasion d'affirmer leur supériorité. Un jour, dans un embouteillage, un de ces rajas coinça Hasari et sa carriole dans un caniveau. C'est alors que le miracle se produisit. Le chauffeur, un homme assez âgé et maigrelet, avec une cicatrice autour du cou, s'arrêta pour s'excuser. Ce n'était pas un *sardarji* du Panjab avec sa barbe roulée, son turban et son poignard, mais un Bengali comme Hasari, originaire de Bandel, une petite localité au bord du Gange à une trentaine de kilomètres de son village. Il s'empressa d'aider le tireur à dégager son rickshaw du caniveau et lui proposa de vider une bouteille de *bangla* avec lui à la première occasion. Celle-ci se présenta le surlendemain pendant une averse torrentielle. Abandonnant leurs véhicules, les deux hommes se réfugièrent dans un caboulot clandestin derrière Park Street.

Le chauffeur de taxi s'appelait Manik Roy. Il avait

débuté comme conducteur d'autocar mais, une nuit, une bande de *dacoït*, des bandits de grand chemin, l'avaient arrêté sur la route. Après avoir fait descendre ses passagers et les avoir délestés de leurs possessions, ils les avaient égorgés. Par quel miracle Manik avait été retrouvé vivant le lendemain, il ne pouvait le dire. Mais de cette nuit tragique, il gardait une impressionnante cicatrice de chair bourgeonnante autour du cou. Ce qui lui avait valu d'être surnommé « Chomotkar » — « Fils du miracle ».

Aux yeux d'Hasari, cet homme était bien le « Fils du miracle », en effet, mais pour une autre raison. Au lieu de serrer les brancards d'un rickshaw, ses mains caressaient un volant ; au lieu du bitume et des trous, ses pieds voyageaient allégrement sur trois petites pédales de caoutchouc ; au lieu de peiner et suer, il gagnait le riz de ses enfants confortablement assis sur le siège d'un char plus beau que celui d'Arjuna. Un taxi ! Quel tireur de rickshaw n'avait rêvé qu'un jour l'un des quatre bras du dieu Vishwakarma effleurât sa guimbarde pour la métamorphoser en l'un de ces carrosses noir et jaune qui sillonnaient les avenues de Calcutta ?

En attendant, Fils du miracle invita Hasari à l'accompagner pendant toute une journée. C'était certainement le plus beau cadeau qu'il pût lui faire. « C'était comme de partir pour Sri Lanka avec l'armée des singes, dira Hasari, ou de me proposer de m'asseoir dans le chariot d'Arjuna, roi des Pandava. » Quelle fête, en effet, de s'installer sur une banquette si moelleuse que le dossier s'enfonçait à la moindre pression du corps ! De découvrir devant ses yeux toutes sortes de cadrans et d'aiguilles qui vous renseignaient sur la santé de votre moteur et des autres organes. Fils du miracle introduisit une clef dans une fente et il y eut aussitôt une pétarade joyeuse sous le capot. Puis il enfonça une des pédales avec son pied et manœuvra un levier sous le volant. « C'était fantastique, dira Hasari, ces simples gestes avaient suffi à mettre le taxi en mouvement. Fantastique de penser que le seul effort qu'il fallait accomplir pour le faire rouler, et lui donner ensuite de plus en plus de vitesse, c'était d'appuyer la pointe du pied sur une toute petite pédale. » Médusé, il regardait son compagnon. « Pourrais-je moi aussi accomplir les mêmes gestes, se demandait-il. Fils du miracle a-t-il déjà été chauffeur de taxi dans une précédente incarnation ? Ou bien a-t-il seulement appris à conduire une automobile dans sa vie actuelle ? » Le chauffeur de taxi perçut la perplexité de son compagnon.

— Tu sais, un taxi, c'est beaucoup plus facile à mener que ta carriole. Regarde, un simple coup sur cette pédale et tu stoppes net.

La voiture s'immobilisa si brusquement qu'Hasari fut projeté contre le pare-brise. Fils du miracle éclata de rire : « Dis, couillon, ce n'est pas avec ta charrette que tu peux te payer ce genre de fantaisies ! »

Fantaisie ou pas, le tireur de rickshaw découvrait un autre monde. Un monde où l'on commandait à des esclaves mécaniques et non à ses muscles, où la fatigue n'existait pas, où l'on pouvait parler, fumer et rire tout en travaillant. Fils du miracle connaissait les bons coins, les restaurants de luxe, les boîtes de nuit et les hôtels du secteur de Park Street. Il était en cheville avec tout un réseau de rabatteurs qui lui réservaient les meilleures courses. Ces rabatteurs étaient eux-mêmes de connivence avec les portiers des établissements. Et les portiers avec les serveurs et les maîtres d'hôtel. Le système fonctionnait parfaitement.

Fils du miracle chargea ses deux premiers clients de la journée devant le *Park Hotel*. C'étaient des étrangers. Ils demandèrent à être conduits à l'aéro-drome. « Il s'est alors passé quelque chose qui me donna un choc, racontera Hasari. Avant de démar-rer, mon copain sortit de son taxi, en fit le tour et alla basculer une sorte de petit drapeau métallique sur une boîte fixée près du côté gauche du pare-brise. Ce que je vis dans cette boîte me parut si extraordinaire que je ne pus en détacher les yeux. A mesure que nous roulions, toutes les cinq ou six secondes un nouveau chiffre s'inscrivait sur un cadran. Je pouvais voir les roupies tomber dans la poche de mon compagnon. Seul le dieu Vishwa-karma avait pu inventer une machine pareille. Une machine qui fabriquait des roupies et rendait à chaque instant un peu plus riche celui qui la possé-dait. C'était fabuleux. Nous, les *rickshaw-walla*, nous ne voyions jamais l'argent tomber comme cela dans nos poches. Chacune de nos courses corres-pondait à un tarif fixé d'avance. On pouvait dis-cuter pour demander un peu plus, ou accepter un peu moins. Mais l'idée qu'il suffisait d'appuyer sur une pédale pour que les roupies vous pleuvent des-sus comme des fleurs d'églantine un jour de grand vent était aussi inimaginable que de voir pousser des billets de banque dans une rizière. » Quand Fils du miracle arrêta son taxi devant l'aérogare de Cal-cutta, le compteur marquait une somme qui parut tellement astronomique à l'ancien paysan qu'il se demanda s'il s'agissait de roupies. Mais oui, la course rapportait bien trente-cinq roupies ! Presque autant que ce qu'il gagnait, lui, pendant la moitié d'une semaine. Sur le chemin du retour, Fils du miracle fit halte devant un grand garage sur Dwarka Nath Road.

— Quand tu auras économisé assez de roupies, c'est ici que tu viendras chercher ton nirvâna, annonça-t-il.

Le passeport pour ce nirvâna était un petit livret à couverture rouge avec deux pages contenant des tampons, une photo d'identité et l'empreinte d'un doigt. Fils du miracle avait raison : ce bout de carton était le plus beau joyau dont un tireur de rickshaw pouvait rêver, la clef qui permettait de sortir de son karma et ouvrait la porte d'une nouvelle incarnation. Il s'agissait de la *West Bengal motor driving licence*, le permis de conduire du Bengale, et ce garage était l'auto-école la plus importante de Calcutta, la *Crewal motor training school*. A l'intérieur, une grande cour abritait des camions, des autobus et des voitures d'instruction. Sous un préau, il y avait une sorte de salle de classe avec des bancs. Sur les murs, des tableaux montraient les différents organes d'une voiture, les modèles des panneaux de circulation à respecter en ville et sur la route, ainsi que des schémas de tous les accidents possibles. Il y avait aussi un grand plan de Calcutta en couleurs comportant toute une liste d'itinéraires à l'intention des apprentis chauffeurs de taxi. Hasari ne savait plus où poser ses yeux tant il y avait de choses à regarder. Comme cet étalage de pièces mécaniques que les élèves devaient apprendre à reconnaître et à réparer. Mais les portes de cette école de rêve, quel tireur de rickshaw pouvait espérer les franchir un jour ? Suivre les cours de conduite et passer le permis représentait une dépense impossible, près de six cents roupies, plus de quatre mois de mandats à la famille restée au village.

Pourtant, en remontant dans le taxi, Hasari sentit que ce rêve s'était comme tatoué sur sa peau. « Je vais me soigner pour retrouver des forces et je travaillerai encore plus. Je me priverai davantage. Et un jour, je le jure sur la tête de mes fils Manooj et Shambu, je rangerai mon grelot dans la malle avec nos habits de fête, et j'irai rendre ma vieille guimbarde à Musafir. Et je m'installerai, avec mon beau livret rouge, derrière le volant d'un taxi noir et or. Et j'écouterai avec ravissement tomber les roupies dans le compteur comme les grosses gouttes du premier orage de mousson. »

51

— Ce n'est pas le *Hilton* de Miami, s'excusa Lambert, mais dis-toi que les gens d'ici vivent à douze ou quinze dans des piaules deux fois plus petites.

Max Loeb, le jeune docteur américain, fit la grimace en inspectant le logement que le Français lui avait trouvé au cœur de la Cité de la joie. En comparaison des autres, on pouvait pourtant considérer que c'était un logement princier, avec un *charpoï* tout neuf, une armoire, une table, deux tabourets, un seau et une cruche. Et sur le mur un calendrier de Nestlé avec une face de bébé bien joufflu. La pièce disposait même d'un fenestron donnant sur la ruelle. Autre avantage : le sol avait été surélevé d'une trentaine de centimètres, ce qui le mettait en principe à l'abri des inondations de la mousson ou, comme ces jours-ci, des débordements d'égouts.

— Et les chiottes ? s'inquiéta l'Américain.

— Les latrines sont au bout de la ruelle, indiqua Lambert. Il vaut mieux toutefois ne pas trop les fréquenter en ce moment. (L'air perplexe de Max amusa Lambert. Gardant son sérieux, il ajouta :) Et le meilleur système pour cela, c'est de ne manger que du riz. Ça te verrouille comme du béton.

L'arrivée de Bandona interrompit leurs plaisanteries. Max fut sensible au charme de la jeune Assamaise. Dans son sari rouge vif, elle ressemblait à une figure de miniature.

— Docteur, sois le bienvenu à Anand Nagar, dit-elle timidement en présentant un bouquet de jasmin à l'Américain.

Max huma la senteur très forte qu'exhalaient les fleurs. Pendant une fraction de seconde, il oublia le décor, les bruits, la fumée des *chula* qui lui brûlait les yeux. Il était à des milliers de kilomètres. Ce parfum ressemblait à celui des tubéreuses qui, au printemps, embaumaient la terrasse de sa maison de Floride. « Quelle sensation étrange, songea-t-il, de respirer cette odeur dans un endroit qui pue tellement la merde. »

Quelques minutes suffirent à la jeune femme pour rendre encore plus accueillante la chambre de l'Américain. Se déplaçant sans bruit comme un chat, elle déroula une natte sur les cordes du *charpoï*, alluma plusieurs lampes à huile, fit brûler des bâtonnets d'encens et disposa les fleurs dans un pot de cuivre sur la table. Quand elle eut fini, elle leva la tête vers la charpente.

— Et vous, là haut, je vous prie de laisser dormir le docteur. Il vient de l'autre bout du monde et il est très fatigué.

C'est ainsi que Max apprit qu'il devrait partager sa chambre. Il se dit qu'il eût préféré le faire avec cette jolie Orientale ou quelque déesse du Kama Soutra plutôt qu'avec les animaux poilus qu'il avait déjà aperçus chez la lépreuse. Un petit cri aigu répété se fit alors entendre. Bandona posa sa main sur le bras de Max avec une joie subite qui plissa ses yeux en amande.

— Écoute, Docteur, s'extasia-t-elle en tendant l'oreille. C'est le tchik-tchiki. Il te salue.

Max leva les yeux vers le toit et vit un lézard vert qui le regardait de ses yeux globuleux.

« C'est le meilleur augure, annonça la jeune femme. Tu vas vivre mille ans ! »

★

Les cocktails Molotov du Parrain de la mafia ayant réduit en cendres le bâtiment où Lambert avait espéré soigner les lépreux et installer une consultation médicale pour les autres habitants du *slum*, c'est la chambre de l'Américain qui devint, dans la journée, le premier dispensaire de la Cité de la joie. De sept heures du matin à dix heures du soir, et quelquefois au-delà, cette pièce unique allait se transformer en salle d'accueil, d'attente, de consultation, de soins et d'opérations, en salle de souffrance et d'espoir pour quelques centaines des soixante-dix mille habitants du bidonville.

« L'installation était ultra-rudimentaire, racontera Max. Ma table et mon lit servaient aux examens et aux soins. Pas de stérilisateur et, pour instruments, les trois ou quatre pinces et scalpels de ma boîte d'étudiant. Nous étions loin de la *Bel Air Clinic* de Miami. » La réserve de pansements, de gaze et de coton était en revanche assez bien fournie. Lambert avait même remis à Max le cadeau d'une donatrice belge, plusieurs boîtes de compresses stériles pour soigner les brûlures. Il avait passé trois jours à discuter avec les douaniers pour les sortir sans payer les quatre cents roupies de droits et de bakchich demandées. C'étaient les médicaments qui manquaient le plus. Tout ce dont disposait l'Américain tenait dans une cantine métallique. Un peu de Sulfone pour les lépreux, de Ryfomicine pour les tuberculeux et de quinine pour les paludéens, ainsi qu'un petit stock de pommades pour les maladies de peau, et plusieurs flacons de vitamines pour les enfants les plus atteints par la malnutrition. Enfin, quelques ampoules d'antibiotiques pour les cas d'infections virulentes. « Je n'avais pas de quoi pavoiser, racontera Max, mais comme répétait Lambert à qui voulait l'entendre : l'amour compenserait. »

Le « téléphone indien » n'avait rien à envier à son concurrent arabe. A peine était-il ouvert que tout le *slum* connaissait l'existence du dispensaire. Dans les ruelles, les courées, les ateliers, on ne parlait plus que du riche « Grand Frère » qui était venu d'Amérique pour soulager la misère des pauvres. Anand Nagar recevait la visite d'un « grand sorcier », un « *big daktar* », un « faiseur de miracles » qui allait guérir ses habitants de toutes leurs misères. Lambert chargea Bandona d'assister Max dans sa tâche. Il fallait quelqu'un d'aussi averti que la jeune Assamaise pour ruser avec les plus malins, distinguer les vrais malades des faux, trier les urgences, les cas gravissimes, les maladies chroniques, les incurables.

Un raz de marée ! Des dizaines de mères accoururent avec leurs enfants couverts de furoncles, d'abcès, d'anthrax, de pelade, de gale, tous les échantillons de toutes les pourritures dues à la canicule et aux colonies de staphylocoques qui pullulaient dans la Cité de la joie. Gastro-entérites et parasites affectaient au moins deux enfants sur trois. Quel champ d'expérience pour un jeune médecin ! Avec en prime de nombreuses maladies pratiquement inconnues en Occident. Sans l'aide de Bandona, Max n'aurait même pas pu les identifier.

— Tu vois ces traces de craie sur les pupilles, Grand Frère Max, disait-elle en lui montrant les yeux d'un enfant en bas âge. C'est signe de xérophtalmie. Dans un an ou deux, ce pauvre gosse sera aveugle. On ne connaît pas ça dans ton pays.

Max Loeb était dépassé, noyé, submergé. Rien de ce qu'il avait appris à l'université ne l'avait préparé à cette confrontation avec une misère physiologique pareille. Des phénomènes tels que des yeux très jaunes, un amaigrissement chronique, les ganglions du cou enflés et douloureux, ne correspondaient pour lui à rien de connu. Et pourtant, ils étaient les symptômes de la maladie la plus répandue en Inde, celle qui faisait toujours et de loin le plus de ravages, la tuberculose. L'Institut national de la tuberculose affirmait que quelque deux cent soixante millions d'Indiens en étaient atteints[1].

La première semaine, l'Américain examina et traita du mieux qu'il put quatre cent soixante-dix-neuf malades. « C'était un défilé interminable et pathétique, racontera-t-il, avec des côtés parfois folkloriques. La plupart des enfants étaient nus avec seulement une cordelette autour des reins retenant un mini-grelot à hauteur du nombril. Si leur nudité facilitait l'auscultation, elle rendait les soins moins aisés car les petits corps vous glissaient entre les doigts comme des anguilles. Beaucoup de femmes étaient tatouées, certaines des pieds à la tête. Elles arrivaient parées de toute leur fortune : un seul bracelet de verre de couleur ou de véritables bijoux finement ouvragés, comme des pendentifs aux oreilles, une pierre semi-précieuse piquée dans l'aile du nez, des parures en or ou en argent aux poignets, aux doigts, aux chevilles et aux orteils. Quelquefois c'étaient des colliers ornés des emblèmes de leur religion : un coran miniature ou un croissant pour les musulmans, un trident de Shiva pour les hindoues, un petit sabre en argent pour les sikhs, une croix ou une médaille pour les chrétiennes. Quant aux animistes, elles portaient toutes sortes d'autres gris-gris et amulettes.

1. Cité par l'hebdomadaire *India Today*, 30 novembre 1982.

« La teinture ocre ou rouge vif dont femmes et jeunes filles s'enduisaient les mains et les pieds, de même que le bétel rouge que mâchonnaient de nombreuses femmes pour couper leur faim, ne facilitaient pas mes diagnostics. Comment distinguer au milieu de toutes ces teintes une altération de la couleur de la peau, une inflammation des muqueuses de la bouche ou de la gorge ? Certains malades essayaient au contraire de m'aider un peu trop. Comme ce petit vieux tout ratatiné qui cracha un gros caillot de sang dans sa main et me le montra avec complaisance. Ah ! les millions de bacilles qui grouillaient dans cette paume !

« Dès le premier jour, je m'efforçai d'introduire quelques rudiments d'asepsie et d'hygiène. Ce n'était guère facile : je ne disposais même pas d'une cuvette pour me nettoyer les mains entre chaque malade. Et puis ici, microbes, maladies et mort faisaient partie de la vie quotidienne ! Je vis une femme essuyer avec un pan de son sari l'ulcère suintant qui suppurait sur sa jambe. Et une autre étendre à pleine main la pommade que j'avais délicatement appliquée sur sa plaie.

« Heureusement, il y avait aussi des épisodes comiques, tel ce jet d'urine que m'envoya un nourrisson en pleine figure et que sa mère s'empressa de sécher en me frottant énergiquement les yeux, la bouche et les joues avec son voile. Ou ce type hilare qui se présenta avec une ordonnance vieille de plusieurs années sur laquelle Bandona lut que, souffrant d'un cancer généralisé à la phase terminale, il devait absorber six comprimés d'aspirine par jour. Ou cet autre qui arriva en portant, avec autant de vénération que s'il s'agissait d'une image sainte, une radiographie pulmonaire — révélant des cavernes grosses comme le poing — datant d'une bonne vingtaine d'années.

« Les cas tragiques dominaient malheureusement. Un jour, on m'apporta une fillette atrocement brûlée sur tout le corps. Une locomotive avait dégazé alors qu'elle ramassait des débris de charbon le long de la voie ferrée. Une autre fois, une jeune hindoue me montra une marque claire sur son joli visage. Une piqûre d'aiguille au centre de la tache suffit à Bandona pour diagnostiquer une maladie qu'on n'étudiait guère dans nos facultés américaines : la lèpre. Ou bien c'était un jeune père de famille atteint d'une syphilis aiguë et à qui je dus faire expliquer par la jeune Assamaise les dangers de contagion que cela représentait pour sa femme et ses enfants. Ou cette maman qui m'apporta un paquet de chair sans vie, son bébé terrassé par la diphtérie. Sans parler de tous ceux qui venaient parce qu'un miracle du « grand *daktar* blanc » était leur seul espoir : cancéreux, grands cardiaques, fous, aveugles, muets, paralysés, difformes.

« Le plus insupportable, ce à quoi il me semblait que je ne pourrais jamais m'habituer, c'était de voir tous ces bébés rachitiques au ventre ballonné, véritables petits monstres que des mères suppliantes déposaient sur ma table. A un an ou à dix-huit mois, ils ne pesaient même pas trois kilos. Ils souffraient de telles carences que leurs fontanelles ne s'étaient pas fermées. Privée de calcium, l'ossature de leur crâne s'était déformée et leur faciès dolichocéphale leur donnait à tous un air de momie égyptienne. A ce niveau de malnutrition, la plupart de leurs cellules grises étaient probablement détruites. Même si je parvenais à les tirer d'affaire, ils seraient des idiots. Des idiots médicaux. »

Max apprendra que ces petites victimes ne représentaient hélas qu'un triste échantillon d'un mal qui frappait ailleurs qu'à Calcutta. Une sommité scientifique indienne, le directeur de la Fondation pour la nutrition, affirme que son pays produit aujourd'hui de plus en plus de « sous-hommes » à cause d'une alimentation insuffisante[1]. D'après ce spécialiste, la santé des générations à venir se trouverait compromise. Cent quarante millions d'Indiens au moins, presque trois fois la population de la France, souffriraient de malnutrition. Toujours selon cet expert, sur les vingt-trois millions d'enfants qui naissent chaque année, seulement trois millions auraient une chance d'arriver en bonne santé à l'âge adulte. Les autres seraient condamnés à mourir avant l'âge de huit ans (quatre millions), ou à devenir des citoyens improductifs par suite de déficiences mentales et physiques. A cause des carences nutritionnelles, cinquante-cinq pour cent des enfants au-dessous de cinq ans présenteraient des troubles psychiques et neurologiques entraînant une altération du comportement, tandis que plusieurs millions d'adultes souffriraient de goitres provoquant les mêmes désordres.

Le deuxième jour, une jeune musulmane en tunique et voile noirs déposa son bébé enveloppé d'un chiffon sur la table de Max. Fixant le médecin d'un air hagard, elle dégrafa sa tunique, dénuda sa poitrine et serra ses seins à pleines mains.

— Ils sont secs ! cria-t-elle. Secs ! Secs !

Ses yeux tombèrent alors sur le calendrier accroché au mur. A la vue du bébé joufflu qui l'ornait, elle poussa un rugissement de colère. « Nestlé apporte la santé à vos enfants », affirmait le slogan sous l'image. La jeune mère se jeta sur le calendrier pour le lacérer quand une autre femme fit irruption. Bousculant la jeune musulmane, elle se précipita vers l'Américain et lui mit de force son bébé dans les bras.

1. « The Nutrition Factor », by Dr. C. Gopalan, Director, Nutrition Foundation of India. *Indian Express*, 9 janvier 1983.

— Prends-le ! gémit-elle. Emmène-le dans ton pays ! Sauve-le !

Geste inconcevable qui traduisait l'immensité du désespoir de ces mères. « Car nulle part ailleurs, je n'avais vu des mamans adorer comme ici leurs enfants, disait Lambert, se priver, se sacrifier, se saigner pour les faire vivre. Non, ce n'était pas possible, tant d'amour ne pouvait être perdu. »

Max Loeb était sûr, lui, de voir toute sa vie « ces flammes de détresse dans les yeux des mères de la Cité de la joie, assistant impuissantes à l'agonie de leurs enfants ». Calcutta lui offrit ce soir-là un autre souvenir inoubliable. « Deuxième mondiale ! titrait en énormes caractères l'édition vespérale d'un journal local. Des médecins de Calcutta mettent au monde un bébé éprouvette. »

52

« On dit que le cobra mord toujours deux fois, autrement dit qu'un malheur ne vient jamais seul, racontera Hasari Pal. J'avais déjà la fièvre rouge dans les poumons. Un matin de bonne heure, j'ai été réveillé par des bruits de moteur et le grincement des chenilles d'un bulldozer. »

— Ça y est, je parie que ces brutes sont là, dit-il à sa femme en se levant.

Il ajusta son *longhi* et sortit précipitamment. Tout le bidonville était déjà en émoi. Depuis plusieurs jours, des rumeurs d'expulsion couraient. Les « brutes » étaient là en effet : un bulldozer et deux fourgons bourrés de policiers armés de *lathi* et de grenades lacrymogènes. Une voiture Ambassador noire les rejoignit, d'où descendirent deux *babu* en *dhoti* portant des gilets sur leurs chemises. Ils se concertèrent avec le chef des policiers puis, au bout d'un moment, s'avancèrent vers le groupe que formaient les habitants du *slum*.

Le plus âgé, qui tenait des papiers à la main, prit la parole.

— La municipalité nous a chargés de procéder à la destruction de votre bidonville, annonça-t-il.

— Pour quelle raison ? demanda une voix.

Le *babu* parut décontenancé. Il n'était pas dans

419

les habitudes que des petites gens posent des questions.

— Parce que votre campement gêne les travaux de construction de la future ligne du métro.

Les habitants du bidonville se regardèrent éberlués.

— Qu'est-ce que c'est que ce métro ? demanda Hasari à son voisin Arun qui prétendait avoir voyagé jusqu'en Afghanistan.

Arun dut avouer qu'il ne savait pas. Le *babu* consulta sa montre et reprit la parole :

— Vous avez deux heures pour ramasser vos affaires et partir d'ici. Passé ce délai...

Sans se donner la peine de donner de plus amples explications, il montra le bulldozer. Le fonctionnaire avait parlé sans élever la voix, comme s'il était venu communiquer une information banale. Hasari observa le comportement de ses voisins. Ils ne disaient rien. Ce silence était si surprenant que même les *babu* en semblaient gênés. Ils s'étaient sûrement attendus à des protestations, des cris, des menaces, quelque chose. « Eh bien non. Ils venaient nous jeter dehors comme on chasse des rats et des cafards, et nous, nous ne disions rien. Certes, personne ne pouvait regretter ce *slum*, mais dans la pyramide du malheur, cet amalgame de cahutes était tout de même préférable à un trottoir. Ici, on avait au moins un semblant de toit au-dessus de la tête. »

L'absence de réaction avait en fait une autre raison. « Nous n'avions plus de ressort, tout simplement, ajoutera Hasari. Cette maudite ville avait fini par briser en nous toute capacité de réagir. Et dans ce bidonville pourri, nous n'avions personne pour prendre notre défense. Ni syndicat ni leaders politiques. Quant aux truands de la mafia qui s'étaient pourtant montrés bien présents pour nous extorquer un loyer, ils avaient disparu. Et puis, il faut bien le dire aussi, nous en avions tous déjà tellement pris sur la gueule qu'un coup dur de plus ou de moins, cela ne faisait pas grande différence. Toujours cette fichue roue du karma qui grippait. »

Les deux *babu* joignirent les mains pour saluer et remontèrent dans la voiture, laissant les habitants du bidonville seuls face aux policiers et au bulldozer. Hasari vit alors son voisin Arun s'emparer du madrier qui soutenait le toit de sa cahute et courir au-devant des forces de l'ordre de toute la vitesse de ses petites jambes fines comme des aiguilles. Ce fut le signal d'un véritable déferlement. La première stupeur passée, chacun se sentit envahi par une formidable colère. Une à une, toutes les baraques s'écroulèrent ; un déluge de matériaux s'abattit sur les policiers. Plusieurs tombèrent à terre, ce qui redoubla la furie des assaillants. Ils se jetèrent sur eux, les frappèrent à coups de planches, de briques, de tuiles. Les femmes et les enfants hurlaient pour encourager les hommes. Hasari vit quelqu'un prendre un clou et crever les yeux d'un policier. Il vit un de ses voisins en asperger un autre avec une bouteille de kérosène et y mettre le feu. Les représentants de l'ordre tentèrent de se dégager en tirant au hasard des coups de feu. Ceux qui étaient encore valides battirent en retraite vers leurs fourgons. Mais d'autres habitants du bidonville accouraient avec de nouvelles bouteilles d'essence. Les fourgons de la police s'embrasèrent à leur tour. Puis quelqu'un jeta une bouteille sur le bulldozer qui explosa. Un nuage de fumée noire enveloppa le champ de bataille. Les combattants durent se protéger les yeux avec leur maillot de corps. Sous l'effet des gaz lacrymogènes, beaucoup étaient complètement aveuglés. Lorsque le combat cessa, chacun put mesurer l'étendue du désastre. Plusieurs policiers gravement brûlés gisaient recroquevillés au milieu d'un chaos indescriptible. Quant au bidonville, on aurait dit qu'un cyclone l'avait pulvérisé. Plus besoin de bulldozer. La colère des pauvres avait fait le travail : les travaux du métro pourraient commencer comme prévu.

Hasari rassembla sa femme et ses enfants pour fuir en hâte avant le retour en force de la police. Ils avaient presque tout perdu. A peine eurent-ils franchi le premier carrefour qu'un hurlement de sifflets et de sirènes emplit le ciel. A l'instar des centaines de fuyards à la recherche d'un morceau de trottoir, il ne restait plus à Hasari et à sa famille qu'à espérer la miséricorde des dieux. « Mais ce jour-là les dieux de Calcutta n'avaient plus d'oreilles. »

Ils errèrent toute la matinée à travers la ville avant d'échouer près du portail d'une église, sur le trottoir de Lower Circular Road. Il y avait là un campement de fortune où vivaient quelques familles d'Adivasis. Les Adivasis étaient les aborigènes de l'Inde et leur sort était particulièrement misérable. L'endroit avait l'avantage d'être situé à proximité d'une fontaine. De plus, il était proche du carrefour de Park Circus où Hasari allait récupérer son rickshaw chaque matin. Le tireur avec lequel il partageait son véhicule était un jeune musulman du Bihar à la chevelure crépue, nommé Ramatullah. Un coran miniature pendait à son cou, au bout d'une chaînette. Il travaillait de quatre heures à minuit, et plus tard encore s'il y avait des clients. Afin d'économiser le plus d'argent possible pour sa famille, il dormait sur la carriole, la tête et les jambes pendant de chaque côté des brancards. Ce n'était pas très confortable, mais au moins personne ne pouvait lui voler le rickshaw pendant son sommeil. Ramatullah était un compagnon merveilleux. Depuis qu'il avait vu Hasari tousser et cracher rouge, il ne cessait de lui témoigner des marques d'amitié. Si Hasari n'arrivait pas le matin à l'heure habituelle, il s'empressait de courir jusqu'à Harrington Street pour ramasser les deux enfants qu'il devait conduire chaque jour à l'école. Car perdre ce genre de « contrat » si recherché par les autres tireurs eût été une catastrophe. L'après-midi, il venait un peu plus tôt pour lui éviter la fatigue d'une dernière course. Et chaque fois, il lui donnait l'argent qu'il avait gagné à sa place.

A l'air effaré qu'arbora le bon Ramatullah quand il arriva ce jour-là sur Park Circus, Hasari comprit qu'il ne devait pas avoir une tête tout à fait normale. Il lui raconta la bataille du bidonville et sa destruction. Le musulman ne pouvait détacher son regard compatissant du visage de son camarade.

— Il faut que tu ailles voir un docteur immédiatement, finit par dire Ramatullah. Tu es vert comme un citron amer. Allez, monte dans le rickshaw. Aujourd'hui, c'est toi le premier *marwari* de la journée !

— Un *marwari* poids plume, tu as de la chance ! fit observer Hasari en s'installant sur la banquette.

Le musulman emmena son ami hindou chez un spécialiste de médecine ayurvédique sur Free School Street. Deux autres malades attendaient déjà sur un banc de l'étroit cabinet. Le médecin, un homme à cheveux gris vêtu d'un *dhoti* blanc impeccable, était assis au fond de la pièce sur un fauteuil. On aurait dit un *zamindar* ou un raja donnant une audience. Sur une étagère qui faisait le tour de la boutique s'étalait la pharmacopée de la médecine ayurvédique, une rangée de bocaux et de flacons remplis d'herbes et de poudres. Après chaque consultation, le docteur se levait, choisissait plusieurs bocaux et allait s'asseoir derrière une fine balance à fléau semblable à celle des bijoutiers. Il confectionnait alors de savants mélanges après avoir méticuleusement pesé chaque ingrédient. Quand ce fut le tour d'Hasari, le praticien le considéra d'un air dubitatif en se grattant la nuque. Il lui demanda seulement son âge. Puis il alla chercher sur l'étagère une bonne dizaine de bocaux. Il lui fallut beaucoup de temps pour élaborer différentes préparations. En plus de cachets variés, il avait aussi concocté une potion pour redonner des forces à son client. Il lui demanda vingt roupies. C'était bien plus cher que le *kak*, mais Ramatullah assura son compagnon qu'il n'y avait rien de mieux que les drogues de cet homme de science pour vous faire passer la fièvre rouge. Il connaissait deux copains qui avaient été guéris par lui. « J'ai fait semblant de le croire pour ne pas lui faire de peine, pourtant je savais bien que la fièvre rouge, on n'en guérissait pas. La preuve, c'est qu'elle avait emporté un dur à cuire comme Ram Chander. »

En regagnant la station de Park Circus, Hasari entendit soudain un crissement de pneus. C'était Fils du miracle qui passait par là avec son taxi. Il avait un air espiègle, comme s'il venait de vider en cachette trois bouteilles de *bangla*. « Quand on ne tient pas sur ses quilles et qu'on n'a pas le moral, apercevoir tout à coup une tête familière qui vous sourit, c'est aussi réconfortant que de voir la boule de feu de Surya apparaître après huit jours de mousson », dira Hasari.

— Je te cherchais ! lui cria son ami. J'ai une chouette nouvelle à t'annoncer, mais il faut d'abord que tu payes à boire.

Fils du miracle entraîna Hasari et Ramatullah derrière Free School Street où il connaissait un caboulot clandestin. Il commanda deux bouteilles de *bangla*. Après la première rasade, ses yeux se mirent à pétiller.

— Il y a dans mon *slum* une famille qui va retourner dans son village, dit enfin Fils du miracle. Son logement va donc être libre. Une vraie chambre en dur avec un vrai toit, des murs et une porte. J'ai tout de suite pensé à toi...

« Je n'ai pas entendu la suite, racontera Hasari. Ma vue s'est brouillée et des grelots de rickshaw se sont mis à tinter furieusement dans ma tête. Dans un halo, j'ai vu un homme qui brûlait comme une torche et j'ai senti mon crâne cogner contre quelque chose de dur. Je ne sais pas combien de temps cela a duré mais quand j'ai ouvert les yeux, j'étais allongé par terre et j'ai vu au-dessus de moi les visages cramoisis de Fils du miracle et de Ramatullah. Leurs grosses mains me giflaient de toutes leurs forces pour me ramener à la vie. »

53

De tous les animaux et insectes avec lesquels Max Loeb devait partager son nouveau logement, aucun ne lui paraissait aussi répugnant que les cancrelats. Il y en avait des centaines, des milliers. Ils résistaient aux insecticides et dévoraient absolument tout, même le plastique. Le jour, ils restaient à peu près tranquilles mais, dès la tombée de la nuit, ils sortaient en force, se déplaçant à une vitesse vertigineuse, zigzaguant en tous sens. Ils ne respectaient aucune partie de votre corps, pas même votre visage, couraient sur vos lèvres, entraient dans vos narines. Les plus hardis étaient les blattes. Elles avaient une forme plus allongée et une taille plus petite que les gros cafards bruns. Leurs grands ennemis étaient les araignées velues accrochées comme des pieuvres aux bambous de la charpente. Le deuxième soir, Max put assister à un spectacle qui deviendrait l'une des principales distractions de ses soirées. Dans la lueur de sa lampe à huile, il vit un lézard lancé sur une poutre à la poursuite d'un cancrelat. Sur le point d'être rattrapé, l'insecte commit une imprudence fatale. Il se réfugia sous le ventre d'une araignée qui saisit aussitôt l'intrus entre ses pattes et lui enfonça dans le corps les deux crochets dont son abdomen était armé. En quelques minutes, elle le goba comme un œuf. Ce genre d'exécutions était fréquent. Le matin, Max devait secouer son pyjama pour chasser les carcasses vides des cancrelats tombées pendant la nuit.

Peu de temps après son arrivée, le jeune médecin américain fut victime d'un incident qui devait lui permettre de faire connaissance avec ses voisins mieux que s'il avait passé un an au milieu d'eux. Un soir qu'il lisait allongé sur son lit de cordes, il aperçut une bestiole un peu plus grosse qu'une sauterelle qui descendait à toute allure le long du mur en torchis à côté de lui. Il eut à peine le temps de bondir sur ses pieds que l'animal lui avait déjà planté son dard dans la cheville. Il poussa un cri, de frayeur plus que de douleur, et écrasa l'agresseur d'un coup de sandale. C'était un scorpion. Il se posa immédiatement un garot autour de la cuisse pour empêcher que le venin ne se répande. Cette précaution fut sans effet. Terrassé par une violente nausée, des sueurs glacées, des tremblements et des hallucinations, il s'écroula sur son lit.

« Je n'ai aucun souvenir des heures qui s'écoulèrent alors, racontera-t-il. Je me rappelle seulement la sensation d'un linge mouillé sur le front et la vision des yeux bridés de Bandona au-dessus de moi. La jeune Assamaise me souriait et son sourire me rassura. Il y avait foule dans ma chambre et il faisait grand jour. Des gens s'affairaient autour de moi. Les uns me massaient les jambes, des enfants m'éventaient avec un morceau de carton, d'autres me faisaient respirer des petites boules de coton imbibées d'une curieuse substance dont le parfum très fort était écœurant. D'autres me présentaient des timbales pleines de potions, d'autres conseillaient je ne sais quoi. »

Cet incident avait été pour tout le quartier l'occasion de se rassembler, de discuter, de commenter et de témoigner son amitié. Max fut cependant étonné de constater que personne ne semblait prendre l'affaire très au sérieux. Ici, une piqûre de scorpion était chose vraiment banale. Quelqu'un lui raconta qu'il avait été piqué sept fois. Un autre exhiba sa cuisse en répétant « cobra ! cobra ! », l'air de dire qu'une piqûre de scorpion, c'était de la frime. Ces petites bêtes tuaient pourtant entre dix et vingt habitants de la Cité de la joie chaque année, surtout des enfants.

— Comment as-tu été prévenue ? demanda Max à Bandona.

La réponse fusa d'une voix cristalline :

— Grand Frère Max, quand tes voisins ne t'ont pas vu sortir pour « l'appel de la nature », ils se sont demandé si tu étais malade. Quand ils ne t'ont pas vu à la fontaine, ils ont pensé que tu étais mort. Alors ils sont venus me chercher. Ici, tu ne peux rien cacher. Même pas la couleur de ton âme.

54

Il serait exagéré de dire que Paul Lambert accueillit la nouvelle avec des transports de joie. Et pourtant, il était convaincu qu'elle était un signe de Dieu lui confirmant, dans un moment de détresse, le sens de sa mission. A cet instant de sa vie, cet homme qui avait tout partagé et tout accepté sentait ses forces le trahir. S'ajoutant aux excès du thermomètre, la grève des vidangeurs municipaux avait transformé la Cité de la joie en un cloaque plus difficile à supporter que jamais. La nuit, cherchant le sommeil dans l'écrasante moiteur, Lambert rêvait aux pâturages des Alpes, aux plages désertes de Bretagne. Il rêvait d'espace, d'odeurs champêtres, de forêts, de parterres de fleurs, d'animaux sauvages. En s'installant dans le bidonville, il s'était bouché les oreilles pour ne pas entendre les cris de la souffrance. Aujourd'hui, il lui arrivait d'avoir envie de se voiler la face pour ne plus rien voir, ne plus rien ressentir. Bref, il était en pleine dépression. Même la présence de Max Loeb n'y faisait rien. C'est alors qu'Ashish et Shanta vinrent lui apprendre la nouvelle.

— Grand Frère Paul, nous t'avons trouvé une chambre dans notre courée, annonça Shanta d'une voix frémissante. Personne ne veut l'habiter car le précédent locataire s'est pendu à la charpente. On l'appelle « la chambre du pendu ». Elle est à côté de la nôtre.

Une chambre dans l'une de ces courées où s'entassaient une centaine d'habitants, où ils naissaient et mouraient ensemble, où ils mangeaient et crevaient de faim ensemble, où ils toussaient, crachaient, urinaient, déféquaient et pleuraient ensemble, où ils s'aimaient, s'insultaient, se tapaient dessus, se haïssaient ensemble. Où ils souffraient ensemble et espéraient ensemble. Il y avait longtemps que Lambert souhaitait quitter le relatif anonymat de sa ruelle pour vivre dans une courée, un de ces blocs d'habitations, afin de se fondre encore plus totalement aux autres. Ashish et Shanta avaient tout arrangé. Respectant les usages, ils présentèrent leur protégé au doyen de la courée, un ancien marin hindou qu'une beuverie au cours d'une escale avait laissé à Calcutta. Krishna Jado vivait depuis vingt-sept ans à Anand Nagar. Son extrême maigreur, sa respiration sifflante, sa voix enrouée révélaient qu'il était tuberculeux. A son tour, il présenta le Français aux autres locataires. Partout l'accueil fut chaleureux. Comme disait Shanta : « Un *father sahib* dans une courée, c'est le père Noël qui vous tombe dessus. »

Onze familles, près de quatre-vingt-dix personnes, vivaient dans ce rectangle d'une douzaine de mètres sur huit. Toutes étaient hindoues. C'était une règle : des gens de religions différentes évitaient de cohabiter dans un même bloc d'habitations car la moindre différence dans les mœurs y prenait des proportions exorbitantes. Comment imaginer une famille musulmane faisant griller sur son *chula* un morceau de vache à côté des fidèles d'une religion qui sacralisait cet animal ? L'inverse était vrai pour le porc. En outre, dans une société où les rites religieux avaient une telle importance, mieux valait prévenir les conflits. Chaque jour, chaque heure était l'occasion de quelque fête ou célébration. Hindous, sikhs, musulmans, chrétiens semblaient rivaliser d'imagination et de ferveur. En dehors des grandes fêtes religieuses, des naissances et des mariages, toutes sortes de commémorations mettaient perpétuellement les courées en émoi. Un jour, c'étaient les premières règles d'une fillette célébrées en grande pompe par des chants et des danses avec exhibition de la serviette qui avait épongé le premier sang. Un autre, toutes les filles à marier rendaient un culte au *lingam* du dieu Shiva pour lui demander un mari aussi bon que lui. Une autre fois, une future mère célébrait le premier mois de sa grossesse. Ou bien encore une *puja* monstre, avec brahmane, musiciens et banquet, glorifiait l'instant où un bébé recevait des mains de son père sa première bouchée de riz. La cérémonie qui battait son plein lorsque Paul Lambert débarqua dans son nouveau domicile n'était pas la moins étonnante. Rassemblées derrière le puits, une quinzaine de femmes chantaient des cantiques à tue-tête. Devant elles, des assiettes débordaient d'offrandes : monticules de grains de riz, bananes, pétales de fleurs, bâtonnets d'encens. Le doyen de la courée expliqua : « Elles implorent Sitola pour qu'elle sauve la petite Onima. » L'enfant avait la varicelle et Sitola est la déesse de la variole. Tous les habitants de la courée participaient à la *puja*. Ils avaient entrepris un jeûne de trois jours. Ensuite, personne ne mangerait ni œuf ni viande — pour autant qu'ils en aient eu les moyens —, ni aucun autre aliment qui ne fût bouilli tant que l'enfant ne serait pas guérie. Aucune femme ne pourrait laver ni étendre de linge afin de ne pas irriter la divinité.

Il n'y eut donc pas de *barra-khana*[1] pour célébrer

1. Littéralement : grande bouffe.

l'arrivée de Paul Lambert. Mais la chaleur de la réception compensa l'absence du traditionnel repas de fête. Tous les habitants attendaient le nouveau locataire avec des colliers de fleurs. Shanta et ses voisines avaient décoré le seuil et le sol de sa chambre de *rangoli*, ces magnifiques compositions géométriques de bon augure. En leur centre, Lambert put lire le message de bienvenue de ses frères de la Cité de la joie. C'était une phrase du grand poète bengali Rabindranath Tagore : « Tu es invité au festival de ce monde, et ta vie est bénie. » De nombreux voisins hindous et musulmans de son ancien logement l'avaient accompagné. Le vieux Surya, la mère du petit Sabia, le charbonnier d'en face, Nasir, le fils aîné de Mehboub, la plupart des adultes et des enfants de la ruelle où il avait vécu ces dures années étaient là, pleurant à chaudes larmes. Bien que les distances fussent minuscules dans le *slum*, on aurait dit que leur « Grand Frère Paul » les quittait pour une autre planète. Leur chagrin avait quelque chose de déchirant. C'est la mère de Sabia qui traduisit peut-être le mieux la peine de chacun.

— Avant de t'en aller, donne-nous ta bénédiction, Grand Frère Paul. Maintenant nous allons tous être un peu orphelins.

Le prêtre leva la main et traça au-dessus des têtes penchées un lent signe de croix, répétant à mi-voix les paroles des Béatitudes : « Soyez bénis, car vous êtes les enfants de mon Père, vous êtes la lumière du monde. »

Il entra ensuite dans « la chambre du pendu » pour y déposer sa musette et sa natte de paille de riz roulée.

— C'est tout ce que tu possèdes ? s'étonna une femme.

Il fit signe que oui. Aussitôt, un voisin apporta un tabouret, un autre quelques ustensiles, un troisième voulut offrir son *charpoï* mais Lambert refusa. Il voulait continuer à vivre comme les plus pauvres. A l'égal du précédent, son nouveau logement était fait pour le combler. Personne n'y habitant, les rats y avaient plus que jamais élu domicile. Des petits, des gros, d'énormes mâles avec des queues longues de trente centimètres, des bébés rats qui poussaient des cris stridents. Il y en avait des dizaines. Ils infestaient la charpente, descendaient le long des murs, furetaient dans tous les coins. Rien ne les effrayait. Les plus gros avaient survécu à la canicule et le dernier orage paraissait avoir décuplé leur énergie. Dans « la chambre du pendu », ils étaient les maîtres. Le premier geste de Lambert fut de leur disputer un morceau de cloison pour y fixer l'image du Saint Suaire. Et un morceau du sol pour s'asseoir dans sa position de méditation et remercier le Seigneur de lui avoir offert cette nouvelle occasion d'amour et de partage.

Amour et partage ! Ces quelques mètres carrés de cour commune étaient un lieu idéal pour la réalisation de ce programme. Ici on vivait plus que jamais en pleine transparence. La plus discrète émotion, le plus imperceptible mouvement, la plus inaudible réflexion y étaient aussitôt captés, interprétés, commentés. Une telle promiscuité vous obligeait à redoubler de précautions. Il fallait apprendre à se laver en cachant sa nudité sous le pan de son *longhi* ; nettoyer la cuvette des latrines d'une certaine façon ; vaquer à ses occupations sans laisser son regard s'égarer sur une voisine en train d'uriner dans le caniveau devant votre porte.

Le vrai choc se produisit le soir. Chassé de sa chambre par la chaleur, Lambert vint se réfugier sous la petite véranda devant son taudis. Plusieurs personnes l'occupaient déjà. Par ces nuits de canicule tout le monde dormait dehors. Un muret de brique élevé à l'entrée protégeait la courée du flot des égouts qui débordaient dans la ruelle. Lambert se fraya une place entre deux dormeurs. « Il y avait si peu d'espace que je dus m'allonger tête-bêche entre mes voisins, selon le principe de la boîte à sardines. »

De cette première nuit il garderait deux souvenirs marquants. Ni l'un ni l'autre ne se rapportaient aux ronflements des voisins, aux cavalcades des cancrelats, des rats et des chauves-souris sur son visage, aux quintes de toux et aux crachats des tuberculeux d'à côté, aux aboiements des chiens parias, aux vociférations des ivrognes trébuchant sur les corps endormis, aux claquements métalliques des seaux rapportés de la fontaine par les femmes, au jet d'urine d'un jeune voisin reçu en pleine figure. Il se souviendrait d'abord des cris des enfants en proie à des cauchemars. Des hurlements entrecoupés de lambeaux de phrases qui permettaient d'imaginer les terrifiantes visions défilant dans le sommeil de ces petits Indiens. Il y était beaucoup question de tigres, de mauvais génies et de *bhut*, les fantômes. « C'était la première fois que j'entendais les tigres appelés par leur nom, dira Lambert. En Inde, on disait toujours "le grand chat", "le grand fauve", "le grand félin", mais jamais "le tigre" de peur d'alerter son esprit et de le faire venir. C'était un tabou apporté de la campagne où les tigres dévoraient encore chaque année, rien qu'au Bengale, près de trois cents personnes. Cette menace hantait de nombreux enfants. Quelle mère d'Anand Nagar n'avait pas dit un jour à l'un d'eux : "Si tu n'es pas sage, j'appelle le tigre." »

Le deuxième souvenir impérissable fut « un cocorico vociféré à bout portant dans mes tympans par un coq à quatre heures trente du matin alors que je venais enfin de m'endormir ». En se couchant la veille, Lambert n'avait pas remarqué le volatile attaché au pilier de la véranda. Il appartenait aux occupants de la chambre voisine. C'étaient les seuls locataires qu'il n'avait pas encore rencontrés, car leurs activités les éloignaient fréquemment de la courée. Ils étaient rentrés tard dans la nuit. Lambert se redressa et aperçut « quatre femmes dormant côte à côte enveloppées dans des voiles et des saris aux couleurs vives ». Il se dit qu'il n'avait jamais vu d'Indiennes d'aussi grande taille. Quand il les entendit se parler, il fut encore plus étonné par leur voix rauque et basse. Il se demanda s'il ne rêvait pas. Puis il comprit. Ses « voisines » étaient des *hijra*, des eunuques.

55

Max Loeb venait de choisir un cigare dans sa boîte de Montecristo nº 3. Il se préparait à l'allumer quand il entendit un vrai bombardement sur le toit de sa chambre. C'était le dixième soir après son arrivée. Il avait pourtant l'expérience des tornades tropicales mais n'avait jamais été témoin d'un tel déferlement de pluie. Un nouvel orage de pré-mousson venait de s'abattre sur Calcutta. Résigné, il se servit un double scotch et attendit. Son attente ne fut pas longue. Les cataractes s'infiltrèrent entre les tuiles et l'eau se mit à dégouliner de tous côtés. L'Américain empila en hâte sur son lit la cantine de médicaments, sa boîte d'instruments, ses affaires personnelles et les trois cartons de lait en poudre que Lambert lui avait apportés pour secourir les bébés rachitiques aux quatrième et cinquième degrés de malnutrition. Tout en haut, il posa le sac qui contenait ce qu'il appelait « ses vitamines pour tenir le coup dans cette nécropole » : trois bouteilles de whisky et trois boîtes de cigares. En un clin d'œil, la chambre fut transformée en un lac dont le niveau monta rapidement. Dans les logements voisins, c'était le sauve-qui-peut général. Des gens criaient, s'appelaient.

Le déluge redoublait quand Max entendit de

faibles coups à la porte. Barbotant jusqu'aux mollets, il alla ouvrir et découvrit dans le faisceau de sa torche « la rassurante vision d'une fillette dégoulinante de pluie ; elle tenait un grand parapluie noir que m'envoyait son papa ». Quelques instants après, le chômeur du logement d'à côté arriva les bras chargés de briques afin de surélever le muret de l'entrée, le lit et la table du « daktar ». La solidarité dans un *slum* n'était pas un vain mot.

Au bout d'une heure environ, il y eut une accalmie. L'envie d'aller se réfugier « dans une suite avec salle de bains au *Grand Hotel* » venait de traverser l'esprit de Max quand sa porte vola en éclats. Trois silhouettes se ruèrent à l'intérieur ; deux mains l'empoignèrent par les épaules et le plaquèrent contre le mur. Max sentit la pointe d'un couteau lui piquer le ventre. « Un hold-up, maintenant ! Il ne manquait plus que ça ! » songea-t-il.

— *Milk !* grogna le gaillard aux dents cassées qui le menaçait avec son coutelas. *Milk quick !*

Pas question pour Max de jouer les Buffalo Bill au fond de ce pourrissoir. Il désigna les trois cartons de lait en poudre.

— Servez-vous !

Les voleurs s'emparèrent chacun d'un carton et filèrent. En franchissant le seuil, l'homme aux dents cassées se retourna et lança en anglais :

— Merci ! Nous reviendrons !

La scène avait été si rapide que l'Américain se demanda s'il n'avait pas été victime d'une hallucination. Mais bien vite sa pensée fut accaparée par un autre cauchemar. Il ne pataugeait plus seulement dans de l'eau, mais dans un lac de boue de plus en plus nauséabonde. Gonflé par les trombes d'eau, le flot pestilentiel des égouts était en train d'envahir sa chambre.

Alors commença une nuit d'horreur. Plus d'allumettes, de torche, de verre. Tout avait sombré dans le naufrage. Même les cigares. Max se demandait quelle bête maléfique l'avait piqué le jour où il avait répondu à l'appel de Paul Lambert. Il songea à la peau veloutée de Sylvia, à ses seins qui avaient le goût de pêche, à l'air attendrissant de petite fille qu'elle prenait en lui récitant ses poèmes. Ce devait être l'après-midi à Miami. Les jasmins embaumaient la véranda et l'on entendait le clapotis de l'eau contre les bateaux amarrés dans le canal.

Bandona apparut à l'aube entre les planches de la porte disloquée. Il est difficile de déchiffrer le visage d'une Asiatique dans le clair-obscur d'un matin de déluge, mais la jeune fille semblait décomposée. Ses petits yeux en amande étaient fixes, ses traits figés par l'angoisse.

— Grand Frère Max, viens vite. Ma mère est au plus mal. Elle vomit du sang.

Ils s'élancèrent aussitôt dans le torrent noir qui noyait le *slum*. Bandona avançait avec précaution en sondant le sol avec un bâton : d'énormes drains coupaient en effet leur chemin. Par moments, elle s'arrêtait pour écarter le cadavre d'un chien ou d'un rat, ou pour éviter à Max d'être éclaboussé par les barbotages endiablés d'une bande d'enfants qui se poursuivaient en riant dans l'inondation putride. Dans tout ce cauchemar, nulle part la vie n'avait cessé. A un croisement de rues, ils rencontrèrent un homme hilare coiffé d'un turban. Il était juché sur la selle d'un triporteur. Des enfants, de l'eau parfois jusqu'aux épaules, se pressaient autour de lui. L'homme avait installé sur son triporteur une roue dentée qui tournait devant des numéros et il faisait du boniment pour sa loterie : « Approchez, approchez, le gros lot pour dix *paisa* ! » Max n'en revenait pas : un gros lot dans ce torrent de merde ! Eh oui ! Deux biscuits et un bonbon, une récompense de maharaja pour des gosses au ventre vide.

La mère de Bandona était debout. C'était une toute petite femme, les cheveux relevés en chignon, ratatinée et ridée comme les vieilles Chinoises de la campagne. Elle plaisantait avec les voisines qui se pressaient dans le logement très propre et méticuleusement rangé. Sur le mur derrière le bat-flanc qui servait de lit pour elle et ses cinq enfants, il y avait deux images de sages bouddhistes coiffés de bonnets jaunes, et une photographie du dalaï lama. Devant les portraits brûlait une lampe à huile.

— *Daktar*, il ne fallait pas te déranger ! protesta-t-elle. Je vais très bien. Le Grand Dieu ne veut pas encore de moi.

Elle obligea l'Américain à s'asseoir et lui servit du thé et des friandises. Rassurée, Bandona avait retrouvé son sourire.

— J'aimerais quand même vous examiner, insista Max.

— Ce n'est pas la peine. Je te répète, *daktar*, que je vais très bien.

— Maman, le docteur est spécialement venu d'Amérique, intervint Bandona.

Ce mot d'Amérique eut un effet magique. Mais il n'était pas question de faire sortir les gens de la pièce. Dans un *slum* tout se fait en public, même un examen médical.

Un moment plus tard, Max reposait son stéthoscope.

— Bandona, ta maman est solide comme un roc, affirma-t-il d'un ton rassurant.

Il allait prendre congé quand, voulant se lever pour verser de l'eau dans la théière, la vieille femme fut secouée par une violente quinte de toux. Elle s'écroula. Du sang s'échappa de sa bouche. Max se précipita pour aider Bandona à la porter sur le lit. Au mouvement des lèvres de la jeune femme, Max comprit qu'elle priait. Sa vieille mère regardait les gens autour d'elle. Il n'y avait aucun effroi dans ses yeux ; une parfaite sérénité au contraire. Max prépara une seringue avec un toni-cardiaque mais il n'eut pas le temps de planter son aiguille. La vieille Assamaise se raidit brusquement. Elle laissa échapper un soupir. C'était fini.

Un hurlement déchira la pièce. C'était Bandona. Elle étreignait sa mère en sanglotant. Pendant plusieurs minutes, on n'entendit que des cris, des pleurs, des lamentations. Les femmes se lacéraient le visage avec les ongles, les hommes se frappaient le crâne de leurs poings. Les enfants affolés imitaient leurs parents. Puis, aussi brusquement qu'elle s'était effondrée, Bandona se releva, épousseta son sari, resserra la pointe de ses nattes. Les yeux secs, le visage grave, elle prit les choses en main. « J'assistai alors à un stupéfiant festival d'ordres et d'injonctions, racontera l'Américain. En quelques minutes, la jeune Assamaise avait tout organisé, tout programmé. Elle envoya ses frères aux quatre coins du Bengale avec mission de prévenir parents et connaissances. Elle dépêcha voisins et amis au bazar pour acheter les accessoires funéraires : une litière mortuaire de couleur blanche selon la tradition bouddhiste, de la poudre de vermillon pour la décoration rituelle du corps, des cierges, de l'encens, du *ghee*, du *khadi* de coton et des guirlandes de jasmin, d'œillets et de lys. En vue de payer tout cela, elle fit porter ses deux bracelets en or et son pendentif à l'usurier afghan du bout de sa ruelle afin d'obtenir un prêt immédiat de mille roupies. Pour recevoir, nourrir, choyer et remercier tous ceux qui allaient venir, elle fit acheter cinquante kilos de riz, autant de farine pour les *chapati*, des quantités de légumes, ainsi que du sucre, des épices et de l'huile. Enfin, elle fit remettre cent roupies au bonze de la pagode de Howrah afin qu'il vienne réciter les *slokas* bouddhistes et accomplir les rites religieux. »

Tout fut prêt en un rien de temps. Emmaillotée de coton blanc, la mère de Bandona reposait sur une litière embaumant le jasmin. Seuls ses pieds et ses mains bariolés de vermillon étaient visibles, ainsi que son visage où la mort avait effacé presque toutes les rides. Elle ressemblait à une momie. Tout autour, des bâtonnets d'encens exhalaient leur suave odeur de bois de rose. Du camphre brûlait dans de petites coupes. Les événements se sont ensuite déroulés très vite. Le bonze en robe safran prononça ses prières en faisant tinter une paire de cymbales. Puis il fit une onction de *ghee* et de camphre sur le front de la morte et répandit des grains de riz sur son corps afin de faciliter la transmigration de son âme. Quatre hommes de la famille s'emparèrent alors de la civière. Quand Bandona vit sa mère quitter le taudis où elles avaient toutes deux vécu et lutté pendant tant d'années, elle ne put réprimer un nouvel accès de désespoir. Toutes les femmes recommencèrent aussitôt à crier, à sangloter, à gémir. Mais déjà la litière s'éloignait dans la ruelle inondée. Seuls les hommes ont coutume d'accompagner les défunts jusqu'à leur bûcher. Ils chantaient sur un rythme syncopé des cantiques à Râm, car la mère de Bandona allait être incinérée selon le rite hindou, faute d'un lieu de crémation spécifiquement bouddhiste. Il fallut plus d'une heure au petit cortège pour s'ouvrir un passage jusqu'au *ghat* funéraire au bord de l'Hooghly. Les porteurs déposèrent la civière sous un banyan pendant que le frère aîné de Bandona allait négocier la location d'un bûcher et les services d'un prêtre. Enfin la défunte fut déposée sur l'une des piles de bois. Le brahmane versa quelques gouttes de l'eau du Gange entre ses lèvres. Puis le fils aîné fit cinq fois le tour de la dépouille et plongea une torche enflammée entre les bûches. Des voix s'élevèrent alors pour chanter des louanges à Dieu par-dessus le crépitement des flammes.

Sachant qu'un corps met environ quatre heures à se consumer, Max s'éclipsa discrètement pour revenir apporter un peu de réconfort à Bandona. Quelques mètres avant d'atteindre sa chambre, il sentit le sol se dérober subitement sous ses pieds. Un flot noirâtre s'engouffra dans sa bouche. Ses narines, ses oreilles, ses yeux s'enfoncèrent à leur tour dans le gargouillis putride. Il se débattit, mais plus il luttait, plus il était aspiré vers le fond du cloaque. Deux fois dans son existence, il avait eu la vie sauve grâce à ses qualités de nageur. Aujourd'hui, dans cette fange immonde, il était paralysé, englué. La densité du liquide et sa consistance rendaient vain tout effort pour faire surface. Il comprit qu'il allait se noyer. On dit qu'en un tel instant, on revoit d'un coup son passé. Dans ce tourbillon de pourriture, il eut à peine le temps d'entrevoir sa mère « qui apportait un énorme gâteau d'anniversaire sur la terrasse de notre maison de Floride ». Puis il perdit connaissance. La suite lui serait racontée.

Un *sahib* barbotant entre deux eaux dans les égouts d'Anand Nagar ne pouvait passer longtemps inaperçu. Des gens l'avaient vu tomber. Ils s'étaient précipités et n'avaient pas hésité à plonger à son secours. On l'avait sorti inanimé et transporté chez Bandona. Pour la deuxième fois de la journée, la jeune Assamaise reprit la direction des opérations. Elle ameuta tout le monde. Lambert, Margareta et les autres accoururent. Elle réussit même à faire venir un médecin du centre de la ville. Respiration artificielle, massage cardiaque, piqûres stimulantes, lavage d'estomac, tout fut mis en œuvre pour ramener l'infortuné Américain à la vie. Il finit par ouvrir les yeux. Il vit alors au-dessus de lui « toute une collection de merveilleux visages à qui mon réveil semblait faire bigrement plaisir. En particulier deux yeux en amande qui me dévisageaient avec tendresse et qui étaient encore rouges d'avoir beaucoup pleuré ce jour-là ».

56

— Après tes ébats aquatiques, tu as besoin d'une
bonne purification, annonça le lendemain Lambert
au rescapé des égouts de la Cité de la joie. Que
dirais-tu d'un petit bain de chlorophylle ? Je connais
un endroit superbe.

Max parut hésitant.

— A vrai dire, j'aimerais mieux un bain mous-
sant dans un palace cinq étoiles !

Lambert leva les bras au ciel.

— C'est banal, ça ! Tandis que l'endroit où je
veux t'emmener...

Une heure plus tard, un autobus déposait les
deux amis devant l'entrée d'une oasis qui paraissait
inconcevable si près de la concentration urbaine la
plus folle du monde, un jardin tropical de plusieurs
hectares planté d'arbres vénérables de toutes les
essences d'Asie. L'univers de luxuriance végétale
dans lequel ils pénétrèrent avait en effet de quoi
surprendre. On y trouvait d'énormes banyans prisonniers de dentelles de lianes, des cèdres centenaires aux troncs larges comme des donjons, des
bouquets d'acajous et de tecks montant à l'assaut du
ciel, des arbres ashoka en forme de pyramide, de
gigantesques magnolias avec de jolies feuilles
pareilles aux tuiles vernissées des pagodes chinoises.

« Le paradis terrestre venait de surgir devant mes yeux brûlés par la merde et les fumées de la Cité de la joie », dira Max Loeb. Plus inouïs encore étaient le nombre et la variété des oiseaux qui peuplaient ce parc. Il y avait là des loriots jaune vif, de splendides pics à dos d'or et à bec conique gros comme des pigeons, de majestueux milans noirs à queue fourchue qui tournaient dans le ciel avant de fondre sur leurs proies. Il y avait d'orgueilleux chevaliers aux longs becs incurvés vers le haut, juchés sur leurs échasses de migrateurs. Volant d'un bouquet de bambous à l'autre, des mainates à bec jaune, des pies cannelle, des merles roux hochequeues, de grandes perruches au plumage jaune striaient l'air immobile. Soudain, un alcyon au plumage d'un violet-roux intense, avec un gros bec rouge, vint se poser devant les promeneurs. Ils s'arrêtèrent pour ne pas l'effrayer, mais il était si peu farouche qu'il vint se poser sur un bambou tout proche.

— Quelle détente d'observer un oiseau dans la nature ! s'extasia Lambert. C'est un être à l'état naturel, un être libre. Il ne s'occupe pas de toi. Il saute d'une branche à l'autre, il attrape un insecte, pousse un cri. Il étale son plumage.

— Il fait son travail d'oiseau, approuva Max.

— C'est cela qui est prodigieux : il ne nous regarde même pas.

— S'il nous regardait, peut-être que tout serait faussé.

— Absolument. C'est vraiment un être libre. Alors que dans notre vie à nous, nous ne rencontrons jamais d'êtres libres. Les gens ont toujours quelque problème. Et comme tu es là pour leur venir en aide, tu es obligé de te poser des questions à leur sujet, de chercher à comprendre leur cas, d'étudier leurs antécédents.

Max songea aux dures journées qu'il venait de vivre.

— C'est vrai : la moindre rencontre dans l'entassement d'un *slum* est une occasion de tension.

Lambert montra l'oiseau.

— Sauf avec les enfants, dit-il. Seul un enfant est une créature sans tension. Moi, je vois Dieu en regardant dans les yeux un gosse de la Cité de la joie. Il ne se compose pas d'attitude, il ne cherche pas à jouer un rôle, il ne change pas en fonction des événements, il est limpide. Comme cet oiseau, cet oiseau qui vit sa vie d'oiseau dans la perfection.

Max et Lambert s'étaient assis dans l'herbe. L'un et l'autre se sentaient à des milliers d'années-lumière d'Anand Nagar.

— Je crois que c'est ici que j'ai puisé la force de tenir pendant toutes ces années, avoua Lambert en veine de confidences. Ici et dans la prière. A chaque coup de cafard, je sautais dans un bus et venais ici. Une libellule voletant sur un buisson, la roucoulade d'un pic roux, une fleur qui se referme à l'approche du soir ont été mes bouées de sauvetage.

Il y eut un long silence reposant. Puis, tout à coup, le Français demanda :

— Tu es juif, n'est-ce pas ?

Devant la surprise de Max, Lambert expliqua :

« C'est un réflexe indien de poser cette question. En Inde, on détermine toujours un homme par sa religion. La religion conditionne tout le reste. »

— Oui, dit Max, je suis juif.

— Tu es un privilégié : le judaïsme est une des plus belles religions du monde.

— Ça n'a pas toujours été l'avis de tous les chrétiens, fit observer Max.

— Hélas ! Mais quel héroïsme millénaire cela vous a inspiré ! Quelle foi inébranlable ! Quelle dignité dans la souffrance ! Quelle ténacité dans l'écoute du Dieu unique ! N'avez-vous pas inscrit le Shema Israël sur la porte de vos foyers ? Quelle leçon, tout cela, pour les autres hommes ! Pour nous, chrétiens, en particulier.

Lambert posa une main sur l'épaule de l'Américain.

« Tu sais, nous autres chrétiens, nous sommes spirituellement des juifs, enchaîna-t-il, s'animant brusquement. Abraham est notre père à tous. Moïse notre guide. La mer Rouge fait partie de ma culture. Non, de ma vie. Comme les tables de la Loi, le désert du Sinaï, l'arche d'alliance. Les prophètes sont nos consciences. David est notre chantre. Le judaïsme nous a apporté Yahweh, le Dieu qui est Tout-Puissant, transcendant, universel. Le judaïsme enseigne à aimer notre prochain à l'égal de Dieu ! Quel formidable commandement ! Huit siècles avant le Christ, tu te rends compte ? Le judaïsme a apporté au monde cette notion extraordinaire d'un Dieu Un et Universel. Une notion qui ne peut être que le fruit d'une révélation. Malgré sa puissance intuitive et mystique, l'hindouisme n'a jamais pu entrevoir un Dieu personnel. C'est le privilège exclusif d'Israël de l'avoir révélé au monde. Et de ne s'en être jamais écarté. C'est vraiment fantastique. Songe, Max, que dans ce même temps lumineux de l'humanité qui voyait naître Bouddha, Lao Tseu, Confucius, Mahavira, un prophète juif, nommé Isaïe, proclamait la primauté de l'Amour sur la Loi.

L'amour ! C'était en Inde que le juif et le chrétien avaient découvert le vrai sens de ce mot. Deux de leurs frères de la Cité de la joie devaient encore le leur rappeler ce soir-là à leur retour dans le *slum*. « Un aveugle d'une trentaine d'années était accroupi à l'entrée de la rue principale devant un petit garçon atteint de poliomyélite, racontera Max. Il lui parlait tout en massant délicatement ses mollets fins comme des baguettes, puis ses genoux déformés et ses cuisses. Le gosse se retenait au cou de son bienfaiteur avec un regard éperdu de reconnaissance. L'aveugle souriait. Il émanait de cet homme encore si jeune une sérénité et une bonté quasi surnaturelles. Quand il eut fini, il se leva et prit délicatement l'enfant par les épaules pour le mettre debout. Celui-ci fit un effort pour tenir sur ses jambes. L'aveugle lui dit quelques mots et le gosse avança son pied dans l'eau noire qui noyait la chaussée. L'aveugle le poussa doucement en avant et l'enfant bougea l'autre pied. Il avait fait un pas. Rassuré, il fit un deuxième pas. Et voilà qu'ils cheminaient tous deux au centre de la ruelle, le gamin guidant son frère des ténèbres, et celui-ci soutenant le petit polio dans sa démarche titubante. Le spectacle de ces deux naufragés était si bouleversant que même les enfants qui jouaient aux billes sur les margelles s'arrêtèrent pour les regarder passer avec respect. »

57

Avec ses bracelets et ses colliers de pacotille, ses saris aux couleurs vives, ses yeux noirs cernés de khôl, ses sourcils dessinés au crayon et sa jolie bouche rougie de jus de bétel, Kâlîma, vingt ans, était la pin-up de la courée. Même Lambert était troublé par cette présence qui éclaboussait de sensualité et de gaieté le fond de basse-fosse où il venait d'échouer. Il admirait surtout le large ruban rouge et la fleur de jasmin dont cette créature parait la lourde tresse de cheveux noirs qui lui tombait sur les reins. Ce raffinement au milieu de toute cette laideur l'enchantait. Le seul ennui était que Kâlîma n'était pas une femme, mais un eunuque. Lambert en avait eu la preuve le deuxième matin, au moment de sa toilette. La « jeune femme » avait laissé échapper son voile une fraction de seconde et le Français avait aperçu son sexe, du moins ce qu'il en restait. Kâlîma n'était pas un de ces hommes travestis en femmes. Il était un authentique représentant de cette caste secrète et mystérieuse des *hijra* dont les communautés parsemaient l'Inde. Il avait été castré.

Quelques jours plus tard, une fête impromptue devait permettre à Lambert de découvrir le type de fonction qu'exerçaient dans le bidonville cette pittoresque personne et ses compagnons installés dans la chambre voisine. La nuit venait de tomber quand les cris d'un nouveau-né emplirent soudain la courée. Homaï, la femme de l'hindou borgne qui habitait de l'autre côté de la cour, venait de mettre au monde un fils. Aussitôt, la grand-mère en voile blanc de veuve et les autres femmes se précipitèrent chez les eunuques pour les prier de venir bénir l'enfant. Kâlîma et ses amis se maquillèrent à la hâte, revêtirent leurs saris de fête, enfilèrent toute leur bimbeloterie. Kâlîma fixa aussi plusieurs colliers de grelots à ses chevilles tandis que ses compagnons enduisaient de poudre rouge leurs *dholaks*, leurs inséparables petits tambourins. Ainsi parés, les cinq eunuques sortirent en tapant sur leurs instruments et en chantant de leur voix rauque : « Un nouveau-né est apparu sur terre. Nous sommes venus le bénir. *Hirola ! Hirola !* »

Le plus âgé de la petite troupe, un eunuque aux cheveux crépus et aux pommettes saillantes, se nommait Boulboul — le Rossignol. Vêtu d'un jupon et d'un corsage rouge vif, un anneau d'or dans le nez et des pendentifs dorés aux oreilles, il conduisait la cérémonie en se tortillant des hanches. Il était le gourou du groupe, son maître, sa « mère ». Ses disciples, Kâlîma en tête, suivaient en sautillant et en chantant. « Sœur, apporte-nous ton enfant, chantait Boulboul, car nous voulons partager votre joie. *Hirola ! Hirola !* » La grand-mère en voile de veuve s'empressa d'aller chercher le nourrisson et l'offrit à Kâlîma. L'eunuque prit délicatement le petit corps dans ses bras et se mit à danser en sautant d'un pied sur l'autre dans un bruit de grelots, tournant et ondulant au rythme saccadé des tambourins. De sa voix rauque, il entonna :

> *Vive le nouveau-né !*
> *Nous te bénissons,*

Pour que tu vives longtemps,
Que tu sois toujours en bonne santé,
Que tu gagnes beaucoup d'argent.

Les chants avaient attiré les habitants des maisons avoisinantes. La cour s'était remplie. Des grappes d'enfants avaient même escaladé les toits pour mieux voir. La température accablante ne rebutait personne. C'était la fête. Pendant que Kâlîma et ses compagnons continuaient de danser, le gourou Boulboul alla percevoir les honoraires de sa troupe. Les eunuques se font payer très cher et personne n'oserait leur marchander leurs services de peur d'encourir leurs malédictions.

« Notre nouveau-né est aussi fort que Shiva, proclamèrent les danseurs, et nous supplions le dieu tout-puissant de nous remettre les fautes de toutes ses vies précédentes. » Cet appel était en quelque sorte le credo des eunuques, la justification de leur rôle au sein de la société. L'Inde mystique avait sacralisé les plus déshérités de ses parias en leur offrant le rôle de boucs émissaires.

Le gourou était revenu avec une assiette de riz saupoudré de morceaux de gingembre. Du bout de son index, il essuya la poudre rouge qui recouvrait l'un des tambourins et marqua le front du bébé. Ce geste symbolique transférait sur sa personne, ses compagnons et sur toute la caste des *hijra*, les fautes passées du nouveau-né. La poudre rouge, emblème du mariage chez les épouses hindoues, représente chez les eunuques leur union rituelle avec leur tambourin. Le gourou jeta ensuite quelques grains de riz sur l'instrument puis il en lança une pleine poignée vers la porte du logement pour bénir la mère, et une autre sur l'enfant. Levant l'assiette au-dessus de sa tête, il commença à tourner sur place sans faire tomber un seul grain. Accompagné par ses acolytes qui frappaient leurs tambourins et tapaient dans leurs mains en cadence, il chanta : « Nous nous baignerons dans les rivières sacrées pour nous laver de toutes les fautes du nouveau-né. » Alors, devant les yeux émerveillés de l'assistance, Kâlîma se mit à danser en berçant l'enfant. Ses attaches très fines et la féminité de ses gestes créaient l'illusion. Pathétique de réalisme, l'eunuque souriait maternellement à cette petite masse de chair qui faisait son entrée dans le monde de la Cité de la joie.

Un spectacle de mime clôtura la cérémonie. Kâlîma restitua le bébé à sa grand-mère et glissa un coussin sous son sari. Personnifiant une femme au stade ultime de sa grossesse, il se mit à tourner en ron en exhibant son gros ventre. Le visage grimaçant, il singea les premières douleurs de l'enfantement. Poussant des cris de plus en plus déchirants, il se laissa tomber sur le sol tandis que les autres eunuques lui assenaient des tapes sur les épaules et dans le dos comme pour l'aider à accoucher. Quand il fut complètement en transe son gourou alla chercher le nouveau-né et le déposa dans ses bras. Son visage s'illumina alors d'une expression de bonheur. Lambert vit les lèvres de l'eunuque adresser de tendres paroles à l'enfant. Puis son buste et ses bras partirent d'un balancement. L'eunuque berçait avec amour le nouvel habitant de la courée.

58

« Même à Calcutta le paradis existe ! » se dit Max Loeb. Un serveur en tunique et turban blancs avec les armes de l'hôtel en écusson sur la poitrine venait d'entrer dans sa chambre. Il apportait un plateau d'argent avec un double whisky, une bouteille de soda et une coupe pleine de noix de cajou. L'Américain n'avait pu résister au besoin de recharger ses batteries. Le bain de chlorophylle du jardin tropical ne lui avait pas suffi. Il s'était réfugié dans une suite climatisée du *Grand Hotel*, le palace de Calcutta. Un Niagara écumant de mousse odorante crépitait déjà dans la baignoire de sa salle de bains en marbre. Le cauchemar de la Cité de la joie faisait partie d'une autre planète. Il glissa un billet de dix roupies dans la main du serveur. A l'instant de sortir, celui-ci fit demi-tour. C'était un petit homme avec un collier de barbe grise autour d'un visage rond tout plissé.

— Est-ce que tu aimerais une fille, *Sahib* ? proposa-t-il. Une jolie fille toute jeune ? » — Surpris, Max posa son verre de whisky. — Très jolie et câline, précisa le serveur avec un clin d'œil. — L'Américain avala une nouvelle gorgée d'alcool. — A moins que tu ne préfères deux jeunes filles à la fois, pressa l'Indien. Des jeunes filles très très expertes. Tout le Kama Soutra, *Sahib*.

Max songea aux sculptures érotiques des temples de Khajuraho qu'il avait admirées en photos dans un album. Il se souvint aussi des paroles de sa fiancée lors de leur dernier dîner. « Des amoureuses sans égales, les Indiennes », avait dit Sylvia. Le serveur s'enhardit. Il connaissait bien sa clientèle. Dès qu'ils arrivent en Asie, Européens et Américains deviennent des démons. Aucune tentation ne leur paraît assez épicée. « Peut-être que tu aimerais plutôt un garçon, *Sahib* ? Un très beau jeune garçon, doux et... » L'homme fit un geste obscène qu'il assortit d'un nouveau clin d'œil. Max croqua une noix de cajou. Son silence ne désarçonnait nullement le serveur. Toujours avec le même air complice, il proposa cette fois « deux jeunes garçons », puis « deux jeunes garçons et deux filles ensemble », puis un eunuque et enfin un travesti. « *Very clean, Sahib, very safe* » — très propre et sans danger.

Max imaginait la tête que ferait Lambert quand il lui raconterait la scène. Il se leva pour aller fermer les robinets de la baignoire. Quand il revint, le serveur était toujours là. Son catalogue de plaisirs n'était pas épuisé. « Puisque le sexe ne te tente pas, peut-être aimerais-tu fumer un peu d'herbe ? suggéra-t-il. Je peux te fournir la meilleure du pays. En provenance directe du Bhoutan. » Dans la foulée, il ajouta : « A moins que tu aimes mieux une vraie bonne pipe. Une lueur brilla dans ses yeux humides. Notre opium vient de Chine, *Sahib*. » Nullement déçu par le peu d'enthousiasme que suscitait toute sa miroitante marchandise, l'Indien se hasarda à suggérer « une petite seringue de belle blanche », ainsi que quelques autres décoctions, comme le *bhang*, le chanvre indien. Mais visiblement, l'honorable étranger n'était pas amateur. Pour ne pas quitter la chambre bredouille, l'homme au turban suggéra finalement la banale transaction que toutes les oreilles des touristes entendent comme une litanie dans les pays du tiers monde. « Tu veux changer tes billets verts, *Sahib* ? Je te fais un cours spécial pour toi : onze roupies pour un dollar. »

Max vida d'un trait le fond de son verre.

— Apporte-moi plutôt un autre whisky bien tassé, demanda-t-il en se levant.

Le serveur le considéra avec tristesse et pitié.

— Tu n'aimes pas les bonnes choses, *Sahib*.

Bien sûr que Max Loeb aimait les « bonnes choses ». Surtout après des semaines de pénitence dans le cloaque de la Cité de la joie. Quand il eut avalé son deuxième whisky, il demanda au serveur enturbanné de lui envoyer l'une de ces princesses du Kama Soutra qu'il lui avait proposées.

Cette première expérience avec la descendance de ces lignées de prostituées sacrées qui avaient autrefois inspiré les sculpteurs des temples ne se déroula pas du tout comme Max s'y attendait. Conduite jusqu'à sa porte par le propriétaire du cabaret auquel elle avait été vendue, la fillette, une toute petite chose outrageusement fardée, avait l'air si terrifiée qu'il n'osa même pas caresser ses superbes cheveux noirs. Alors il décida de lui offrir une fête. Il appela le service d'étage et fit venir tout un assortiment de crèmes glacées, de pâtisseries, de gâteaux. Les cils de la jeune prostituée se mirent à battre comme les ailes d'un papillon autour d'une lampe. Elle n'avait jamais vu tant de merveilles. C'était évident : ce client était Lord Shiva en personne. « Nous nous sommes gobergés à en crever, racontera Max à Lambert, comme deux petits copains qui avaient subitement envie de tout oublier et de croire au père Noël ! »

Quelques jours plus tard, Max Loeb franchissait

en taxi un grand portail gardé par deux sentinelles armées et remontait une allée bordée de buissons de jasmin dont la pénétrante senteur tropicale embaumait la nuit. « Je rêve », se dit-il en apercevant au bout de l'allée les colonnades d'une vaste demeure géorgienne. De chaque côté d'un majestueux perron, et tout le long du toit en terrasse, brûlait une guirlande de lampes à huile. « C'est *Tara*, songeat-il, émerveillé, la *Tara* de *Autant en emporte le vent*, un soir de fête. » La somptueuse construction semblait en effet sortir d'un rêve. Construite au début du siècle dernier par un magnat britannique de l'industrie du jute, c'était l'une des résidences qui avaient valu à Calcutta son surnom de « Ville des palais ». Assiégée de tous côtés par l'invasion des quartiers surpeuplés et des bidonvilles, elle ressemblait aujourd'hui à un paquebot sombrant au milieu des récifs. Mais ce vestige d'une époque disparue avait encore de beaux restes, à commencer par la maîtresse des lieux, la sculpturale et délicieuse Manubaï Chatterjee, une veuve de trente-cinq ans, grand amateur de peinture moderne, de musique indienne et d'équitation. Fine et élancée comme une femme du peuple — alors que beaucoup d'Indiennes s'empâtent dès qu'elles sont riches, perdant souvent toute grâce et toute beauté naturelles — Manubaï s'occupait de plusieurs organisations culturelles et œuvres charitables. C'est en sa qualité de présidente des Amitiés indo-américaines qu'elle donnait la *party* de ce soir. Les États-Unis fêteraient demain le 190e anniversaire de leur déclaration d'Indépendance.

Les chiens et les rats crevés flottant sur la mer de crottes, les ventres des nouveau-nés gonflés comme des baudruches, les yeux tragiques des mères, les hommes épuisés crachant leurs poumons, la mort qui passe sur une civière au-dessus de quatre têtes, les pleurs, les cris, les disputes, les bruits des ateliers-bagnes, était-il possible que ce cauchemar existât à quelques minutes de taxi de cette oasis ? Il fallut à Max un moment pour s'acclimater. Même après une soirée de gourmandise avec une enfant prostituée et quelques nuits dans les draps de percale d'un palace, il était tellement imprégné du décor de la Cité de la joie que c'était comme une seconde peau. Sur la pelouse du parc illuminé se pressait la foule des invités. Il y avait là tout le monde des affaires de Dalhousie Square, de l'industrie, de l'import-export, de gros *marwari* en *kurta* de soie et leurs non moins grosses épouses en somptueux saris brodés d'or ; des représentants de l'intelligentsia bengalie tels le grand cinéaste Satyajit Ray, auteur du remarquable *Pather Panchali*, salué universellement comme un chef-d'œuvre, le fameux peintre Nirode Najumdar que la critique internationale avait surnommé « le Picasso de l'Inde », ou le célèbre compositeur-interprète de sitar Ravi Shankar dont les récitals en Europe et en Amérique avaient fait apprécier aux mélomanes occidentaux les subtiles sonorités de cette lyre indienne. Des serviteurs pieds nus en tunique blanche, ceinture de velours rouge et turban, présentaient aux invités des plateaux chargés de verres de whisky, de coupes de vin de Golconde et de jus de fruits ; d'autres des plats d'argent débordant de toutes sortes d'amuse-gueules. Sur la pelouse, Manubaï avait fait dresser une vaste *shamiana* aux couleurs vives qui abritait un buffet offrant les mets les plus raffinés de la riche cuisine bengalie. A gauche de la tente, des musiciens en tenue chamarrée jouaient des mélodies de Gilbert et Sullivan et des airs de swing américain. « Tout ceci était délicieusement rétro, racontera Max. A tout moment, je m'attendais à voir le viceroi et la vice-reine des Indes descendre d'une Rolls-Royce blanche escortée de lanciers du Bengale. »

Drapée dans un sari aux couleurs de circonstance — bleu et rouge — parsemé de petites étoiles dorées, Manubaï allait d'un groupe à l'autre. Max était ébloui par la grâce et la beauté de cette Indienne qui recevait comme une souveraine. Pourtant quel dur chemin avait été le sien avant d'arriver à créer cette illusion ! Si aujourd'hui les veuves ne se jettent plus dans les flammes du bûcher de leur mari défunt, leur sort au sein de la société indienne n'est guère enviable. Pour demeurer dans sa belle maison et continuer à jouir d'un revenu décent, que de batailles Manubaï n'avait-elle pas dû livrer à la mort de son époux, propriétaire de la première maison de commerce de la place. Les flammes incinérant le corps de son époux n'étaient pas encore éteintes que sa belle-famille lui signifiait son expulsion. Pendant deux ans, des coups de téléphone anonymes l'avaient traitée de voleuse et de putain. Insultes, menaces, elle avait tout supporté la tête haute, répondant à ses ennemis par le silence et le mépris, se consacrant à l'éducation de ses deux enfants, voyageant, favorisant la carrière de jeunes artistes, soutenant des œuvres. Elle venait de léguer ses yeux couleur d'émeraude à la première banque des yeux du Bengale, une institution qu'elle avait elle-même fondée.

Max sentit un bras se glisser sous le sien.

— Vous êtes bien le docteur Loeb ?

— Vous avez deviné, dit-il, légèrement troublé par le parfum enivrant de la jeune femme.

— On m'a parlé de vous. Il paraît que vous êtes un type épatant : vous vivez dans un *slum* et vous avez monté un dispensaire pour soigner les pauvres. Je me trompe ?

Max se sentit rougir jusqu'à l'extrémité des orteils. Les visages de Saladdin, de Bandona, de Margareta, de tous ses compagnons indiens de la

Cité de la joie passèrent devant ses yeux. S'il y avait des gens épatants quelque part, c'étaient eux. Eux qui n'avaient jamais eu besoin d'une nuit dans le luxe d'un palace pour oublier le sordide du décor de leur vie. Eux pour qui il n'y avait jamais ni réceptions ni compliments.

— J'ai seulement voulu me distraire en faisant quelque chose d'utile, répondit-il.

— Vous êtes trop modeste ! protesta vivement Manubaï. — Elle prit sa main dans ses longs doigts et l'entraîna avec elle. — Venez, je vais vous présenter à l'un de nos plus grands savants, notre futur prix Nobel de médecine.

Le professeur G.P. Talwar, la cinquantaine allègre, était un homme vif et souriant. Il avait fait une partie de ses études à l'institut Pasteur de Paris. Chef du département de biologie à l'Institut des sciences médicales de New Delhi, le temple de la recherche médicale indienne, il travaillait depuis plusieurs années à la mise au point d'un vaccin révolutionnaire susceptible de bouleverser l'avenir de l'Inde. Il s'agissait du premier vaccin contraceptif : une seule injection suffirait à rendre une femme stérile pendant une année. Max songea à tous les petits paquets de chair que des mères désespérées avaient déposés sur sa table. Aucun doute possible, il venait de rencontrer un bienfaiteur de l'humanité. Mais déjà Manubaï l'emmenait vers un autre de ses protégés.

Avec ses cheveux blonds bouclés et son visage de bon vivant, l'Anglais James Stevens ressemblait davantage à une publicité pour le savon Cadum qu'à un émule de Mère Teresa. Et pourtant, cet homme de trente-deux ans, vêtu à l'indienne d'une ample chemise sans col et d'un pantalon de coton blanc, était, comme Paul Lambert et certainement beaucoup d'autres inconnus, une sorte de Mère Teresa anonyme, quelqu'un qui avait consacré sa vie aux plus pauvres des pauvres, ceux qui avaient le moins de chances de s'en sortir, les enfants des lépreux. Rien ne destinait a priori ce prospère propriétaire d'une chaîne de chemiseries à cet apostolat en Inde, si ce n'est que son goût des voyages l'avait conduit un jour à Calcutta. Cette visite l'avait frappé au point de transformer sa vie. Il rentra en Angleterre pour y liquider tous ses biens et retourna en Inde où il épousa une Indienne. Il loua de ses deniers une grande maison dans une banlieue verdoyante de Calcutta et sillonna les courées des lépreux dans les bidonvilles afin de convaincre leurs habitants de leur confier leurs malheureux enfants. Son foyer comptait près d'une centaine de jeunes pensionnaires qu'il soignait et éduquait. Il l'avait baptisé « Udayan » — Résurrection. Il y avait englouti toute sa fortune. Heureusement, des âmes généreuses comme Manubaï avaient pris le relais. Stevens n'aurait pour rien au monde manqué une de ses *parties*. Pour cet amateur de whisky et de sherry, elles représentaient chaque fois une escapade dans une autre planète.

Une escapade qui, cette nuit-là, catapulta Max Loeb vers une destination imprévue : le lit à baldaquin de la première hôtesse de Calcutta. Comment put-il accomplir cet exploit ? Il avait savouré trop de whisky et de vin de Golconde pour s'en souvenir avec précision. Il se rappelait seulement que lorsque, vers minuit, il avait joint les mains à la hauteur de son front pour prendre congé de la maîtresse de maison, celle-ci avait repoussé son geste. Ses yeux vert émeraude avaient imploré :

— Max, restez encore un peu. Cette nuit est délicieusement fraîche.

Dès le départ du dernier invité, elle l'avait entraîné vers sa chambre, une immense pièce qui occupait presque tout le premier étage de sa demeure. Le parquet luisait comme un miroir. Des meubles en bois tropicaux exhalaient une délicieuse odeur de camphre. Dans le fond se trouvait le lit avec des colonnades en bois de teck torsadé qui soutenaient un baldaquin de brocart d'où tombait la fine broderie d'une moustiquaire. Les murs étaient tendus de papier à fleurs aux couleurs suaves. Sur l'un d'eux s'étalait une vénérable collection de gravures jaunies montrant des vues de la Calcutta coloniale d'autrefois et des scènes de la vie au Bengale. Le mur d'en face était entièrement nu à l'exception d'un grand portrait d'homme au visage sévère. Ce n'était pas une peinture mais une photographie. Ce visage habitait la pièce aussi intensément que s'il avait été vivant.

Max se souvenait que Manubaï avait branché un électrophone. La poignante voix éraillée de Louis Armstrong et les sonorités vibrantes de sa trompette avaient alors envahi la nuit. Envoûté, l'Américain s'était laissé tomber de bonheur sur le canapé. Un serviteur aux pieds nus avait apporté du whisky. Manubaï s'était glissée contre Max et ils s'étaient embrassés. A un certain moment, des cris d'oiseaux entrèrent par la fenêtre, mêlant le suraigu de leurs trilles aux éclats de la trompette. C'était fantastique. La jeune femme avait éteint les lumières à l'exception d'une lampe chinoise dont l'abat-jour à pompons donnait à la chambre une pénombre voluptueuse. Le portrait du mari défunt s'était comme effacé dans le mur.

La suite ne serait qu'une succession d'images confuses et excitantes. Après avoir esquissé quelques pas de danse, le couple avait dérivé doucement vers les coussins moelleux et les draps de soie du lit à baldaquin. Ils s'étaient enfermés derrière le mur transparent de la moustiquaire. Allongés côte à côte, ils avaient attendu que s'éteigne la voix de l'inoubliable musicien noir. Alors, ils s'abandonnèrent au plaisir.

★

Il faisait grand jour quand des coups à la porte tirèrent Max des bras de Manubaï. Il alla ouvrir.

— *Sahib*, il y a quelqu'un qui veut te voir. Il dit que c'est urgent.

Max enfila ses vêtements et dégringola l'escalier derrière le serviteur.

— Lambert ! Sacré nom d'une pipe, qu'est-ce que tu fiches ici ?

— Je me doutais qu'après ta *party*, tu aurais envie de faire la grasse matinée, répondit le Français en riant, alors je suis venu te chercher. (Redevenu sérieux, il ajouta :) L'autobus des lépreux va arriver. Nous avons besoin de toi, Max. Il y aura des amputations.

« L'autobus des lépreux » était le surnom que Lambert avait donné à l'ambulance que la Mère Teresa lui envoyait chaque mercredi avec trois de ses sœurs. Faute d'avoir pu ouvrir une léproserie dans le bidonville, c'était l'unique moyen qu'il avait trouvé pour secourir les cas les plus graves. Afin d'éviter toute nouvelle confrontation avec le Parrain et ses nervis, l'ambulance se rangeait sur le trottoir du boulevard qui menait à la gare, bien en dehors des limites de la Cité de la joie.

Les petites sœurs de Mère Teresa étaient de vraies forces de la nature. L'aînée de l'équipe, une grande fille à la peau très claire, belle et distinguée dans son sari blanc à liséré bleu, n'avait pas vingt-cinq ans. Elle s'appelait Paulette. Indienne de l'île

Maurice, elle parlait le pittoresque français chantant des îles. Avalant les R, elle avait surnommé Lambert « Dôtteu Pôl ». Dôtteu Pôl, par-ci, Dôtteu Pôl par-là, les appels de sœur Paulette enchantaient le prêtre. « C'étaient comme des gouttes de rosée brillant sur de la pourriture. » Car les séances du mercredi étaient de rudes épreuves.

Ce matin-là comme chaque semaine, ce fut la ruée dès qu'apparut le véhicule blanc et rouge « offert à Mère Teresa par ses amis du Japon ». Les lépreux arrivèrent de partout, s'arrachant au bout de trottoir où ils avaient passé la nuit. Accrochés à leurs béquilles, à leurs caisses à roulettes, se traînant sur une planche, ils vinrent s'agglutiner autour des trois tables pliantes que les religieuses dressèrent le long de la chaussée. L'une servait à la distribution des médicaments, l'autre aux pansements et aux piqûres, la troisième aux soins des plaies plus importantes et à la chirurgie. Douce mais ferme, sœur Paulette tenta d'ordonner la marée d'éclopés en une file à peu près organisée. A l'arrivée de Max et de Lambert, elle s'étendait sur trente mètres au moins.

Une vraie cour des miracles en pleine rue ! Max vit des passants se couvrir la bouche et le nez en s'éloignant rapidement mais, bien souvent, l'attrait du spectacle était le plus fort. Des badauds s'attroupèrent autour des *sahib* et des religieuses. Le boulevard fut bientôt embouteillé. « Je me faisais penser à un prestidigitateur sur un champ de foire », dira l'Américain encore sous le charme de sa nuit de plaisir. Mais son euphorie serait de courte durée. Le tableau était dantesque. A peine un lépreux posait-il son moignon sur la table que des asticots s'en échappaient. Il fallait tailler dans les chairs pourries. Des os s'effritaient comme des planches vermoulues. Sommairement équipé de son scalpel, d'une paire de pinces et d'une scie, Max tranchait, rognait, limait. Un travail de boucher. Au milieu d'un tourbillon de mouches, de rafales de poussière, dans une moiteur étouffante, il transpirait à grosses gouttes. La sœur Paulette lui servait d'anesthésiste. Elle ne possédait rien pour alléger les douleurs de certaines amputations, ni morphine, ni curare, ni *bhang*. Elle n'avait que son amour. Max n'oubliera jamais la vision de cette Indienne « prenant un lépreux dans ses bras et le serrant contre elle en lui fredonnant une berceuse pendant que je lui coupais la jambe ».

Comme souvent, il y avait au milieu de l'horreur des scènes d'une incroyable cocasserie. Max se souviendra toujours de « l'expression compatissante d'un policier casqué qui nous regardait travailler en respirant la fumée d'un bâtonnet d'encens qu'il s'était collé sous le nez ». Profitant du public qui leur était offert, quelques lépreux comédiens se mirent à exécuter des galipettes et des clowneries qui déchaînèrent les rires et firent tomber une pluie de piécettes dans leurs escarcelles. D'autres se firent au contraire remarquer par une brusque explosion de colère. Menaçant les religieuses avec leurs béquilles, ils exigèrent des médicaments, de la nourriture, des souliers, des vêtements. Sœur Paulette et « Dôtteu Pôl » devaient à tout instant intervenir. Lambert l'avait souvent constaté : il est parfois plus difficile de recevoir que de donner.

Max opérait depuis plusieurs heures quand deux lépreux déposèrent sur sa table un cul-de-jatte barbu à la chevelure hirsute couverte de cendres. Lambert, qui était en train de distribuer des médicaments, reconnut son vieil ami.

— Max, c'est Anouar ! Anouar dont tu as accouché l'épouse le soir de ton arrivée.

— Je me disais bien que j'avais déjà vu cette tête-là. Et que cela ne devait pas être à Miami !

Ils partirent d'un éclat de rire. La gaieté du prêtre retomba aussitôt. Le pauvre Anouar semblait au plus mal. Ses yeux étaient clos, son visage inondé de transpiration. Des mots incohérents s'échappaient de sa bouche. Son torse décharné se gonflait à peine au rythme d'une respiration haletante. Max avait beaucoup de mal à percevoir son pouls.

— La gangrène, dit Lambert en examinant le pansement puant qui enveloppait l'avant-bras jusqu'au coude, c'est sûrement la gangrène.

Aidés de sœur Paulette, ils défirent délicatement le banddage. Anouar semblait insensible. Arrivant à la chair dénudée, Max sentit ses jambes « s'enfoncer dans une mer de coton ». Ce bras pourri, la foule autour de lui, le vacarme de la rue, la voix de Lambert basculèrent dans un halo de couleurs et de sons. Puis ce fut le vide. On entendit un bruit mat. Max Loeb s'était évanoui. Sœur Paulette et Lambert empoignèrent l'Américain et le portèrent dans l'ambulance. Le prêtre vit alors la main de la religieuse fendre l'air surchauffé et s'abattre sur la joue de Max.

— Réveille-toi, Dôtteu ! Réveille-toi ! criait-elle en le giflant à coups redoublés.

L'Américain finit par ouvrir les yeux. Apercevant les visages penchés sur lui, il s'étonna. Des souvenirs de sa nuit montèrent à sa mémoire.

— Où suis-je ? demanda-t-il.

— Sur un trottoir de Calcutta en train de couper des jambes et des bras à des lépreux, répondit sèchement Lambert que l'incident avait plutôt agacé. — Il s'en voulut immédiatement. — Ce n'est rien, vieux frère. Juste un peu de fatigue à cause de la chaleur.

Un moment plus tard, Max reprenait ses pinces et sa scie. Cette fois, c'était tout un bras qu'il devait couper, jusqu'à l'épaule. Le bras d'Anouar. Sans doute était-il trop tard. Faute d'antibiotiques, l'infection devait déjà galoper dans tout l'organisme de cet homme rongé depuis si longtemps. Lambert et Paulette couchèrent le cul-de-jatte sur le côté. Un bruissement de voix étouffées monta de l'assistance quand la main de Max tenant la paire de pinces s'éleva au-dessus du corps allongé. Max eut l'impression de tailler dans une éponge tant la peau, les muscles, et les nerfs s'étaient putréfiés. La section d'un vaisseau faisait par instants jaillir du sang noirâtre que sœur Paulette épongeait avec une compresse. Quand il atteignit l'os juste au-dessous de l'articulation de l'épaule, Max changea d'instrument. On entendit les dents de la scie mordre la tête de l'humérus. Max sentit de nouveau ses jambes « s'enfoncer dans du coton ». Il crispa ses doigts sur l'instrument et appuya de toutes ses forces. Pour ne plus penser, sentir, voir ni entendre, il se parla. « Sylvia, Sylvia, je t'aime », se répétait-il tandis que sa main accélérait d'avant en arrière comme un automate. Tel un arbre qu'un dernier coup de hache vient d'abattre, le membre se détacha du corps. Ni Lambert ni la sœur Paulette n'eurent le temps de saisir le bras qui roula par terre. Max posa la scie pour s'éponger le front et la nuque. C'est alors qu'il fût témoin d'une scène qui le hanterait pour le reste de sa vie, « un chien galeux qui emportait dans sa gueule le bras d'un homme ».

59

Il est en Inde l'objet de tant de vénération que les paysans lui déposent du lait et des bananes en offrande. Son entrée dans une hutte est considérée comme une bénédiction divine et les textes sacrés de l'hindouisme sont pleins de fables et récits le concernant. Des temples ont été édifiés pour sa dévotion et, dans tout le pays au début de février, la grande fête qui lui est dédiée rassemble des millions de fidèles. Bien qu'il fasse chaque année plus de victimes que le choléra, aucune personne pieuse ne commettrait le geste sacrilège de lever la main sur lui. Le serpent cobra est en effet l'une des trente-trois millions de divinités du panthéon hindou.

Pauvre Lambert ! Toute sa courée de la Cité de la joie se rappellera longtemps le cri de terreur qu'il poussa en entrant dans sa chambre ce soir-là. Dressé sur ses anneaux luisants, la langue vibrante, les crocs sortis, un cobra à tête aplatie l'attendait sous l'image du Saint Suaire. Des voisins se précipitèrent. Le Français avait déjà saisi une brique pour écraser l'animal. Shanta Ghosh, la jolie voisine dont le père avait été dévoré par un tigre mangeur d'hommes, arrêta son bras : « Grand Frère Paul, ne le tue pas, ne le tue surtout pas ! » Alertés par ces cris, des gens accoururent avec des lampes-tempête.

« On se serait cru dans une scène du Râmâyana, dira plus tard Lambert, quand l'armée des singes se jette sur le repaire du démon Râvana. » Finalement, Ashish, le mari de Shanta, parvint à emprisonner le reptile dans une couverture. Quelqu'un apporta un panier dans lequel on l'enferma. Et le calme revint peu après dans la courée.

Lambert avait compris le message. « Ce n'est pas pour me souhaiter la bienvenue que ce cobra a été mis dans ma chambre. Il y a quelqu'un ici qui me veut du mal. » Mais qui ? Il ne put fermer l'œil de la nuit. Un détail l'avait frappé au cours de l'incident. Alors que tous les autres habitants de la courée se précipitaient à son secours, la porte de ses voisins eunuques était restée obstinément close. Le fait était d'autant plus étrange qu'en ces nuits de canicule tout le monde fuyait la fournaise des chambres pour dormir dans la cour. Le prêtre tira sans amertume la leçon de cette aventure. Malgré les constantes preuves d'amour que lui valait sa vie de partage avec ses frères déshérités, il savait que, pour quelques-uns, il restait un *sahib* à peau blanche et un prêtre. Un « étranger » et un « missionnaire ». Jusqu'à présent, protégé par le relatif anonymat d'une ruelle, il n'avait pas trop ressenti la précarité de sa position. Dans le monde clos d'une courée, tout était différent. Car dans cet univers concentrationnaire, tout ce qui n'était pas conforme au groupe devenait un corps étranger, avec tous les risques de rejet que cela impliquait.

Au lever du jour, alors que le Français rentrait des latrines, un homme trapu aux cheveux crépus coupés ras, le teint noir de jais et le nez légèrement épaté, entra dans sa chambre. Lambert reconnut l'occupant d'un des taudis situés de l'autre côté du puits.

— *Father*, nous aussi nous avons eu droit au

coup du cobra, déclara-t-il. — Il se mit à rire. Il lui manquait plusieurs dents. — Ton cobra à toi, c'était pour ta peau blanche et ta croix sur la poitrine. Le nôtre, c'était pour nos cheveux crépus et parce qu'on vient de la forêt.

— Et aussi parce que tu es chrétien, ajouta le prêtre en désignant la médaille de la Vierge qui pendait à son cou.

Lambert avait adopté cette habitude indienne de toujours définir un homme par sa religion.

— Oui, pour ça aussi, admit l'homme en souriant. Mais surtout parce qu'on vient de la forêt, insista-t-il.

La forêt ! Ce seul mot prononcé au fond de ce bidonville sans un arbre ni une fleur, dans ce vacarme permanent de voix, de cris, de bruits, dans cette âcre fumée des *chula*, ce seul mot fit surgir devant les yeux de Lambert tout un défilé d'images magiques ; des images de liberté, de vie primitive mais saine, de bonheur et d'équilibre durement conquis mais réels.

— Tu es adivasi ? demanda-t-il.

Le visiteur dodelina de la tête. Lambert songea alors aux multiples récits qu'il avait lus sur les populations aborigènes. Elles avaient été les premiers habitants de l'Inde. Quand ? Nul ne le savait. Il y a dix, vingt mille ans. Aujourd'hui, quarante millions d'aborigènes répartis en plusieurs centaines de tribus vivaient à travers tout le pays. Cet homme était l'un d'eux. Pourquoi avait-il quitté sa forêt pour échouer au fond de ce pourrissoir ? Pourquoi avait-il changé de jungle ? Il fallut des semaines à Lambert pour reconstituer l'itinéraire de Bouddhou Koujour, cinquante-huit ans, son voisin adivasi.

« Les tambours avaient résonné toute la nuit, racontera ce dernier. C'était la fête. Dans chaque hameau de la forêt, sous les vieux banyans, les tamarins géants et les manguiers, nos femmes et nos filles dansaient en longues files, coude à coude. Qu'elles étaient belles nos femmes, avec leurs tatouages, leur peau luisante, leur corps souple qui se déhanchait rythmiquement. De temps à autre, des hommes le torse nu, un arc et des flèches à la main, des grelots aux chevilles et des plumes de paon autour du front, bondissaient devant les danseuses éclairées par la lune, et entamaient une danse endiablée. La mélopée des femmes devenait sauvage. Tu ne pensais plus ni au lendemain ni à rien. Ton cœur battait au rythme des tambours. Il n'y avait plus ni soucis ni difficultés. Il n'y avait que la vie. La vie qui était joie, élan, spontanéité. C'était enivrant. Les corps souples se pliaient, se relevaient, se fondaient, se déroulaient, se tendaient. Les ancêtres étaient avec nous, les esprits aussi. La tribu dansait. Les tambours battaient, se répondaient, diminuaient, s'amplifiaient, se mêlaient à la nuit. »

Cette nuit de fête, les aborigènes de Baikhuntpur, une vallée boisée de jungles aux confins des États du Bihar et du Madhya Pradesh, avaient renoué avec leurs rites millénaires. A l'aube du lendemain, une surprise les attendait. Vers six heures du matin, deux cents hommes de main envoyés par les propriétaires fonciers de la région s'abattirent sur eux comme une nuée de vautours. Après avoir mis le feu à toutes les huttes, ils exigèrent le paiement des arriérés des fermages et des intérêts d'emprunts, arrêtèrent les hommes avec l'aide de la police, séquestrèrent le bétail, violèrent les femmes et s'emparèrent des biens des habitants. Ce raid était l'aboutissement de plusieurs siècles d'affrontements entre les populations vivant dans la forêt et les grands propriétaires qui prétendaient s'approprier leurs champs et leurs récoltes. La vieille loi ancestrale inscrite dans la mémoire de l'humanité voulant que la jungle appartînt à celui qui l'a défrichée aurait pourtant dû mettre les aborigènes à l'abri de ces convoitises. Après avoir été nomades, puis semi-sédentaires, ils étaient en quelques siècles devenus de petits paysans. Leur agriculture était strictement vivrière et ne visait qu'à nourrir leurs familles. Les produits sauvages de la forêt étaient là pour compléter le fruit de leurs moissons. L'Adivasi raconta à Lambert comment lui-même et ses enfants grimpaient aux arbres pour cueillir les baies, comment ils grattaient le sol pour déterrer les racines comestibles, comment ils savaient peler certaines écorces, décortiquer des tubercules, extraire des moelles, presser des feuilles aux vertus curatives, découvrir les bons champignons, décoller des lichens savoureux, extirper des sucs, ramasser des bourgeons, récolter le miel sauvage. Comment ils posaient lacets, trappes, collets, rets pour le petit gibier, et des pièges automatiques à massues ou à flèches pour les ours et autres gros animaux. Sans oublier la capture d'insectes divers, de vers, d'œufs de fourmis et d'escargots géants. Chaque famille versait à la communauté le surplus de ses prises pour les veuves, les orphelins et les malades. « C'était dur, mais nous vivions libres et heureux. »

Cependant, les tambours avaient dû se taire. De même que les autres foyers de la vallée, Bouddhou Koujour et sa famille avaient dû partir. Ils étaient d'abord allés à Patna, la capitale du Bihar, puis à Lucknow, la grande cité musulmane. Mais ils n'avaient nulle part trouvé de travail. Comme tant d'autres, ils avaient alors pris le chemin de Calcutta. Fuyant d'abord la claustration et la promiscuité des *slums*, ils avaient campé à la périphérie de la ville, avec d'autres aborigènes, travaillant dur dans des fours à briques, vivant comme des chiens. Puis ils avaient eu la chance de trouver un abri qui s'était libéré dans la Cité de la joie. Ce jour-là, l'Inde avait subi une nouvelle défaite : un *slum* intégrait un homme qui était l'Homme par excellence, l'Homme primitif, l'Homme libre.

En rentrant un soir dans sa courée, Lambert comprit qu'il s'était produit un drame. Tout était étrangement silencieux. Même les enfants et les ivrognes s'étaient tus. Il fit quelques pas et perçut des gémissements. Devant la porte des eunuques, plusieurs lampes à huile brûlaient près d'un *charpoï* sur lequel reposait une forme enveloppée dans un drap blanc. Lambert aperçut des silhouettes accroupies autour du mort dont on ne voyait que les pieds. Dans la lueur des flammes, il reconnut les tresses noires de Kâlîma, avec leur ruban bleu et leur fleur blanche. Le jeune danseur sanglotait. Le prêtre se glissa dans sa chambre et veilla en priant devant l'image du Saint Suaire. Au bout d'un instant, il sentit une présence derrière lui. C'était son voisin Ashish.

— Grand Frère Paul, il y a eu une bagarre, expliqua-t-il à mi-voix. Bouddhou, le chrétien adivasi, a tué Bela, l'un des *hijra*. C'est un accident, mais le pauvre eunuque en est bien mort. C'est à cause de ton cobra.

— Mon cobra ? balbutia Lambert, interloqué.

— Depuis plusieurs jours l'Adivasi faisait une enquête en secret pour savoir qui avait mis le cobra dans ta chambre. Il avait appris qu'un charmeur de serpents avait donné une représentation lors d'un mariage dans une courée pas très loin d'ici. Les *hijra* aussi avaient été engagés pour danser à cette noce. L'Adivasi a réussi à retrouver le charmeur de serpents. L'homme a reconnu qu'un des *hijra* avait insisté pour lui acheter un cobra. Il voulait, paraît-il, célébrer un sacrifice et lui en avait offert deux cents roupies. C'était une somme faramineuse pour le charmeur qui a finalement accepté. Voilà comment le cobra s'est retrouvé dans ta chambre. En t'empoisonnant par serpent interposé, sans doute Bela voulait-il racheter quelque faute obscure. Comment savoir ? Ces gens sont tellement mystérieux. Il y en a même qui disent qu'en te tuant, il espérait s'approprier ton sexe dans une prochaine incarnation.

Lambert voulut parler mais sa voix s'étrangla dans sa gorge. Il avait le souffle coupé. Les paroles de l'Indien tourbillonnaient dans sa tête comme des bulles d'acide. Ashish expliqua que l'Adivasi s'était rendu dans la soirée chez l'*hijra* pour le punir. Il voulait seulement lui donner une correction. Mais Bela s'était affolé. Il avait saisi un couteau pour se défendre. Hélas, un eunuque efféminé, même de grande taille, ne fait pas le poids contre un habitant des forêts habitué à chasser les ours à la lance. Dans l'empoignade, l'*hijra* s'était empalé sur son propre couteau. Personne n'avait eu le temps de s'interposer. Dans une courée, les tensions sont si grandes que la mort peut frapper à tout moment comme un éclair de mousson.

Lambert était bouleversé. Il entendait à présent sangloter les eunuques. Bientôt les pleurs cessèrent et il perçut des bruits de pas et de voix. Il pensa que ses voisins s'apprêtaient à emporter leur compagnon vers le bûcher des crémations au bord de l'Hooghly. Il savait combien les rites funéraires sont expéditifs en Inde en raison de la chaleur. Il ignorait toutefois que la tradition ne permettait pas aux eunuques de brûler leurs morts autrement que la nuit, à l'insu des regards des gens « normaux ». En outre, l'Inde refusait dans la mort ce qu'elle accordait à ses eunuques de leur vivant : le statut de femme. Avant d'emmailloter leur « sœur » dans son linceul, ses compagnons avaient dû le vêtir d'un *longhi* sous une chemise d'homme et Boulboul, leur gourou au visage triste, lui avait coupé ses longues nattes.

Ashish venait de s'en aller quand Lambert entendit frapper à sa porte. Il se retourna et vit briller dans l'ombre les colliers et les bracelets de Kâlîma.

— Grand Frère Paul, pourrais-tu nous faire l'honneur de conduire notre sœur jusqu'au bûcher, implora le jeune eunuque de cette voix très basse qui surprenait toujours.

Au même instant, ses compagnons présentaient la même requête à trois autres hommes de la courée. Cette requête s'inscrivait encore dans le respect de la tradition : en Inde, les femmes n'ont pas le droit d'accompagner un cortège funèbre. Privés du bonheur de ce dernier hommage, les *hijra* offrirent à leur « sœur » une poignante scène d'adieux. Tandis que Lambert, Ashish et les deux autres porteurs empoignaient la civière mortuaire, le gourou Boulboul se jeta à genoux pour clamer des *mantrâ*. Fous de douleur, Kâlîma et les autres eunuques se lacérèrent le visage en poussant des hurlements déchirants. Puis les quatre *hijra* se déchaussèrent et se mirent à frapper rituellement le cadavre à grands coups de sandales « afin d'empêcher notre "sœur" de se réincarner en eunuque dans sa prochaine existence ».

60

Lambert ne pouvait en douter : l'attitude de ses voisins à son égard avait changé. La participation aux rites funéraires créent des liens. Depuis qu'il avait porté au bûcher le corps de l'*hijra* qui avait tenté de l'assassiner par cobra interposé, les eunuques de la chambre d'à côté multipliaient les marques d'amitié. Combien de fois, rentrant le soir éreinté après une journée harassante à courir à droite et à gauche pour soigner et secourir ses frères du *slum*, n'avait-il eu la joie de trouver dans sa chambre une trace de leur passage : une mèche neuve pour sa lampe à huile, une assiette de friandises, les murs repeints à la chaux, une bougie, des bâtonnets d'encens, une guirlande de fleurs autour de l'image du Saint Suaire. Ces gestes le touchaient et le gênaient à la fois. « J'avais beau m'être habitué à toutes les formes de cohabitation, la présence de cette étrange "famille" de l'autre côté de ma cloison me mettait mal à l'aise. N'étaient-ils pas pourtant les plus à plaindre parmi les déshérités, les méprisés, les rejetés du bidonville ? J'avais encore bien du chemin à faire pour atteindre le véritable esprit de charité, accepter toutes les différences ! »

Ce fut à Kâlîma que revint le mérite de balayer les dernières réticences de Lambert. Chaque matin à son réveil, le jeune danseur venait bavarder un instant avec le prêtre qu'il appelait de sa voix grave « mon grand frère Paul ». Bien que la langue des *hijra* fût un parler secret connu d'eux seuls, Kâlîma connaissait assez d'hindi pour se faire comprendre. De tous les destins qui avaient abouti à la Cité de la joie, le sien était certainement l'un des plus curieux.

Kâlîma était le fils d'un riche marchand musulman de Hyderabad, un État du centre de l'Inde. Si ses organes génitaux étaient peu développés, aucun doute n'était possible : il était un garçon. Très tôt cependant sa féminité s'était révélée. A l'âge où ses camarades d'école s'empoignaient sur les terrains de cricket et de hockey, il s'adonnait à l'étude de la danse et de la musique. Aux uniformes de boy-scout et de gymnaste, il préférait les *shalwar* aux jambes bouffantes serrées aux chevilles et les amples tuniques des jeunes filles musulmanes. Il aimait se parfumer, se maquiller. Pour le soustraire à ces inclinations qu'ils jugeaient maléfiques, ses parents l'avaient marié dès l'âge de quatorze ans à la fille d'un riche bijoutier. Kâlîma avait essayé de remplir son devoir conjugal, mais le résultat avait été si désastreux que sa jeune épouse s'était enfuie le lendemain de ses noces pour retourner chez ses parents. Un jour, dans la foule des fidèles venus en pèlerinage sur la tombe d'un saint musulman de la région, un vieil *hijra* au visage décharné avait repéré le jeune garçon et l'avait suivi jusqu'à son domicile. Moins d'une semaine plus tard, Kâlîma abandonnait sa famille pour suivre l'eunuque. Celui-ci devint sa « marraine », ou plutôt son gourou. Il s'appelait Sultana. Comme la plupart des *hijra*, Sultana n'avait pas de poitrine. Pour « adopter » son nouveau disciple, il pressa une touffe de coton imbibée de lait sur son sein stérile et obligea son « filleul » à le sucer. Kâlîma reçut alors cent cinquante et une roupies, des ustensiles d'argent et de laiton, des vêtements, des saris, des jupons, des bracelets de verre et des *choti*, ces fils de coton noir qui, une fois noués dans les cheveux, deviendraient les attributs de sa nouvelle condition à l'égal de la triple cordelette des brahmanes.

Après son « adoption », Kâlîma fut soumis à une grande cérémonie d'initiation à laquelle furent invités tous les membres de la communauté et les chefs des autres *hijra* de la région. Sa « marraine » et les autres gourous le vêtirent d'une jupe et d'un corsage préalablement bénis dans un sanctuaire. Puis ils le parèrent de bracelets et de boucles d'oreilles. Kâlîma habilla ensuite sa « marraine » de la même manière, et lui baisa les pieds ainsi que ceux de tous les autres gourous présents qui lui donnèrent leur bénédiction.

C'est après cette cérémonie de travestissement rituel que Kâlîma reçut son nom féminin. Tous les gourous furent consultés pour son choix. Lambert s'étonna qu'on l'eût baptisé du nom de Kâlî, cette déesse que l'iconographie représentait habituellement sous des aspects terrifiants, un collier de crânes autour du cou. Avec son visage aux sourcils délicatement épilés et son air de chérubin, Kâlîma n'avait rien d'une ogresse. Certes, sa voix rauque le trahissait mais, grâce à ses attaches très fines, son port de tête altier, sa démarche tout en souplesse, il pouvait aisément passer pour une femme.

L'initiation de Kâlîma n'était pas terminée. L'acte décisif restait à accomplir. Car un vrai *hijra* ne saurait être confondu avec un travesti. Les travestis appartenaient à une autre caste, une caste de parias encore plus basse dans l'échelle sociale. Lambert avait souvent croisé dans les ruelles boueuses de la Cité de la joie ces personnages tragiques déguisés en femmes, outrageusement maquillés et affublés de faux seins, qui chantaient, dansaient et ondulaient de la croupe en tête des cortèges de mariage ou des processions religieuses, cabotins tristes et obscènes, souvent engagés pour faire rire à leurs dépens et transformer les rituels les plus sacrés en parodies grotesques. Les travestis exerçaient leur profession sans sacrifier leur virilité. Certains avaient plusieurs femmes et des ribambelles d'enfants. L'imposture faisait partie du jeu. Tout autre était la place des *hijra* dans la société. Eux ne devaient être ni des hommes ni des femmes. Les mères qui les appelaient à la naissance de leurs enfants avaient le droit de le vérifier. Et gare aux faux *hijra* !

La cérémonie se déroula au cours du premier hiver. Les castrations avaient toujours lieu en hiver, afin de limiter les risques d'infection et permettre aux blessures de se cicatriser plus rapidement. Ces risques n'étaient pas négligeables. Aucune statistique officielle ne révélait combien d'*hijra* mouraient chaque années des suites de leur émasculation, mais la presse indienne ne ratait jamais l'occasion de dénoncer ces drames, comme celui de ce coiffeur de Delhi âgé d'une trentaine d'années, mort après une opération pratiquée par des eunuques qui l'avaient convaincu de se joindre à leur groupe. Autrefois, cette formalité se déroulait dans des conditions particulièrement atroces. Les *hijra* châtraient leurs futurs disciples avec un crin de cheval qui était progressivement serré, jour après jour, jusqu'à la section totale des organes génitaux.

Un jour, Kâlîma fut emmené par Sultana, sa marraine-gourou, dans un village isolé où vivait une petite communauté d'eunuques. L'astrologue de la communauté choisit une nuit propice pour la cérémonie. Les *hijra* appellent ces nuits de castration les « nuits noires ». Sultana fit boire à son jeune disciple plusieurs verres de *todi*, du vin de palme dans lequel

avait été dissoute de la poudre de *bhang*, ce stupéfiant aux vertus analgésiques. Tandis que Kâlîma
perdait conscience, son gourou fit allumer un grand
feu. Un prêtre récita des *mantrâ* et versa un bol de
ghee dans les flammes. La tradition voulait qu'un
embrasement spectaculaire se produisît à cet instant ; sinon, il fallait surseoir à la castration. Cette
nuit-là, les flammes montèrent vers le ciel avec la
puissance d'un feu d'artifice. C'était le signe que
Nandni-na et Beehra-na, les divinités des *hijra*,
acceptaient d'accueillir la nouvelle recrue. L'officiant put alors nouer la verge et les testicules du
jeune homme avec un fil et serrer progressivement
la ligature afin de provoquer l'insensibilisation des
organes. Puis, d'un coup de lame de rasoir, il trancha. Un cri déchira la nuit. Sous l'atroce douleur,
Kâlîma s'était réveillé. Une sarabande de tambourins éclata aussitôt et tous les eunuques se mirent à
danser et chanter autour des flammes. Un récitant
entonna un cantique destiné à chasser les puis-
sances maléfiques et les mauvais esprits. Les autres
hijra ponctuèrent chaque phrase d'un retentissant
« *Hanji !* — Oui ! »

> *Un nouvel hijra est né !*
> *Hanji !*
> *Un sari sans femme !*
> *Hanji !*
> *Un chariot sans roues !*
> *Hanji !*
> *Un noyau sans fruit !*
> *Hanji !*
> *Un homme sans pénis !*
> *Hanji !*
> *Une femme sans vagin !*
> *Hanji !*

Le lendemain, Sultana appliqua de ses mains le

premier pansement sur la blessure de son disciple. C'était une espèce d'emplâtre fait de cendres, d'herbes et d'huile. Cette recette remontait aux temps de la conquête mogole, alors que la condition d'eunuque connaissait son âge d'or. C'était l'époque où, dans toute l'Inde, des parents sans ressources vendaient leurs enfants à des trafiquants qui les émasculaient. Un noble de la cour d'un des empereurs mogols possédait mille deux cents eunuques. Certains *hijra* s'étaient hissés à des positions élevées, et pas seulement comme gardiens de harem ou danseurs et musiciens de cour. Mais aussi comme confidents des rois, gouverneurs de provinces, et même généraux d'armée.

Une fois Kâlîma guéri de sa mutilation, Sultana le confia à des musiciens professionnels et à d'autres gourous qui lui enseignèrent les chants et la danse traditionnels des *hijra*. Ils lui apprirent aussi à mimer une mère dorlotant ou allaitant son nouveau-né, à jouer le rôle d'une jeune mariée, d'une femme attendant un enfant ou accouchant. Il reçut bientôt le titre de « Baï », c'est-à-dire de « danseuse et courtisane ». Commença alors pour le jeune eunuque une période de voyages. Les *hijra* se déplacent beaucoup d'un bout à l'autre de l'Inde pour rendre visite à leurs « parents ». Son gourou avait une « sœur » à New Delhi, des « tantes » à Nagpur, des « cousines » à Bénarès. Les liens des eunuques avec ces parents fictifs sont bien plus forts que ceux qu'ils peuvent avoir conservés avec leurs parents réels. C'est à Bénarès, au bord du Gange, que survint le drame. Alors qu'ils descendaient un matin à l'aube vers les *ghats* pour aller se baigner dans le fleuve sacré et adorer le soleil, Kâlîma vit sa « marraine » s'effondrer dans la rue. L'*hijra* était mort, terrassé par une crise cardiaque.

Heureusement pour Kâlîma, c'était l'époque des

pèlerinages et beaucoup d'eunuques se trouvaient dans la ville sainte. Un gourou s'offrit aussitôt à le prendre pour disciple. Il avait des pommettes saillantes et un regard triste. Il venait de Calcutta. C'était Boulboul, le voisin de Paul Lambert.

61

Dormir ! Dormir quinze, vingt heures de suite. Sur du ciment, avec des rats, des scolopendres, des scorpions, n'importe où, mais dormir ! Depuis son arrivée dans la courée, le rêve de Paul Lambert tournait à l'obsession. Après des journées exténuantes, ses nuits s'étaient rétrécies à trois petites heures d'un silence plus que relatif ponctué des quintes de toux et des crachats des tuberculeux. Dès quatre heures trente, les braillements d'un transistor sonnaient le réveil. « Garuda », le coq des eunuques, se dressait alors sur ses ergots pour lâcher sa bordée de cocoricos. D'autres volatiles lui répondaient de tous les coins du *slum*. Tout autour de la courée jaillissait aussitôt un concert de pleurs et de cris d'enfants aux ventres vides. Des ombres se levaient en hâte pour aller, munies d'une boîte de conserve pleine d'eau, à la recherche d'une latrine ou d'un caniveau épargnés par la grève des vidangeurs. Déjà les fillettes allumaient les *chula*, récuraient la vaisselle de la veille, rangeaient les nattes, rapportaient les seaux d'eau de la fontaine, confectionnaient des galettes de bouse de vache, épouillaient les cheveux de leurs frères et sœurs. Elles étaient les premières au travail.

Chaque matin vers cinq heures, Lambert voyait

partir la petite Padmini, la plus jeune fille de l'Adivasi responsable de la mort accidentelle de l'*hijra* au cobra. Il se demandait où ce petit bout de femme pouvait se rendre de si bonne heure. Un matin, il la suivit. Après avoir pataugé derrière elle à travers tout le bidonville, il la vit escalader le remblai des voies ferrées. C'était l'heure où les trains de voyageurs arrivaient à Calcutta des différentes villes de la vallée du Gange. Dès que Lambert perçut le bruit du premier train, il vit l'enfant sortir de sous sa blouse rapiécée une baguette dont l'extrémité avait été fendue pour qu'elle puisse y fixer un billet d'une roupie. Quand la locomotive glissa lentement à sa hauteur, elle brandit la baguette. Une main noire saisit le billet. Lambert vit alors le chauffeur entrer dans le tender et jeter quelques morceaux de charbon. Padmini se précipita pour ramasser la manne miraculeuse dans sa jupe et disparut en courant. Son père en garderait une partie qu'il écraserait en petits morceaux pour alimenter le *chula* familial. Il revendrait le reste. Ce trafic constituait l'une des innombrables débrouillardises imaginées par les pauvres de la Cité de la joie pour continuer à vivre.

En dépit de son manque de sommeil, Lambert ne regrettait pas sa ruelle : la courée était un champ d'observation incomparable pour qui se sentait marié au peuple des petites gens. Quelle activité depuis l'aube dans cette basse-fosse ! Quel défilé surtout : à tout instant, une sonnette, un gong, un coup de sifflet, une voix annonçaient l'entrée d'un marchand de ceci ou cela, d'un prêtre brahmane venu vendre quelques gouttes d'eau du Gange, d'un amuseur. La palme du succès revenait au montreur d'ours, surtout auprès des enfants. Dès qu'on entendait son tambourin, toute la courée se précipitait. Les dresseurs de singes, de chèvres, de mangoustes, de rats, de perroquets, de scorpions ; les charmeurs de vipères et de cobras ne manquaient pas non plus de spectateurs passionnés. Ainsi que les chanteurs de geste, les montreurs de marionnettes, les bardes, les conteurs, les troubadours, les fakirs, les mimes, les hercules, les nains, les prestidigitateurs, les illusionnistes, les contorsionnistes, les acrobates, les lutteurs, les fous, les saints... bref, tous les Zampanos et les Bouglione que le goût du spectacle et de la fête avait inventés pour permettre aux malheureux des bidonvilles d'échapper à la tristesse de leur sort.

La courée était avant tout le royaume des enfants. « Merveilleux enfants de la Cité de la joie, dira Lambert. Petits êtres innocents nourris de misère, d'où jaillissait à chaque instant la vie. Leur insouciance, leur joie d'exister, leurs sourires magiques, leurs sombres visages rehaussés de regards lumineux coloraient de beauté tout ce sordide univers. Si les adultes gardaient ici quelque espérance, n'était-ce pas grâce à eux, à leur éclatante fraîcheur, au sérieux de leurs jeux ? Sans eux les *slums* n'eussent été que des bagnes. De ces lieux de détresse, ils parvenaient à faire des lieux de joie. »

Lambert recensa soixante-deux enfants dans ces quelques mètres carrés d'espace putride où les rayons du soleil ne pénétraient presque jamais. La rude école de la vie, c'était là qu'ils la découvraient en apprenant à se débrouiller seuls dès le plus jeune âge. Il n'y avait jamais d'intermédiaires entre eux et la matière. Ils faisaient tout directement avec leurs petites mains, mangeant avec la droite, balayant, nettoyant, allant aux latrines en utilisant la gauche. Une pierre, un morceau de bois leur servaient de jouets. Ce lien direct avec les objets favorisait d'emblée leurs relations avec toutes choses, nourrissait leur instinct de créativité. Leurs mains étant leur seuls outils, leur communion avec la nature était immédiate et profonde. Toute leur vie en sera marquée. Leurs jeux aussi, des jeux concrets, simples. Pas de Meccano ni d'objets électriques ou automatiques. Les enfants de la courée inventaient leurs jouets. La ficelle que Padmini, la fillette qui allait chercher tous les matins du charbon sur le remblai des voies ferrées, attachait à son pied gauche, avec une pierre au bout, faisait une corde à sauter idéale car le sautillement laissait les mains libres pour la création simultanée d'une danse ou d'une mimique. Lambert en était ébloui : les postures de cette enfant étaient celles des divinités des temples. Tout le génie de la danse indienne était contenu dans ce petit corps de misère au fond de sa courée. Une planche devenait pour les garçons un chariot de Ben Hur sur lequel les aînés enthousiastes traînaient les plus petits. Quelques cailloux et noyaux de fruits alimentaient de furieuses parties de billes d'un bout à l'autre de la cour et jusque dans la chambre de Lambert. Un jour, Mallika Ghosh, sa petite voisine qui accourait toujours vers lui avec un bol de thé au lait, confectionna une poupée avec des chiffons. S'apercevant qu'il y avait bien assez de vrais bébés dans la courée pour pouvoir jouer à la maman, elle décida avec ses camarades de faire de la poupée un objet de culte. Elle serait Lakshmi, la déesse de la prospérité à laquelle les pauvres des *slums* vouent une vénération toute particulière.

Marelles, toupies, yoyos, cerceaux... L'énergie, l'ardeur, l'ingéniosité, le goût du jeu de ces petits êtres aux ventres ballonnés ne cessaient d'émerveiller Lambert. Un jour, un petit garçon passa entre ses jambes en courant après son cerceau. Il attrapa le bras du bambin et lui demanda de l'initier à son jouet. Il s'agissait d'une roue de ferraille que l'on poussait avec une baguette à crochet. Au bout de trois essais, le Français renonça sous un déluge de rires. La maîtrise du cerceau indien exige un long apprentissage et une dextérité d'acrobate pour le maintenir en équilibre au milieu de tant d'obstacles.

Mais le jouet par excellence, le roi de tous les jouets, celui qui déchaînait autant de passion chez les parents que chez les enfants, qui suscitait le plus d'émulation, de rivalités, d'affrontements, qui portait tous les rêves d'évasion et de liberté de ce peuple d'emmurés, ce jouet était un simple cadre de bois avec du papier et une ficelle. Ici, le cerf-volant était plus qu'un jeu. C'était le reflet d'une civilisation, le bonheur de se laisser porter, guider, dominer par les forces de la nature. C'était un art, une religion, une philosophie. Les lambeaux des centaines de cerfs-volants qui pendaient aux fils électriques du *slum* étaient les oriflammes du peuple de la Cité de la joie.

Les tout-petits s'essayaient avec du papier d'emballage. Dès l'âge de six ou sept ans, ils cherchaient à perfectionner leurs aéronefs. Un morceau de *khadi*, un chiffon devenaient alors autant de voilures entre leurs mains. Ils les décoraient de dessins géométriques et demandaient à Lambert de calligraphier leur nom sur les ailes. Les engins plus sophistiqués, avec queue et dérive, étaient les œuvres des plus grands. Les fils qui les retenaient étaient parfois enduits de poudre de verre qui permettait de sectionner les fils des cerfs-volants concurrents.

Un soir, une bourrasque de pré-mousson précipita le lancement d'un de ces aéronefs. Toute la courée fut prise de fièvre. « Je me serais cru à Cap Kennedy à l'instant d'un envol pour l'espace », dira Lambert. Jaï, douze ans, l'un des fils de l'ancien marin du Kérala, grimpa sur le toit et courut sur les tuiles pour lancer son oiseau de toile dans une turbulence ascendante. Chahuté par les rafales, le cerf-volant s'éleva, encouragé à chaque bond par de joyeux vivats. « On aurait dit que chacun soufflait en l'air pour le faire monter plus vite. » Le garçon sautait d'un toit à l'autre pour guider son engin, le retenir, l'orienter vers un courant plus fort. Plusieurs jeunes du *slum* s'étaient brisé les os dans ce genre d'acrobaties. « Monte, monte encore ! » hurlaient les gens. Jaï avait si bien manœuvré que le grand coléoptère blanc, deux rubans roses flottant derrière sa queue, passa au-dessus des lignes électriques qui traversaient le *slum*. Une formidable ovation éclata. C'était la liesse. Les eunuques tapaient sur leurs tambourins. Même Lambert se sentait emporté par l'excitation générale. C'est alors qu'apparut dans le ciel un deuxième cerf-volant. La courée musulmane d'à côté lançait un défi. Dès lors, l'affaire devenait trop sérieuse pour être laissée aux mains des enfants. Le père de Jaï et Ashish Ghosh, le jeune moniteur qui se préparait à quitter le bidonville pour rentrer dans son village, bondirent sur le toit. Ils s'emparèrent du fil de l'aéronef. Il fallait à tout prix abattre le rival et le capturer. Des hommes de l'autre courée se hissèrent également sur les toits. Un duel sauvage s'engagea, ponctué par les hurlements des supporters. Le jeu devenait combat. Pendant de longues minutes, le résultat resta indécis. Chaque équipe manœuvrait en vue d'accrocher le fil de l'autre. Une subite renverse de vent, immédiatement exploitée, permit à l'équipe de la courée de Lambert de bloquer l'ascension du cerf-volant musulman et de le pousser vers les fils électriques. C'était le délire. Furieux, les musulmans se jetèrent sur les deux hindous. Des tuiles commencèrent à voler en tous sens. La sarabande des tambourins redoubla. D'autres hommes montèrent sur les toits. Du fond des courées, les femmes encourageaient les combattants. Les deux aéronefs se heurtèrent, s'emmêlèrent et tombèrent finalement comme des feuilles mortes sur les lignes électriques. Au ras des toits, la bagarre ne cessa pas pour autant, faisant fuir des troupes de rats affolés. Une bagarre sans merci. Des corps roulèrent même à terre. Impuissant, Lambert se réfugia au fond de sa chambre. Par la porte ouverte, il pouvait apercevoir le jeune Jaï, la petite Padmini et les autres adolescents qui, la tête levée, les yeux incrédules, contemplaient « ces grandes personnes qui leur avaient volé leur jeu d'enfants et se battaient comme des bêtes sauvages ».

62

— Garder secret notre départ ! s'exclama Ashish Ghosh. Dans cette fourmilière où l'on passe son temps à s'épier ? C'est impossible !

Fils du miracle dodelina de la tête. Il savait bien que le jeune homme avait raison. Un *slum*, c'est une marmite où tous les habitants mijotent ensemble à longueur d'année. Tous les gestes de la vie s'y accomplissent au vu et au su de tout le monde, même les plus intimes comme faire l'amour ou parler dans ses rêves. Le chauffeur de taxi voulait pourtant reprendre à tout prix la chambre des Ghosh pour son ami Hasari Pal. Pour y parvenir, l'idéal eût été de pouvoir négocier la reprise avec le propriétaire avant que ne s'ébruite la nouvelle qu'elle allait se libérer. Mais autant essayer d'empêcher le jour de se lever !

On ne parla bientôt plus que du prochain départ des Ghosh. En fait, c'était moins l'imminente vacance d'un logement que l'événement lui-même qui suscitait tant de fièvre. Après plusieurs années de *slum*, le grand rêve commun de retourner au village paraissait une utopie toujours aussi irréalisable. Et qu'un jeune couple renonce volontairement au luxe inouï de deux salaires réguliers pour aller planter du riz dépassait l'entendement. Curieusement, c'était là-bas dans le village des Ghosh que les réactions à ce projet étaient les plus négatives. « Quand la déesse Lakshmi a mis de l'huile dans votre lampe, c'est un crime d'éteindre la flamme pour s'en aller ailleurs », décrétèrent, furieux, les parents du garçon. Ils menacèrent même de lui interdire par la force de revenir.

- Des candidats locataires arrivèrent de tous côtés au point que le propriétaire débarqua inopinément dans la courée. C'était un Bengali ventripotent avec des cheveux luisants comme une statue de Vishnou enduite de *ghee*. Le plus infect des taudis de la Cité de la joie avait toujours un propriétaire légitime. Certains en avaient parfois quatre, un pour chaque mur. Et beaucoup de ces nantis possédaient plusieurs logements, quelquefois une courée entière.

« Le fait que le gros Bengali se soit déplacé en personne ne laisse rien augurer de bon », songea Fils du miracle. Il n'allait pas tarder à voir ses craintes se confirmer. Le propriétaire lui annonça qu'il doublait le montant du loyer. De trente roupies par mois, il passait à soixante. Une somme faramineuse pour un clapier sans électricité ni fenêtre, incompatible en tout cas avec les misérables moyens d'un tireur de rickshaw souffrant de fièvre rouge. Le chauffeur de taxi ne s'avoua pas vaincu. « On m'avait surnommé Fils du miracle et, fort de ce nom, j'étais décidé à me bagarrer pour qu'Hasari obtienne cette piaule, racontera-t-il. J'ai dit à ma femme : "Prépare une assiette avec du riz, une noix de coco et une guirlande de fleurs. Nous allons demander une *puja* au brahmane." » Ce dernier, un homme chétif et très maigre, vivait avec sa famille dans l'enceinte d'un modeste temple, l'un des endroits les plus pauvres du bidonville situé entre de misérables cahutes de planches et de toile d'une communauté originaire du Tamil Nadu et les voies ferrées. Fils du miracle lui remit dix roupies. Le brahmane apposa un *tilak* sur le front des visiteurs puis sur celui de Shiva et de Nandi, le taureau de l'abondance qui trônait à côté de la divinité dans le sanctuaire. Il prit alors son plateau de cérémonie, des bâtonnets d'encens, un pot de *ghee*, une clochette, son *panchaprodip*, ce chandelier à cinq branches avec des coupelles où brûlaient de petites flammes, et une cruche contenant de l'eau du Gange. Il récita plusieurs *mantrâ*, agita la clochette et procéda à la cérémonie de l'offrande des lumières en promenant son chandelier autour des statues. Il insista particulièrement autour du taureau car les hindous lui attribuent le pouvoir de tout accorder.

Après sa *puja* aux dieux du ciel, Fils du miracle décida de s'adresser aux dieux de la terre.

— Il faut appeler le Parrain à l'aide, déclara-t-il à Ashish Ghosh. Lui seul peut rabattre les prétentions de ce forban de propriétaire.

— Tu crois que le Parrain va se déranger pour une broutille pareille ? s'inquiéta Ashish.

— Pourquoi pas ! C'est même le genre d'interventions qu'il adore. Ne se fait-il pas appeler « le défenseur des petits », « le protecteur des veuves et des orphelins », « le gourou des pauvres » ?

Fils du miracle sollicita donc une audience. Deux jours plus tard, un envoyé du Parrain vint le chercher. Même rituel que pour Lambert : le chauffeur de taxi fut d'abord introduit dans une antichambre où des gardes du corps jouaient aux dominos. Puis le fils aîné du Parrain apparut pour conduire le visiteur dans le vaste salon de réception. Fils du miracle écarquilla des yeux éblouis. C'était vraiment un seigneur, le Parrain. Tel le Grand Mogol, il trônait au fond de la pièce, sur son fauteuil incrusté de pierreries. Mais Fils du miracle trouva que les plis de ses bajoues et ses lunettes noires lui donnaient l'air d'un vieux crapaud. Sans un mot, il avança son menton en direction du chauffeur de taxi pour lui indiquer qu'il était prêt à l'écouter.

Fils du miracle présenta sa requête. Il parlait avec fougue quand le Parrain leva sa main velue et couverte de bagues. Il avait compris. Les explications étaient superflues. Il fit signe à son fils d'approcher et lui susurra à l'oreille le prix qu'il fixait pour ses services. « Le Parrain avait beau être le "protecteur des pauvres et des opprimés", tout comme les chevaux du champ de courses, il ne courait pas sans avoine, dira le chauffeur de taxi. Pourtant, à ma grande surprise, il ne fut pas, cette fois, question d'argent. Il me fit annoncer par son fils qu'en échange de l'intervention musclée de ses hommes auprès du propriétaire abusif, il installerait un débit d'alcool dans la courée. C'était fort, non ? Et pas question d'élever la moindre protestation. On ne refuse pas l'hospitalité à un homme qui vous offre un toit. »

L'événement peut-être le plus considérable qui pouvait survenir dans la vie d'un *slum*, le départ d'une famille et son retour au village, passa complètement inaperçu. Après avoir renoncé à s'en aller séparément, Ashish et Shanta Ghosh empilèrent leurs affaires dans un rickshaw puis, avec leurs trois enfants, un matin à l'aube ils quittèrent la courée. Il n'y eut ni banquet d'adieux ni fête, seulement quelques effusions entre proches voisins qui avaient vécu et souffert ensemble dans la même prison pendant plusieurs années. Les jeunes de la courée avaient pourtant préparé un cadeau d'adieux. Ce fut Padmini, la petite ramasseuse du charbon des locomotives, qui l'offrit à Mallika, l'aînée des Ghosh. C'était, enduite de *ghee* et enguirlandée de pétales de roses, la poupée de chiffons qu'ils avaient ensemble métamorphosée quelques semaines plus tôt en Lakshmi, la déesse de la prospérité.

Lambert accompagna les Ghosh jusqu'à la gare. Après deux heures de chemin de fer jusqu'à la ville de Canning, puis trois heures de coche d'eau sur la rivière Matla, un bras du delta du Gange, une heure d'autocar et deux heures de marche à pied sur les diguettes, ils seraient de retour chez eux. Au bout de six ans d'exil ! Preuve exemplaire que le courant de l'exode pouvait s'inverser, que la tragédie de Calcutta n'était pas inéluctable, qu'elle ne serait peut-être pas éternelle. C'est ainsi que Lambert voulait interpréter ce départ. Mais son chagrin de perdre ce frère et cette sœur était immense. Depuis ce soir lointain où Margareta les avait conduits dans sa chambre de Fakir Bhagan Lane, une affection profonde le liait à ces êtres jeunes et lumineux toujours prêts à voler au secours de n'importe quelle détresse, à se dévouer aux plus abandonnés, aux plus déshérités. A l'instant de faire monter les siens dans le wagon, Ashish se retourna vers Lambert.

— Grand Frère Paul, dit-il la voix étranglée par l'émotion, tu sais que nous sommes hindous, mais cela nous ferait plaisir qu'avant de partir tu nous donnes la bénédiction de ton Jésus.

Ému, le prêtre leva la main au-dessus des cinq têtes serrées côte à côte au milieu de la foule et traça lentement le signe de croix.

— Soyez bénis dans la paix du Christ, murmura-t-il, car vous êtes la lumière du monde.

Quand le train s'ébranla et que les visages à la fenêtre disparurent dans l'air brûlant, Lambert s'aperçut qu'il pleurait.

Comment le gros propriétaire bengali connut-il le jour exact du départ des Ghosh, mystère ! Mais dès six heures ce même matin, il fit irruption dans la courée avec une demi-douzaine d'acolytes recrutés pour la circonstance. Il avait apporté un énorme cadenas pour condamner la porte du logement libéré. Il était sur le point de le poser quand arriva le fils aîné du Parrain à la tête d'un commando armé de gourdins. Bousculant le propriétaire et ses hommes, ils prirent position devant la chambre que venaient de quitter les Ghosh. Une empoignade s'ensuivit. De même que la bataille d'Hastinapur illustrait l'épopée du Mâhabhârata, celle qui éclata dans la courée deviendrait une page marquante de l'histoire de la Cité de la joie. Les adversaires n'étaient plus des guerriers mythologiques se disputant la capitale d'un royaume, mais une bande de loqueteux prêts à s'étriper pour un misérable taudis au fond d'un *slum*. La panique s'empara de toute la courée. Des femmes s'enfuirent en hurlant. D'autres se barricadèrent avec leurs enfants. Terrifié, le coq des eunuques lança des cocoricos qui ameutèrent tout le quartier. Les tuiles des toits commencèrent à voler. Puis ce fut le tour des *chula*, des seaux, des briques. On se serait cru sur une scène de théâtre, sauf qu'ici on se battait pour de vrai avec une férocité inouïe.

C'est alors que le Parrain fit son apparition escorté de gardes du corps. Vêtu d'un *dhoti* blanc immaculé, les pieds chaussés de sandales dorées, une canne à pommeau d'ivoire à la main, il ressemblait plus que jamais au Grand Mogol. « C'est l'empereur Akbar venant apaiser la colère de ses sujets », se dit Lambert. Le combat cessa dans la seconde. Personne, même le dernier des *goondas* engagés sur les docks n'aurait osé contester l'autorité du seigneur de la Cité de la joie. Rassurés, les gens revinrent sur le pas de leur porte pour regarder ce qui allait se passer. Le Parrain s'avança vers le propriétaire de la chambre, confia sa canne à l'un de ses gardes, éleva les deux mains à la hauteur de son front et les joignit dans le geste du salut. Reprenant sa canne, il la pointa vers le cadenas que le gros Bengali tenait toujours à la main. D'un signe imperceptible de la tête, il invita l'un de ses gardes à en prendre possession. Le propriétaire n'esquissa aucune résistance. Au contraire, il salua le Parrain avec respect avant de se retirer, la tête haute, avec son escorte. Le Parrain fit alors le tour de la courée pour savourer son triomphe. Au passage, il caressait la joue des enfants dans les bras de leur mère.

Fils du miracle exultait. Encore une fois, il se dit qu'il avait bien mérité son surnom. Certes, sa victoire lui avait coûté cher : il avait dû distribuer pas mal de bakchichs aux habitants de la courée pour leur faire accepter le débit d'alcool, prix de l'intervention du Parrain. Mais le résultat valait bien ces sacrifices : Hasari allait enfin échapper à la déchéance des trottoirs et pouvoir s'installer avec sa famille dans cette courée proche de la sienne. Une courée quatre étoiles où les taudis étaient construits en dur et recouverts d'un vrai toit. Avec en prime le voisinage immédiat d'un authentique homme de Dieu à peau blanche et de quatre non moins authentiques eunuques. Pour célébrer cet événement comme il convenait, le Parrain n'avait pas perdu son temps : les bouteilles de *bangla* et de *todi* de son nouveau débit clandestin attendaient déjà les fêtards.

63

« Ma parole, je délire ! » se dix Max Loeb. Il posa son stéthoscope et se frotta les yeux. La vision était toujours là, plantée dans l'eau noire au milieu de la ruelle.

— Papa ! hurla-t-il alors en se ruant hors de sa chambre.

La haute silhouette aux cheveux roux était bien celle d'Arthur Loeb. Le chirurgien américain avait relevé les jambes de son pantalon jusqu'aux genoux. Il ressemblait à un pêcheur de crevettes. Père et fils restèrent un instant face à face, incapables de dire un mot. Arthur ouvrit enfin les bras et Max se précipita. Le spectacle de ces deux *sahib* s'étreignant déclencha l'hilarité de la foule qui se pressait à la porte de la chambre-dispensaire.

— C'est ça, ton hôpital ? demanda enfin Arthur Loeb avec une mimique qui en disait long.

Max hocha la tête et ils éclatèrent de rire. Mais le visage d'Arthur Loeb se figea. Il ne pouvait quitter les yeux des faces rongées, des bébés squelettiques dans les bras de leur mère, des poitrines saillantes des tuberculeux qui toussaient et crachaient en attendant la consultation.

— C'est une vraie cour des miracles que tu as là, balbutia-t-il, atterré.

— Je regrette de n'avoir que ça à t'offrir comme comité d'accueil, s'excusa Max. Si tu m'avais prévenu, tu aurais eu droit à une fanfare, avec danseuses, travestis, eunuques, colliers de fleurs, *tilak* de bienvenue et toute la sauce ! L'Inde est un pays fastueux !

— *Tilak* de bienvenue ?

— C'est un point rouge que l'on t'appose sur le front, entre les yeux, pour symboliser le troisième œil, celui qui permet de voir la réalité au-delà des apparences.

— Pour l'instant, ce que je vois est plutôt accablant, constata le père de Max. Il doit sûrement exister dans cette ville un endroit moins sinistre pour fêter nos retrouvailles.

— Que dirais-tu d'un dîner panjabi ? C'est la meilleure cuisine de l'Inde. Et le meilleur restaurant se trouve justement dans ton hôtel. Tu es descendu au *Grand Hotel*, je suppose ?

Arthur fit signe que oui.

— Alors, à huit heures au *Tandoori* ! — Max montra la file des malades et des éclopés qui patientaient. — Et demain, tu viens me donner un coup de main ! Les maladies respiratoires, c'est ta spécialité, n'est-ce pas ? Ici, tu vas être gâté.

Dès qu'ils en avaient les moyens, les habitants de Calcutta se vengeaient des excès de la chaleur en recourant à des excès inverses par les bienfaits de la climatisation. Pour défier les folies caniculaires, un industriel de la ville avait poussé l'extravagance jusqu'à installer dans son jardin une piste de patinage sur glace. Comme tous les endroits de luxe, le restaurant choisi par Max était une vraie glacière. Par chance, le maître d'hôtel à turban avait déniché un magnum de dom pérignon qui ne tarda pas à réchauffer les deux convives et à les mettre en appétit. Max connaissait tous les plats de la cuisine panjabi. Il les avait découverts ici même en compagnie de la belle Indienne Manubaï Chatterjee qui avait fait son initiation gastronomique.

Arthur leva sa coupe.

— A ton prochain retour à la maison, mon fils !

— Buvons d'abord à ta découverte de Calcutta ! suggéra Max en cognant son verre contre celui de son père.

Ils burent plusieurs gorgées.

— Fichtre, dit Arthur Loeb, quel choc cet après-midi !

— Tu n'as pourtant rien vu de bien tragique.

Le chirurgien prit un air incrédule.

— Tu veux dire qu'il y a encore pire ?

— Cela peut en effet paraître difficile à concevoir lorsque l'on débarque du paradis de Miami, dit Max en songeant à la luxueuse clinique de son père. En fait, personne ne peut se faire une réelle idée de la condition des millions de gens qui vivent dans les *slums* d'ici. A moins de vraiment la partager, comme ce prêtre français dont je vous ai parlé dans mes lettres. Ou comme moi, dans une très faible mesure.

Arthur écoutait avec un mélange de respect et d'étonnement. Des images de son fils enfant et adolescent lui revenaient en mémoire. Presque toutes se rapportaient à l'un des traits saillants de son caractère : une phobie maladive de la saleté. Toute sa vie, Max avait changé plusieurs fois par jour de linge et de vêtements. Au lycée, sa manie de la propreté l'avait fait baptiser « Supersuds » par ses camarades, du nom d'une célèbre marque de lessive. Plus tard, à la faculté, sa peur obsessionnelle des insectes lui avait valu quelques bizutages mémorables, comme de trouver dans ses draps une colonie de punaises ou une superbe tarentule dans sa trousse de dissection. Arthur Loeb n'en revenait pas. Les dieux de la Cité de la joie avaient méta-morphosé son fils. Il voulait comprendre.

— Tu n'as pas eu envie de te sauver à toutes jambes quand tu es tombé dans ce bourbier infâme ? demanda-t-il.

— Oh si, répondit Max sans hésiter. D'autant que ce sadique de Lambert m'avait réservé une fichue surprise pour mon arrivée : l'accouchement d'une de ses copines lépreuses. Si tu avais vu ma tête ! Mais le pire est venu après.

Max raconta la chaleur infernale, les morts vivants envahissant sa chambre-dispensaire dans l'espoir de l'impossible miracle, la grève des vidangeurs qui transformait le *slum* en un cloaque immonde, les orages tropicaux, l'inondation, le hold-up en pleine nuit, la piqûre du scorpion, sa chute dans l'égout.

« La Cité de la joie m'a offert le catalogue complet de ses charmes dès la première semaine, conclut-il. Alors, c'était fatal : j'ai craqué. J'ai sauté dans un taxi et je me suis sauvé. Je me suis réfugié ici. Et je me suis distrait. Mais au bout de trois jours, j'ai éprouvé une sorte de nostalgie. Je suis revenu. »

Des serveurs apportèrent plusieurs plats odorants avec du poulet et du mouton de couleur orangée. Arthur Loeb fit la grimace.

— Rassure-toi, c'est la teinte typique des mets de cette cuisine du Panjab, expliqua Max, ravi d'étaler ses connaissances. On commence par faire macérer les morceaux de viande dans du yaourt aromatisé avec tout un tas d'épices. Puis on les badigeonne d'une sorte de pâte au piment. C'est ce qui leur donne cette coloration. Après cela, on les fait cuire en les appliquant sur la paroi intérieure d'un *tandoor*. C'est un four en terre très profond. Goûte, c'est une merveille.

Arthur Loeb s'exécuta. Max vit alors les joues de

son père virer au rouge cramoisi. Il l'entendit balbutier quelques mots. Le pauvre homme réclamait du champagne pour éteindre l'incendie qui venait de s'allumer dans sa bouche. Max s'empressa de remplir sa coupe et fit apporter des *nan*, ces délicieuses galettes de froment sans levain rôties au four, souveraines pour apaiser les palais en feu. Ils mangèrent un instant en silence.

— Et si je l'achetais, ta Cité de la joie ? lâcha Arthur Loeb à brûle-pourpoint.

Max faillit s'étrangler avec un os de poulet.

— Tu veux dire... acheter tout le *slum* ?

— Exactement. Je le rase et je le reconstruis entièrement, avec l'eau courante, le tout-à-l'égout, l'électricité et même le téléphone et la télévision. Et je fais cadeau de leur logement aux habitants. Qu'en dis-tu, mon fils ?

Max vida lentement sa coupe, l'air songeur.

— Papa, c'est une idée géniale, dit-il enfin. L'ennui c'est que nous sommes à Calcutta, pas dans South Miami ou dans le Bronx. Je crains qu'un tel projet ne soit difficile à réaliser.

— Quand on y met le prix, on peut tout faire, répondit Arthur avec un léger agacement.

— Tu as sûrement raison. Mais, ici, l'argent ne suffit pas toujours. Bien d'autres considérations entrent en jeu.

— Par exemple ?

— D'abord aucun étranger ne peut acheter de biens immobiliers. C'est une vieille loi indienne. Même les Anglais du temps de leur splendeur ont dû s'y soumettre.

Arthur balaya l'objection de sa main.

— Je me servirai d'hommes de paille indiens. Ils achèteront le *slum* pour moi et nous arriverons au même résultat. Après tout, c'est le résultat qui importe, n'est-ce pas ?

Était-ce la cuisine épicée ou le souvenir traumatisant de sa première visite à Anand Nagar, mais le chirurgien se montrait très excité.

« Une réalisation merveilleuse aurait un impact beaucoup plus fort que tous les projets fumeux d'aide aux pays sous-développés discutés par l'O.N.U. », finit-il par dire.

— Sans aucun doute, reconnut Max en souriant.

Il songeait à la tête que feraient les *babu* du gouvernement quand ils apprendraient qu'un *sahib* américain voulait acheter l'un des bidonvilles de Calcutta. Mais il y avait une objection plus grave. Depuis qu'il était lui-même plongé dans la misère du tiers monde, Max avait révisé bon nombre de ses idées de riche sur la manière de résoudre les problèmes des pauvres.

« Quand je suis arrivé dans le *slum*, raconta-t-il, l'une des premières réflexions que m'a livrées Lambert venait d'un évêque brésilien qui luttait aux côtés des pauvres des campagnes et des *favelas*. Cet homme affirme que nos gestes d'assistance rendent les hommes encore plus assistés, sauf s'ils sont accompagnés d'actes destinés à extirper les racines de leur pauvreté. »

— Tu veux dire que les arracher à leurs taudis pourris pour les installer dans des logements neufs ne servirait à rien ? s'étonna Arthur Loeb.

Max hocha la tête tristement.

— J'ai même appris une curieuse vérité, dit-il. Dans un *slum*, un exploiteur vaut mieux qu'un père Noël. (Devant l'air stupéfait de son père, il précisa :) « Quand quelqu'un t'exploite, tu es forcé de réagir ; alors qu'un père Noël, ça te démobilise. »

« Il m'a fallu plusieurs jours pour saisir ce que Max voulait dire exactement, racontera plus tard le chirurgien de Miami. Chaque matin, je prenais un taxi et j'allais le retrouver dans son bidonville. Des centaines de gens faisaient la queue depuis l'aube à la porte de sa chambre-dispensaire. L'adorable Assamaise Bandona m'avait aménagé un coin de la pièce. C'était elle qui triait les malades. D'un œil infaillible, elle dirigeait vers moi les cas les plus graves, en général de grands tuberculeux qui n'en avaient plus pour bien longtemps. Dans toute ma carrière, je n'avais jamais vu d'organismes aussi délabrés. Où trouvaient-ils encore la force de faire les quelques pas qui les amenaient jusqu'à ma table ? A mes yeux, ils étaient déjà morts. Je me trompais pourtant. Ces spectres vivaient. Ils se bousculaient, se disputaient, plaisantaient. C'était le miracle de la Cité de la joie, la vie y paraissait toujours plus forte que la mort. »

Les plongeons quotidiens au cœur de la misère et de la souffrance d'un bidonville indien devaient surtout permettre à Arthur Loeb de mieux comprendre à quel niveau pouvait se situer une aide efficace. « J'avais été prêt à donner un million de dollars pour acheter tout un *slum* et le reconstruire à neuf, dira-t-il, alors que les vraies urgences étaient de distribuer du lait à des bébés rachitiques aux fontanelles encore ouvertes, de vacciner une population à haut risque d'épidémies, d'arracher des milliers de tuberculeux à la pollution mortelle. Cette expérience auprès de mon fils, de Paul Lambert, de la jeune Bandona et de tous ceux qui se dévouaient sans compter au sein de leur Comité d'entraide me fit découvrir une vérité fondamentale. C'est à ras de terre que sont vraiment efficaces et appréciés comme tels les gestes de solidarité. Un simple sourire peut avoir autant de valeur que tous les dollars du monde. »

Chaque jeudi, Max affrétait un minibus pour transporter des enfants rachitiques, paralysés et handicapés physiques ou mentaux. Quelques mères, ainsi que Bandona et Margareta, accompagnaient le jeune médecin et sa pitoyable petite troupe. Ce matin-là, l'autobus comptait un passager de plus, le père de Max. Le véhicule traversa le grand pont métallique sur l'Hooghly et s'engagea à grands coups de klaxon dans la folie des embouteilláges. Le n° 50 de la Circus Avenue était un vieil immeuble décrépi à deux étages. Une pancarte à l'entrée annonçait : « ESTRID DANE CLINIC, 1er étage ». Une « clinique », cette pièce vétuste et mal éclairée, meublée seulement de deux grandes tables ? s'étonna le chirurgien en promenant un regard effaré sur l'austère décor. Le spectacle auquel il allait assister devait pourtant lui donner une des grandes émotions de son existence. Quand tous les enfants furent en place, la maîtresse des lieux apparut. C'était une vieille dame aux pieds nus, toute petite, presque insignifiante. Elle portait le sari blanc et les cheveux très courts des veuves hindoues. D'emblée, un détail frappa l'Américain : son sourire. Un sourire lumineux qui embrasait tout son visage ridé, ses yeux clairs, sa bouche fine rougie de jus de bétel. Un sourire de communion, d'amour, d'espérance. « A lui seul, dira Arthur Loeb, ce sourire éclairait ce dépotoir de misères d'un éclat et d'un réconfort surnaturels. Du charisme à l'état pur. »

A quatre-vingt-deux ans, Estrid Dane était une gloire de la science médicale indienne. Elle n'était pourtant ni médecin, ni guérisseuse, ni rebouteuse. Dans la clinique de Londres qu'elle avait créée, ses longues mains fines, sa voix douce et son sourire d'ange avaient soulagé pendant quarante ans plus de détresses physiques que bien des établissements spécialisés. Les plus grands professeurs du royaume lui envoyaient leurs cas désespérés. La presse et la télévision lui consacraient des reportages. « La

503

vieille Indienne aux mains miraculeuses », comme on l'appelait, était pratiquement connue de tous en Angleterre. Au soir de sa vie, Estrid Dane avait décidé de rentrer dans son pays et de consacrer la dernière étape de son existence à ses compatriotes. Elle s'était installée dans cette bâtisse de Circus Avenue où, tous les matins, assistée de quelques jeunes élèves qu'elle formait à sa technique, elle renouvelait ses miracles.

Margareta et Bandona déposèrent sur sa table le corps inerte d'un petit garçon décharné de six ans. Les bras, les jambes, les yeux, la tête, tout chez cet enfant était sans vie. Arthur Loeb songea « à un petit cadavre qui aurait gardé sa fraîcheur ». Il s'appelait Subash. C'était un petit polio. La veille, sa mère l'avait apporté à Max. « Prends-le, avait-elle supplié avec un regard tragique. Je ne peux rien pour lui. » Max avait examiné l'enfant et l'avait remis dans les bras de la malheureuse. « Reviens avec lui demain matin, nous l'emmènerons chez Estrid Dane. »

« Les deux mains de la vieille Indienne se posèrent délicatement sur le thorax et les cuisses maigrelettes de l'enfant, racontera Arthur Loeb, et ses yeux, sa bouche, les fossettes de ses joues toutes ridées s'ouvrirent sur un nouveau sourire. J'eus l'impression que ce sourire frappait le malade comme un rayon laser. Ses yeux brillèrent, ses petites dents apparurent entre ses lèvres. Son visage s'anima faiblement. C'était incroyable : lui aussi souriait. » Alors commença le fantastique ballet des mains d'Estrid. Lentement, méthodiquement, l'Indienne palpa les muscles de Subash, ses tendons, ses os, afin de déceler les points morts et ceux où subsistait peut-être encore une étincelle de vie. « On sentait que cette femme cherchait avec son intelligence et son cœur autant qu'avec ses mains,

504

dira encore l'Américain. Qu'elle s'interrogeait sans cesse. Pourquoi tel muscle s'était-il atrophié ? Par rupture accidentelle des liaisons nerveuses ou par suite de sous-alimentation ? Pourquoi telle zone avait-elle perdu toute sensibilité ? Bref, quelles étaient les causes possibles de chaque lésion ? A tout instant, ses mains s'arrêtaient pour prendre celles de ses élèves et les guider vers une déformation ou un point sensible. Elle donnait alors une longue explication en bengali que chaque jeune fille écoutait avec un respect religieux. L'aspect véritablement magique de son intervention ne vint qu'après cet inventaire. Pendant la demi-heure suivante, les paumes tour à tour fermes et tendres d'Estrid Dane pétrirent le corps du petit polio, le forçant à réagir, rallumant en lui une flamme éteinte. C'était saisissant. Chaque geste semblait dire : "Réveille-toi, Subash, bouge tes bras, tes jambes, tes pieds. Vis, Subash !" »

Tapie contre le mur, la mère de Subash épiait le moindre mouvement autour de son enfant. Les deux Américains et toutes les personnes présentes retenaient leur respiration. On n'entendait plus que le frottement des mains d'Estrid sur la peau du petit malade.

Il n'y eut pas vraiment de miracle. Personne ne vit le jeune paralysé se lever tout à coup et courir se jeter dans les bras de sa mère. Mais ce qui se passa restera néanmoins pour les docteurs Loeb, père et fils, un événement qu'ils n'hésiteront pas à qualifier de « prouesse médicale exceptionnelle ». « Soudain, racontera le chirurgien américain, des vibrations parurent secouer le corps de l'enfant. Son bras droit s'anima le premier, puis le gauche. La tête, qui paraissait soudée par le menton à la poitrine à la suite d'une longue prostration, esquissa un mouvement. Timidement, faiblement, un souffle de vie commença d'animer ce corps momifié. Il était évident que les mains de la vieille Indienne en sari de veuve avaient remis en route le moteur. Elles avaient réveillé le système nerveux, elles l'avaient contraint à lancer ses influx à travers ce petit cadavre vivant. Ce n'était qu'un premier résultat et la route, je le savais, serait longue jusqu'à la guérison. Mais cette ville terrible de Calcutta m'avait enseigné la plus belle leçon d'espérance de toute ma vie. »

64

« Ils entrèrent dans la courée comme des loqueteux, se souviendra Paul Lambert. Son pagne de
coton relevé entre des jambes maigres comme des
allumettes, le père marchait en portant sur la tête le
panier qui contenait les biens de la famille : un
chula, quelques ustensiles, un seau, un peu de linge
et les habits de fête enveloppés dans du papier
journal attaché avec de la ficelle. C'était un petit
homme frêle avec une épaisse moustache tombante,
des cheveux poivre et sel et un visage mal rasé
creusé de rides. Quelque chose de souple dans la
démarche révélait qu'il devait être plus jeune qu'il
ne paraissait. Derrière lui, les yeux baissés, son voile
rabattu sur le front, trottinait une femme au teint
clair vêtue d'un sari orange. Elle tenait contre sa
hanche le dernier-né de la famille, un petit garçon
décharné aux cheveux ras. Une jeune fille tête nue
avec deux longues nattes ainsi que deux garçons de
quatorze et dix ans suivaient, la tête baissée, l'air
craintif. On aurait dit un troupeau de chèvres que
l'on conduisait chez le boucher. »

Fils du miracle attendait Hasari et sa famille à
l'entrée de leur nouveau logement conquis de haute
lutte. Il avait fait décorer le sol d'un parterre de
rangoli. Les habitants de la courée firent aussitôt

cercle autour des nouveaux arrivants un peu éberlués et le chauffeur de taxi se chargea des présentations. Il avait acheté plusieurs bouteilles de
bangla au débit clandestin du Parrain. Les verres
circulèrent de main en main. Le doyen de la courée
dit quelques mots de bienvenue et choqua son verre
contre celui d'Hasari qui n'en revenait pas de cet
accueil. « Après toutes ces années de souffrance,
c'était comme si Bhâgavan[1] m'avait subitement
ouvert les portes du paradis. » Paul Lambert ne fut
pas le dernier à participer à la petite fête. Avec les
eunuques, les Pal étaient maintenant ses plus
proches voisins. Et ses entrailles avaient survécu à
tant d'agressions qu'elles pouvaient encore supporter quelques gorgées d'alcool-poison, même en
pleine chaleur. Mais tous n'avaient pas la même
endurance. Lambert vit les prunelles d'Hasari se
dilater et prendre une curieuse couleur blanchâtre.
Avant que personne n'ait eu le temps de faire un
geste, le tireur de rickshaw chancela et tomba sur le
sol telle une toupie privée d'élan. Son corps fut
secoué d'une série de convulsions. Son cou et ses
joues se gonflèrent comme s'il voulait vomir. Lambert, à genoux, lui souleva la tête.

— Crache, crache cette saloperie, l'exhorta-t-il.
— Il vit les lèvres s'entrouvrir au-dessous de
l'épaisse moustache. — Crache, vieux frère, crache !
répéta-t-il.

Il entendit un gargouillement et vit de l'écume
rougeâtre apparaître entre les commissures. Les
habitants de la courée comprirent alors que ce
n'était pas le *bangla* de leur fête de bienvenue que
vomissait leur nouveau voisin. Lui aussi avait la
fièvre rouge.

Ce soir-là, alors que le disque du soleil s'éva-

1. Le Grand Dieu.

508

nouissait au-dessus du tapis de fumée qui emprisonnait le *slum*, un bruit de trompe arracha Lambert à sa méditation devant l'image du Saint Suaire. Ce bruit lui était aussi familier que les croassements des corneilles mantelées. Dès qu'il avait repris connaissance, Hasari avait décidé d'honorer d'une *puja* son nouveau logement. Il avait placé des bâtonnets d'encens dans les gonds de la porte et aux quatre coins de la pièce. Puis, comme les milliards d'Indiens l'avaient fait chaque soir depuis l'aube de l'humanité, il avait soufflé dans une conque pour attirer sur lui et les siens « les esprits bienveillants de la nuit ». Lambert pria avec ferveur pour que cet appel soit entendu. « Mais, depuis quelque temps, les dieux du *slum* semblaient souffrir d'une cruelle surdité. »

Bien qu'il y eût moins de risques à dormir au milieu d'eunuques qu'auprès d'un tuberculeux bacillaire, le Grand Frère Paul n'eut aucune hésitation : il offrit à Hasari et à son fils aîné de partager le morceau de véranda devant sa chambre. Les Pal étaient en effet trop nombreux pour s'allonger tous devant leur logement, et l'étouffante chaleur de ces semaines d'avant-mousson rendait tout sommeil impossible à l'intérieur des taudis. Lambert ne devait pas oublier cette première nuit à côté de son nouveau voisin. Non seulement à cause de l'impressionnant bruit de forge que faisaient ses poumons à chaque respiration, mais surtout à cause des confidences qu'il allait recevoir. A peine étendu sur le sol, Hasari se tourna vers le prêtre.

— Ne t'endors pas tout de suite, Grand Frère, supplia-t-il, il faut que je te parle.

Lambert avait maintes fois entendu ce genre de sollicitations émanant parfois d'inconnus.

— Je t'écoute, mon frère, dit-il avec chaleur.

Hasari parut hésiter.

— Je sais que mon *châkrâ* va bientôt s'arrêter de tourner dans cette vie, déclara-t-il.

Lambert connaissait bien le sens de ces mots qui exprimaient la prescience d'une fin prochaine. Il protesta pour la forme ; depuis la crise de l'après-midi, il savait qu'hélas ni Max ni personne ne pourraient sauver ce malheureux.

— La mort ne me fait pas peur, continua Hasari. J'en ai tellement bavé depuis que j'ai quitté mon village que je suis à peu près sûr... Il hésita encore : A peu près sûr que mon karma est aujourd'hui moins lourd, et qu'il me fera renaître dans une incarnation meilleure.

Lambert avait souvent décelé cette espérance dans les réflexions des mourants qu'il avait assistés ici dans le *slum*. Elle avait sur eux un effet apaisant. Mais cette nuit, c'était d'autre chose que voulait parler Hasari Pal.

— Grand Frère, reprit l'ancien paysan en se redressant sur ses coudes, je ne veux pas mourir avant d'avoir...

Il s'étouffa, secoué par une quinte de toux. Lambert lui frappa dans le dos. De tous côtés montaient les ronflements des dormeurs. Au loin, on entendait des cris, et les beuglements d'un haut-parleur : il y avait une fête quelque part. De longues minutes s'écoulèrent. Le Français se demanda quelle préoccupation subite pouvait bien agiter son voisin à cette heure tardive. Il n'allait pas tarder à le découvrir.

— Grand Frère Paul, je ne peux pas mourir avant d'avoir trouvé un mari pour ma fille.

Marier sa fille : il n'y a pas de plus grande obsession pour un père indien. Amrita, la fille du tireur de rickshaw, n'avait pourtant que seize ans. Si les cruelles années sur les trottoirs et dans le bidonville n'avaient pas altéré sa fraîcheur, le sérieux de son regard disait qu'elle n'était plus une enfant depuis longtemps. Le rôle de fille est ingrat dans la société indienne. Aucune charge domestique, aucune corvée ne lui est épargnée. Debout avant les autres, couchée la dernière, elle mène une vie d'esclave. Maman avant d'être mère, Amrita avait élevé ses frères. Elle avait guidé leurs premiers pas, cherché leur nourriture dans les ordures des hôtels, cousu les guenilles qui leur servaient de vêtements, massé leurs membres décharnés, organisé leurs jeux, épouillé leur tête. Dès son plus jeune âge, sa mère l'avait inlassablement préparée au seul grand événement de son existence, celui qui, durant toute une journée, ferait de cet enfant de misère le point de mire et l'objet de toutes les conversations du petit monde des pauvres qui l'entourait : son mariage. Toute son éducation tendait vers ce but. Les campements sur les trottoirs, la cahute de planches et de cartons de leur premier bidonville avaient été pour elle autant de centres d'apprentissage où lui avait été enseigné tout ce que doit savoir une mère de famille modèle et une bonne épouse. Comme tous les parents indiens, les Pal étaient conscients qu'ils seraient un jour jugés sur la façon dont leur fille se comporterait dans la maison de son mari. Et comme sa conduite ne devait être que soumission, Amrita avait été entraînée dès son plus jeune âge à renoncer à ses goûts et à ses jeux pour servir ses parents et ses frères, ce qu'elle avait toujours fait avec le sourire. Depuis sa toute petite enfance, elle avait accepté la conception indienne du mariage. Hasari dira un jour à Lambert : « Ma fille n'est pas à moi. Elle m'a seulement été prêtée par Dieu jusqu'à son mariage. Elle appartient au garçon qui sera son mari. »

La coutume indienne veut qu'une fille soit en général mariée bien avant la puberté, d'où ces « mariages » d'enfants qui paraissent si barbares aux

Occidentaux insuffisamment informés. Car il ne s'agit que d'un rite. Le vrai mariage ne vient qu'après l'apparition des premières règles. Quand elles ont lieu, le père de la « mariée » se rend chez le père du « marié » et lui annonce que sa fille peut désormais enfanter. Une cérémonie de mariage définitif est organisée et c'est alors seulement que la jeune fille quitte le domicile de ses parents pour aller vivre avec le garçon auquel elle était « mariée » depuis des années.

La fille d'un pauvre tireur de rickshaw n'étant pas un parti bien enviable, les premières règles d'Amrita étaient arrivées sans qu'elle fût « mariée », presque à la veille de son onzième anniversaire. Comme le voulait la tradition, la fillette avait abandonné sa jupe et sa chemisette d'enfant pour le sari des adultes. Mais il n'y avait pas eu de fête sur le bout de trottoir qu'occupaient les Pal. Sa mère avait simplement enveloppé dans une feuille de journal le morceau de chiffon qui avait éponge le premier sang. Quand Amrita se marierait, elle et toute sa famille porteraient ce linge au Gange et l'immergeraient dans les eaux sacrées pour que la fertilité bénisse la nouvelle épouse. Afin que ce jour béni puisse survenir sans retard, Hasari devait se hâter de résoudre un problème. Un problème clef.

Comme son père avant lui pour ses sœurs, comme des millions de pères indiens pour leurs filles, il devait réunir une dot. Indira Gandhi avait bien interdit cette coutume ancestrale. Il n'empêche qu'elle se perpétuait, plus tyrannique que jamais. « Je ne peux quand même pas donner ma fille à un paralytique, un aveugle ou un lépreux ! » dira Hasari à Lambert. Car seuls ces déshérités consentaient à prendre en mariage une fille sans dot. Le pauvre homme ne cessait de faire toutes sortes de calculs. Ils aboutissaient toujours au même chiffre fatidique : cinq mille roupies. Telle était la somme qu'il devait rassembler pour que le garçon le plus modeste acceptât sa fille. Cinq mille roupies ! Le produit de deux années entières de courses entre les brancards de son rickshaw, ou toute une vie de dettes chez les *mohajan* du *slum*. Mais quelle vie, quelles courses ? « Quand on crache rouge, on regarde le soleil se lever en se demandant si on le verra se coucher. »

Lambert confia son nouveau voisin à Max. Le jeune médecin lui administra un traitement énergique à base d'antibiotiques et de vitamines. L'effet sur cet organisme vierge de toute accoutumance aux médicaments fut spectaculaire. Les quintes de toux s'espacèrent et il retrouva assez de force pour recommencer à tirer sa carriole dans la fournaise humide des semaines de pré-mousson. Les rickshaws étant les seuls véhicules à pouvoir circuler dans les rues inondées de Calcutta, l'imminente arrivée du déluge annuel lui apportait la perspective de gains accrus. Mais ce serait insuffisant pour parvenir à réunir les cinq mille roupies indispensables.

C'est alors que la chance frappa sous la forme d'une rencontre fortuite avec un de ces « intermédiaires » qui rôdent tels des vautours à la recherche de quelque affaire. Hasari se trouvait devant l'agence de la compagnie aérienne S.A.S. au coin de Park Street, où, épuisé, il venait de décharger deux dames et de lourdes valises. Victime d'une brusque quinte de toux qui le secoua comme un roseau dans une tornade, il était si mal en point que deux autres tireurs se précipitèrent pour l'aider à s'allonger sur le siège de sa carriole. Un visage grêlé de petite vérole apparut soudain au-dessus du sien. Ses yeux étaient pleins de sympathie.

— Dis donc, l'ami, lança l'inconnu, ça n'a pas l'air d'aller très fort !

Cette interpellation amicale réconforta Hasari : il n'y a pas tellement de gens qui vous traitent d'« ami » dans cette ville inhumaine. Une nouvelle quinte de·toux le secoua violemment et il cracha encore du sang.

— Ça ne doit pas être du gâteau de tirer une de ces carrioles quand on crache ses éponges ! s'apitoya l'homme.

Hasari hocha la tête.

— Ça, c'est bien vrai.

— Que dirais-tu si je t'offrais d'empocher sans rien faire autant d'argent que tu en gagnes en suant pendant deux mois entre tes brancards ? demanda alors l'inconnu.

— Autant d'argent que... bredouilla Hasari, médusé. Oh, je dirais que vous êtes le dieu Hanuman en personne. (Il se souvint du *middleman* qui l'avait un jour abordé dans le Barra Bazar :) « Si c'est mon sang qui vous intéresse, vous vous trompez de client, annonça-t-il tristement. Mon sang, même les vautours n'en voudraient plus. Il est pourri. »

— C'est pas ton sang que je veux. Ce sont tes os.

— Mes os ?

L'air horrifié du tireur fit sourire le rabatteur.

— Oui, tes os. Tu viens avec moi chez mon patron, expliqua-t-il. Il t'achète tes os pour cinq cents roupies. Quand tu clamses, il récupère ton corps et prend ton squelette.

Cet homme était l'un des rouages d'un singulier commerce qui faisait de l'Inde le premier exportateur mondial d'os humains. Chaque année, quelque vingt mille squelettes entiers et des dizaines de milliers d'os divers, soigneusement emballés, partaient en effet des aéroports ou des ports indiens à destination des facultés de médecine des États-Unis, d'Europe, du Japon et d'Australie. Ce négoce extrêmement lucratif rapportait environ un million et demi de dollars par an. Son centre était Calcutta. Les principaux exportateurs — au nombre de huit — y avaient pignon sur rue et leurs noms figuraient dans les registres de la direction locale des Douanes. Ils s'appelaient Fashiono & Co. ; Hilton & Co. ; Krishnaraj stores ; R.B & Co. ; M.B. & Co. ; Vista & Co. ; Sourab and Reknas Ltd. et enfin Mitra & Co. Des règlements administratifs précis codifiaient l'exercice de ce commerce. Un manuel spécialisé, l'*Export Policy Book*, spécifiait notamment que « L'exportation des squelettes et os humains est autorisée sur fourniture d'un certificat d'origine des cadavres signé par un officier de police d'un rang au moins égal à celui de commissaire. » Le même document stipulait que « les os ne pouvaient être exportés qu'à des fins d'études ou de recherche médicales ». Il prévoyait cependant que des exportations pouvaient être effectuées « pour d'autres motifs, après examen cas par cas ».

Le fait que Calcutta soit le centre de cette étrange activité n'avait rien à voir avec le taux de mortalité dans ses bidonvilles. Ce négoce devait sa prospérité à la présence dans la ville d'une communauté de quelques centaines d'immigrants du Bihar appartenant à une caste extrêmement basse, les *dôm*. Les *dôm* sont, de par leur naissance, destinés à s'occuper des morts. Ils sont souvent considérés aussi comme des détrousseurs, des pilleurs de cadavres. Ils vivent en général auprès des bûchers funéraires, des cimetières ou des morgues des hôpitaux et ne se mêlent pas aux autres habitants. C'étaient eux qui fournissaient aux exportateurs la plupart des ossements nécessaires à leur activité. Ils se procuraient leur macabre marchandise de multiples façons. D'abord en ramassant sur les rives de l'Hooghly les os ou les cadavres rejetés par le fleuve. Car une tradition voulait que de nombreux corps, comme ceux de certains sadhous, de lépreux, d'enfants de moins d'un an, soient immergés dans la rivière sacrée plutôt qu'incinérés. Ensuite, en interceptant à l'entrée des lieux de crémation les familles trop pauvres pour acheter le bois d'un bûcher et payer les services d'un prêtre. Les *dôm* proposaient de s'occuper eux-mêmes des rites funéraires pour un prix plus avantageux. Les pauvres gens ignoraient que la dépouille de leur parent allait être dépecée dans une cabane voisine, que ses os seraient vendus à un exportateur et qu'un jour son crâne, sa colonne vertébrale, peut-être son squelette tout entier seraient exposés à des carabins américains, japonais ou australiens. Une autre source d'approvisionnement était les morgues des hôpitaux. Dans la seule morgue de Momimpur, plus de deux mille cinq cents cadavres non réclamés tombaient chaque année entre les mains des *dôm*. Enfin, quand la demande était forte, ils allaient la nuit disputer aux chacals les ossements des morts ensevelis dans les cimetières chrétiens et musulmans. Bref, la marchandise ne risquait pas de manquer. Et pourtant, les cerveaux du négoce venaient d'inventer un nouveau mode d'approvisionnement. L'idée d'acheter un être humain « sur pied », comme on achète un animal de boucherie afin de s'assurer à sa mort de la disposition de ses os, était aussi diabolique qu'ingénieuse. Elle permettait de constituer des stocks illimités. Calcutta ne manquait ni de pauvres ni de moribonds.

« Cinq cents roupies ! » La somme virevoltait dans la tête d'Hasari comme les boules d'un tirage de loto. Le rabatteur ne s'était pas trompé. Il savait d'un coup d'œil repérer ses proies. Les rues étaient pleines de pauvres hères qui crachaient leurs poumons, mais tous n'offraient pas les garanties nécessaires. Pour que l'achat d'un squelette vivant se révélât une opération rentable, il fallait qu'il ait une famille, un patron, des camarades, bref une identité et une adresse. Sinon, comment récupérer ses os à sa mort ?

— Alors, l'ami, c'est d'accord ?

Hasari leva les yeux vers la face grêlée qui guettait sa réponse. Il resta silencieux. L'homme ne s'impatientait pas. Il avait l'habitude : « Même un type aux abois ne vend pas son corps comme un morceau de *khadi*. »

— Cinq cents roupies, pas une de moins ! Qu'en dis-tu ?

Devant Ramatullah, le deuxième tireur de son rickshaw, Hasari s'émerveillait de l'offre mirobolante qu'on venait de lui faire. Il avait demandé au *middleman* un délai de réflexion jusqu'au lendemain. Ramatullah était musulman. Persuadé qu'Allah viendrait à sa mort le tirer par les cheveux pour le conduire directement jusqu'au paradis, il répugnait à toute idée de mutilation du corps après le décès. Les mollahs de sa religion interdisaient d'ailleurs les dons d'organes au profit de la science et les rares banques des yeux indiennes, par exemple, ne comptaient aucun musulman parmi leurs donateurs. Pourtant, la somme offerte était si considérable qu'il ne pouvait manquer d'être ébloui.

— Hasari, il faut accepter, finit-il par conseiller. Ton Grand Dieu te pardonnera. Il sait que tu dois marier ta fille.

Le souci de ne pas offenser les divinités tourmentait également l'ancien paysan. La religion hindoue exigeait, pour que l'âme puisse « transmigrer » après la mort dans une autre enveloppe, que le corps soit d'abord détruit et réduit à l'état de cendres par le feu qui purifie tout. « Qu'adviendra-t-il de mon âme si mes os et ma chair sont dépecés par ces bouchers au lieu d'être brûlés dans les flammes d'un bûcher ? » s'inquiétait Hasari. Il résolut de se confier à Lambert. A priori, l'opinion du prêtre rejoignait celle du musulman Ramatullah. L'idée chrétienne de résurrection implique l'existence d'un corps intact revenant à la vie dans toute sa force et sa beauté pour prendre place dans son intégrité originelle aux côtés du Créateur. Mais toutes ses années au cœur de la misère d'un *slum* avaient amené Lambert à faire la part des choses devant certains impératifs de survie de ses frères indiens.

— Je pense que tu dois saisir cette occasion de contribuer à l'accomplissement de ta mission ici-bas, déclara-t-il, la mort dans l'âme, en montrant au tireur de rickshaw sa fille occupée à épouiller son petit frère à l'autre bout de la courée.

Un bâtiment de deux étages rongé d'humidité à côté d'un entrepôt, rien ne distinguait les installations de la société Mitra & Co. des centaines de petites entreprises artisanales disséminées à travers la ville, sauf qu'aucune enseigne n'indiquait la nature de son activité. Le rabatteur à la peau grêlée frappa plusieurs coups à la porte de l'entrepôt. Un visage chafouin apparut bientôt dans l'entrebâillement. Le rabatteur désigna Hasari.

— J'amène un client, déclara-t-il.

La porte s'ouvrit complètement et le portier fit signe aux deux hommes d'entrer. L'odeur ! Une odeur suffocante qui vous prenait d'assaut, vous submergeait, vous terrassait. Hasari n'en avait jamais respiré de pareille. Il chancela. Mais son compagnon le poussa en avant. Alors il vit. Il venait de pénétrer dans un lieu que seuls Dante ou Dürer auraient pu imaginer, une incroyable catacombe de l'au-delà où des dizaines de squelettes de toutes tailles étaient alignés, debout le long des murs, comme une haie de fantômes, et où des rangées de tables et d'étagères étaient couvertes d'un inimaginable ossuaire. Il y avait là des milliers d'os de toutes les parties du corps, des crânes par centaines, des colonnes vertébrales, des thorax, des mains et des pieds, des sacrums, des coccyx, des bassins entiers et même des os hyoïdes, ces petits cartilages du cou en forme de U. Le plus étonnant était peut-être l'aspect « supermarché » de ce macabre bazar. Chaque squelette, chaque os portait en effet une étiquette avec un prix marqué en dollars. Un squelette adulte de démonstration, avec os amovibles et articulations métalliques, valait entre deux cent trente et trois cent cinquante dollars selon la taille et le raffinement du travail. Pour cent ou cent vingt dollars, on pouvait acquérir un squelette d'enfant non articulé ; un crâne pour six dollars, un thorax complet pour quarante. Mais les mêmes « articles » pouvaient coûter dix fois plus cher s'ils avaient fait l'objet d'une préparation particulière. La société Mitra & Co. entretenait toute une équipe de désosseurs spécialisés, de peintres et de sculpteurs. Ces artistes travaillaient dans un atelier chichement éclairé au bout de la galerie. Accroupis au milieu de leurs montagnes d'ossements, ils ressemblaient aux survivants de quelque cataclysme préhistorique. Ils grattaient, décortiquaient, assemblaient et décoraient les funèbres objets avec des gestes méticuleux. Parfois, de véritables œuvres d'art sortaient de leurs mains, comme cette collection de crânes articulés avec mâchoires démontables et dentures amovibles commandée par l'école dentaire d'une grande université américaine du Middle West. De toutes les marchandises précieuses exportées par l'Inde, aucune n'était sans doute emballée avec autant de précautions. Chaque article était d'abord protégé par un fourreau de coton, puis enveloppé dans une toile soigneusement cousue avant d'être placé dans un carton puis dans une caisse dont toutes les faces portaient de grandes étiquettes « ATTENTION TRÈS FRAGILE ». « Mon Dieu, songea Hasari, éberlué, jamais les os de ces pauvres types n'ont été à pareille fête de leur vivant. »

Toute la marchandise livrée par les *dôm* n'était pas forcément destinée à une aussi noble utilisation. Des masses de crânes, tibias, clavicules, fémurs et autres vestiges dénudés par les vautours et les chacals, ou ayant séjourné trop longtemps dans le fleuve, finissaient plus prosaïquement entre les dents d'un concasseur puis dans une marmite pour être transformés en colle. L'infecte puanteur provenait précisément de cette activité annexe. Dans une cabine au fond de la galerie se trouvait celui qui négociait l'achat des squelettes « vivants ». Il officiait en blouse blanche derrière une table poussiéreuse encombrée de paperasses, dossiers, registres et carnets à souche que menaçait, toutes les quinze secondes, le va-et-vient d'un ventilateur tournant. Mais, noblesse oblige, pas une feuille ne s'envolait grâce à la collection de crânes de nouveau-nés décorés de symboles tantriques rouge et noir qui lui servaient de presse-papiers. La Mitra & Co. exportait aussi plusieurs milliers de ces crânes vers le Népal, le Tibet et même la Chine à des fins cultuelles. D'autres pays les importaient pour en faire des coupes votives ou des cendriers.

L'employé édenté examina avec attention le tireur de rickshaw. Ses clavicules saillantes, son thorax efflanqué, ses vertèbres aussi proéminentes que l'échine d'un poisson-chat le rassurèrent. Aucun doute : cette marchandise était *bona fide*. Les abattis de ce pauvre bougre ne tarderaient pas à venir enrichir les stocks de la Mitra & Co. Il adressa un clin d'œil satisfait au rabatteur. Il ne lui restait plus qu'à rédiger un contrat d'achat en bonne et due forme et à prévenir les *dôm* les plus proches du domicile d'Hasari pour qu'ils sachent où récupérer son cadavre le moment venu. Ces différentes formalités prirent trois jours au terme desquels Hasari eut droit à un acompte de cent cinquante roupies. Comme les autres sociétés spécialisées dans ce genre de commerce, la Mitra & Co. répugnait à investir son argent à trop long terme. Hasari fut donc informé que le solde lui serait versé dès que son état de santé laisserait augurer une fin rapide.

65

Quelques décors rudimentaires sur des tréteaux avaient suffi. La grisaille, la boue, la puanteur, les mouches, les moustiques, les cafards, les rats, la faim, le chômage, l'angoisse, la maladie, la mort s'étaient évanouis. Le temps du rêve était revenu. Les yeux exorbités, leur corps décharné secoué de rires ou de pleurs, les emmurés de la Cité de la joie avaient retrouvé les mille drames et féeries du vieux conte populaire dont ils étaient pétris. L'épopée du Râmâyana était à l'Inde ce que la Légende dorée, la Chanson de Roland et la Bible avaient été pour les foules des parvis des cathédrales. La troupe d'acteurs et de musiciens ambulants s'était installée pour trois mois entre les deux grandes étables à buffles au cœur du *slum* avec ses charrois croulants de tentures et de costumes. La nouvelle s'était propagée de courée en courée comme l'annonce d'une mousson bienfaitrice. Des milliers de gens se précipitèrent. Des enfants qui n'avaient jamais vu un arbre, un oiseau ou une biche vinrent s'extasier devant la forêt de carton où le beau prince Râma et sa divine Sîtâ connaîtraient le bonheur de s'aimer avant d'être arrachés l'un à l'autre. Des heures avant la représentation du premier tableau, une mer de têtes brunes et de voiles bigarrés couvrait déjà la petite esplanade devant l'estrade. Tous les toits voisins accueillaient des grappes de spectateurs. L'assistance vibrait dans l'attente du lever de rideau, impatiente de se laisser arracher durant quelques heures à son pourrissoir par ses héros, anxieuse de retrouver dans les vingt-cinq mille strophes du chant de sa mémoire de nouvelles raisons de continuer à vivre et à espérer.

Écrit, d'après la tradition, par un sage sous la dictée des dieux il y aurait deux millénaires et demi, le Râmâyana commence par une merveilleuse histoire d'amour. Seul de tous les princes à avoir pu bander l'arc du dieu Shiva, le jeune et beau Râma reçoit en récompense la divine princesse Sîtâ. Son père souhaite offrir son trône aux jeunes époux mais, cédant par faiblesse à l'une de ses favorites, il exile le jeune ménage royal dans les forêts sauvages de l'Inde centrale. Ils y sont attaqués par des démons-brigands dont le chef, le terrible Râvana, éprouve une passion lubrique pour Sîtâ. Éloignant le mari par la ruse, le démon réussit à s'emparer de la princesse qu'il enlève sur son char ailé tiré par des ânes volants carnivores. Il la transporte jusqu'à son île fabuleuse de Lanka — qui n'est autre que Ceylan — où il l'enferme dans son gynécée, cherchant vainement à la séduire. Pour reconquérir son épouse, Râma conclut une alliance avec le roi des singes qui met à sa disposition son général en chef Hanuman, et toute l'armée des singes aidée de troupes d'écureuils. D'un saut prodigieux au-dessus de la mer, le général-singe atteint Ceylan, découvre la princesse captive, la rassure et, après mille péripéties héroï-comiques, rentre faire son rapport à Râma. Grâce à l'armée des singes, celui-ci réussit à lancer un pont sur la mer et envahit l'île. Une furieuse bataille s'engage contre les démons. Râma en personne abat finalement l'odieux Râvana. C'est le triomphe du bien sur le mal. Sîtâ, libérée, apparaît débordante de joie. Mais tout se complique : Râma la repousse douloureusement : « Quel homme reprendrait en la chérissant une femme qui a habité la maison d'un autre ? » s'écrie-t-il. L'irréprochable Sîtâ, atteinte au plus profond de son cœur, fait alors élever un bûcher et se jette dans les flammes. Mais la vertu ne saurait périr dans le feu : les flammes l'épargnent, attestant son innocence. Et tout finit en apothéose. Râma, bouleversé, reprend son épouse et rentre triomphalement avec elle dans sa capitale où il sera enfin sacré au milieu d'inoubliables réjouissances.

Les loqueteux de la Cité de la joie connaissaient chaque tableau, chaque scène, chaque retournement de cette épopée fleuve. Ils suivaient le manège des acteurs, des mimes, des clowns, des acrobates ; ils riaient, pleuraient, souffraient, s'exaltaient avec eux ; ils sentaient sur leurs haillons le poids de leurs déguisements, sur leurs joues creusées l'épaisseur de leur maquillage. Beaucoup savaient par cœur des passages entiers du texte. En Inde, on peut être « illettré » et connaître des milliers de strophes épiques. Le vieux Surya de la *tea-shop*, les enfants de Mehboub et de Selima, les anciens voisins de Lambert, le charbonnier de Fakir Bhagan Lane, Margareta et sa progéniture, le beau Kâlîma et les autres eunuques, l'ex-marin du Kérala et ses voisins aborigènes, Bandona et ses frères et sœurs assamais, le Parrain et ses sbires, des centaines d'hindous, de chrétiens et même de musulmans se pressaient côte à côte au pied de l'estrade magique. Parmi les spectateurs les plus assidus se trouvait Hasari Pal. Lambert dira : « Cet homme désintégré allait chaque soir puiser de nouvelles forces au contact de l'opiniâtreté exemplaire de Râma, du courage du général des singes, de la vertu de Sîtâ. »

Pour le tireur de rickshaw, « ces héros étaient comme des troncs d'arbre au milieu des flots déchaînés, des bouées auxquelles on pouvait se raccrocher ». Il se souvenait que tout enfant, alors qu'elle le tenait à califourchon sur sa hanche en se promenant sur les diguettes des rizières, sa mère lui chantonnait les aventures mythiques du général des singes. Plus tard, chaque fois que des conteurs traversaient le village, sa famille et toutes les autres se réunissaient sur la place pour écouter des soirs durant les récits fantastiques toujours si fertiles en rebondissements qui, depuis la nuit des temps, nourrissaient les croyances de l'Inde et donnaient une dimension religieuse à sa vie quotidienne. Il n'était pas un nourrisson de l'immense péninsule qui ne s'endormît sans entendre sa sœur aînée lui psalmodier quelque épisode du grand poème, pas un jeu d'enfants qui ne s'inspirât des affrontements entre les bons et les méchants, pas un livre d'école qui n'exaltât les exploits des héros, pas une cérémonie de mariage qui ne donnât en modèle les vertus de fidélité de Sîtâ. Chaque année, plusieurs fêtes commémoraient la victoire de Râma et les bienfaits du dieu des singes. A Calcutta, des milliers de dockers, de coolies, de tireurs de rickshaws, d'ouvriers, de crève-la-faim se rassemblaient à la fin du jour autour des conteurs sur les berges de l'Hooghly. Pendant des heures, accroupis sur les talons, les yeux mi-clos, ces oubliés du bonheur échangeaient leur dure réalité contre quelques grammes de rêve.

Au-dessus de la multitude serrée devant les tréteaux, dépassait souvent le crâne un peu dégarni de Paul Lambert. Malgré ses difficultés à saisir toutes les subtilités de la langue et son peu de temps libre, il aimait énormément assister aux représentations. « Quelle façon royale de découvrir la mémoire d'un peuple, dira-t-il. Le Râmâyana, c'est une encyclopédie vivante. Là, au fond de mon bidonville, je remontais soudain le temps. Les parfums, les offrandes, les armes, la vie de cour, la musique, les mœurs des éléphants sauvages, les forêts de l'Inde n'eurent bientôt plus aucun secret pour moi. Cette grande épopée populaire était une introduction idéale pour épouser la mentalité de mes frères et entrer plus complètement dans ma nouvelle peau. Épouser leur mentalité, cela veut dire ne plus penser à la mer Rouge en parlant d'une traversée à pieds secs, mais au détroit de Ceylan ; ne plus citer un des miracles de Jésus à l'appui d'un événement surnaturel, mais l'exploit du général-singe Hanuman transportant l'Himalaya dans sa main pour aller faire sentir une fleur à Sîtâ captive ; souhaiter à une femme sur le point d'accoucher d'être la mère d'un des cinq Pandava. Pour entrer dans la mentalité d'un peuple, il faut utiliser ses images, ses mythes, ses croyances. Cela valait aussi pour les musulmans. Ah ! quels sourires j'allumais sur leurs visages en prononçant le nom de l'empereur Akbar, en faisant une allusion à Mahomet, en comparant une fillette à la princesse Nur Jahan ou à telle autre reine mogole, en déchiffrant quelque sourate en ourdou sur un calendrier accroché au fond d'un taudis ! »

66

Il s'appelait Nissar. Il avait douze ans. Il était musulman. Toute la courée était d'accord : ce gosse était un archange. Son visage lumineux, l'acuité de son regard, son autorité naturelle faisaient de lui un être à part. Le bec-de-lièvre qui dévoilait ses dents éclatantes et le petit singe aux yeux tristes qui ne quittait jamais son épaule accusaient encore la différence. « Nissar était un diamant à mille facettes, un feu d'artifice, une étincelante lumière du monde », dira Lambert. Ce garçon maigrichon aux cheveux courts n'avait pourtant aucune famille dans la courée. Il avait été ramassé à demi mort sur un trottoir de Dalhousie Square par Bouddhou Koujour, l'aborigène qui avait voulu punir l'eunuque au cobra. Chassé de son village du Bihar par ses parents qui ne pouvaient plus le nourrir, il avait voyagé sur les tampons des trains pour gagner la ville mirage. Après avoir erré plusieurs jours en se nourrissant d'épluchures, il avait trouvé dans une venelle du Barra Bazar l'instrument qui allait lui servir de gagne-pain et de talisman : un vieux sac de jute tout rapiécé. Comme des milliers d'autres enfants affamés, Nissar était devenu chiffonnier. Chaque soir, il allait vider ses pitoyables trouvailles dans l'antre d'un chiffonnier en gros et recevait quelques piécettes en échange, parfois une roupie ou deux. Un jour, un revendeur lui offrit un singe. Baptisé Hanuman, l'animal devint son inséparable compagnon. Il ne quitta plus son épaule et dormait avec lui sur les trottoirs. Les nuits de mousson, Nissar se réfugiait comme il pouvait sous la véranda d'un magasin ou les arcades de l'avenue Chowringhee. Sa passion était le cinéma. Dès qu'il avait gagné quelques *paisa*, il se précipitait avec son singe dans l'un des caravansérails qui vendaient du rêve aux pauvres. Son acteur préféré était un certain Dilip Kumar qui jouait toujours des rôles de princes richement vêtus de tuniques en brocart couvertes de bijoux, et paradait en compagnie de belles courtisanes.

L'intégration du jeune musulman abandonné au petit monde hindou de la courée n'avait guère posé de problèmes. Ses deux années de naufragé sur l'asphalte de la grande ville lui conféraient une sorte d'aura. Le fait était en soi remarquable. Car les conditions de vie des autres jeunes de la courée n'étaient pas moins rudes. A peine capables de marcher, ils participaient déjà comme les adultes à la survie collective. Aucune tâche ne leur était épargnée, pas même celle de la corvée d'eau qui entraînait souvent, à cause du poids des seaux, d'irréparables dégâts à leurs fragiles squelettes d'enfants mal nourris. Deux ou trois sur cinquante avaient la chance de fréquenter une école. (Les cours du soir subventionnés par Lambert ne touchaient encore personne dans cette courée.) Presque tous les enfants travaillaient dès l'âge de sept ou huit ans. Les uns étaient vendeurs de légumes sur des marchés en pleine rue ou commis dans une épicerie, une échoppe de savates, une boutique de *pân* ou de *bidi*. D'autres trimaient de l'aube à la nuit dans l'une des gargotes de la rue principale. D'autres connaissaient l'esclavage des petites fabriques qui pullulaient dans le *slum*. Les deux fils de l'ex-marin du Kérala gagnaient leur nourriture et vingt roupies par mois, de quoi permettre à leurs parents d'acheter tout juste huit kilos de riz, à fabriquer des chaînes de navire dix heures de suite dans l'un de ces petits bagnes.

Avant l'arrivée de Nissar, trois garçons de la courée étaient déjà chiffonniers. Mais ce n'était pas une occupation très profitable. Dans un bidonville, rien n'est jamais jeté et tout ce qui peut être récupéré — une scorie de charbon, un débri de galette de bouse, un lambeau de chemise, un tesson de bouteille, une pièce de ferraille, un morceau de plastique, du papier, une coque de noix de coco — suscite la convoitise.

— Tout ce que vous trouvez ici, c'est de la frime. Si vous voulez rapporter de bonnes pêches, vous devez aller là où est le poisson, déclara un soir le jeune musulman aux trois petits chiffonniers hindous.

« Ce môme doit connaître un filon », se dit Hasari qui l'avait entendu. Dans son obsession de trouver l'argent de la dot pour sa fille, cette idée de filon l'excita. « Il faut absolument que Nissar emmène mon Shambu avec lui », confia-t-il à Lambert en montrant son deuxième fils qui manœuvrait un cerf-volant du haut du toit. Il faisait et refaisait ses comptes sans cesse. « Aux cinq cents roupies de mes os j'ajoute mes huit cents roupies gagnées à patauger avec mon rickshaw dans la gadoue de la mousson. Si, en plus, Shambu me rapporte deux ou trois cents roupies à faire le chiffonnier avec le jeune musulman, ça fait... ça fait... (depuis qu'il avait la fièvre rouge, Hasari calculait avec moins de rapidité)... ça fait pas loin de deux mille roupies ! Tu te rends compte, Grand Frère Paul ! Il me restera à rendre une petite visite au *mohajan* avec les boucles d'oreilles de la mère de mes enfants et le tour sera joué ! » Hasari voyait déjà le brahmane attacher la main de sa fille à celle de son mari.

Un filon ! Le tireur de rickshaw n'avait pas rêvé. C'était bien vers un Eldorado, un pays de cocagne, une terre promise, que partait chaque matin avec son singe le petit musulman au bec-de-lièvre. C'était là, sur un matelas d'immondices, que les policiers avaient un jour incendié les rickshaws dépourvus de permis. Sous son nom figurant dans les registres et sur les plans de la municipalité, le *Calcutta dumping ground* n'évoquait pourtant pas l'idée de richesse. Mais dans cette ville où tout avait de la valeur, fût-ce une affiche décollée d'un mur ou un clou tordu, la décharge de Calcutta pouvait en effet représenter l'Eldorado pour le millier de fourmis humaines qui grouillaient dessus. Le jeune Nissar en faisait partie. Désormais, les trois autres petits chiffonniers de la courée l'accompagneraient ainsi que Shambu Pal qu'il venait d'accepter d'emmener avec lui.

— Réveille ton fils demain au premier cocorico du coq des castrats, demanda Nissar au tireur de rickshaw. Nous partirons à l'aube.

*

Nissar entraîna ses camarades jusqu'à l'entrée du grand pont de Howrah. Montrant un des autobus surchargés, il ordonna à Shambu de s'agripper à la roue de secours. Les autres grimpèrent sur le pare-chocs arrière. Chaque jour des dizaines de milliers de gens empruntaient de la même façon sans payer les transports en commun de Calcutta. Ils n'étaient pas les seuls fraudeurs. Les vrais champions du système D étaient certains receveurs eux-mêmes qui empochaient, disait-on, une partie des recettes en vendant de faux billets aux usagers. Dans l'enfer de la circulation, un voyage en équilibre sur les pare-chocs ou la roue de secours, ou bien accroché aux grappes humaines pendues aux fenêtres ou cramponnées à n'importe quelle aspérité, était une acrobatie dangereuse. Presque chaque semaine les journaux mentionnaient la mort de quelque clandestin broyé entre les tôles, écrasé par les roues d'un camion, électrocuté par un trolley de tramway.

— A terre, les gars !

L'ordre de Nissar claqua dans l'air déjà chaud du petit matin. Les cinq enfants se laissèrent tomber sur l'asphalte. L'autobus venait de sortir de la dernière banlieue à l'est de la ville et la route traversait à présent une immense étendue plate et marécageuse. Shambu se frotta les yeux encore lourds de sommeil. A deux kilomètres vers l'est, des nuées de vautours obscurcissaient le ciel.

— C'est là-bas ? demanda-t-il.

Nissar dodelina de la tête. Son vieux sac de jute sur l'épaule, son singe qui lui cherchait des poux dans les cheveux sur l'autre, il prit la tête du groupe. Il était heureux dans sa peau de chiffonnier. Les chiffonniers étaient libres et chaque jour leur apportait un nouvel espoir de quelque découverte mirobolante. Ils marchèrent pendant un kilomètre. Puis, comme son père le jour de la destruction des rickshaws, Shambu ressentit le choc de la puanteur provenant de la décharge. Mais l'odorat d'un enfant élevé sur les trottoirs de Calcutta est moins sensible que celui d'un paysan habitué aux senteurs de la campagne. Shambu suivit Nissar sans faiblir. En plus des vautours et des vaches qui broutaient les détritus avec obstination, des quantités d'hommes, de femmes et d'enfants s'activaient déjà sur l'immense remblai. Nissar arrêta son groupe trois cents mètres avant la rampe d'accès utilisée par les camions d'ordures.

— Il va falloir faire vite, annonça-t-il de sa voix rendue sifflante par son bec-de-lièvre. C'est le jour des hôtels et des hôpitaux. Faut pas louper leur marchandise.

Une fois par semaine, en effet, les bennes municipales apportaient les déchets de ces établissements. Cela provoquait chaque fois une ruée frénétique. C'était normal : ces chargements recelaient souvent de véritables trésors cotés au maximum à la bourse des valeurs de la décharge : flacons, pansements, seringues, débris de charbon, restes de nourriture.

« Toi, Shambu, ordonna le jeune musulman en montrant une sorte de terrier en contrebas, tu te planques dans ce trou. Dès que tu aperçois un bout de chiffon rouge à la vitre d'un camion, tu siffles dans tes mains pour me prévenir. C'est le signe qu'il vient d'un hôpital ou d'un hôtel. » Nissar sortit un billet de cinq roupies de sa ceinture. Le montrant à ses camarades, il poursuivit : « Moi je me précipiterai sur le camion en brandissant ce billet. Le chauffeur ralentira pour l'attraper. Nous devrons alors tous sauter dans la benne. Le chauffeur filera vers un coin éloigné du terre-plein et basculera son chargement aussi vite que possible. Il faudra vraiment se grouiller avant que les autres n'arrivent. »

Le jeune musulman au bec-de-lièvre avait parlé avec l'autorité d'un chef de commando. Chacun courut prendre sa position dans l'attente du premier camion. La plupart des chiffonniers qui grouillaient déjà sur le remblai habitaient les quelques masures dont les tuiles rouges balisaient la décharge. C'étaient surtout les femmes et les enfants qui fouillaient les ordures. Les hommes s'occupaient de la revente et s'adonnaient en plus à une autre occupation assez lucrative. Ils faisaient macérer des boyaux d'animaux avec toutes sortes de déchets dans des jarres en terre qu'ils immergeaient ensuite au fond de bassins d'eau verte croupissante. A la surface, on voyait monter les bulles de la fermentation. Le moment venu, ils distillaient ces immondes mixtures. Le jus recueilli était alors mis en bouteilles et livré aux tripots clandestins de Calcutta et aux estaminets des *slums*. « Cela vous reconstruit un homme en moins de deux ! » assurait Hasari qui se souvenait de ses libations avec Ram Chander et Fils du miracle. Cet alcool clandestin avait pourtant tué plus d'Indiens que toutes les calamités de la nature. C'était le fameux *bangla.*

Un premier camion jaune arriva, puis un autre, et un troisième. Mais aucun ne portait le signe convenu. Personne ne bougea. Le fils d'Hasari sentait ses yeux prêts à éclater. Il n'avait jamais vu un tel spectacle. Au-dessus de lui, dans la lumière rasante du petit matin, se déroulait un fantastique ballet. Une nuée de femmes et d'enfants raclaient la colline de détritus, pieds nus, équipés d'un panier rond en jonc tressé et d'un crochet. L'arrivée de chaque véhicule déclenchait un branle-bas de fourmilière affolée. Tous se précipitaient à sa suite. Un suffocant nuage de poussière soufrée enveloppait le déchargement des bennes. Encore plus hallucinante était la frénésie des recherches autour des bulldozers qui nivelaient les montagnes de détritus. Des enfants n'hésitaient pas à se glisser sous les mastodontes pour être les premiers à explorer la manne retournée par leur pelle d'acier. Combien avaient péri, étouffés dans cette masse compacte, écrasés par les chenilles des caterpillars ? Shambu sentit une sueur froide couler le long de son dos. « Serai-je capable d'un tel courage ? » se demanda-t-il. Un quatrième camion se présentait, mais toujours aucun chiffon rouge sur la vitre. Là-haut le ballet continuait. Pour se protéger du soleil et de la poussière, les femmes et les fillettes s'étaient entouré la tête et la figure d'oripeaux colorés qui leur donnaient des allures de princesses de harems. Quant aux garçons, avec leurs chapeaux de feutre, leurs casquettes trouées et, parfois, leurs savates aux tailles démesurées, ils ressemblaient à de pathétiques Charlot de cinéma. Chacun avait sa spécialité. Les femmes recherchaient plutôt les débris de charbon à moitié calciné, la ferraille, les bouts de chiffon et de bois. Les enfants préféraient ce qui était en cuir, en plastique, en verre, ainsi que les os, les coquillages et les papiers. Tous ramassaient avec une égale ardeur ce qui pouvait se manger : fruits pourris, déchets, croûtons de pain. Cette cueillette était la plus difficile, et souvent la plus dangereuse. Shambu vit un vautour piquer comme une torpille sur un petit garçon pour lui arracher l'épluchure qu'il venait de trouver. Mais les vautours n'étaient pas les seuls animaux à disputer leur pâture aux hommes. Des cochons, des vaches, des chèvres, des chiens parias et, la nuit, des chacals et des hyènes avaient élu domicile sur la décharge. Ainsi que des milliards de bestioles et d'insectes. Les plus agressifs étaient les mouches. Verdâtres et vrombissantes, elles tournoyaient par myriades, s'agglutinaient sur les gens et les bêtes, n'épargnant ni les yeux, ni la bouche, ni le nez, ni les oreilles. Elles étaient chez elles dans cette pourriture et vous le faisaient bien sentir.

Le plus étonnant dans ce cauchemar était que toutes les conditions d'une vie normale s'y étaient organisées. Au milieu de monticules de détritus puants, Shambu aperçut des marchands de glaces et d'esquimaux sur leurs triporteurs décorés, des vendeurs d'eau avec leurs outres en peau de chèvre, des fabricants de beignets accroupis sous un léger auvent de toile derrière leurs bassines fumantes de friture, des débitants de *bangla* entourés de leurs bouteilles rangées comme des quilles. Pour faciliter le travail des chiffonnières, il y avait même des *baby-sitters* qui gardaient leurs enfants en bas âge, en général de toutes jeunes filles assises avec des bébés sur les genoux à l'abri de vieux parapluies noirs. La décharge était aussi un fantastique marché, un bazar, une bourse de valeurs. Tout un peuple de revendeurs, de marchands, de ferrailleurs s'était greffé sur celui des chiffonniers. Chacun avait sa spécialité. Utilisant d'archaïques balances à fléau, ces négociants en maillot et *longhi* achetaient au poids ce que les crochets ou les mains nues des fouilleurs avaient découvert. Chaque soir, des grossistes passaient avec leur camion récolter cette manne qui, une fois triée et nettoyée, serait revendue à des usines pour y être recyclée.

Shambu sentit son cœur tressaillir. Il venait d'apercevoir le talisman sur la vitre d'un camion. Enfonçant deux doigts entre ses lèvres, il lança le coup de sifflet convenu. Aussitôt, il vit Nissar chevauché de son singe surgir dans le nuage de poussière et sauter sur le marchepied pour donner son billet de cinq roupies. Le chauffeur freina. C'était le signal. Avec une agilité de lézards, les cinq petits chiffonniers de la courée de Lambert escaladèrent la benne pleine d'ordures. Nissar ordonna :

— Tous à plat ventre !

Le camion accéléra pour gravir la pente d'accès à la décharge. A demi ensevelis dans l'ignoble cargaison, Nissar et ses compagnons étaient bien à l'abri des regards. « Ces ordures étaient à la fois brûlantes et gluantes, racontera Shambu, mais, surtout, j'avais l'impression que des milliers de bêtes en sortaient pour se jeter sur moi. Les plus effrayantes étaient d'énormes cancrelats. Ils couraient sur mes jambes, mes bras, mon cou. »

Au lieu de filer vers les bulldozers, le chauffeur vira dans la direction opposée. C'était le « contrat ». Nissar et sa bande auraient ainsi quelques minutes pour fouiller seuls. Tout se passa alors comme dans un hold-up de cinéma. Arrêt brutal du camion. Les cinq garçons sautèrent à terre et la benne déversa son avalanche d'ordures. Ils grattèrent, repérèrent, trièrent, engrangèrent à toute vitesse. Bouteilles, épaves d'ustensiles et de vaisselle, outils cassés, bouts de tuyaux, vieux tubes de dentifrice, piles hors d'usage, boîtes de conserve vides, semelles de plastique, lambeaux de vêtements, morceaux de carton, de caoutchouc, de plastique, leurs sacs se remplirent en un clin d'œil.

— Grouillez-vous, les gars ! Voici les autres.

Nissar le savait : il fallait décamper avant que la nuée furieuse des autres chiffonniers ne leur tombât dessus.

Pris par la fièvre de la chasse au trésor, Shambu plongea une dernière fois son crochet dans la masse puante et poussa un cri. « Je venais de voir un éclair au milieu de toute cette merde, racontera-t-il. J'ai cru que c'était une pièce de monnaie. J'ai fouillé avec frénésie pour la dégager. C'est un bracelet que j'ai remonté au bout de mon crochet. Et au bout de ce bracelet, il y avait une montre. »

*

« Une expression de stupeur marqua d'abord le visage d'Hasari Pal, dira Lambert. Puis il prit l'objet entre ses mains et l'éleva avec tant d'émotion et de respect que nous crûmes qu'il voulait l'offrir à quelque divinité. Il voulait seulement le porter à son oreille. » Toutes les voix se turent dans la courée. Hasari resta ainsi de longues secondes immobile, incapable de dire un mot, comme transfiguré par ce joyau dont le tic-tac se mariait aux battements de son cœur.

C'est à ce moment que se produisit un phénomène curieux. Propulsé par quelque force mystérieuse, un tourbillon d'air brûlant surgit des toits et vint s'engouffrer dans la courée avec un bruit de tuiles brisées. Des coups de tonnerre ébranlèrent aussitôt le ciel. Hasari et tous les habitants levèrent les yeux. Par-dessus la fumée des *chula* apparurent d'énormes vagues de coton noir. Le tireur de rickshaw sentit des larmes obscurcir sa vue. « Ça y est, voici la mousson. Je suis sauvé : je vais pouvoir mourir en paix. Grâce à cette montre et au déluge qui va tomber, grâce aux cinq cents roupies de mes os, ma fille aura un bon mari. »

67

« La ville avait changé nos yeux. Au village, nous scrutions des jours durant le ciel dans l'attente des premiers nuages chargés d'eau. Nous chantions, dansions et implorions la déesse Lakshmi de féconder nos champs sous un déluge bienfaisant. A Calcutta, il n'y avait rien à féconder. Ni les rues, ni les trottoirs, ni les maisons, ni les autobus, ni les camions ne peuvent être fécondés par l'eau bienfaitrice qui fait pousser le riz de nos campagnes. N'empêche qu'ici nous guettions la mousson avec une impatience encore plus fébrile qu'à la campagne. Nous la guettions à cause de l'effroyable chaleur qui vous anéantissait au point d'avoir envie par moments de s'arrêter n'importe où et de se laisser mourir. Parfois, il n'y avait même pas besoin de s'arrêter pour attendre la mort. Elle vous surprenait en plein effort, tandis que vous conduisiez un écolier au collège ou un *marwari* au cinéma. Vous vous écrouliez tout d'un coup sur la chaussée. Il arrivait que, dans son élan, votre propre carriole vous écrasât alors, avant d'aller se renverser contre un autobus ou un trottoir. On appelait cela « le coup de Surya », le coup du dieu Soleil.

« Toute la nuit et le lendemain, de gros nuages noirs roulèrent dans le ciel, plongeant la ville dans une obscurité presque totale. Les nuages se mélangeaient avec les fumées et la poussière. Il y eut bientôt un matelas noirâtre au-dessus des toits. On aurait dit que Sani, la planète de mauvais augure, voulait nous asphyxier pour nous punir. On suffoquait. Les gens se battaient dans la rue pour un rien. Les matraques des policiers se mettaient à tournoyer sans que vous sachiez pourquoi. J'avais de plus en plus de mal à respirer. Même les corneilles et les rats qui fouillaient les tas d'ordures de Wood Street avaient un drôle d'air. Les enfants n'arrêtaient pas de pleurer. Les chiens hurlaient à la mort. Je me demandais si, au lieu de la mousson, ce n'était pas la fin du monde qui allait survenir. Beaucoup de gens me suppliaient de les conduire à l'hôpital. Ils voulaient qu'on les aide à respirer. Mais je savais qu'à l'hôpital, on ne les aiderait même pas à mourir. A l'entrée de Lower Circular Road, j'ai ramassé une vieille femme qui gémissait sur le trottoir. Elle était toute desséchée. Sa peau était comme du carton. J'ai acheté une noix de coco et je lui ai fait boire le jus tiède et sucré. Puis je l'ai emmenée à l'hôpital où était mort, il y avait si longtemps, notre ami le coolie.

« Au bout de trois jours, un vent furieux s'est levé, une tornade de sable et de poussière comme il y en avait déjà eu avant les orages de pré-mousson. En quelques minutes, toute la ville fut recouverte d'une couche de sable jaune. Il paraît que ce sable vient des montagnes des Himalayas et des plateaux du côté de la Chine. C'était effrayant. Le sable et la poussière s'infiltraient partout. On en avait plein les yeux et plein la bouche. Je ne sais pas si c'était à cause de ma fièvre rouge ou de ces tourbillons, mais je me sentis brusquement incapable de soulever les brancards de ma guimbarde. J'étais anéanti comme par une force venant de l'au-delà. Je me couchai sur le siège de moleskine, les jambes dans le vide, cherchant ma respiration, la tête bourdonnante, les yeux douloureux, le ventre tiraillé de crampes. Combien de temps suis-je resté dans cet état de prostration ? En l'absence du soleil caché par les nuages noirs, j'avais complètement perdu la notion du temps. »

Le cauchemar se prolongea pendant plusieurs jours. Dans la Cité de la joie, la sécheresse commença à tarir les puits et les fontaines. Les victimes de déshydratation se multiplièrent et Max épuisa en quelques heures sa petite provision de sérum. Le sixième jour vers midi, le thermomètre monta à 117° Fahrenheit, presque 46° centigrades. Le vent était tombé. Immobiles, les nuages étouffaient le *slum* sous un couvercle de feu. Toujours pas une goutte de pluie. Persuadés que la mousson ne viendrait plus cette année, des habitants à bout de force, couchés par terre dans leur taudis, attendaient que la roue de leur karma s'arrête et mette fin à leur supplice. Le lendemain, quelques courtes rafales ramenèrent un peu d'espoir. Mais vers midi, malgré toutes les offrandes déposées sur les autels des dieux, le thermomètre fut pris d'une nouvelle folie. Ces excès mirent à rude épreuve les forces de Lambert, de Max, de Bandona et de tous les membres du Comité d'entraide. A tout instant, un S.O.S. les appelait au chevet d'une nouvelle victime.

Au retour d'une de ces courses, alors qu'il venait de s'effondrer, exténué, sur le lit de corde de sa chambre-dispensaire, Max sentit sur son visage en sueur un linge humide et parfumé. C'était Bandona qui l'essuyait avec douceur. Il lui saisit la main et la porta à ses lèvres. Ce contact avec cette peau si fraîche et si vivante, dans ce décor sordide puant l'éther et l'alcool, le bouleversa. Les malades qui se pressaient à la porte étaient médusés. Ce genre d'effusions en public est un spectacle tout à fait inconvenant en Inde. Il relâcha la main de la jeune femme mais garda le linge parfumé qu'il respira avec volupté. Cette odeur lui rappelait quelque chose. Il chercha et soudain l'image de Manubaï lui vint à l'esprit. Vision insolite, irréelle, dans ce *slum* en détresse. Malgré la fournaise, il frissonna. La belle et riche Indienne avait tellement embelli sa vie depuis cette récente et mémorable nuit de fête quand il avait, pour un temps, oublié le bidonville sur les coussins de son lit à baldaquin voilé de mousseline. Incarnation de l'Inde des contes, des mythes et des sortilèges, Manubaï lui avait rappelé que le luxe faisait aussi partie de la création. Que même à Calcutta on pouvait vivre au milieu d'un jardin fleuri, manger et boire à satiété, jouir de tous les plaisirs de la vie. Insouciante du qu'en-dira-t-on, elle avait donné plusieurs dîners en son honneur dans sa somptueuse salle à manger décorée de peintures d'oiseaux tropicaux. Elle l'avait emmené aux soirées de la colonie diplomatique, à des réceptions sur la fraîche pelouse du Tollygunge Club, à des bridges dans le palais du gouverneur. Au contact de son corps émouvant de fragrances sensuelles, à l'écoute vivifiante de ses rires, dans le paradis de son oasis de rêve, il avait goûté les délices et les raffinements d'une Inde aux féeries millénaires.

C'était pourtant auprès d'une autre femme qu'il avait puisé la volonté et la force de poursuivre sa tâche au service des pauvres de la Cité de la joie. Bandona ne possédait ni maison, ni serviteurs, ni lit à baldaquin. Elle n'avait jamais connu autre chose que les ateliers-bagnes, les taudis, la boue, la faim. Mais son sourire lumineux, sa disponibilité aux autres, son pouvoir magique de soulager et de réconforter valaient toutes les richesses. Dans ce monde de suppliciés qui assiégeaient chaque jour la porte de sa chambre-dispensaire pour lui confier leurs plaies, leurs maladies, leurs détresses, face à toute cette souffrance, au désespoir nu, à la mort, c'était cet ange de miséricorde qui avait donné à Max le courage de faire face. Comment tant d'horreur vécue ensemble et tant d'amour donné n'auraient-ils pas créé des liens exceptionnels entre ces deux êtres ?

Mais, dans cet univers concentrationnaire où même un clin d'œil ne pouvait passer inaperçu, il était inconcevable de les manifester. Lambert avait prévenu Max : un *slum* est une marmite en perpétuelle ébullition. Tout événement un peu insolite risque d'en faire sauter le couvercle et de provoquer une explosion. Contrairement à une Manubaï Chatterjee qui pouvait, du fait de sa position sociale, se permettre de briser ses chaînes et défier l'ordre existant, Bandona n'avait, elle, aucun espoir de s'incarner jamais en Râdhâ, la divine amante de Krishna, le dieu-berger joueur de flûte. Elle était prisonnière du carcan de rites et de tabous qui régissaient en Inde les rapports entre les hommes et les femmes. Comme toutes les jeunes filles de sa condition, son destin était d'être un jour donnée vierge à un mari que d'autres — son père, un oncle, une grand-mère — auraient choisi pour elle. L'attirance affective et physique n'aurait aucune part dans cette union. Elle ne verrait son mari qu'à l'instant de la cérémonie. Sa nuit de noces ? Un rite d'abord destiné à concevoir un héritier mâle, comme tous les futurs accouplements de sa vie conjugale au milieu de tant de promiscuité. Un rite dont le prétexte frappait chaque fois Lambert. « Tout à coup, j'entends un bizarre remue-ménage parmi les dormeurs autour de moi. Et j'aperçois dans l'obscurité des gens qui se lèvent discrètement. Il y a des bruits de portes. Puis des cris étouffés, très faibles. Les couples de la courée font l'amour. Je sais alors que c'est *purnima,* la pleine lune. »

Trois jours après l'épisode du mouchoir parfumé, alors qu'un nouveau bond du thermomètre chauffait à blanc les taudis de la Cité de la joie, Bandona entra dans la chambre de Max à l'heure de la méridienne. Dans ses mains, elle tenait cette fois une offrande si rare dans un *slum* qu'on ne la réservait qu'aux dieux.

— Docteur Grand Frère, dit-elle timidement en posant sur la table un bouquet de jasmin, n'aie pas peur, tu n'es pas seul, je suis là qui partage tout avec toi.

Max prit les fleurs et les respira doucement. Elles exhalaient un parfum si enivrant qu'il eut l'impression que tout, autour de lui, la pourriture, la puanteur, la fournaise, la charpente croulante envahie de rats, le torchis des murs, les cafards, l'infecte moisissure s'envolaient dans un rêve euphorique. Il ne restait plus dans ce cloaque maudit que ce bouquet de bonheur et cette jeune femme en sari rose vif, immobile et recueillie comme une vierge de cathédrale.

— Merci, douce Bandona, murmura-t-il enfin avant d'emprunter à Lambert son compliment préféré, tu es une lumière du monde.

Max ne se souviendrait pas distinctement de la suite des événements. La chaleur et la fatigue avaient altéré ses facultés. « Je crois, dira-t-il plus tard à Lambert, que je me suis approché d'elle et que je l'ai serrée contre moi dans un irrépressible besoin de posséder cette lumière. Bandona ne me repoussa pas. Au contraire, dans une étreinte pleine d'une infinie tendresse, elle m'offrit son amour. »

C'est alors qu'un curieux crépitement se fit entendre sur les tuiles de la toiture. Max crut que des gens bombardaient le toit de sa chambre à coups de cailloux. Puis il entendit des cris dans les habitations voisines, suivis aussitôt par une grande clameur qui montait de tous côtés. Un formidable coup de tonnerre ébranla tout le *slum*. Max vit sortir de la charpente des rats affolés. Presque immédiatement, toutes les tuiles vibrèrent d'un bruit sourd, puissant, régulier. Bandona s'écarta doucement de la poitrine de Max et leva la tête vers le toit. Ses petits yeux bridés étaient inondés de larmes de joie.

— Grand Frère Max, tu entends ? La mousson est arrivée !

68

« Cela devait être en fin d'après-midi quand j'ai vu tomber la première goutte d'eau, racontera Hasari Pal. Elle était énorme mais, en arrivant sur le bitume, elle s'évapora instantanément à cause de la chaleur. » Pour l'ancien paysan que la sécheresse avait à jamais chassé de sa terre, cette première goutte était toujours « une manne céleste, la preuve que les dieux pouvaient encore pleurer sur le sort des hommes de cette terre ». Il songea aux chants et aux cris de joie qui devaient éclater dans son village au même moment. Il imagina son père et ses frères accroupis sur la diguette au bord de la rizière, contemplant avec émerveillement les jeunes pousses soudain revigorées par la rosée des cieux. « Les reverrai-je jamais ? » soupira-t-il.

Cette première averse de mousson fut d'une exceptionnelle violence. L'eau frappait le sol avec un bruit de tambourins martelés par des millions de doigts. Hasari releva précipitamment la capote de son rickshaw et s'abandonna au bonheur de se laisser tremper par les flots bienfaisants. « Au bout d'un instant, un souffle d'air traversa cette douche chaude, apportant une caresse de fraîcheur, racontera-t-il. On aurait dit que la portière d'une glacière géante s'était ouverte au-dessus de la ville pour libérer un peu de froid dans l'air surchauffé brassé par la tornade. Le bombardement de l'eau couvrait à présent tous les autres sons. On n'entendait que le ciel qui se vidait. Au lieu de se protéger, les gens s'étaient précipités sous la pluie. Des enfants tout nus dansaient et riaient en faisant des cabrioles. Les femmes se laissaient inonder et leur sari leur collait au corps comme la fine écorce d'un bambou.

« A la station de Park Circus et ailleurs, des tireurs de rickshaws s'étaient mis à chanter. D'autres travailleurs les rejoignaient des rues voisines et participaient à cette action de grâces. C'était comme si toute la ville allait à la rivière sacrée pour se baigner et se purifier, à cette différence près que l'eau tombait du ciel au lieu de couler dans la terre. Même les palmiers dans les jardins de Harrington Street tremblaient de joie. Eux qui ressemblaient à des vieillards poussiéreux étaient à présent tout luisants de vie, de fraîcheur et de jeunesse.

« L'euphorie dura plusieurs heures. Dans cette baignade générale, nous nous sentions tous frères, coolies et *sardarji*, *rickshaw-walla*, *babu*, *marwari* du Barra Bazar, Biharis, Bengalis, hindous, musulmans, sikhs, jaïns, tous les habitants si différents de cette grande ville, nous participions à une même *puja* reconnaissante en nous laissant tremper ensemble par le déluge salvateur.

« La pluie cessa brusquement. Il y eut alors un spectacle extraordinaire : sous le soleil, la ville entière se mit à fumer de vapeur comme une gigantesque lessiveuse en train de bouillir. Puis le déluge recommença. »

Dans le *slum*, Max n'en croyait pas ses yeux. « Un peuple, à demi mort une seconde plus tôt, venait de ressusciter dans une fantastique explosion de bonheur, d'exubérance, de vie, racontera-t-il. Les hommes avaient arraché leur chemise, les femmes se précipitaient tout habillées en chantant sous les gouttières. Des ribambelles d'enfants nus couraient en tous sens sous la douche magique et poussaient des cris de joie. C'était la fête, l'accomplissement d'un rite ancestral. » Au bout de sa ruelle, il aperçut une silhouette à peau blanche. Au milieu de l'allégresse collective, Lambert dansait une farandole effrénée avec les habitants de la Cité de la joie. Sur sa poitrine ruisselante, sa croix de métal sautait comme pour battre la cadence. « On aurait dit le dieu Neptune sous les eaux d'une fontaine céleste ! »

69

Trois jours de déluge, d'un déluge comme le Bengale n'en avait pas connu depuis plusieurs années. D'une courée à l'autre et à travers toutes les ruelles de la Cité de la joie, courut bientôt le mot qui hantait la mémoire de l'Inde depuis que la mousson existe. « *Bârha !* — L'inondation ! » A la jubilation des premiers instants succéda une chasse éperdue aux parapluies, aux morceaux de toile, de carton, de plastique, à tout ce qui pouvait servir à calfeutrer les toits et retenir l'eau qui envahissait les taudis. Puis ce fut la course aux récipients et à tous les ustensiles permettant d'écoper. Mais l'eau revenait toujours, jaillissant du sol : le *slum* est construit sur des marécages. Enfin ce fut une traque aux briques et à tous les matériaux susceptibles de surélever les *charpoï* des taudis, seuls refuges où les naufragés pouvaient mettre leurs enfants et leurs quelques possessions à l'abri. Très vite la situation s'aggrava et le bruit redouté apparut. Le clapotis de l'eau domina le vacarme général. Les voix prirent une résonance particulière à cause de la nappe liquide qui leur faisait écho. Max perçut ainsi un faible appel venant de la pièce voisine. Intrigué, il alla voir. La fillette qui lui avait apporté un parapluie lors des cataractes de pré-mousson avait glissé dans la marée noirâtre et était en train de se noyer. Il la saisit par les cheveux et l'emporta dans sa chambre.

Sa chambre ! Un bourbier gluant, pestilentiel. Noyés par le déluge, les latrines, les égouts, les drains à purin des étables avaient débordé et leur flot immonde venait de franchir le muret de protection devant la porte. Pour sauver les cartons de lait et la cantine de médicaments, Bandona avait accroché un drap aux quatre coins de la charpente. Ce hamac improvisé ressemblait à la voile du radeau de la Méduse. Ailleurs, des parapluies permettaient d'autres prouesses. L'astuce consistait à les suspendre à l'envers sous les rigoles coulant des toits et à les vider dès qu'ils étaient pleins.

Au débordement d'excréments, à la puanteur, à l'humidité s'ajouta bientôt la faim. Leurs galettes de bouse s'étant transformées en éponges, les femmes ne pouvaient plus faire cuire le moindre aliment. Gratter une allumette était devenu un authentique exploit de survie. « Regarde, Grand Frère, expliqua Kâlîma à Lambert, tu frottes vigoureusement l'allumette sous ton aisselle pour chauffer le soufre, et hop, tu grattes ! » Et le miracle se produisit : une petite flamme apparut dans le déluge au bout des doigts de l'eunuque. Lambert tenta de renouveler la performance. Mais l'aisselle d'un prêtre catholique français ne doit pas sécréter les mêmes fluides que celle d'un *hijra* de l'Inde des fakirs : l'échec fut total.

C'est à tâtons, pataugeant dans le flot infâme jusqu'à la taille, que Lambert dut se lancer en pleine obscurité à la recherche de Margareta, Saladdin, Bandona et les autres membres du Comité d'entraide. Il était urgent d'organiser des secours. La pluie tombait toujours. L'eau montait. La situation devenait grave.

Tout le reste de Calcutta connaissait pareil cauchemar. Dans les quartiers bas de l'est, du côté de

Topsia, Kasba ou Tiljala, des milliers d'habitants avaient dû s'enfuir précipitamment ou se réfugier sur les toits. La ville entière était plongée dans les ténèbres : les cataractes avaient noyé les transformateurs et les lignes électriques. Plus un train ne pouvait atteindre les gares. Le trafic routier était totalement paralysé. Les approvisionnements commencèrent à manquer. Un kilo de pommes de terre valait déjà la somme astronomique de dix francs, un œuf coûtait un franc. Il n'y avait plus aucun transport urbain, ce qui faisait le bonheur des tireurs de rickshaws. Hasari, qui comptait sur ces jours d'inondation pour compléter la dot de sa fille, exultait : « Quelle joie de contempler le spectacle de désastre qu'offraient les orgueilleux autobus rouges à impériale, et les tramways bleu et blanc, et les arrogants taxis jaunes des *sardarji* sikhs, et les Ambassador particulières avec leurs conducteurs en uniforme. Moteurs noyés, carrosseries engluées jusqu'aux portières, abandonnés par leurs passagers, désertés par leurs équipages, ils ressemblaient à des épaves de bateaux sur les berges de l'Hooghly. Quelle glorieuse occasion nous était enfin donnée de nous venger de toutes les brutalités des chauffeurs, de tous les humiliants marchandages des clients. Pour une fois, nous pouvions exiger des tarifs à la mesure de notre peine. Nos guimbardes à hautes roues, avec nos jambes pour tout moteur, étaient les seuls véhicules à pouvoir circuler dans les rues inondées. Et jusqu'à mon dernier jour, j'entendrai dans mes oreilles les appels désespérés des gens qui me suppliaient de les prendre dans mon rickshaw. J'avais cessé d'être la bête méprisée et insultée, dont on bourrait les côtes de coups de pied pour la faire aller plus vite, à qui l'on grignotait dix ou vingt *paisa* à l'arrivée sur le prix convenu de la course. Maintenant, ils se battaient, offraient deux, trois ou même quatre fois le prix habituel pour pouvoir poser leurs fesses et leurs paquets sur la banquette trempée des seules embarcations naviguant sur la mer de Calcutta. »

Le moindre trajet rapportait une petite fortune à l'ancien paysan : presque la recette d'une journée entière d'avant la mousson. Mais au prix de quelles souffrances ! Dissimulé par l'inondation, chaque obstacle représentait un piège meurtrier, comme ces innombrables morceaux de ferraille sur lesquels les pieds nus risquaient à tout instant de s'empaler. « Patauger dans la merde jusqu'aux cuisses, trébucher sur des cadavres de rats et de chiens était de la rigolade, dira pourtant Hasari. Le pire, c'était la torture de la pluie sur nos carcasses. Transpirer sous des trombes d'eau sans jamais pouvoir se sécher, cela ne vous arrange pas le système. J'avais beau essorer mon maillot et mon *dhoti* après chaque course, et me frictionner le dos, je baignais dans une perpétuelle humidité. A force de tremper dans cette eau infecte, beaucoup de collègues contractèrent aussi des maladies de peau. Les pieds de certains ressemblaient à ces morceaux de bidoche qu'on voit à l'étal des boucheries musulmanes. Ils étaient couverts d'ulcérations et de plaies. Mais le vrai danger, c'étaient les chauds et froids. Surtout dans mon cas. De nombreux camarades ont laissé leurs poumons dans la mousson. Ils appelaient cela "pneumonie" ou quelque chose comme ça. Vous attrapiez subitement une fièvre de cheval. Et puis vous grelottiez de froid. Et vous creviez sans même avoir toussé. Ramatullah, le copain musulman avec qui je partageais mon rickshaw, prétendait que c'était bien plus agréable que la fièvre rouge. Parce que ça va très vite et que vous ne crachez pas vos poumons. »

Quand Hasari montra le produit de ses deux premières journées de mousson à son ami chauffeur de taxi condamné au chômage par la montée des eaux, Fils du miracle lança un cri admiratif :

— Dis donc, Hasari, pour toi, ce n'est pas de l'eau qui tombe du ciel, ce sont des pépites d'or !

La joie du tireur allait être de courte durée. Le lendemain en arrivant à Park Circus pour prendre son rickshaw, il trouva ses collègues rassemblés autour d'une guimbarde. Il reconnut sa carriole, chercha Ramatullah dans le groupe, mais en vain. C'est alors qu'un des tireurs, l'un des plus vieux de la station, lui dit :

— Ton ami est mort, Hasari. Tombé dans un « trou d'homme ». C'est le troisième qui se noie depuis hier. Il paraît qu'un *babu* a donné l'ordre de faire enlever toutes les plaques des bouches d'égouts pour faciliter l'évacuation de la flotte.

★

Ce fut presque en face de son ancienne chambre du 19 Fakir Bhagan Lane que Lambert sentit une main l'effleurer. Il la saisit. Elle était inerte. Il tira le petit corps qui flottait au ras de l'eau et le hissa sur la plate-forme de la *tea-shop* de Surya, le vieil hindou. Il appela, barbota jusqu'à la porte de son ex-voisin Mehboub, alla frapper au taudis de la mère de Sabia. Il n'y avait personne. La ruelle ressemblait à un décor de cinéma abandonné par ses figurants. On n'entendait que le sifflement du déluge, le clapotis de l'eau et les cris perçants des rats qui fuyaient leurs repaires. De temps en temps, l'un d'eux tombait à l'eau et cela faisait « plouf ». Sondant le sol à chaque pas pour ne pas glisser dans les drains profonds qui coupaient la ruelle, Lambert fit ainsi quelques dizaines de mètres. Soudain sa voix s'éleva du cloaque, grave et puissante, montant comme un hymne vers les cataractes et la voûte opaque du ciel zébré d'éclairs. « Plus près de toi mon Dieu, plus près de toi », chantait le prêtre à tue-tête comme les naufragés du *Titanic* la nuit où leur paquebot avait été englouti.

Les Indiens du Comité d'entraide attendaient dans la chambre de Max. Tout le monde avait de l'eau jusqu'aux genoux. L'atmosphère était lugubre.

— Grand Frère Paul, c'est la panique, annonça le vieux Saladin pourtant habitué aux inondations dans le *slum*. Les gens s'enfuient de partout. Au moins cinq cents personnes se sont déjà réfugiées dans la grande mosquée.

La Jama Masjid était le seul édifice qui comptât plusieurs étages.

— Et ça ne fait que commencer, renchérit Margareta dont le sari trempé collait à sa peau. Il paraît que le Gange est en train de déborder.

— Assez de mauvaises nouvelles ! coupa l'Anglo-Indien Aristote John. Nous ne sommes pas là pour pleurnicher mais pour voir comment nous pouvons aider.

— Aristote a raison ! approuva Lambert dont les « baskets » pleines d'eau faisaient des bulles.

Il y eut un silence. Chacun avait conscience de l'immensité de la tâche. Max reprit le premier la parole.

— Il faudra vacciner en vitesse. Le choléra, la typhoïde... On risque d'avoir de sacrées épidémies.

— Combien as-tu de doses ? s'inquiéta Lambert en montrant la cantine de médicaments sur le hamac.

— Une misère. Il faut aller en chercher dans les hôpitaux.

La candeur du jeune médecin fit sourire l'assistance. « Cet Américain est incorrigible, songea Lambert. Après tous ces mois à Calcutta, il raisonne toujours comme s'il était à Miami. »

— Ne faudrait-il pas plutôt commencer par organiser du ravitaillement de secours ? suggéra Saladdin. Des milliers de gens vont se trouver sans eau ni nourriture.

— Absolument ! dit vivement Lambert.

On entendit alors la voix douce mais ferme de Bandona.

— Grand Frère Paul, il faut d'abord secourir les vieillards et les infirmes restés chez eux. Beaucoup vont périr noyés si nous n'allons pas les chercher.

Personne ne connaissait les priorités de la détresse comme la jeune Assamaise. Cette fois pourtant, elle se trompait. Son appel avait subitement évoqué une urgence plus grande encore dans la conscience de Lambert.

— Les lépreux ! cria-t-il. Vite, les lépreux ! (Il désigna Bandona, Max et Saladdin :) Vous trois, filez chez les malades et les vieillards. Avec Aristote et Margareta, je vais, moi, chez les lépreux. Rendez-vous pour tous : la Jama Masjid !

La Jama Masjid, la grande « Mosquée du vendredi » ! L'édifice rectangulaire aux quatre modestes minarets d'angle ressemblait cette nuit à un vaisseau en perdition dans la tempête. Des centaines de rescapés s'agrippaient aux moucharabiehs des fenêtres, se bousculaient, appelaient. D'autres ne cessaient d'arriver. Des pères avec jusqu'à trois enfants juchés sur les épaules, des mères portant un pitoyable ballot sur la tête et un bébé dans les bras pataugeaient dans l'infâme marée pour essayer d'atteindre l'entrée. A l'intérieur, le spectacle était dantesque. Des enfants terrifiés hurlaient. Des femmes criaient, se chamaillaient, pleuraient. Tout le monde essayait de gagner les galeries du premier étage car le flot avait envahi le rez-de-chaussée et montait rapidement. Mais un torrent déferla soudain du toit et submergea les galeries. Des jeunes gens parvinrent à faire sauter la porte de la terrasse pour établir un barrage. L'atmosphère devint de plus en plus suffocante. Des réfugiés s'évanouirent. Victimes de la dysenterie, des bébés se vidèrent. Évacués de bras en bras, les premiers morts passèrent au-dessus des têtes. Bientôt une rumeur circula : rongés par les eaux, des centaines de taudis étaient en train de s'effondrer un peu partout dans le *slum*.

La petite colonie des lépreux située en contrebas des voies ferrées était complètement submergée. Pour parcourir les derniers mètres, Margareta avait dû se hisser sur le dos de Lambert, acrobatie que le port du sari rendait plutôt délicate. Et pourtant aucun habitant n'avait fui. Les parents avaient fait grimper les enfants sur les toits et les lépreux valides avaient entassé des *charpoï* les uns sur les autres pour mettre les malades et les infirmes à l'abri. Lambert découvrit Anouar juché sur l'une de ces pyramides de fortune à demi engloutie. Le cul-de-jatte avait survécu à son amputation. Il souriait.

— Anouar, vieux frère, je suis venu te chercher, murmura le prêtre à bout de souffle.

— Me chercher ? Mais pourquoi donc ? Ce n'est pas la première fois que la mousson nous trempe les pieds !

L'air stoïque, presque guilleret, l'humour du lépreux au milieu de tout ce désastre émerveilla encore une fois Lambert. « Ces lumières du monde méritent vraiment la première place aux côtés du Père, songea-t-il. Ils ont été au bout de la souffrance. »

— La pluie continue de tomber. Vous risquez tous d'être noyés.

En disant cela, le prêtre réalisa la vanité de ses intentions. Comment pouvait-il espérer évacuer ces malheureux alors que lui-même et ses compagnons avaient plusieurs fois failli disparaître dans les tourbillons d'eau noire. Il devait aller chercher des renforts. Des renforts ? L'idée lui parut plutôt comique dans cette nuit de panique. C'est alors qu'il revit devant lui l'image d'un homme aux petits yeux cruels sous ses grosses lunettes, aux oreilles velues, aux bajoues de jouisseur. Il appela Margareta et Aristote.

— Je file chez le Parrain, leur cria-t-il. Lui seul peut nous aider à tirer tout ce monde d'ici.

Avec ses deux étages en solide maçonnerie, ses escaliers en brique, ses balcons de pierre, la maison du Parrain émergeait des flots telle une forteresse. Éclairées *a giorno* par un puissant générateur, ses nombreuses pièces illuminaient d'une clarté insolite les tourbillons qui battaient ses murs. « J'arrive au palais des Doges ! » se dit Lambert, admiratif. Rien, pas même le déluge, ne pouvait modifier le comportement du doge de la Cité de la joie. Insensible à ce qui pouvait se passer dehors, aux cris, aux appels des habitants qui fuyaient leurs taudis écroulés, il trônait toujours aussi impassible sur son fauteuil incrusté de pierreries. L'irruption de Lambert dégoulinant de boue putride derrière son fils aîné ne déclencha pas l'ombre d'une surprise sur son masque de crapaud.

— *Good evening, Father*, dit-il de sa voix sifflante en dévisageant son vieil adversaire. Quel bon vent vous amène par un temps pareil ?

Il tapa dans ses mains. Un serviteur enturbanné apporta du thé et des bouteilles de limonade sur un plateau de cuivre ciselé.

— Les lépreux, dit Lambert.

— Encore eux ? s'étonna le Parrain en fronçant ses épais sourcils. Décidément, ce sont toujours les lépreux qui me donnent l'honneur de vous rencontrer. De quoi s'agit-il à présent ?

— Ils risquent tous de mourir noyés si on ne les évacue pas d'urgence. Il faut des hommes et une barque immédiatement.

Était-ce la crainte de perdre une source appréciable de revenus ou un sursaut de solidarité humaine, Lambert ne pourrait le dire. Mais le chef de la mafia de la Cité de la joie réagit d'une façon spectaculaire. Il se leva et tapa frénétiquement dans ses mains. Son fils Ashoka, la petite frappe à la grosse moto, revint en courant. Il y eut un premier conciliabule. Puis d'autres membres du clan accoururent. Moins de dix minutes plus tard, une barque partait, Lambert et une équipe de mafiosi à son bord. Alors que les premiers coups de rame entraînaient l'embarcation vers les ténèbres bruissantes de bruits et de cris, Lambert entendit à nouveau la voix sifflante du Parrain. Il se retourna et vit le petit homme trapu dans l'encadrement d'une fenêtre éclairée. Jamais il n'oublierait les mots qu'il lança dans les trombes d'eau.

— Ashoka, criait-il en s'époumonant, ramène tous les lépreux ici. Cette nuit, notre maison est assez grande pour accueillir les malheureux.

*

Le grand corps ruisselant s'abattit d'un seul coup sur la pile des cartons de lait. Épuisé par la nuit la plus dure de son existence, Max venait de regagner sa chambre aux premières lueurs de l'aube. Au déluge succédait à présent une petite pluie chaude et serrée. La montée de l'eau semblait s'être ralentie. Toute la nuit, portant sa trousse médicale à bout de bras au-dessus des flots, il avait accompagné Bandona dans ses opérations de sauvetage. La tête et le cœur de la petite Assamaise contenaient le fichier complet des détresses les plus criantes du *slum*.

Aidés d'une équipe de jeunes loubards qui s'étaient spontanément mis à leur disposition, ils avaient pataugé d'un taudis à l'autre pour arracher à la noyade des aveugles, des paralytiques, des tuberculeux grabataires, des mendiants et même une sourde-muette folle avec son nouveau-né. Une seule fois, ils étaient arrivés trop tard. Quand ils entrèrent chez la vieille lépreuse aveugle à qui Lambert portait la communion chaque semaine, ils trouvèrent son corps décharné flottant dans son linceul de veuve. Son chapelet était enroulé autour de son poignet et son visage mutilé semblait étrangement serein. « Cette fois son supplice est terminé, murmura Bandona en aidant Max à hisser le corps sur le bat-flanc. Le dieu qu'elle implorait l'a enfin écoutée : il l'a prise auprès de lui. »

La simplicité de cette explication dans un tel contexte de cauchemar bouleversa l'Américain. « C'est cette nuit-là que je compris que je ne pourrais plus jamais être tout à fait le même », écrira-t-il quelques jours plus tard à Sylvia, sa fiancée restée à Miami.

L'arrivée de la première barque de lépreux chez le Parrain déclencha des gestes que même le cœur si plein d'amour de Lambert n'aurait pu imaginer. Il vit son fils Ashoka prendre le cul-de-jatte Anouar dans ses bras et le porter délicatement jusqu'au *charpoï* de sa chambre. Il vit les femmes de la maison se défaire de leurs voiles de mousseline pour frictionner les enfants nus qui frissonnaient car la température avait brutalement baissé d'une dizaine de degrés. Il vit l'épouse du Parrain, une plantureuse matrone aux bras tintinnabulant de bracelets, apporter une marmite fumante de riz et de viande. Il vit surtout un spectacle qui effacerait à jamais les visions d'horreur des cocktails Molotov explosant devant sa petite léproserie : le Parrain lui-même tendait ses mains baguées d'or vers les rescapés, les aidait à débarquer, essuyait leurs membres mutilés, leur servait le thé, leur offrait des assiettes de friandises et de pâtisseries.

« Dans la catastrophe de l'inondation, racontera Lambert, les habitants de la Cité de la joie étaient tous devenus frères. Des familles musulmanes accueillaient des hindous sur leur toit, des jeunes manquaient de se noyer en portant des vieillards sur leurs épaules, des tireurs transportaient gratuitement des malades sur leur rickshaw aux trois quarts immergé, des patrons de bistrots n'hésitaient pas à risquer leur vie pour aller ravitailler les réfugiés enfermés dans la mosquée. » Dieu n'était pas oublié dans tout ce désastre. En passant par sa chambre qu'inondait plus d'un mètre d'eau, Lambert eut la stupéfaction de découvrir deux cierges qui brûlaient devant son image du Saint Suaire. Avant de s'enfuir avec les autres habitants de la courée, l'eunuque Kâlîma les avait allumés « pour saluer la divinité du Grand Frère Paul et lui demander de faire cesser la pluie ».

Or le Dieu des chrétiens, le Bhâgavan des hindous et Allah le miséricordieux semblaient sourds aux appels. Le supplice des naufragés de Calcutta devait se prolonger pendant des jours. Comme Max l'avait redouté, le choléra et la typhoïde commencèrent à frapper. Il n'y avait ni médicaments ni possibilités d'évacuation. Des gens moururent. Les cadavres qu'on ne pouvait ni incinérer ni enterrer étaient abandonnés dans les ruelles inondées. En quelques heures, Max buta sur trois corps dérivant au fil des flots. Paradoxalement, dans tout ce débordement liquide, il n'y avait plus une goutte d'eau potable. Des habitants tendaient des chiffons et des parapluies pour essayer de récupérer de l'eau de pluie. Certains devaient étancher leur soif en filtrant quelques gobelets de l'infecte nappe qui avait tout englouti. La situation alimentaire était aussi tragique. Des milliers de gens réfugiés sur les toits et dans la grande mosquée restèrent sans nourriture pendant trois jours. Pourtant les équipes de secours bénévoles faisaient des miracles. Saladdin avait déniché une barque et deux énormes marmites. Pagayant à la limite de ses forces, le vieil homme faisait la tournée des bistrots pour les remplir de riz et de gruau et apporter ce trésor aux naufragés de la mosquée. Le plus étrange dans ce cataclysme, c'était que la vie continuait comme avant. Au détour d'une ruelle submergée, Max resta saisi devant une scène qu'il n'oublierait jamais, celle « d'une bande d'enfants dans l'eau jusqu'aux épaules, riant et barbotant devant une minuscule plate-forme sur laquelle un vieillard insensible au déluge vendait des petites autos et des poupées en plastique ».

La colère du ciel ne cessa qu'au bout de neuf jours et neuf nuits. Une timide décrue s'amorça mais il faudrait plus d'un mois pour que les flots abandonnent complètement le terrain conquis. Lentement, Calcutta se reprit à espérer. Quelques autobus se hasardèrent à travers les avenues défoncées. Plus de sept cents kilomètres de chaussée avaient été détruits ou endommagés. Un demi-million d'habitants avaient tout perdu. Des milliers de maisons et de bâtiments vétustes ou en construction s'étaient effondrés. Des quartiers entiers n'avaient plus ni électricité ni téléphone. Des centaines de conduites d'eau étaient crevées.

C'est dans les *slums* qu'apparut vraiment toute l'horreur du désastre. Avec le recul des eaux, la Cité de la joie n'était plus qu'un infect marécage. Une boue visqueuse, puante, mêlée de charognes de chiens, de chèvres, de rats, de lézards et même de débris humains, recouvrait tout. Des millions de mouches jaillirent bientôt de cette putréfaction et se jetèrent sur les rescapés. Des épidémies se déclarèrent dans différents secteurs. Pour tenter de les enrayer, Bandona et Aristote firent déverser des tonnes de désinfectants fournis par la municipalité. Cette opération fit hélas des ravages chez les volontaires. Max dut en charcuter plusieurs dont les pieds et les mains avaient été brûlés jusqu'à l'os par les produits corrosifs.

Quand Lambert, avec une barbe de quinze jours, couvert de crasse et de vermine, regagna enfin sa courée, les autres habitants y étaient déjà revenus. Tous s'activaient à effacer les traces de l'inondation. Kâlîma et ses compagnons eunuques de la chambre voisine s'empressèrent de venir saluer le prêtre.

— Sois le bienvenu, Grand Frère Paul, dit Kâlîma avec chaleur, nous attendions tous ton retour.

Quelle ne fut pas l'émotion de Lambert de découvrir qu'en son absence les eunuques avaient lavé, frotté et repeint entièrement sa chambre. Sous l'image du Saint Suaire, une dentelle de *rangoli*, ces jolis motifs de bon augure dessinés sur le sol avec des poudres de couleur, rendait hommage à son Dieu. Avant de se reposer un peu, le prêtre rendit grâces pour tant d'amour donné au fond de ce *slum* de misère. Il était plongé dans sa méditation quand une silhouette hirsute et barbue fit irruption. Il eut du mal à reconnaître Hasari, tant le tireur de rickshaw avait encore maigri.

— Cette fois je peux mourir, lui annonça joyeusement l'ancien paysan brandissant triomphalement une liasse de billets de banque. Regarde tout ce que j'ai gagné ! Je vais trouver un mari pour ma fille !

70

Toute sa fortune était rassemblée sur un petit plateau de cuivre : une conque, une clochette, une cruche remplie d'eau du Gange, un pot de *ghee* et le *panchaprodip*, le chandelier à cinq branches qui sert à la cérémonie de l'offrande des lumières. Hari Giri, quarante-trois ans, un homme chétif à la peau claire avec une énorme verrue sur le front, était le *pujari* du quartier, c'est-à-dire le prêtre hindou. Il habitait une pauvre masure près des huttes des Madrasis, les habitants les plus misérables du *slum*. Devant chez lui s'élevait un petit temple dédié à Sitola, la déesse de la variole. Avec sa tête écarlate et ses yeux noirs, son diadème d'argent et son collier de cobras et de lions, elle paraissait encore plus terrifiante que Kâlî la Terrible, la patronne de Calcutta. Mais c'était surtout pour sa dévotion à une autre divinité que le brahmane était connu des habitants du quartier. Fille du dieu Ganesh à tête d'éléphant, Santoshi Mata était en effet la déesse qui avait le pouvoir de donner un mari à chaque jeune fille indienne. Le culte qu'on lui vouait représentait pour le *pujari* une source de revenus non négligeables. De toutes les cérémonies de l'hindouisme, celle du mariage est en effet la plus profitable pour un brahmane. A tel point que Hari Giri s'était mis à étudier l'astrologie pour s'instituer marieur professionnel. L'angoisse d'Hasari ne pouvait le laisser indifférent. Un soir, il rendit visite au tireur de rickshaw pour lui demander l'heure et la date de naissance de sa fille. « Je reviendrai bientôt avec une bonne nouvelle », assura-t-il.

Quelques jours plus tard, il était de retour.

— L'horoscope de votre fille et sa caste concordent parfaitement avec ceux d'un garçon de ma connaissance, annonça-t-il, triomphant, à Hasari et à son épouse. Il s'agit d'une famille de *kumhar*[1]. Ils possèdent deux échoppes dans un *slum* voisin. Ce sont des gens tout à fait respectables. (Puis, s'adressant uniquement à Hasari, il ajouta :) « Le père du garçon souhaiterait vous rencontrer rapidement. »

Muet d'émotion, Hasari se prosterna jusqu'au sol pour toucher les pieds nus du brahmane et porter ensuite ses mains à sa tête. Un *pujari* ne saurait toutefois se contenter de ce genre de remerciements. Tendant la main, il réclama une avance sur ses honoraires. Avec cette visite commença une tragi-comédie à rebondissements multiples dont Lambert deviendrait par la force des choses l'un des protagonistes. Car si les longues et minutieuses négociations qui précèdent un mariage ont coutume de se dérouler en public au milieu des courées, les partenaires préfèrent qu'un lieu plus discret abrite leurs discussions financières. « Ma chambre a toujours été à la disposition de tout le monde », dira le prêtre. C'est donc là, devant l'image du Saint Suaire, que les parties se rencontrèrent. Les parties ? Il ne s'agissait bien sûr ni de la jeune Amrita ni de son futur époux qui ne devaient, eux, faire connaissance que le soir de leurs noces, mais du

1. Potier de naissance.

père du garçon, un homme de taille moyenne, à l'air bourru et aux cheveux collés à l'huile de moutarde, d'Hasari, du brahmane à la verrue sur le front et de Lambert.

Après un long échange de salutations et d'amabilités, on finit par aborder les questions principales.

— Mon fils est un garçon exceptionnel, déclara sans hésiter le père. Et je veux pour lui une épouse qui ne le soit pas moins.

Naturellement personne ne se méprit sur le sens de cette entrée en matière. Il n'était pas question de qualités morales, ni même physiques ; seulement du prix qu'il faudrait payer pour acheter le « fils exceptionnel ». « Bigre, se dit Hasari, ce type va exiger la lune. » Il se tourna vers le Grand Frère Paul, guettant un signe rassurant. Il avait insisté pour que Lambert acceptât d'assister à l'entretien. « Devant le *sahib*, ils n'oseront pas exagérer », s'était-il dit. Or, pour une fois, l'ancien paysan avait fait une erreur de psychologie. La présence d'un *sahib* était au contraire un gage pour le camp adverse : « Si le père de la fille ne peut pas payer, le *sahib* n'aura qu'à payer à sa place. »

— Ma fille est tout aussi exceptionnelle que votre fils, répliqua Hasari qui ne voulait pas être en reste.

— Si c'est un tel joyau, vous avez certainement prévu de la doter généreusement, dit le père du garçon.

— J'ai prévu de faire mon devoir, assura Hasari.

— Alors voyons, dit le père en allumant une *bidi*.

La dot d'une Indienne se décompose en deux parties. Il y a d'abord son trousseau et ses bijoux personnels qui restent, en principe, sa propriété. Et d'autre part les cadeaux qu'elle apporte à sa nouvelle famille. L'ensemble devait figurer dans l'énumération d'Hasari. Celle-ci ne prit pas beaucoup de temps. Pourtant, chaque élément avait nécessité tellement de courses dans l'eau de la mousson, tellement de privations, de sacrifices que le tireur de rickshaw avait l'impression d'offrir à chaque fois un peu plus de sa chair et de son sang. La liste comprenait deux saris de coton, deux corsages, un châle, divers ustensiles de ménage et plusieurs bijoux et ornements de pacotille. Quant aux cadeaux pour la famille du marié, ils se composaient de deux *dhoti*, autant de maillots et un *panjabi*, cette longue tunique boutonnée jusqu'au cou et qui descend jusqu'aux genoux. Une dot de pauvre, certes, mais qui représentait tout de même quelque deux mille roupies, une somme fabuleuse pour un misérable tireur de rickshaw.

Le père du garçon fronça les sourcils. Après un silence, il demanda, glacial :

— C'est tout ?

Hasari dodelina tristement de la tête. Il était trop fier toutefois pour tenter d'apitoyer son interlocuteur.

— Les qualités de ma fille compléteront amplement.

— Peut-être, mais il me semble qu'une ou deux bagues d'orteil ne seraient pas superflues, grogna le père du garçon. Ainsi qu'une broche de nez et une *matthika*[1] en or. Quant aux présents pour ma famille...

Le brahmane l'interrompit pour déclarer sans ambages :

— Avant de poursuivre vos marchandages, j'aimerais bien qu'on se mette d'accord sur le prix de mes services.

— J'ai prévu deux *dhoti* pour vous et un sari pour votre femme, répondit Hasari.

— Deux *dhoti* et un sari ! s'esclaffa le *pujari*, outré. Vous plaisantez sûrement !

1. Parure qui se porte sur le front.

Lambert vit de grosses gouttes de sueur perler sur le front de son ami. « Mon Dieu, songea-t-il, ils vont le tondre jusqu'à son dernier poil. »

Kâlîma et d'autres voisins s'étaient collés dans l'embrasure de la petite chambre pour ne rien perdre des palabres et tenir au courant le reste de la courée. La discussion eut beau se prolonger pendant deux bonnes heures, chacun resta sur ses positions. Une négociation de mariage est, par tradition, une affaire de longue haleine. La deuxième rencontre eut lieu trois jours plus tard, au même endroit. Conformément à l'usage, Hasari avait préparé des petits cadeaux pour le père du garçon et pour le *pujari*. Oh, pas grand-chose : un *gamcha*[1] pour chacun. Ces trois jours d'attente semblaient avoir miné le tireur de rickshaw. Il avait de plus en plus de mal à respirer. Ses quintes de toux, provisoirement jugulées par l'énergique traitement de Max, avaient repris. Hanté par la crainte de mourir avant d'avoir pu accomplir son devoir, il était prêt à céder à toutes les exigences. Quitte à ne pouvoir les remplir. C'est le *pujari* qui ouvrit le feu. Mais ses prétentions étaient si excessives que, pour une fois, les deux pères furent d'accord. Ils les refusèrent.

— Dans ce cas, je me retire, menaça le brahmane.

— Tant pis, nous chercherons un autre *pujari*, répondit Hasari.

Le brahmane éclata de rire.

— C'est moi qui suis en possession des horoscopes ! Personne n'acceptera de prendre ma place !

La réplique déclencha l'hilarité générale dans la courée. Des femmes s'interpellèrent. Lambert entendit l'une d'elles lancer : « C'est un vrai fils de putain, ce *pujari* ! » Et une autre de répondre :

1. Sorte de grand mouchoir.

« C'est surtout un malin ! Je te parie qu'il est de connivence avec le père du garçon ! » Dans la chambre, c'était l'impasse. Victime d'un accès de fièvre, Hasari s'était mis à trembler. Ses yeux injectés de sang braqués sur le brahmane, il fulminait intérieurement : « Espèce d'ordure, si tu fais échouer le mariage de ma petite, je te fais la peau. » Le *pujari* fit alors mine de se lever pour partir. Hasari lui attrapa le poignet.

— Restez, supplia-t-il.

— Uniquement si vous me versez tout de suite un acompte de cent roupies.

Les regards impuissants des deux pères se croisèrent. Après quelques secondes, chacun fouilla sous son *longhi*.

— Voilà ! dit sèchement Hasari en jetant une liasse de billets sur les genoux du petit homme édenté.

Celui-ci se fit instantanément tout sourires et tout miel. La négociation pouvait reprendre. Aucun mariage de roi ou de milliardaire n'avait fait l'objet de tractations aussi âpres que ce projet d'union entre deux loqueteux d'un bidonville. Il ne fallut pas moins de huit séances pour régler la seule question de la dot. Les crises de larmes alternèrent avec les menaces, les ruptures avec les réconciliations. Il tombait sans cesse de nouveaux desiderata. Un jour, le père du garçon réclama une bicyclette en plus du reste ; le lendemain, il voulut un transistor, dix grammes d'or, un *dhoti* supplémentaire. Six jours avant la cérémonie, un malentendu faillit faire tout capoter. La famille du garçon jurait qu'elle devait recevoir douze saris, et non six comme le prétendait Hasari. A bout d'arguments, l'un des oncles du jeune homme se précipita vers Lambert.

— *Sahib*, tu n'as qu'à offrir les six qui manquent. Tu es riche, toi ! Il paraît même que tu es l'homme le plus riche de ton pays !

Ce marathon épuisa complètement le malheureux tireur de rickshaw. Un matin qu'il venait de prendre sa carriole, il sentit le sol se dérober sous ses pieds. « J'avais l'impression d'enfoncer à chaque pas dans un trou d'égout, dira-t-il à Lambert. J'ai vu les automobiles, les camions, les maisons tourner autour de moi comme s'ils étaient accrochés à la grande roue d'un manège de foire. J'ai entendu des hurlements de sirène. Puis ce fut le vide. Un grand vide noir. » Il lâcha les brancards. Il s'était évanoui. Quand il ouvrit les yeux, Hasari reconnut au-dessus de lui le visage maigre de Musaphir, le factotum du propriétaire de sa guimbarde. Celui-ci faisait sa tournée des redevances quand il avait aperçu le rickshaw abandonné.

— Holà, vieux frère, on a bu un petit coup de trop ? demanda-t-il amicalement en tapotant les joues du tireur.

Hasari montra sa poitrine.

— Non, je crois que c'est mon moteur qui est en train de foirer.

— Ton moteur ? s'inquiéta le factotum, soudain aux aguets. Hasari, si c'est vraiment ton « moteur » qui foire, il va falloir que tu nous rendes ton engin. Tu sais comme le Vieux est féroce pour ces choses-là. Il dit toujours : « Je veux des buffles dans mes brancards, pas des biquettes. »

Hasari hocha la tête plusieurs fois. Il n'y avait ni tristesse ni révolte dans son expression. Simplement une formidable résignation. Il connaissait trop bien les lois de cette ville. Un homme dont le moteur a des ratés est un homme mort. Il n'existe déjà plus. Il pensa au pauvre coolie qu'il avait transporté à l'hôpital aux premiers jours de son exil. Il pensa à Ram Chander et à tous ceux qu'il avait vus s'éteindre entre les bras de leurs brancards, minés, consumés, anéantis par le climat, la faim, l'effort surhumain. Il pensa au pauvre Ramatullah disparu dans un trou d'égout. Il regarda avec tendresse les deux grandes roues et la caisse noire de son vieux chariot, le siège de moleskine déchiré, les arceaux et la toile de la capote à l'abri de laquelle tant de jeunes gens s'étaient aimés, tant d'habitants avaient bravé les folies de la mousson. Il regarda surtout ces deux timons de torture entre lesquels il avait tant souffert. Combien de milliers de kilomètres ses pieds couverts d'ulcères avaient-ils parcourus sur l'asphalte en fusion de la ville mirage ? Il ne le savait pas. Il savait seulement que chacun de ses pas avait représenté un effort de volonté pour faire faire un tour de plus au *châkrâ* de son destin, un geste de survie pour échapper à la malédiction de sa condition. Et maintenant, le *châkrâ* s'arrêtait pour toujours.

Il leva les yeux vers le factotum à cheval sur son vélo.

— Reprends ta carriole, dit-il. Elle va faire un heureux.

Il se releva et traîna une dernière fois le rickshaw n° 1999 jusqu'à la station de Park Circus. Tandis qu'il disait adieu à ses camarades, Hasari vit le factotum appeler un des jeunes hommes qui attendaient accroupis au bord du trottoir. Tous étaient des réfugiés du dernier exode qui avait vidé les campagnes du Bengale et du Bihar ravagées par une nouvelle sécheresse. Tous guettaient la chance de s'atteler à leur tour à un rickshaw. Hasari alla vers celui qu'avait choisi le factotum et lui sourit. Puis il dégagea de son doigt le grelot de cuivre qui avait été sa voix d'homme-cheval pendant toutes ces dures années.

— Prends mon grelot, petit, dit-il en le faisant tinter une dernière fois contre le brancard. Il sera ton talisman et te protégera du danger.

Avant de renter chez lui, Hasari fit un détour

pour se rendre chez le marchand de squelettes afin de réclamer un deuxième acompte sur la vente de ses os. Le caissier examina le visiteur avec soin. Jugeant que la détérioration de son état était en bonne voie, il consentit à un nouveau versement.

— Voici encore cent cinquante roupies, dit-il après avoir lentement compté et recompté plusieurs fois les billets.

Trois jours de palabres acharnés furent encore nécessaires pour que tout le monde s'entendît enfin sur le montant de la dot de sa fille. Comme le voulait la tradition, l'accord fut scellé par une cérémonie particulière dans la courée des Pal avec tous les habitants pour témoins. Des noix de coco, de l'encens et tout un parterre de feuilles de bananier furent disposés sur le sol afin de permettre au *pujari* d'accomplir les différents rites et de prononcer les *mantrâ* de circonstance. Hasari fut invité à proclamer qu'il donnait sa fille en mariage et à énumérer la liste des biens qui composaient sa dot. A la fureur de Lambert, cette formalité déclencha aussitôt une nouvelle cascade d'incidents. La famille du garçon exigea de voir les biens en question. Suivit alors tout un déballage. « Je me serais cru en plein Barra Bazar, racontera le prêtre. On réclama la preuve du prix de tel bijou, on protesta que le sari de mariage n'était pas assez beau, on trouva le transistor minable. Chaque récrimination coupait un peu plus le peu de souffle qui restait dans la poitrine d'Hasari. » La veille du mariage, nouveau drame. Le père, les oncles et un groupe d'amis du garçon firent irruption pour contrôler les préparatifs de la fête.

— Nous serons au moins cent, déclara le père, et nous voulons être sûrs qu'il y aura suffisamment à boire et à manger.

Lambert vit Hasari pâlir.

— Cent ? protesta-t-il. Mais nous avions convenu que vous ne seriez pas plus de cinquante !

Un énième palabre s'ensuivit devant toute la courée hilare. Les visiteurs décortiquèrent le menu, exigèrent que l'on ajoutât un légume ici, un fruit ou une friandise là. Acculé, Hasari tentait de faire front.

— D'accord, si vous diminuez de vingt personnes le nombre de vos invités, finit-il par concéder.

— Vingt ? Jamais ! Dix, tout au plus !

— Quinze.

— Douze, pas un de moins.

— D'accord pour douze, soupira Hasari pour en finir.

Son supplice n'était pas terminé pour autant.

— Et les musiciens ? s'inquiéta un des oncles du futur marié. Combien seront-ils ?

— Six.

— Seulement six ? Mais c'est une misère ! Un garçon comme mon neveu mérite au moins dix musiciens !

— C'est le meilleur orchestre du *slum*, protesta Hasari. Il a même joué chez le Parrain !

— Meilleur ou pas, il faut que vous ajoutiez au moins deux musiciens, rétorqua l'oncle, intraitable.

C'est alors qu'une nouvelle revendication tomba comme un couperet. Pour une raison mystérieuse liée, semble-t-il, à de subtils calculs astrologiques, les mariages indiens ont presque toujours lieu au milieu de la nuit. Le cul-de-jatte Anouar et Meeta s'étaient mariés à minuit. Les horoscopes d'Amrita et de son futur mari dictaient le même horaire. Ainsi en avait décidé le *pujari* au vu de ses cartes célestes.

— Où est le générateur ? demanda le père du garçon. A minuit, il fait noir et un mariage sans beaucoup de lumières n'est pas un vrai mariage.

Hasari resta sans voix. Le dos collé au mur par la sueur, la bouche entrouverte sur une envie de vomir, la respiration douloureuse et sifflante, il sentit une fois de plus le sol s'évanouir sous ses pieds. Les visages, les toits, les bruits se mêlèrent dans une brume mouvante. Il étreignit le pilier de la véranda. « Je n'y arriverai pas, gémit-il. C'est sûr, je n'y arriverai pas. Ils vont me voler le mariage d'Amrita. » Cette exigence-là était cependant justifiée. Pour les millions d'habitants des *slums* condamnés, faute d'électricité, à vivre dans une perpétuelle obscurité, il ne pouvait y avoir de fête sans illuminations. Une orgie d'éclairage, comme le soir des noces d'Anouar, était une façon de défier le malheur. Hasari hocha tristement la tête en montrant ses paumes vides. Cet homme qui sentait sa fin toute proche n'avait pas hésité à s'endetter pour des générations afin d'accomplir dignement son dernier devoir. Il avait porté à l'usurier les deux bagues et le petit pendentif de la dot de sa femme, ainsi que la montre trouvée sur la décharge par son fils Shambu. Il s'était tué au travail. Il avait vendu ses os. Il était allé au-delà du possible. Et maintenant il devait consentir à une suprême humiliation.

— Si vous persistez dans vos exigences, dit-il en s'interrompant à chaque mot pour reprendre son souffle, je ne vois qu'une solution : il faut annuler la noce. Je n'ai plus d'argent.

Moins de quatorze heures avant la fête, c'était donc l'impasse. Et peut-être la rupture. Pour la première fois, Hasari paraissait résigné. « Lui qui s'était tant démené, il offrait à présent le visage de quelqu'un qui est déjà ailleurs », dira Lambert. Bluff ou pas, l'autre camp arborait la même attitude. « Ils ne vont quand même pas tout flanquer par terre pour une histoire d'éclairage ! » se dit le Français. Consterné, il décida d'intervenir :

— Je connais une courée pas très loin où il y a du courant électrique. On pourrait facilement tirer un fil jusqu'ici. Avec quatre ou cinq lampes, on aurait un très bel éclairage.

Lambert gardera toute sa vie le souvenir du visage éperdu de reconnaissance de son ami. Mais la partie n'était pas encore gagnée. Moins de sept heures avant la fête éclata une nouvelle crise. Et cette fois, c'était Hasari qui en était le responsable. S'avisant subitement que le standing d'une noce se juge autant à la munificence du cortège nuptial qu'à la richesse des festivités, il s'enquit auprès du père du garçon de la manière dont il comptait faire arriver son fils au domicile de sa future épouse. D'ordinaire, même dans ce bidonville de boue et de pestilence, ce trajet s'accomplit sur un cheval caparaçonné d'or et de velours.

— En rickshaw, répondit le père.

Lambert crut qu'Hasari allait s'étouffer.

— En rickshaw ? hoqueta-t-il. Vous avez bien dit « en rickshaw » ?

Le père du garçon dodelina de la tête. Hasari le foudroya du regard :

— Jamais ma fille n'épousera un homme venu à sa noce à bord d'un rickshaw comme s'il s'agissait d'une vulgaire fille de pauvre, tonna-t-il. J'exige un taxi. Un taxi et une procession. Sinon, je reprends ma fille.

La Providence s'appellerait encore une fois Fils du miracle. Informé du dernier différend entre les deux familles, le chauffeur de taxi s'empressa d'offrir sa voiture pour conduire le cortège du marié. Cette générosité émut tout particulièrement l'ancien paysan. C'était en effet dans cette même voiture qu'un jour, il avait eu la plus grande révélation de son existence en voyant les roupies du compteur « tomber comme une pluie de mousson ».

Ce taxi portera chance à ma fille et à son foyer, se dit-il, tout ragaillardi et confiant.

Quelques heures plus tard, Hasari découvrait enfin la vision merveilleuse dont toute sa peine était l'aboutissement. « Grand Frère Paul, regarde comme ma fille est belle ! » murmura-t-il avec extase. Drapée dans son sari écarlate semé d'étoiles d'or, la tête penchée, le visage caché par un voile de mousseline, ses pieds nus peints en rouge, ses orteils, ses chevilles, ses poignets étincelant des bijoux de sa dot, Amrita, conduite par sa mère et les femmes de la courée, allait prendre sa place sur la natte de paille de riz placée au centre de la cour, juste devant le petit brasero où brûlait le feu sacré et éternel. Les yeux exorbités de bonheur, les lèvres ouvertes sur un sourire qui montait du tréfonds de son âme, Hasari jouissait du plus beau spectacle de sa vie. Spectacle magique qui effaçait d'un coup tant d'images de cauchemar : Amrita pleurant de faim et de froid les nuits d'hiver sur leur morceau de trottoir, fouillant de ses petites mains les tas d'ordures du *Grand Hotel*, mendiant sous les arcades de Chowringhee... Instant de triomphe, d'apothéose, revanche finale sur un karma pourri.

Une fanfare éclata, accompagnée de chants et de cris. Précédé d'une troupe de danseurs travestis outrageusement fardés de rouge et de khôl, le cortège nuptial faisait une entrée grandiose dans la misérable cour enfumée par les *chula*. « On aurait dit qu'un prince des Mille et Une Nuits nous tombait du ciel », dira Lambert. Avec sa couronne de carton scintillant de paillettes, sa tunique de brocart et ses mules dorées incrustées de verroterie le marié ressemblait à un maharaja entouré de sa cour comme on en voit sur les gravures. Ainsi qu'Anouar, le garçon dut se soumettre, avant de gagner sa place, au rite du *parda*, la pose de voile, afin que les yeux de sa promise ne puissent découvrir son visage avant l'instant prévu par la liturgie. Puis le *pujari* lui fit signe d'aller s'asseoir à côté d'Amrita. L'interminable et pittoresque rituel d'un mariage hindou commença alors, scandé de *mantrâ* en sanskrit, la langue des lettrés et des sages que personne dans ce bidonville ne comprenait, pas même le brahmane qui les débitait.

L'assistance avait remarqué que la place de garçon d'honneur restait vide à la droite de la mariée. Cette place, la première dans la hiérarchie des préséances, Hasari l'avait offerte à son frère de misère, le Grand Frère du taudis voisin, l'homme de Dieu qui, avec Fils du miracle, avait été sa providence, son ami, son confident. Mais Lambert n'avait pu l'occuper. A l'instant où le marié et son cortège faisaient leur entrée, des spasmes avaient violemment secoué la poitrine du tireur de rickshaw. Lambert s'était précipité pour transporter le malheureux à l'intérieur de sa chambre. Les yeux et la bouche qui, la minute d'avant, exultaient de joie, s'étaient crispés sur une expression d'intense douleur. Quand les convulsions cessèrent, le corps resta un long moment raide et immobile. Puis, comme sous l'effet d'une impulsion électrique, la poitrine et tous les muscles se contractèrent à nouveau. Les lèvres s'entrouvrirent. Elles étaient toutes bleues, signe évident de détresse respiratoire. Lambert enjamba le corps et, pesant de tout son poids sur le thorax, entreprit de le masser vigoureusement de bas en haut. Il eut l'impression d'étreindre un squelette tant le tireur de rickshaw n'avait plus que la peau sur les os. Le sternum et les côtes craquèrent sous la pression de ses doigts. Trempant de sueur son beau *panjabi* blanc de garçon d'honneur, il s'acharna de toutes ses forces. Miracle ! Un souffle très faible, presque imperceptible, fit enfin tressaillir le corps décharné. Lambert comprit qu'il avait réussi à faire repartir le moteur. Pour consolider sa victoire, il offrit à son frère le plus beau témoignage d'amitié qui fût. Se penchant vers lui, il colla ses lèvres contre sa bouche et se mit à souffler en cadence des bouffées de vie dans ses poumons rongés par la fièvre rouge.

Lambert racontera la suite des événements dans une lettre au supérieur de sa fraternité. « Hasari ouvrit les yeux. Ils étaient pleins de larmes et je sus qu'il souffrait. J'essayai de lui donner à boire, mais l'eau glissa le long de ses lèvres sans qu'il pût l'avaler. Il respirait très faiblement. A un certain moment, il tendit l'oreille. Il semblait percevoir les bruits de la courée, la musique et les voix de la fête. Il sourit faiblement à tout ce joyeux vacarme. D'entendre que la noce se déroulait normalement eut sur lui un effet si bénéfique qu'il voulut parler. Je m'approchai de sa bouche et j'entendis : "Grand Frère, Grand Frère", puis des mots que je ne pus saisir.

« Quelques instants plus tard, il prit ma main et la serra dans la sienne. Je fus étonné de la force avec laquelle il écrasait mes doigts. Cette main qui avait tenu un brancard de rickshaw pendant tant d'années était comme un étau. Il me regardait avec des yeux suppliants. Il répéta : "Grand Frère, Grand Frère", puis des mots en bengali. Je compris cette fois qu'il parlait de sa femme et de ses fils, qu'il me demandait de m'occuper d'eux. J'essayai de le réconforter. Je me suis dit que la fin était proche. Lui aussi devait le penser car il a fait plusieurs gestes de la main comme pour m'expliquer qu'il voulait sortir de la courée sans que personne ne s'en aperçoive. Il redoutait sans doute que sa mort n'interrompît la fête. J'avais envisagé cette éventualité et demandé à Fils du miracle de recevoir Hasari dans sa courée le plus tôt possible. Vers trois heures du matin, aidé de Kâlîma et de son fils Shambu, le petit chiffonnier, nous avons pu déménager discrètement le tireur de rickshaw. Les participants de la noce ne remarquèrent rien. Le Parrain avait fait apporter une provision supplémentaire de *bangla*, et beaucoup de convives étaient déjà ivres. Hasari dut réaliser qu'il quittait son domicile car il joignit les mains sur sa poitrine dans un geste de *namaskar*, comme pour dire au revoir à tout le monde.

« Les choses se sont alors déroulées très vite. Vers cinq heures du matin, Hasari fut secoué par une violente crise. Puis ses lèvres s'entrouvrirent. Un jet de sang plein de bulles en a jailli. Peu après, sa poitrine s'est affaissée sur un râle. C'était fini. J'ai fermé ses paupières et j'ai récité la prière des morts. »

Moins d'une heure après le décès, des coups furent frappés à la porte de la chambre où Fils du miracle et Lambert veillaient la dépouille de leur ami enveloppée dans un linceul de *khadi* blanc orné d'une guirlande d'œillets jaunes. Le chauffeur de taxi alla ouvrir. Dans l'obscurité, il distingua deux visages à la peau très sombre.

— Nous sommes les *dôm*, déclara le plus âgé des fossoyeurs. Le mort avait un contrat. Nous venons chercher son corps.

71

« Frères, Sœurs, écoutez ! » Paul Lambert leva un doigt en direction du bruit des cloches et ferma les yeux pour se laisser imprégner des notes cristallines qui fusaient à travers le ciel chargé de fumées. « Il est né le Divin Enfant », annonçait le carillon de l'église illuminée de « Notre-Dame-du-bon-accueil ». Il était minuit, la nuit de Noël. Au même moment, d'un bout à l'autre de l'immense métropole, d'autres carillons répercutaient la même nouvelle. Bien que les chrétiens fussent une petite minorité à Calcutta, la naissance de Jésus y était célébrée avec autant de dévotion et de faste que celle de Krishna, de Mahomet, de Bouddha, du gourou Nanak des sikhs, ou de Mahavira, le saint des jaïns. Noël était l'une des quelque vingt fêtes religieuses officielles et fériées de cette ville macédoine de croyances et folle de Dieu.

Ruisselante de guirlandes et d'étoiles lumineuses, l'église ressemblait dans les ténèbres à un palais de maharaja une nuit de couronnement. Dans la cour, à quelques mètres des trottoirs où des milliers de sans-abri dormaient recroquevillés dans le froid mordant, une crèche monumentale aux personnages grandeur nature reconstituait la naissance du Messie sur la paille de l'étable de Bethléem. Une foule bruissante et colorée, les femmes en saris superbes, la tête recouverte de voiles brodés, les hommes et les enfants vêtus comme des princes, remplissait la vaste nef décorée de banderoles et de guirlandes. Les somptueux bouquets de tubéreuses, de roses et d'œillets qui décoraient l'autel et le chœur avaient été apportés par une chrétienne de la Cité de la joie en reconnaissance pour la guérison de son mari sauvé du choléra. Tout autour des piliers, devant les nombreuses plaques mentionnant le nom des Anglais et des Anglaises enterrés dans cette église depuis sa construction deux siècles plus tôt, des couronnes de feuillage et de fleurs faisaient une arche triomphale. Une salve de pétards ébranla soudain la nuit. Accompagnée par les orgues, toute l'assistance entonna le cantique célébrant l'avènement du Divin Enfant. Le curé Alberto Cordeiro, plus majestueux que jamais dans son aube immaculée et ses ornements de soie rouge, fit alors son entrée. Escorté de ses diacres et d'une double file d'enfants de chœur, il traversa la nef et marcha cérémonieusement vers l'autel. « Tant de pompe au milieu de tant de pauvreté », s'étonna Max Loeb venu en voisin assister pour la première fois de sa vie à une messe de Noël. Il ignorait que le brave curé avait jadis tenté de dissuader Lambert d'aller vivre au milieu des pauvres de la Cité de la joie, de crainte qu'il « ne devienne leur esclave et ne perde leur respect ».

Une cérémonie semblable commençait dans les autres églises de Calcutta. Autour de Saint-Thomas, la paroisse élégante du quartier de Park Street, des dizaines de voitures particulières, de taxis, de rickshaws déversaient un flot de fidèles. Park Street et les rues alentour ruisselaient de guirlandes et d'étoiles lumineuses. La nuit résonnait des cantiques de Noël diffusés dans les rues. Des enfants vendaient sur le trottoir des petits pères Noël qu'ils avaient confectionnés et décorés dans les ateliers de leur *slum*. D'autres proposaient des sapins de carton scintillant de neige, ou des crèches. Tous les magasins étaient ouverts, leurs vitrines pleines de cadeaux, de bouteilles de vin, d'alcool et de bière, de paniers débordant de fruits, de confiseries, de conserves fines. De riches Indiennes accompagnées de leurs serviteurs faisaient leurs dernières emplettes pour le réveillon. Des familles entières assiégeaient *Flury's*, le célèbre marchand de glaces et de pâtisseries. D'autres s'engouffraient chez *Peter Kat*, chez *Tandoor*, ou dans les restaurants du *Moulin Rouge*, du *Park Hotel*, du *Grand Hotel*. Ce dernier affichait complet. Son dîner-spectacle avec cotillons coûtait trois cents roupies par couple, presque le prix auquel Hasari Pal avait vendu ses os.

Noël n'était pas moins vivant au fond des ruelles de la Cité de la joie. Des guirlandes de lucioles, des banderoles pendaient partout où vivaient des chrétiens. Des haut-parleurs diffusaient des chants et des cantiques. Chaque famille avait badigeonné et décoré son logement. Profitant d'une absence de Lambert, Margareta avait passé une nouvelle couche de peinture bleutée sur les murs de sa chambre, dessiné des *rangoli* sur le sol, placé une petite crèche sous l'image du Saint Suaire, ouvert les Évangiles à la page de la Nativité et allumé des bougies et des bâtonnets d'encens. Elle avait accroché à la charpente des guirlandes d'œillets et de roses qui formaient une sorte de dais au-dessus du petit oratoire. Pour tous les chrétiens d'Anand Nagar, le plus beau symbole de cette nuit magique était sans doute l'étoile géante lumineuse qui se balançait au bout d'un bambou au-dessus de la chambre de Lambert. L'hindou Ajit et le musulman Saladdin avaient eu l'idée de hisser cet emblème dans le ciel de la Cité de la joie, comme pour dire aux désespérés du *slum* : « N'ayez plus peur. Vous n'êtes pas seuls. Cette nuit où le Dieu des chrétiens est né, il y a déjà parmi nous un sauveur. »

Le « sauveur » en question, en accord avec le curé de la paroisse, était resté vivre cette nuit au milieu de ses frères de misère. La tête et les épaules enveloppées dans un châle à cause du froid très vif, il célébrait le mystère de l'Eucharistie devant une cinquantaine de fidèles rassemblés dans la courée de Margareta. Combien d'années s'étaient écoulées depuis sa première messe sur cette même planche posée sur deux caisses ? Cinq, six, sept ? Comment compter le temps dans cet univers sans passé ni futur ? Dans ce monde où la vie de tant d'hommes tient dans la seconde de survie présente. Écoutant les cantiques qui emplissaient la nuit comme un orage de mousson, il songea : « Ce camp de concentration est un couvent. » Il s'était bien souvent fait cette réflexion. En cette nuit de Noël, une conviction s'imposait à lui, plus forte que jamais : nulle part le message du Dieu se faisant homme pour sauver l'humanité n'était plus vivant que dans ce bidonville. La Cité de la joie et Bethléem étaient un seul et même lieu. Avant d'élever vers le ciel le fragment de galette de blé sans levain qui lui tenait lieu d'hostie, il eut envie de prononcer quelques mots.

« Il est facile à tout homme de reconnaître et de glorifier les richesses du monde, dit-il en cherchant du regard les visages noyés d'ombre, mais seul un pauvre peut connaître la richesse qu'est la pauvreté. Seul un pauvre peut connaître la richesse qu'est la souffrance... »

A peine venait-il de dire ces mots qu'un étrange phénomène atmosphérique se produisit. Ce fut d'abord une brusque bourrasque de vent. Puis une masse d'air brûlant qui s'engouffra dans la courée, arrachant guirlandes et banderoles, éteignant les étoiles lumineuses, faisant tomber des tuiles. Presque aussitôt, un formidable coup de tonnerre ébranla la nuit. Lambert se demanda si la mousson n'était pas en train de revenir. Mais tout se calma au bout de quelques secondes.

« Et c'est parce que les pauvres sont seuls à pouvoir connaître cette richesse qu'ils sont capables de se dresser contre la misère du monde, contre l'injustice, contre la souffrance de l'innocent, confirmat-il. Si le Christ a choisi de naître parmi les pauvres, c'est parce qu'Il a voulu que ce soient les pauvres qui enseignent au monde la bonne nouvelle de son message, la bonne nouvelle de son amour pour les hommes.

« Frères et sœurs de la Cité de la joie, c'est vous qui portez aujourd'hui cette flamme d'espérance. Moi, votre frère, je vous le jure : un jour viendra où le tigre s'assoira à côté de l'enfant, où le cobra dormira à côté de la colombe, où tous les habitants de tous les pays se sentiront frères et sœurs. »

Lambert racontera qu'en disant cela, il revit une photographie du pasteur américain Martin Luther King méditant devant une crèche de Noël. Dans la légende de cette image publiée par un magazine, Luther King expliquait que, devant cette crèche, il avait eu la vision « d'un immense banquet sur les collines de Virginie, où les esclaves et les fils d'esclaves s'asseyaient avec leurs maîtres pour partager un repas de paix et d'amour ». Ce soir, Lambert se sentait porté par le même rêve. Un jour, il en était sûr, les riches et les pauvres, les esclaves et les maîtres, les bourreaux et leurs victimes, tous pourraient s'asseoir ensemble à la même table.

Le prêtre prit entre ses doigts le morceau de galette et l'éleva lentement vers le ciel. Ce qu'il vit alors au-dessus des toits lui parut si insolite qu'il ne put en détacher les yeux. Des gerbes d'éclairs striaient la voûte céleste d'une cascade de traits de feu, illuminant une énorme masse de nuages noirs qui filaient à grande allure. Une nouvelle canonnade de tonnerre ébranla aussitôt la nuit, suivie cette fois d'une bourrasque d'une telle violence qu'au fond de leur courée Lambert et les fidèles eurent l'impression d'être littéralement aspirés. Quelques instants plus tard, les nuages libéraient un déluge d'eau tiède. Lambert entendit alors la voix d'Aristote John qui criait par-dessus le vacarme :

— Un cyclone, c'est un cyclone !

★

A l'autre bout de la ville, dans une vieille demeure coloniale à balustres du quartier résidentiel d'Alipore, un homme écoutait les hurlements grandissants de la tornade. Son observation était professionnelle : T.S. Ranjit Singh, un sikh de trente-huit ans originaire d'Amritsar, au Panjab, était de garde cette nuit de Noël au centre météorologique régional de Calcutta. Dressées au milieu des banyans centenaires sous lesquels Rabindranath Tagore avait jadis composé quelques-uns de ses poèmes, les antennes de ce centre recevaient et collationnaient les bulletins météorologiques de toutes les stations installées le long des côtes de la mer du Bengale, dans les îles Andaman et jusqu'à Rangoon, en Birmanie. Deux fois par jour, le laboratoire de la station captait également des photographies du sous-continent indien et des mers qui le bordent prises de la haute stratosphère par le satellite américain NOAA7 et par son homologue soviétique Meteor. De tout temps, la mer d'Arabie à l'ouest et le golfe du Bengale à l'est avaient été des espaces de prédilection pour la naissance de ces ouragans sauvages que les météorologues appellent cyclones. Produits par des variations brutales de températures et de pressions atmosphériques entre la surface de la mer et les hautes altitudes, ces tourbillons de vent libéraient des forces comparables à des bombes à hydrogène de plusieurs mégatonnes. Ils ravageaient périodiquement les rivages de l'Inde, faisant des milliers, parfois des dizaines de milliers de morts, détruisant et submergeant d'un coup des régions aussi vastes que la Belgique ou la Suisse. Toute la mémoire de l'Inde était traumatisée par le cauchemar de ses cyclones.

Mais cette nuit-là, Ranjit Singh n'avait pas de raison particulière de s'alarmer. Toutes les dépressions tropicales ne deviennent pas des ouragans cycloniques, surtout si tard dans la saison. La photographie transmise par le satellite américain à dix-neuf heures était même plutôt rassurante. Le sikh l'examina avec attention. La zone diffuse de stratocumulus qu'elle montrait avait peu de chance de devenir dangereuse. Située à plus de mille cinq cents kilomètres au súd de Calcutta, elle était orientée sud-nord-est, c'est-à-dire en direction de la Thaïlande. Les derniers relevés des stations météo transmis par télétype dataient d'à peine une heure. Certes, ils indiquaient des zones de basse pression dans toute la région, mais partout la force du vent restait inférieure à cinquante kilomètres-heure. Rassuré, le sikh décida de passer une agréable soirée de Noël. Il ouvrit son attaché-case et en sortit les deux gamelles en inox préparées par sa femme. Un vrai réveillon : curry de poisson avec des cubes de fromage blanc en sauce, boulettes de légumes et *nan* rôtis. Il prit également la petite bouteille de rhum qu'il avait rapportée d'une inspection au Sikkim et en remplit un verre. Oubliant les rafales qui faisaient claquer les volets, il but avec gourmandise une première gorgée. Puis il attaqua son repas. Quand il eut terminé, il se versa un nouveau verre, se leva et alla par acquit de conscience jeter un coup d'œil sur le rouleau du télétype dans la pièce voisine. Il constata avec plaisir l'absence de tout message et retourna s'asseoir. « Allons, se dit-il en savourant le délicieux breuvage, encore une nuit sans histoire. »

A deux heures du matin, le cliquetis du télétype le réveilla en sursaut. La station de Vishakhapatnam, au nord de Madras, annonçait des pointes de vent à cent vingt nœuds, près de deux cents kilomètres-heure. La station des îles Nicobar confirmait peu après. La timide dépression de la veille s'était métamorphosée en un ouragan cyclonique majeur. La colère du dieu Indra éclatait au-dessus de la mer du Bengale. Une heure plus tard, le S.O.S. d'un cargo indonésien pris dans la tempête confirmait l'imminence du danger. Sa position — 21° 2 de latitude nord et 89° 5 de longitude est — indiquait que le cyclone se trouvait à cinq cents kilomètres environ de la côte du Bengale. Il avait brusquement changé de direction et se dirigeait vers Calcutta.

Le sikh ne perdit pas une seconde. Il alerta aussitôt son chef, l'ingénieur principal H.P. Gupta, qui dormait avec sa famille dans son appartement de fonction situé dans une aile du bâtiment. Puis il appela la station locale d'*All India Radio*, la chaîne de radiodiffusion nationale, et la permanence du cabinet du ministre de l'Intérieur afin qu'un avis d'« ouragan cyclonique d'intensité très sévère » soit immédiatement lancé aux populations habitant la zone du delta. Puis il se tourna vers le radiotéléphone posé sur une console derrière sa table. L'appareil reliait directement son P.C. à une installation ultramoderne placée au sommet des seize étages du bâtiment le plus haut de Calcutta. Sous son dôme en fibre de verre, l'antenne parabolique du radar de la météorologie indienne pouvait repérer un cyclone à plus de cinq cents kilomètres de distance, le suivre à la trace, déterminer la dimension de son « œil » et calculer la masse d'eau torrentielle qu'il était susceptible de libérer en frappant sa cible. Mais, cette nuit, le radar était éteint et la grande salle bleu ciel, décorée des photographies des cyclones qui avaient ravagé le Bengale pendant les dix dernières années, était déserte. Le prochain tour de surveillance ne commençait qu'à sept heures le matin de Noël.

72

Ashish Ghosh, le jeune paysan qui avait tenu l'audacieux pari de rentrer dans son village après six années d'exil dans la Cité de la joie, ne s'était pas couché de la nuit. Avec sa femme et leurs trois enfants, il n'avait cessé de lutter contre les assauts du déluge et du vent qui, petit à petit, démolissaient sa hutte de chaume et de pisé. Son village, Harbangha, était un assemblage de cases au milieu de maigres rizières habitées en majorité par des réfugiés de l'ancien Pakistan oriental devenu le Bangladesh. C'était une des régions les plus pauvres du monde, une zone de marécages sans routes, traversée de rivières, de criques, de canaux, d'estuaires ; une terre inhospitalière sans cesse frappée de quelque calamité, inondation, tornade, trombes tropicales, sécheresse, affaissement de rives, rupture de digues, invasion d'eau saline ; un sol ingrat qui ne donnait même pas une récolte annuelle de mille cinq cents kilos de riz à l'hectare à ses deux millions de paysans. La vie était encore plus dure pour le million d'habitants qui ne possédaient même pas une rizière. Au péril de leur vie, les pêcheurs essayaient de faire survivre leur famille dans une région très riche en poisson, mais où la pauvreté des moyens rendait toute pêche aléatoire. Un demi-million de travailleurs qui louaient leurs bras à la journée ne pouvaient trouver un emploi qu'au moment des labours ou des moissons. Le reste de l'année, ils coupaient du bois ou ramassaient du miel sauvage dans l'immense forêt vierge des Sundarbans, un territoire aussi vaste que la Suisse mais plus impénétrable encore que l'Amazonie, infesté de serpents, de crocodiles, et surtout de tigres mangeurs d'hommes qui dévoraient chaque année trois ou quatre cents d'entre eux.

Ashish Ghosh avait rapporté de la Cité de la joie l'un des premiers symboles de l'ascension économique d'un pauvre réfugié, un poste de radio à transistors. Il l'alluma vers six heures du matin. Les parasites provoqués par les perturbations atmosphériques brouillaient l'audition. A travers le grésillement, il put néanmoins percevoir une voix qui répétait inlassablement le même message. Il colla l'appareil à son oreille et comprit aussitôt. Quelques minutes plus tard, les Ghosh s'enfuyaient dans le déluge, abandonnant le fruit de leurs six années d'exil, de privations, d'économies, de souffrance dans l'enfer d'un bidonville : leur hutte avec la provision de semences et d'engrais, leur champ, la grande mare si péniblement creusée où les premières carpes venaient de naître, les deux *bullocks* beuglant dans leur enclos d'épineux, les trois chèvres et Mina, leur belle vache aux pis gonflés et dont les cornes étaient aussi joliment recourbées que celles des mouflons de l'Himalaya. Ashish se retourna pour contempler tout cela à travers la tornade. Serrant le bras de sa femme qui sanglotait, il promit : « Nous reviendrons. » C'est alors que ses yeux fouettés de pluie virent sa hutte s'envoler « comme le nid d'un gobe-mouches du paradis emporté par une rafale de mousson ».

★

L'image d'un gros escargot blanchâtre percé en son centre d'un trou noir apparut soudain sur l'écran verdâtre. En haut à gauche, l'horodateur digital annonça l'heure en lettres orange. Il était sept heures trente-six. Le radar de Calcutta venait de découvrir le monstre. Sa position — 21° 4 de latitude nord, 70° 5 de longitude est —, son envergure — 450 kilomètres —, et la dimension de son œil — 35 kilomètres — confirmaient les messages alarmants de toutes les stations météo de la région : il s'agissait bien d'un ouragan majeur, ce que les météorologues indiens appelaient dans leur jargon « *a severest cyclonic storm* ». Un détail vint, une demi-heure plus tard, renforcer l'inquiétude. Bien que l'œil du cyclone — le trou noir en son centre — restât parfaitement visible, des spirales laiteuses avaient commencé à se former autour de la cavité, l'obturant peu à peu d'un voile blanchâtre. C'était la preuve que l'ouragan était en train de se gonfler de millions de tonnes d'eau.

Sans perdre une seconde, Haresh Khanna, le technicien gringalet qui venait de prendre son service ce matin de Noël aux commandes du radar, décrocha son radiotéléphone pour avertir le centre météo. Originaire de Bombay, l'autre grande métropole de l'Inde fréquemment visitée par les cyclones, Khanna avait des dizaines de fois suivi l'avance des ouragans sur ses écrans. Mais jamais encore il n'avait vu leur œil se couvrir de ce voile laiteux. Après avoir transmis ses observations, il monta quatre à quatre sur la terrasse. De là-haut, on découvrait le plus beau panorama de la ville. Tenant fermement son parapluie au-dessus de son crâne, Khanna distingua à travers les rafales de pluie la dentelle de Meccano du pont de Howrah avec, juste derrière, l'imposante masse rose de la gare, puis les eaux brunes du fleuve avec des centaines de barges posées comme de gros canards, l'étendue verdoyante du parc Maidan, la longue façade en brique du Writers' Building, et enfin les milliers de terrasses et de toits enchevêtrés de cette gigantesque métropole que les messages de l'*All India Radio* tiraient peu à peu de l'engourdissement de ce matin de fête. Heureusement, le monstre était encore loin, très loin au-dessus de la mer. Le vent et la pluie qui fouettaient Calcutta depuis la nuit n'étaient que des signes précurseurs, les prodromes du cataclysme.

*

Le pêcheur Subash Naskar, vingt-six ans, ne dut la vie qu'à un prodigieux réflexe. Au lieu de chercher à s'abriter de la muraille d'eau qui allait engloutir son village, il se retourna, plongea dans la gigantesque vague et se laissa emporter vers l'intérieur des terres. Il ignorera toujours ce qui s'est passé. Mais il se retrouva à neuf kilomètres de là, accroché à la fenêtre d'un temple. Autour de lui c'était le désastre : il était le seul survivant. Il était un peu plus de dix heures du matin. La monstrueuse toupie venait de frapper la terre.

L'enfer ! Un enfer de vent, d'eau et de feu. Cela avait commencé par une lueur aveuglante, comme une colossale boule de feu qui barrait l'horizon et illuminait le paysage. Provoqué par l'accumulation d'électricité au niveau des nuages rasants, ce phénomène extrêmement rare brûla instantanément la tête de tous les arbres sur une largeur de deux cents kilomètres et une profondeur de cinquante. Puis, siphonnant la mer peu profonde sur cette côte, la colonne tourbillonnante projeta en avant la fantastique muraille d'eau. Sous l'effet conjugué du vent et du raz de marée, maisons, huttes et arbres furent broyés, concassés, hachés ; des bateaux de pêche, aspirés et rejetés à des kilomètres ; des autocars et des wagons de chemin de fer, soulevés et catapultés comme des fétus de paille ; des dizaines de milliers de gens et d'animaux, emportés et noyés ; des milliers de kilomètres carrés, submergés par un magma d'eau salée, de sable, de boue, de décombres, de cadavres. En quelques secondes, une zone aussi vaste que la Belgique et peuplée de trois millions d'habitants avait été rayée de la carte.

Rattrapés dans leur fuite comme des milliers d'autres par le torrent furieux, Ashish Ghosh et sa famille ne durent leur salut qu'à la proximité d'une mosquée juchée sur un tertre. « Ma femme et mes enfants s'agrippèrent à moi, racontera-t-il, et j'ai réussi à les tirer tous jusqu'au bâtiment. Il était déjà plein de rescapés. J'ai quand même pu grimper sur un rebord de fenêtre et m'accrocher aux barreaux en retenant les miens. Nous sommes restés là suspendus au-dessus des flots pendant toute la journée et toute la nuit. Le lendemain matin, nous n'étions plus qu'une vingtaine encore vivants sur cet abri de fortune. » Ashish vit au loin une famille de six personnes arrimées tant bien que mal à un tronc d'arbre, mais un remous engloutit bientôt le fragile esquif avec tous ses naufragés.

La terreur dura encore dix heures avant que l'ouragan ne fasse brusquement demi-tour et reparte vers la mer. Ashish Ghosh et sa famille, ainsi que les premiers rescapés, arrivèrent le surlendemain à l'entrée de la ville de Canning, à cinquante kilomètres à l'intérieur des terres. Se cramponnant les uns aux autres, titubant d'épuisement, hagards, affamés, ils avançaient droit devant eux, tels des somnambules. Ils avaient traversé sur des kilomètres un paysage hallucinant de dévastation et de ruines, butant partout sur des cadavres. L'infirmière qui tenait le modeste dispensaire local n'oublierait jamais le pitoyable spectacle de « cette colonne de survivants se découpant sur la ligne noire du ciel. Même de loin, on pouvait mesurer leur terrible détresse, dira-t-elle. Ils portaient parfois de maigres balluchons, quelques ustensiles, soutenaient les blessés, se traînaient en serrant leurs enfants dans leurs bras. J'ai senti tout à coup l'odeur de la mort. Ces gens avaient vu leurs parents, leur femme, leur mari périr noyés sous leurs yeux. Ils avaient vu leurs enfants emportés par les flots, leur maison s'effondrer, leur terre disparaître ».

★

Pendant trois jours Calcutta ignora l'ampleur de la catastrophe. L'ouragan avait détruit les lignes téléphoniques, les émetteurs de radio, les routes, les transports maritimes. Soucieuses de ne pas se laisser accuser d'imprévoyance ou de négligence, les autorités entretinrent délibérément cette ignorance. Les premiers communiqués minimisaient la gravité de la tragédie. Une banale tornade, affirmait-on, comme il s'en produit chaque année un peu partout sur les côtes de l'Inde ! Et pour que personne ne soit tenté d'aller voir, on fit boucler la zone par la police et les gardes-frontières.

Quel choc, alors, quand les premiers récits des rescapés commencèrent à filtrer ! La presse se déchaîna. Elle parla de dix à vingt mille morts, de cinquante mille têtes de bétail noyées, de deux cent mille habitations rasées, d'un demi-million d'hectares rendus stériles par l'eau de mer, de deux mille kilomètres de digues démolies ou endommagées, de trois à quatre mille puits à jamais inutilisables. Et elle révéla que, faute de secours immédiats, deux millions de personnes au moins étaient menacées de mourir de faim, de soif, de froid.

Les secours ? La tarte à la crème de toutes les catastrophes dans le monde ! Mais ici la pauvreté rendait la fatalité plus cruelle et les secours plus urgents qu'ailleurs. Pourtant, il fallut encore trois jours pour que les autorités de Calcutta et de New Delhi s'entendent sur les premières opérations d'assistance. Trois jours dont se hâtèrent de profiter certains individus. Ils portaient la robe ocre des moines de la mission Ramakrishna, le saint bengali qui, au siècle dernier, avait prêché l'entraide et l'amour entre les hindous et les autres communautés. Dès l'annonce du cataclysme, ils étaient accourus de Madras, de Delhi et même de Bombay. Les policiers qui bouclaient la zone sinistrée les laissèrent passer : on n'arrête pas des anges de charité aux pieds nus. Allant deux par deux, ils se mêlaient aux rescapés et offraient de recueillir le plus grand nombre possible d'orphelins. Tant de générosité émut. On s'empressa de recenser les enfants que le désastre avait brusquement privés de leurs parents. Ceux qui n'avaient perdu que leur père suscitaient aussi l'intérêt. Une veuve de trente-cinq ans témoignera :« Ces hommes étaient la bonté même. L'un d'eux m'a dit : "Surtout ne craignez rien pour votre fillette, elle sera en sécurité. Nous allons lui trouver un travail. Et dans deux mois, nous reviendrons vous voir avec elle et nous vous apporterons les quatre ou cinq cents roupies de son salaire. En attendant, voici déjà cent roupies." Je me suis agenouillée pour baiser les pieds de ce bienfaiteur et je lui ai donné ma fille. » Comme tant d'autres victimes de la tragédie, cette pauvre femme ne reverrait jamais son enfant. Elle ignorait que ces prétendus moines étaient des proxénètes.

Mais la vraie solidarité des habitants de Calcutta rachèterait mille fois ces monstrueuses impostures. Jamais Max n'oubliera « l'explosion de générosité » qu'engendra la catastrophe à travers la ville, en particulier chez les pauvres des *slums*. Des gens se précipitèrent par milliers aux sièges des différents comités d'entraide, dans les clubs, les mosquées, les temples et même à la porte de sa chambre-dispensaire, pour apporter une couverture, un vêtement, une bougie, un petit sac de riz, un peu d'huile, de sucre, une bouteille de pétrole, quelques galettes de bouse, des allumettes. En voyant tous ces pauvres se dépouiller spontanément pour leurs frères dans le malheur, le jeune médecin américain songea : « Un pays capable de tant de partage est un exemple pour le monde. » Des dizaines d'organisations, la plupart inconnues, se mirent partout en branle, affrétèrent des camions, des triporteurs à moteur, des taxis et même des chars à bras pour acheminer des secours aux survivants. Prodigieuse mosaïque indienne : ces organisations représentaient des églises, des sectes, des confréries, des syndicats, des castes, des équipes sportives, des écoles, des usines. Lambert, Max, Bandona, Saladdin, Aristote, Margareta et toute l'équipe des bénévoles indiens du Comité d'entraide de la Cité de la joie étaient naturellement en première ligne de cette mission humanitaire. Même le sourd-muet Gunga était présent. Ils avaient rempli un camion entier de médicaments, de lait en poudre, de riz, de couvertures et de tentes. Leur chargement comportait aussi deux radeaux pneumatiques et deux moteurs hord-bord, cadeaux personnels et conjoints du Parrain et d'Arthur Loeb, le père de Max. Ils n'attendaient pour partir qu'un bout de papier : la permission des autorités. Toute la semaine, Lambert et Max coururent de bureau en bureau pour arracher le précieux sésame. Contrairement à ce qu'on aurait pu croire, leur condition de *sahib*, loin de faciliter leurs démarches, suscitait la suspicion de nombreux fonctionnaires. Lambert le savait bien : l'épouvantail de la C.I.A. se cachait toujours un peu derrière un étranger. En désespoir de cause, le Français décida de recourir à un pieux mensonge :

— Nous sommes au service de la Mère Teresa, annonça-t-il au préposé aux permis de circuler.

— La Mère Teresa ? répéta avec respect le *babu* en se redressant derrière son océan de paperasses. La sainte de Calcutta ?

Lambert dodelina de la tête.

— Dans ce cas, vous pouvez partir sur-le-champ avec votre camion, déclara l'homme en paraphant d'un trait de stylo le laissez-passer. Je suis hindou, mais nous autres Indiens nous respectons les gens de Dieu.

La route du delta : un voyage au bout de l'enfer. A dix kilomètres seulement de la ville, la chaussée était déjà engloutie sous une mer de boue. Partout des épaves de camions renversés. « Une vision de cimetière marin », se souviendra Lambert. Coiffé d'un turban dont le rouge écarlate contrastait avec son teint blême, le chauffeur manœuvrait comme dans un slalom de compétition nautique. Il jurait, freinait, transpirait. Le lourd véhicule dérapait sans cesse. Bientôt, les premières colonnes de rescapés apparurent. « Ils étaient des milliers, des dizaines de milliers, écrira Max à sa fiancée. De l'eau jusqu'à la poitrine, ils fuyaient en portant leurs enfants sur la tête. Certains s'étaient réfugiés sur des remblais où ils attendaient des secours depuis six jours. Affamés, assoiffés, poussant des cris, ils se jetèrent à l'eau et pataugèrent vers notre camion. Une vingtaine d'entre eux réussirent à s'agripper au chargement et à l'escalader, prêts à tout piller. Lambert et Saladdin sautèrent à l'eau à leur suite et allèrent parlementer. Pour leur faire entendre raison, ils leur crièrent que nous étions des médecins et que nous ne transportions que des médicaments. Miracle, ils nous ont laissés passer. Un peu plus loin, nouveau prodige. Dans la horde qui nous encerclait, Lambert reconnut un habitué du petit restaurant qu'il fréquentait à Anand Nagar. C'était un militant communiste envoyé par le parti pour noyauter les rescapés. Il nous permit de continuer. Aristote et Saladdin marchaient devant pour guider le camion. Mais bientôt le moteur hoqueta, toussa et s'arrêta définitivement. Noyé. Nous avons mis les radeaux à l'eau et y avons entassé notre chargement. Une nouvelle nuit était tombée. Il n'y avait aucune lumière sur des centaines de kilomètres à la ronde, mais des myriades de lucioles éclairaient un paysage fantomatique d'arbres déchiquetés, de huttes éventrées, de buissons auxquels s'agglutinaient les détritus apportés par l'ouragan. Çà et là, des fils électriques arrachés avaient déjà électrocuté plusieurs bateliers. Dans la nuit, nous avons entendu des appels et des roulements de tambour. Des centaines de rescapés qui s'étaient réfugiés dans les restes d'un village sur une hauteur guettaient avec angoisse l'arrivée de secours dans les ténèbres. Jamais je ne pourrai oublier leur accueil triomphal. Avant même de s'occuper de ce que nous apportions, des mollahs musulmans nous guidèrent jusqu'à la petite mosquée qui avait échappé au désastre. Au cœur du drame, il fallait d'abord remercier Allah ! »

Un détail frappa immédiatement le jeune médecin quand il mit pied à terre : le ventre de tous les enfants qui accouraient en battant des mains, chantant et dansant. Un ventre énorme, proéminent, ballonné, un ventre vide plein de vers. Lambert, lui, serait saisi par la vision d'une « femme qui se tenait debout au milieu des décombres avec son bébé dans les bras, sans mendier, sans gémir, digne et immobile comme une statue, toute la pauvreté du monde inscrite dans son regard, hors du temps, ou plutôt au cœur du temps, un temps qui est éternité pour celui qui vit dans la détresse. Mère à l'enfant, Mère Bengale symbole de ce Noël de malheur ».

Pauvre Lambert ! Lui qui croyait avoir tout vu, tout partagé, tout compris de la souffrance de l'Innocent, voilà qu'il était condamné à faire un nouveau pas à l'intérieur de son mystère. « Pourquoi le Dieu-Amour, le Dieu-Justice, avait-il permis que ces hommes parmi les plus déshérités du monde soient aussi cruellement frappés ? Comment, se demanda-t-il, les encens hypocrites de nos temples pourront-ils jamais effacer l'odeur de mort de tous ces innocents ? »

L'odeur de mort ! Malgré les primes faramineuses offertes pour la destruction des cadavres, les fossoyeurs professionnels envoyés par les autorités s'étaient enfuis au bout de deux jours. Comment différencier les hindous et les musulmans dans un tel charnier ? Comment brûler les uns et ensevelir les autres sans se tromper ? Les équipes de détenus d'un pénitencier expédiées à leur place ne montrèrent pas davantage d'empressement. Il ne resta que les soldats. On leur confia des lance-flammes. Du coup, le delta tout entier devint un gigantesque barbecue dont on sentit l'odeur jusqu'à Calcutta.

Restaient les vivants. Pendant quatre semaines, Lambert, Max et leurs compagnons indiens ratissèrent avec acharnement plusieurs kilomètres d'un secteur isolé. Allant d'un groupe de rescapés à l'autre, ils vaccinèrent à tour de bras avec leurs Dermo-jets à air comprimé, soignèrent plus de quinze mille malades, vermifugèrent vingt mille enfants, distribuèrent quelque vingt-cinq mille rations alimentaires. « Une goutte d'eau dans l'océan des besoins, admettra le Français. Mais une goutte d'eau qui aurait manqué à l'océan si elle n'avait pas été là », ajoutera-t-il, citant la célèbre remarque de Mère Teresa. Le matin où l'équipe du Comité d'entraide plia bagage pour regagner la Cité de la joie, les survivants offrirent une fête à leurs bienfaiteurs. Des gens qui n'avaient plus rien, des miséreux à qui même l'espoir était interdit puisque la mer avait rendu leurs champs stériles, trouvèrent le moyen de danser, de chanter, d'exprimer leur joie et leur gratitude. Bouleversé, Lambert songea au mot de Tagore : « Le malheur est grand, mais l'homme est encore plus grand que le malheur. » Au moment des adieux, une fillette en guenilles, une fleur de nénuphar piquée dans les cheveux, s'avança vers Lambert pour lui offrir un cadeau au nom de tous les villageois. C'étaient des musulmans. Ils avaient confectionné un petit Christ en croix avec des coquillages. Accompagnant l'objet, il y avait un morceau de papier sur lequel une main incertaine avait inscrit un message en lettres majuscules. En le lisant à haute voix, Lambert crut entendre la parole de l'Évangile.

« Frères, soyez bénis ! Frères, vous êtes venus à notre secours quand nous avions tout perdu, quand la lumière de l'espérance s'était éteinte dans nos cœurs. Vous avez nourri les affamés, vêtu ceux qui étaient nus, soigné ceux qui souffraient. Grâce à vous, nous avons repris le goût de vivre.

« Frères, vous êtes désormais nos parents les plus proches. Votre départ nous plonge dans la mélancolie. Nous vous adressons notre éternelle gratitude et prions Dieu qu'Il vous donne longue vie.

Les rescapés du cyclone »

*

Quelques semaines après cette catastrophe, la Cité de la joie et tous les quartiers de Calcutta furent un beau matin saisis d'une effervescence inhabituelle. Réveillé en sursaut par des explosions de pétards et des cris, Max sortit précipitamment de sa chambre. Il vit tous ses voisins qui chantaient, se congratulaient, dansaient en tapant des mains. Les enfants se poursuivaient en poussant de joyeux hurlements. Exultant de bonheur, des gens s'offraient des friandises, des verres de thé. Des jeunes lançaient des feux de Bengale. Aucune fête n'étant prévue ce jour-là, l'Américain se demanda la raison de ce subit débordement de liesse matinale. Il vit alors Bandona arriver en courant, une guirlande de fleurs dans les mains. Il n'avait jamais vu la jeune Assamaise dans un tel état d'allégresse. Ses petits yeux bridés pétillaient de joie. « Ce peuple de flagellés, d'humiliés, d'affamés, d'écrasés est vraiment indestructible, songea-t-il, émerveillé. Son goût de la vie, son pouvoir d'espérance, sa volonté de se tenir debout le feront triompher de toutes les malédictions de son karma. »

— Grand Frère Max, connais-tu la nouvelle ? criait à perdre haleine l'ange de la Cité de la joie. Nous avons gagné ! Nous sommes maintenant aussi forts que les gens de ton pays, que les Russes, que les Chinois, que les Anglais... Nous allons pouvoir irriguer nos champs, moissonner le riz plusieurs fois chaque année, éclairer nos villages et nos *slums*. Nous mangerons tous à notre faim. Il n'y aura plus de pauvres. Notre grande Dourga Indira Gandhi vient de l'annoncer à la radio : ce matin nous avons fait exploser notre première bombe atomique !

ÉPILOGUE

Les conditions de vie des habitants de la Cité de la joie devaient connaître de notables améliorations depuis les événements que raconte ce livre. Une jeune enseignante française visita un jour le *slum*. A son retour à Nantes, elle parla avec tant d'émotion de ce qu'elle avait vu à ses élèves que celles-ci l'aidèrent à fonder une association dont les membres s'engagèrent à envoyer chaque année une somme d'argent au Comité d'entraide du bidonville. L'association compta bientôt trois cents personnes. Un reportage parut alors dans le magazine *La Vie*, qui fit multiplier par dix le nombre des adhérents. Un an plus tard, un deuxième article fit encore doubler ce nombre. Les dons des sept mille membres de l'association permirent d'implanter dans le *slum* une véritable infrastructure médico-sociale. Un médecin bengali au grand cœur, le Dr Sen, qui depuis trente ans soignait gratuitement les pauvres, devint le président du Comité. Plus tard, deux jeunes Français amoureux de l'Inde vinrent s'installer sur place pour donner une impulsion nouvelle et renforcer l'équipe. Un dispensaire, un foyer pour enfants rachitiques, une maternité, une soupe populaire pour vieillards et indigents, un centre d'apprentissage pour adolescents, un atelier d'artisanat pour adultes furent peu à peu créés par les habitants eux-mêmes grâce aux fonds envoyés de France. Des campagnes de vaccination et de dépistage de la tuberculose furent lancées. Par la suite, des programmes d'action rurale développèrent l'irrigation, le forage de puits, les dispensaires dans les zones les plus pauvres et démunies du Bengale. C'est naturellement à cette poignée d'Indiens qui étaient venus un soir dans la chambre de Lambert pour « réfléchir à la possibilité d'aider les autres », que l'on fit appel pour créer et diriger tous ces centres. Aujourd'hui, Bandona, Saladdin, Ajit, Margareta, Aristote et quelque deux cent cinquante travailleurs sociaux, infirmiers, éducateurs, assistés de médecins bengalis et de bénévoles étrangers, animent ce réseau d'entraide, de secours, de soins et d'éducation.

De leur côté, le gouvernement du Bengale et la municipalité de Calcutta ne ménagèrent pas leurs efforts. Grâce à des fonds prêtés par la Banque mondiale, un vaste programme de réhabilitation des *slums* fut lancé. Des ruelles de la Cité de la joie furent pavées, certaines rehaussées, de nouvelles latrines creusées, des puits tubés forés, des lignes électriques tirées. Ces bienfaits eurent des effets imprévisibles. Le fait que les rickshaws et les taxis puissent désormais accéder à l'intérieur du bidonville, incita des employés, des fonctionnaires, des petits commerçants à chercher un logement dans la Cité de la joie. A dix minutes à pied de la grande gare de Howrah, et si proche du centre de Calcutta, le bidonville offrait en effet un habitat bien plus commode que les cités nouvelles construites à vingt ou vingt-cinq kilomètres de la ville. Du coup, les loyers montèrent en flèche. Signe caractéristique de ce changement économique, le nombre des joailliers-usuriers décupla en moins de deux ans. Une spéculation effrénée s'empara même d'entrepreneurs peu scrupuleux. Des immeubles de trois ou quatre étages commencèrent à surgir un peu partout et beaucoup de pauvres durent s'en aller.

Les premières victimes de ces changements furent les lépreux. L'arrivée d'une autre équipe politique à la tête du gouvernement du Bengale enleva au Parrain les appuis dont il jouissait. Une nouvelle mafia s'installa à Anand Nagar. Elle décréta l'expulsion des lépreux. Ils partirent par petits groupes, sans heurts ni violence. Lambert réussit à recaser Anouar, sa femme, leur enfant et la plupart de ses amis dans un foyer de Mère Teresa. En revanche, les quelque huit mille vaches et bufflesses des étables demeurèrent sur place. Elles font toujours partie de la population de la Cité de la joie.

★

Trois semaines après le cyclone, Ashish et Shanta Ghosh revinrent avec leurs enfants dans leur village dévasté situé en bordure de la forêt des Sundarbans. Avec un courage et une ardeur fortifiés par leur dur apprentissage de la survie dans le *slum*, ils reconstruisirent leur hutte, nettoyèrent leur champ et reprirent leur vie de paysan. Leur expérience du partage les incita à s'intéresser d'encore plus près au sort de leurs voisins. Shanta créa plusieurs ateliers d'artisanat pour les femmes du village, tandis que son mari fondait une coopérative agricole qui devait notablement améliorer les ressources des habitants de ce secteur particulièrement déshérité.

L'exemple de cette famille restera, hélas, un cas presque unique. Rarissimes en effet seront les habitants de la Cité de la joie qui parviendront à s'échapper de leur taudis pour retourner dans leur campagne. Par contre, un fait nouveau devait, ces derniers temps, apporter un élément d'espoir. On constata un net ralentissement de l'exode des paysans pauvres vers Calcutta. Ce phénomène s'explique par une amélioration sensible des rendements de la terre au Bengale. Dans plus de la moitié de cette province, on obtient aujourd'hui deux récoltes annuelles de riz, et même trois sur environ un quart du territoire. Cette transformation permet à des centaines de milliers de paysans sans terre de trouver sur place du travail durant presque toute l'année. D'autre part, alors que voici vingt ans Calcutta représentait le seul espoir de trouver un emploi dans tout le nord-est de l'Inde, l'implantation de nouveaux centres industriels en Orissa, au Bihar et dans d'autres provinces de cette région a contribué à créer des pôles de main-d'œuvre qui ont notablement diminué l'émigration vers Calcutta. A moins de nouvelles catastrophes majeures, on peut donc espérer une stabilisation de la population de Calcutta, et peut-être l'amorce d'un prochain reflux des habitants des *slums* vers leurs campagnes d'origine.

★

Max Loeb retourna en Amérique. Relatant son expérience, il déclara qu'« en dehors d'un voyage sur la lune, un séjour dans un *slum* indien était l'aventure la plus exceptionnelle que pouvait vivre un homme de l'an 2000 ». D'autres jeunes médecins, hommes et femmes, continuent de venir du monde entier pour offrir plusieurs mois de leur vie aux habitants de la Cité de la joie. Quant à lui, ce séjour a complètement transformé sa perception de la vie et ses rapports avec les autres. Il entretient toujours des liens très étroits avec Lambert. Avec Sylvia devenue son épouse, il a fondé une association qui envoie au Comité d'entraide des médicaments et de l'équipement médical. Mais surtout, Max revient régulièrement rendre visite à ses amis d'Anand Nagar. Il aime à répéter : « Les sourires de mes frères de la Cité de la joie sont des lumières qui ne pourront jamais s'éteindre en moi. »

★

Un jour, Aloka, la veuve d'Hasari Pal, apporta à Paul Lambert une enveloppe jaune couverte de cachets.

— Grand Frère Paul, une lettre est arrivée pour toi ce matin, annonça-t-elle.

Lambert vit immédiatement qu'elle portait le cachet du ministère de l'Intérieur. Le cœur battant, il la décacheta. « Mon Dieu, frémit-il, je parie que le gouvernement me met à la porte. » Il parcourut le texte avec angoisse. Soudain, ses yeux tombèrent sur des mots qu'il dut relire plusieurs fois pour en saisir le sens. « *The Government of India hereby grants the said Paul Lambert the certificate of...* »

« Par la présente, disait le document, le Gouvernement de l'Inde accorde au dénommé Paul Lambert son certificat de naturalisation et déclare qu'après avoir prêté serment de fidélité dans le délai et selon les règles prévus par la loi il aura droit à tous les privilèges, prérogatives et droits, et sera soumis à toutes les obligations, devoirs et responsabilités d'un citoyen indien. »

« Un citoyen indien », balbutia le Français, le souffle coupé. Il eut l'impression que le cœur entier du *slum* battait tout à coup dans sa poitrine. Saisi de vertige, il s'appuya contre le mur de sa chambre et ferma les yeux. Quand il les rouvrit, il prit dans ses mains la croix qui pendait à son cou. Il contempla les deux dates que sa mère y avait fait inscrire, celle de sa naissance et celle de son ordination. Le regard embué par des larmes de bonheur, il considéra alors le petit espace libre devant le nom indien qu'il avait fait graver voici plusieurs années. Au jour de sa naturalisation, ce nom devait remplacer celui de Paul Lambert. En hindi comme en bengali, « PRE-MANAND » signifie « Bienheureux celui qui est aimé de Dieu ». Ce nom résumait parfaitement le sens de sa communion avec le peuple des humbles, des pauvres, des meurtris de la Cité de la joie. Devant ce patronyme qui était désormais le sien, il ferait ajouter aujourd'hui la date de son entrée définitive dans la grande famille de ses frères indiens. Ce jour était la troisième date la plus importante de sa vie.

Pié Bouquet — Les Bignoles
Juillet 1984

REMERCIEMENTS

Je tiens à exprimer en tout premier lieu mon immense gratitude à ma femme Dominique qui partagea tous les instants de ma longue enquête dans la Cité de la joie et fut une collaboratrice irremplaçable pendant la préparation de ce livre.

J'adresse aussi toute ma reconnaissance à Colette Modiano, Paul et Manuela Andreota, et Gérard Beckers qui passèrent de longues heures à corriger mon manuscrit et m'aidèrent de leurs encouragements et de leur inépuisable connaissance de l'Inde.

Je remercie aussi tous mes amis en Inde qui facilitèrent mes recherches avec tant de générosité et rendirent si agréables et fructueux mes nombreux séjours dans ce pays. Il me faudrait plusieurs pages pour les citer tous, mais j'aimerais mentionner en particulier Amit, Ajit et Meeta Banerjee ainsi que Mehboob Ali, Pierre Ceyrac, Tapan Chatterjee, Ravi Dubey, Behram Dumasia, Christine Fernandès, Georges et Annette Frémont, Adi Katgara, Ashwini et Renu Kumar, Anouar Malik, Harish Malik, Jean Neveu, Camellia Panjabi, Nalini Purohit, Gaston Roberge, Emmanuel et Marie-Dominique Romatet, James et Lallita Stevens, Baby Thadani, Amrita et Malti Varma, Francis Wacziarg et Aman Nath.

J'invite les lecteurs de « La cité de la joie » à lire les ouvrages qui ont contribué à nourrir mon enquête, en particulier les remarquables livres suivants : « Calcutta » par Geoffrey Moorhouse (Weidenfeld and Nicolson) ; « Les hermaphrodites » par Gérard Busquet et Carris Beaune (Éditions J.-C. Simoen) ; « Le sanglot de l'homme blanc » par Pascal Bruckner (Éditions du Seuil) ; « Shantala » par Frédérick Leboyer (Éditions du Seuil).

J'adresse également ma très vive reconnaissance à ceux qui n'ont cessé de m'entourer de leurs encouragements et de leur affection pendant la longue et difficile aventure que furent l'enquête et la rédaction de ce livre, en particulier Alexandra et Frank Auboyneau, Jacques Acher, Julia Bizieau, Bernard et Véronique Blay, Ghislain et Dominique Carpentier, Juliette Carassone, Jean-François et Claudine Clair, Brigitte Conchon, Marie-Benoîte Conchon, Marie-Joseph Conchon, Jacqueline de la Cruz, Georgette Decanini, Anne-Marie Deshayes, René et Thérèse Esnault, Gilbert et Annette Etienne, Raymond Fargues, Jean et David Frydman, Maurice Gambach, Louis et Alice Grandjean, Denise Guernier, Danièle Guigonis, René Guinot et Manuel Dos Reis, Jacques et Jeannine Lafont, Robert et Marie-Ange Léglise, Adélaïde Oréfice, Marie-Jeanne Montant, Léon et Christiane Salembien, Tania Sciama, Paule Tondut, Josette Wallet.

Sans la confiance enthousiaste de mon agent littéraire et ami Morton L. Janklow et de mes éditeurs, je n'aurais jamais pu écrire ce livre ni produire ses nombreuses éditions. Que Robert Laffont, Bertrand Favreul et leurs collaborateurs, à Paris ; Tom Guinzburg, Sam Vaughan, Henry Reath, Kate Medina et Larry Kirshbaum, à New York ; Mario Lacruz, à Barcelone ; Giancarlo Bonacina et Luigi Sponzilli, à Milan ; Anthony Cheetham, Mark

Booth, Susan Lamb et Louise Weir, à Londres ; Peter Gutmann et Hans Evald Dede, à Munich ; Antoine Akveld et Robbert Ammerlaan, à Amsterdam ; Geraldo et Marcos Pereira, à Rio de Janeiro ; Harkin Chatlani et Melroy Dickson, à Bombay ; et enfin mon amie, collaboratrice et traductrice Kathryn Spink, elle-même auteur d'un admirable livre sur Mère Teresa intitulé *From the Brotherhood of Man under the Fatherhood of God*, soient donc chaleureusement remerciés.

J'adresse aussi toute mon admiration et ma reconnaissance à mes amis Claude Berri, Paul Rassam, Jake Eberts et Roland Joffé pour le film magnifique qu'ils ont su réaliser à partir de l'épopée de courage, de foi et d'espérance de *La Cité de la joie*. Que soient aussi remerciés Charles Van Haecke et le groupe du Forum de l'Espoir de l'Institut Supérieur de Gestion de Paris, ainsi que Gaëtan Brizzi, Jean-Daniel Pigasse et son équipe d'Ex Machina, Claude Blot, Jean-Claude Decaux, Roger Hatchuel et Nicolas Sarkozy pour leur dévouement à la cause des héros de ce livre.

Enfin, que tous ceux qui m'ont accordé tant de leur temps pour me permettre de rassembler la documentation de ce livre, mais qui ont tenu à garder l'anonymat, reçoivent l'expression de mon indéfectible gratitude.

POSTFACE

Mon histoire d'amour avec la Cité de la joie

Quand, ce premier matin de mousson, je suis entré dans ses ruelles de misère, j'ai aussitôt compris que ce bidonville de Calcutta appelé « la Cité de la joie » était l'un des endroits les plus extraordinaires de la planète. Deux ans plus tard, lorsque j'ai quitté l'inhumaine métropole avec une vingtaine de carnets bourrés de notes et des centaines d'heures d'interviews enregistrées, je savais que j'emportais la documentation de l'un des plus grands livres de ma carrière. Un livre-épopée sur l'héroïsme, l'amour, la foi et l'espérance ; sur la capacité de l'homme à surmonter l'adversité et à triompher de toutes les formes de tragédie. Pendant cette longue, difficile et parfois douloureuse enquête, j'ai dû m'habituer à toutes sortes de situations. J'ai découvert comment des gens parvenaient à vivre au milieu des rats, des scorpions, des scolopendres et des cafards ; comment ils pouvaient survivre avec seulement quelques cuillerées de riz, se laver avec moins d'un litre d'eau, allumer une allumette dans le déluge de la mousson, partager leurs taudis avec des communautés d'eunuques. Avant d'être adopté par les habitants de ce bidonville, j'ai dû me familiariser avec leurs habitudes, comprendre leurs peurs et leurs détresses, partager leurs luttes et leurs espoirs, découvrir petit à petit toutes les richesses de leur culture. Cela fut sans aucun doute l'une des expériences les plus extraordinaires que peut vivre un écrivain.

Elle changea ma vie. Le fait de vivre avec les habitants héroïques de la Cité de la joie devait complètement transformer mon sens des priorités et ma façon d'évaluer les vraies valeurs de l'existence. Après cette confrontation avec les véritables défis de la vie — la faim, la maladie, l'absence complète de secours médicaux et sociaux, le chômage dans sa forme la plus inhumaine — j'ai cessé de considérer comme une priorité le fait de trouver sur les Champs-Élysées ou la Cinquième Avenue une place de stationnement pour ma voiture. D'avoir partagé pendant tous ces mois le destin de gens qui disposent de moins de l'équivalent d'un franc français par jour pour survivre m'a également enseigné la véritable valeur des choses. Aujourd'hui, je n'oublie plus jamais d'éteindre l'électricité en quittant une chambre d'hôtel, j'utilise jusqu'au bout le moindre morceau de savon, j'évite de jeter à la poubelle ce qui pourrait encore servir où être recyclé. Cette expérience unique m'a également appris la beauté du partage avec les autres. Pendant deux ans, personne ne m'a jamais rien demandé. On n'a fait que me donner. La générosité de mes amis de la Cité de la joie m'a enseigné le véritable sens de cet admirable proverbe indien qui dit que « Tout ce qui n'est pas donné est perdu ».

Il m'a fallu plus d'une année pour rédiger le récit de l'épopée de la Cité de la joie. J'ai écrit mon livre dans l'environnement privilégié de ma maison de

Ramatuelle au milieu des pins parasols et des vignes de Provence. Pour me souvenir constamment de la fourmilière de Calcutta, de ses bruits, de ses odeurs, de ses couleurs, je me projetais chaque matin avant de commencer à écrire quelques-unes des deux mille photographies prises pendant mon enquête, et écoutais quelques bandes des sons de la vie locale que j'avais enregistrés.

La version finale de *La Cité de la joie* fut d'abord publiée en France, puis en Espagne, Italie, Hollande, Allemagne, Angleterre et aux États-Unis. Partout le succès fut immédiat, énorme, d'une ampleur pour moi totalement inattendue. Plus de six millions et demi d'exemplaires ont été vendus à ce jour dans quelque trente et une langues et éditions, dont trois éditions en braille pour les nonvoyants. Aux États-Unis, le livre reçut un prix prestigieux, Christopher Award, dont la philosophie proclame : « Mieux vaut allumer la flamme d'une bougie que maudire les ténèbres. »

Bien que je fusse convaincu d'avoir raconté une épopée captivante, je fus réellement surpris de voir cette histoire d'un bidonville de Calcutta se hisser si vite à la première place de toutes les listes des best-sellers. Encore plus surprenant fut le déluge de courrier qui me parvint de tous côtés. De nombreux correspondants me demandaient de voir en chair et en os tous ces êtres de lumière dont je parlais dans mon livre. Je décidai donc de donner à *La Cité de la joie* un prolongement en images en réalisant un ouvrage illustré avec quelques-unes des plus belles photographies prises au cours de mon enquête. L'album « *Les Héros de la Cité de la joie* » permet de découvrir les habitants de Calcutta, leurs visages, leurs sourires, leur cadre de vie, leurs traditions, leurs travaux, leurs fêtes. Les jeunes lecteurs sont toujours fascinés par ce reportage en couleurs, et spécialement par la partie consacrée aux enfants.

C'est souvent les larmes aux yeux que ma femme et moi avons lu les lettres où des lecteurs me remerciaient d'avoir écrit ce livre de courage, de foi et d'espérance. (Voir plus loin quelques extraits de lettres.) Dans presque chaque enveloppe il y avait aussi un chèque, un billet de banque, de temps en temps même quelques titres boursiers. Parfois c'était un petit paquet qui nous arrivait, contenant un pendentif, une bague en or, des boucles d'oreilles ou même, un matin, un lingot. Une lettre contenait un jour un message anonyme avec ces mots : « Votre *Cité de la joie* est un si beau livre que nous sommes heureux de vous envoyer les deux petits souvenirs ci-joints. Vendez-les. Ils seront plus utiles dans la Cité de la joie qu'à nos doigts. » Scotchés sur une feuille de papier, il y avait deux anneaux de mariage.

Un matin que je bouclais ma valise pour courir à l'aéroport Charles-de-Gaulle prendre l'avion de New York, la sonnette de notre appartement retentit. J'ouvris la porte. Sur le palier se trouvait une vieille dame avec une petite valise de voyage. « J'arrive à l'instant de Carcassonne par le train, déclara-t-elle. Je suis venue chez vous pour rédiger mon testament en faveur de vos héros de *La Cité de la joie*. » Le récit de la vie de ces héros a touché tant de cœurs que des écoliers ont organisé pour eux des collectes dans leurs classes ou monté des pièces et des spectacles. Des centaines de lecteurs nous ont proposé d'adopter un enfant de la Cité de la joie, ou de consacrer leurs prochaines vacances à un travail d'entraide sur place.

De mon côté, j'ai décidé d'offrir la moitié de mes droits d'auteur à plusieurs organisations humanitaires qui luttent à Calcutta et ses environs pour améliorer la vie des plus pauvres des pauvres. Depuis la parution du livre en 1985, plus de douze millions de francs provenant de mes droits d'auteur ou de dons de lecteurs ont été envoyés afin de mettre en route, de soutenir ou de développer toute une série de projets de première priorité. Ces projets comprennent des refuges pour enfants lépreux ou polios, des dispensaires, des écoles, des ateliers de réhabilitation, des programmes de lutte contre la tuberculose, des travaux d'irrigation, des forages de puits d'eau potable, etc. Pour rassembler et envoyer les fonds nécessaires à toutes ces actions, j'ai fondé une association appelée « Action pour les Enfants des Lépreux de Calcutta ».

Ma femme et moi veillons avec une attention fanatique à ce que chaque centime des sommes que nous envoyons parviennent vraiment aux déshérités à qui elles sont destinées. Ceux qui nous assistent dans cette tâche sont tous des bénévoles. Parmi eux se trouvent les cinq sœurs de mon épouse (également prénommée Dominique), deux volontaires de notre paroisse et un ancien chef d'entreprise à la retraite. Nous n'avons aucun frais de fonctionnement. C'est une pièce de notre appartement parisien qui sert de P.C. à notre association et nous assumons nous-mêmes les frais de téléphone et d'électricité.

Parce que nous sommes une petite organisation, nous parvenons, grâce à une surveillance rigoureuse et constante, à éviter toute dépense inutile, tout gaspillage. Ce qui n'est pas facile. Ce résultat, nous le devons en grande partie à l'exceptionnelle qualité des personnes qui œuvrent sur le terrain à la réalisation de nos programmes. Toutes sont d'authentiques Mère Teresa anonymes. Ce sont les plus humbles, les plus dévoués et les plus compétents apôtres de l'amour et de la solidarité que j'aie jamais rencontrés. Puis-je rendre ici un hommage particulier à Agnès, Ali, Elena, François, Gaston, James,

Kamruddin, Sabitri, Shukesi, Shunda, Sunil, Wohab et à tous leurs collaborateurs. Tous sont les bras, les jambes et le cœur de notre modeste action sur le champ de bataille de la pauvreté.

L'un des nombreux nouveaux projets, que j'espère pouvoir réaliser grâce aux droits d'auteur de *La Cité de la joie* et aux dons de mes lecteurs, concerne un programme d'irrigation touchant dix-neuf villages du Bengale où vivent plus de deux cent mille habitants. Avec cette réalisation, les villageois bénéficieront de deux repas quotidiens. Leur terre qui ne donne qu'une seule récolte annuelle, ou rien du tout en cas de sécheresse, produira deux et même trois récoltes. Cette action s'attaque aux racines mêmes de la pauvreté. En cas de catastrophe climatique, les paysans ne seront plus obligés d'abandonner leurs champs calcinés ou inondés pour aller s'entasser dans des bidonvilles comme la Cité de la joie. Et peut-être qu'un jour, si ce genre de projets se multiplie, les habitants de la Cité de la joie et d'autres quartiers de misère pourront-ils quitter leur enfer pour retourner à la beauté de leur campagne.

*

Un après-midi de décembre 1987, le maire de la ville de Calcutta, M. K.K. Basu, et tous les membres de son Conseil municipal nous offrirent à ma femme et à moi-même une magnifique réception à l'hôtel de ville, afin d'exprimer la gratitude de Calcutta pour « la façon dont j'avais révélé au monde les vertus de courage, de vitalité et d'espérance de sa population ». A cette occasion, nous fûmes faits citoyens d'honneur de la grande métropole et décorés de sa médaille d'or.

Mais la plus surprenante et éloquente distinction

que je devais recevoir en ce jour mémorable fut un impressionnant document qui montrait l'impact qu'avait eu mon livre sur les administrateurs de la cité. Le projet de développement urbain de Calcutta réalisé par le Conseil municipal de la ville s'appelait : « Calcutta — Cité de la Joie — Projets pour demain. » Parmi les premières actions que prévoyait ce document destiné à changer les conditions de vie dans la ville et à la transformer tout entière en une vraie « Cité de la Joie », se trouvait la distribution quotidienne de dix litres d'eau potable aux trois millions d'habitants des bidonvilles.

★

La Cité de la joie devient un film

A la fin de 1985, le grand metteur en scène britannique Roland Joffé et le producteur canadien Jake Eberts sont venus me voir à Paris pour me faire part de leur souhait de porter mon livre à l'écran. Roland Joffé avait mis en scène deux de mes films préférés : *La Déchirure* et *Mission*, et Jake Eberts avait participé à la production de *Gandhi*, le superbe film consacré au père de l'Inde moderne inspiré, entre autres documents, par le livre *Cette nuit la liberté* que j'avais écrit avec Larry Collins. Roland Joffé était exactement l'homme capable de donner une dimension visuelle épique au récit que j'avais composé avec des mots. Il confia l'écriture du scénario à Mark Medoff, l'auteur si chaleureux et si plein de sensibilité des *Enfants du silence*.

Une nuit d'octobre 1989, alors que je me trouvais dans une chambre d'une clinique de Toulouse où j'avais subi une opération qui devait me guérir d'un cancer, la sonnerie du téléphone m'a soudain réveillé. C'était Roland Joffé qui appelait de Calcutta. Il souhaitait transformer le personnage du prêtre, Paul Lambert, en un personnage féminin afin d'éviter que les principaux héros du film soient tous des hommes. J'ai donné mon approbation sans hésiter. Ce qui comptait pour moi, c'était que le film traduise l'esprit du livre. De même, le changement de certains noms (Aloka en Wanda, Loeb en Lowe ou Arthur en Alfred) ne modifie en rien l'histoire des protagonistes.

Le tournage de *La Cité de la joie* commença le 9 février 1991, exactement là où se déroulait l'histoire, c'est-à-dire au cœur de la fourmilière de Calcutta. Patrick Swaize, la star américaine de *Ghost* et de *Dirty dancing*, joue le rôle de Max Loeb, le médecin américain. Deux des plus grands acteurs du cinéma indien, Om Puri et Shabana Azmi, personnifient respectivement le tireur de pousse-pousse Hasari Pal et son épouse Aloka. Un décor de deux millions de dollars représentant le bidonville fut construit près du port de Calcutta. Le soir où fut achevée la construction, plusieurs centaines d'habitants se précipitèrent pour s'installer dans les ruelles et les taudis. Il fallut en hâte ériger un mur de protection pour les en empêcher.

Un grand nombre de scènes furent filmées dans les vraies rues de Calcutta, ce qui provoqua des embouteillages, des attroupements et parfois des bousculades. Quelques politiciens locaux, plus soucieux de voir leur nom imprimé dans les journaux que d'améliorer les conditions d'existence de leurs concitoyens, s'empressèrent de réclamer l'arrêt du tournage. Des journaux et magazines à scandale parvinrent à se procurer des exemplaires du scénario. Ils publièrent des scènes qui montraient des lépreux ou qui dévoilaient les combines des truands de la mafia locale — et cela afin de susciter une controverse que certains cinéastes, artistes et intellectuels bengalis n'étaient pas les derniers à entretenir.

Des bombes artisanales furent lancées sur les lieux de tournage. Les prises de vue durent être interrompues à plusieurs reprises. Les accès de l'hôtel où résidaient acteurs et techniciens furent bloqués par des manifestants engagés par le principal parti politique local. Des rouleaux de pellicule impressionnée furent même retenus pendant plusieurs jours dans les entrepôts surchauffés des douanes indiennes. Le coproducteur Iain Smith fut obligé de comparaître plusieurs fois devant le tribunal sous un prétexte ou un autre. Mais Roland Joffé, ses acteurs et l'équipe entière se montrèrent plus forts que toutes les adversités. Inspirés par les qualités de courage et la volonté de survie des personnages dont ils racontaient l'histoire, ils réussirent à surmonter les obstacles. Leur film est un hommage inoubliable et triomphant à l'esprit de survie. Pour moi, c'est une magnifique et bouleversante traduction cinématographique de l'épopée d'espérance et de foi que j'ai tenté de raconter avec ma plume et mon cœur.

PLUS GRANDS QUE L'AMOUR

Une nouvelle épopée sur des héros anonymes de notre univers

Mes aventures et mon enquête dans la Cité de la joie ont changé mes perspectives d'écrivain. J'y ai découvert que les héros de mes futurs livres ne seraient jamais Saddam Hussein, ni le général Noriega, ni les chefs de la Mafia ou les barons colombiens de la drogue. Mes prochains héros seraient ceux qui, comme le Père Lambert, le tireur de pousse-pousse Hasari Pal, le médecin américain Max Loeb ou Mère Teresa, prouvent chaque jour que « si l'adversité est grande, l'homme peut être plus grand que l'adversité », comme l'écrivit un jour le poète indien Tagore.

Un jour de fin 1985, alors que je me trouvais à New York, j'ai lu dans un journal que Mère Teresa venait d'arriver à Manhattan avec un petit groupe de ses sœurs indiennes afin d'ouvrir, au cœur des gratte-ciel, un foyer pour des malades sans ressources, souffrant d'une nouvelle peste que l'Occident n'était en apparence pas prêt à affronter. Cette peste était le sida. Pour moi qui avais assisté au combat de Mère Teresa et de ses sœurs dans les mouroirs et les léproseries de Calcutta, cette nouvelle était une vraie surprise. C'était le misérable tiers monde qui venait au secours du riche Occident. J'ai pris un taxi et je me suis précipité à l'adresse du refuge. Mère Teresa l'avait baptisé le « Don d'Amour ». La première chose que je découvris en entrant dans le vestibule était une sorte de poster sur lequel la religieuse avait résumé sa philosophie de la Vie.

La vie est une chance, saisis-la
La vie est beauté, admire-la
La vie est béatitude, savoure-la
La vie est un rêve, fais-en une réalité
La vie est un défi, fais-lui face
La vie est un devoir, accomplis-le
La vie est un jeu, joue-le
La vie est précieuse, prends-en soin
La vie est une richesse, conserve-la
La vie est amour, jouis-en
La vie est un mystère, perce-le
La vie est promesse, remplis-la
La vie est tristesse, surmonte-la
La vie est un hymne, chante-la
La vie est un combat, accepte-le
La vie est une tragédie, prends-la à bras-le-corps
La vie est une aventure, ose-la
La vie est bonheur, mérite-le
La vie est la vie, défends-la.

MÈRE TERESA

Je n'allais pas tarder à rencontrer dans ce refuge quelques êtres remarquables. D'abord une jeune sœur de Mère Teresa, la sœur indienne Ananda (Joie). Elle avait elle-même été lépreuse à Benarès où son père brûle les cadavres sur le bord du Gange. Puis un jeune médecin américain confronté chaque jour aux effets dévastateurs d'une maladie qu'il était impuissant à soigner. Enfin un jeune malade qui avait été archéologue en Israël. Ces trois personnages et leur tragédie me catapultèrent sur les chemins d'une enquête de trois années dans les laboratoires de recherche et les hôpitaux des États-Unis et d'Europe, afin de reconstituer dans tous ses détails l'aventure du plus fantastique défi médical et scientifique jamais lancé à la conscience de l'homme, le sida.

Mon nouveau livre *Plus grands que l'amour* est

l'épopée des médecins et des chercheurs, des soignants, des malades, des héros et des apôtres luttant contre la plus grande peste de notre temps. C'est l'histoire d'hommes et de femmes du monde entier dont le courage, le dévouement et l'héroïsme vont au-delà de l'amour ordinaire pour les autres.

Plus grands que l'amour a d'abord été publié en France, en Italie et en Espagne. En tête de toutes les listes de best-sellers pendant plus d'un an, le livre a déchaîné l'arrivée d'un nouveau raz de marée de lettres à mon adresse parisienne (voir les extraits de quelques-unes de ces lettres dans l'Appendice I). Car ce récit raconte une nouvelle épopée sur le courage et la capacité de l'homme à se montrer plus grand que l'adversité. Comme *La Cité de la joie*, *Plus grands que l'amour* est aujourd'hui publié dans une trentaine de langues et d'éditions et deviendra prochainement une superproduction cinématographique.

Ce livre me vaut d'être fréquemment invité par des écoles, des clubs, des forums, des institutions charitables ou des organisations de soutien aux malades, qui désirent que je donne des conférences sur mes rencontres avec les principaux personnages de mon enquête, et sur le message d'espérance que celle-ci apporte. La seule condition que je pose est que toutes les recettes financières provenant de la vente des billets ou de dons soient également partagées entre une association locale de soutien aux malades du sida et mes enfants lépreux de Calcutta.

Au mois de mars 1991, tandis que Roland Joffé tournait *La Cité de la joie* en plein cœur de Calcutta, je fus invité avec mon épouse à participer à une petite cérémonie par un groupe d'habitants du bidonville où tout avait commencé. Alors que nous nous enfoncions dans le quartier, quelle ne fut pas ma surprise de découvrir une énorme banderole barrant l'une des principales ruelles. « Dominique Lapierre, Welcome Home — The City of Joy. » (Bienvenue chez toi, Dominique Lapierre — La Cité de la joie.) Une fillette sortit de la foule avec un bouquet de fleurs. J'ai reconnu ma vieille amie Padmini, cette héroïque fillette bengalie de dix ans qui se levait tous les matins à quatre heures pour aller ramasser, sur le balast des voies ferrées, des morceaux de charbon tombés des locomotives tirant les premiers trains du matin. La vente de ce misérable trésor permettait à sa famille de survivre un jour de plus. Padmini était radieuse. « Prends ces fleurs, Grand Frère Dominique, me dit-elle. Grâce à toi, nous ne sommes plus seuls dans notre Cité de la joie. »

Dominique Lapierre

AUTOUR DE
LA CITÉ DE LA JOIE

TÂCHES ACCOMPLIES AU PROFIT DES DÉSHÉRITÉS DE CALCUTTA
GRÂCE AUX DROITS D'AUTEUR OFFERTS PAR DOMINIQUE LAPIERRE, GRÂCE AU DON DE SES HONORAIRES DE CONFÉRENCIER, GRÂCE AUX DONS DE SES LECTEURS ET AUX DONS DES MEMBRES DE L'ASSOCIATION ACTION POUR LES ENFANTS DES LÉPREUX DE CALCUTTA

1. Prise en charge complète et continue des 200 enfants lépreux recueillis au foyer Résurrection ; construction d'une 4e unité d'accueil pour 50 enfants ; achat d'une parcelle de terrain pour agrandir l'exploitation agricole destinée à rendre le foyer de plus en plus autonome en nourriture.

2. Prise en charge complète et continue des 125 jeunes handicapés physiques des foyers de Mohitnagar et de Maria Basti.

3. Construction et installation du foyer de Backwabari pour des enfants infirmes moteurs cérébraux souffrant de handicaps extrêmement graves.

4. Agrandissement et aménagement du foyer d'Ekprantanagar, dans une banlieue misérable de Calcutta, abritant 140 enfants d'ouvriers saisonniers travaillant dans les fours à briques. Le branchement d'eau courante potable a notamment transformé les conditions d'existence de cette unité.

5. Aménagement d'une école à proximité de ce foyer pour permettre de scolariser, en plus des 140 enfants pensionnaires, 350 enfants très pauvres des bidonvilles avoisinants.

6. Reconstruction de cent huttes pour des familles ayant tout perdu, en novembre 1988, lors du cyclone qui frappa le delta du Gange.

7. Création de deux antennes médicales dans des villages éloignés du delta du Gange permettant non seulement des soins médicaux et une action antituberculose, mais aussi des actions de prévention, de dépistage et d'éducation (« eye camps » pour faire des opérations de la cataracte, vaccinations massives, campagnes de planning familial).

8. Prise en charge complète du dispensaire de Bhangar (près de 100 000 consultations annuelles). Installation d'un équipement radiologique fixe dans le dispensaire principal et création d'une unité mobile de dépistage radiologique, de vaccinations, de soins et d'aide alimentaire.

9. Creusement de puits tubés procurant de l'eau potable et construction de latrines dans plusieurs villages du delta du Gange.

10. Prise en charge du centre de soins rural de Bilari recevant par an plus de 60 000 patients venus de hameaux dépourvus de tout.

11. Création et prise en charge complète d'une école et de deux centres médicaux (allopa-

thique et homéopathique) dans deux bidonvilles particulièrement déshérités de la grande
banlieue de Calcutta.
12. Construction d'un village « Cité de la joie »
pour réhabiliter des familles d'aborigènes sans
toit.
13. Construction et prise en charge complète à Pal-
sunda d'un foyer pour enfants abandonnés près
du Bangladesh.
14. Don de 10 pompes à eau fonctionnant à l'énergie solaire à dix villages très pauvres des États
du Bihar, de l'Haryana, du Rajasthan et de
l'Orissa, afin de permettre aux habitants de
produire leur nourriture même en pleine saison
sèche.
15. Prise en charge d'un atelier de réhabilitation
pour lépreux en Orissa.
16. Envoi de médicaments et fourniture de
70 000 repas protéinés aux enfants lépreux du
foyer Udayan.
17. Actions diverses au profit de déshérités et de
lépreux dans l'État de Mysore, d'enfants abandonnés à Bombay, à Rio de Janeiro (Brésil),
ainsi que des habitants d'un village de Guinée
(Afrique), des enfants abandonnés gravement
malades de l'hôpital de Lublin (Pologne).

Toutes ces tâches sont des actions à long terme
qu'il faut poursuivre à tout prix. Cela dépend de
nous tous. Merci d'en parler autour de vous afin
que, tous ensemble, nous puissions continuer de
faire brûler la flamme de la vie, de l'amour et du
partage dans tous ces îlots de lumière qui ne doivent
jamais s'éteindre.

COMMENT VOUS POUVEZ NOUS AIDER

En adressant un don à notre association « Action pour les Enfants des Lépreux de Calcutta » — 26, avenue Kléber, 75116 Paris. Les dons sont déductibles des impôts suivant les dispositions fiscales en vigueur. Un reçu réglementaire est délivré en temps voulu pour joindre à la déclaration de revenus.

Les versements peuvent se faire par :

— chèque bancaire à l'ordre de « Action pour les enfants des lépreux de Calcutta », à adresser au siège de l'association : 26, avenue Kléber, 75116 Paris.

— chèque postal à l'ordre de « Action pour les enfants des lépreux de Calcutta », CCP n° 1590-65 C Paris, à adresser de préférence (travail de secrétariat allégé) directement à votre Centre de chèques postaux.

Les versements passant par la Fondation de France permettent une déductibilité fiscale maximale pour les dons *égaux ou supérieur à 200 francs.* (Les particuliers peuvent déduire de leur impôt 40 % du montant de leurs dons dans la limite de 5 % de leur revenu imposable. Les entreprises peuvent les déduire de leur bénéfice imposable à concurrence de 3 ‰ de leur chiffre d'affaires.)

Si vous souhaitez en bénéficier, il faut :

— libeller les chèques (bancaires ou postaux) *à l'ordre de* : Fondation de France - Compte n° 60.0576 ;

— les envoyer *à notre association* « Action pour les enfants des lépreux de Calcutta - 26, avenue Kléber - 75116 Paris.

Ces dons sont remis le 5 de chaque mois à la Fondation de France qui envoie les reçus directement aux donateurs (dans les 4 à 8 semaines). Merci de n'utiliser cette formule que si vous devez vraiment bénéficier d'une déduction fiscale élevée car votre don (amputé de 3 %) ne sera reversé à notre association que trois mois plus tard par la Fondation de France.

★

Vous pouvez également nous aider énormément en photocopiant ces pages et en les envoyant à vos parents, amis et connaissances. Les petits ruisseaux font les grandes rivières et chaque goutte d'eau compte. D'autant plus que les besoins augmentent chaque année.

Pensez à partager avec votre entourage ce merveilleux proverbe indien qui est la devise de notre action :

« Tout ce qui n'est pas donné est perdu. »

À PROPOS DES BÉNÉVOLES QUI VEULENT ALLER AIDER À CALCUTTA À PROPOS AUSSI DES DEMANDES D'ADOPTION D'ENFANTS

De très nombreux lecteurs de *La Cité de la joie* m'expriment régulièrement leur désir d'aller à Calcutta offrir leurs services aux pauvres et aux malades. Cette offre généreuse n'est pas toujours réaliste. D'abord parce que les autorités indiennes ne délivrent que des visas de tourisme pour une durée limitée à trois mois. C'est une durée beaucoup trop courte pour espérer accomplir quelque chose de vraiment efficace. Ensuite, seule une aide très spécialisée peut éventuellement être utile. A moins que vous soyez un médecin ou un infirmier expérimenté dans les domaines de la lèpre, des maladies tropicales, de la malnutrition, de la tuberculose, de la polio, de la réhabilitation des handicapés physiques ou mentaux, je crains que votre offre généreuse ne risque de devenir un poids plutôt qu'une aide pour les responsables indiens sur le terrain. Sans parler du problème de la langue. Dans les foyers d'enfants ou les dispensaires, on parle surtout le bengali, l'hindi ou l'urdu. Il faut en outre se rendre compte que les conditions de séjour et de travail dans nos différents centres situés en dehors de Calcutta sont extrêmement dures à supporter pour des étrangers.

En revanche, je recommande l'expérience très enrichissante d'un séjour à Calcutta en se joignant aux nombreux volontaires qui vont aider dans les centres de Mère Teresa ou d'autres dispensaires de rues situés à Calcutta même. Avant de partir, je vous conseille de contacter les associations suivantes :
— Les Amis de Mère Teresa
  163, Avenue Charles-de-Gaulle
  69160 TASSIN-LA-DEMI-LUNE

— Calcutta Espoir France
8, rue Albert-Bayet
75013 Paris

Quant aux adoptions d'enfants, elles sont extrêmement difficiles et il y a des règles et législations à respecter. Je vous conseille de contacter les associations françaises qui s'en occupent.

Beaucoup de lecteurs souhaitent connaître les adresses de Mère Teresa et de James Stevens. Les voici :
— Mother Teresa-Missionaries of Charity
54/1, A.J.C. Bose Road
Calcutta - 700 016 - India
— Reverend James Stevens
Udayan Post Box n° 10264
Calcutta - 700 019 - India.

CE QUE LA PRESSE A DIT DE
LA CITÉ DE LA JOIE

« Ce livre est un chant d'amour, un cri de bonheur, une leçon de tendresse et d'espérance pour tous les hommes de notre temps. »

Le Figaro Magazine (Paris)

« N'hésitons pas à le proclamer : ce livre est un chef-d'œuvre. »

Le Monde (Paris)

« Ce livre qu'on lit d'un souffle vaut tous les voyages. »

La France Catholique (Paris)

« Un livre révélation dont le souffle nous emporte. »

France-Soir Magazine (Paris)

« *La Cité de la joie* recèle des trésors d'amour et de tendresse, des modèles d'humanité. »

Femmes d'Aujourd'hui (Paris)

« Plus qu'un livre, une épopée d'amour. »

La Stampa (Rome)

« La lecture de *La Cité de la joie* rendra chacun un peu plus riche. »

The Washington Post (Washington)

« Ce livre est gravé à jamais dans mon cœur. »

The New York Times (New York)

« Une fantastique leçon d'espoir. »

A B C (Madrid)

« Une épopée de fraternité et de courage. »
The Times (Londres)

« Quand vous refermez ce livre, vous n'êtes plus tout à fait le même : votre cœur brûle d'amour. »
Die Welt (Hambourg)

CE QUE LES LECTEURS DE
LA CITÉ DE LA JOIE
ONT ÉCRIT À L'AUTEUR

« *La Cité de la joie* est une leçon d'espoir et de foi pour le monde. »

Sa Sainteté Jean-Paul II (Le Vatican)

« Merci pour ce témoignage de joie, de fête, d'entraide, de sourire et de partage avec plus pauvres que soi. De tout cela naît l'espérance. »

Julie Nicolaï, mère de famille (Ajaccio, France)

« Ce message d'amour, d'espoir et de paix est sacrément tonique dans ces temps difficiles. Merci de tout cœur. »

Jacqueline et Danièle Prot (Paris)

« Les héros de *La Cité de la joie* font renaître en nous le goût de Dieu et de toutes les valeurs qui tendent à disparaître. Ce livre doit être lu par des multitudes. »

J.C. Plan, éleveur de chevaux (Remoulins, France)

« Après la lecture de ce livre, on ne peut pas se sentir tout à fait comme avant. »

Mme M. Ville, mère de deux enfants
(Movertel, France)

« Le livre *La Cité de la joie* est complètement beau. Merci à Dominique Lapierre d'avoir écrit un bouquin aussi vrai. »

Un lecteur de Montpellier (France)

« Merci Dominique Lapierre de nous avoir donné ce livre qui secoue nos égoïsmes. Je suis dans une maison du troisième âge glaciale et sans âme et je fais des économies pour offrir *La Cité de la joie* autour de moi. »

Madeleine Barbier (Paris)

« *La Cité de la joie* a été un détonateur qui m'a révélé en pleine lumière la Victoire de l'Amour sur le mal et la souffrance. »

Corinne Simonetta, avocate (Paris)

« Grâce à ce livre je sais maintenant que mes enfants ne sont pas nés que dans un monde d'égoïsme, mais qu'il y a quelque part des rapports humains faits d'Amour. Merci. »

Armelle Allimant (Saint-Étienne, France)

« Je suis un jeune invalide en chaise roulante. Je veux remercier Dominique Lapierre pour ce livre de courage et d'espoir qui a changé ma vie. »

Bernard Kieken (Grenoble, France)

« Moi qui n'aime pas lire, je vous assure que j'ai dévoré ce livre. Certains passages m'ont prise aux tripes avec une rare violence. »

Lucienne Duboille (La Tronche, France)

« Votre livre est le favori de tous mes livres préférés. C'est de loin le meilleur livre que j'ai lu et *re*-lu. Veuillez accepter ce chèque pour la belle cause que vous défendez. »

Florence Blakemore (Canon City, USA)

« Je me sens liée à la Cité de la joie pour le reste de ma vie. »

Kathleen Tomkins (Hassocks, England)

« Merci d'avoir écrit *La Cité de la joie* et de me permettre de partager cette inoubliable expérience. »

Sarah Vanderburch (Seattle, USA)

« J'ai été tellement bouleversé par la lecture de votre livre *La Cité de la joie* que je ne cesse de le relire. »

Jit Biswas (Singapore)

« Merci pour votre plus beau cadeau au monde — *La Cité de la joie*. »

Marilyn Zinner (San Francisco, USA)

CE QUE LA PRESSE A ÉCRIT SUR
PLUS GRANDS QUE L'AMOUR

« Un livre extraordinaire. »

Paris-Match (Paris)

« Un livre diamant, un livre événement qu'il faut applaudir comme une fête. »

Le Journal du Dimanche (Paris)

« Une formidable épopée humaine. »

L'Express (Paris)

« Une gigantesque fresque aux allures de thriller. L'histoire de dévouements héroïques, une très belle leçon d'espoir. »

Le Figaro (Paris)

« La véritable saga du sida encore jamais contée. »

France-Soir (Paris)

« *Plus grands que l'amour* est si passionnant, si foisonnant, si poignant que l'on dirait un roman. Ce n'en est pas un. Un roman vrai comme celui-là, cela s'appelle une formidable enquête. »

Le Point (Paris)

« Un document remarquable. Des personnages émouvants. Un message d'espoir. »

Femme Actuelle (Paris)

« Un hymne à la générosité et à l'intelligence. »

Le Pèlerin (Paris)

« Un incroyable roman policier avec du suspense... Un extraordinaire hymne à l'homme et à la vie. »

Le Parisien (Paris)

« Un livre dont la lecture vous rend meilleur. »

La France Catholique (Paris)

« Une saga au cœur de la recherche scientifique. Ça se lit comme un roman, mais tout est vrai. »

La Dépêche du Midi (Toulouse)

« Un vibrant hommage à tous ceux qui luttent, un livre d'émotion qui se lit comme un roman d'aventures. »
Le Quotidien du Médecin (Paris)

« C'est en haletant que l'on suit Dominique Lapierre dans sa minutieuse enquête. Et on quitte ce livre sans l'oublier, avec un peu plus de générosité, de compassion et d'espoir. »
Madame Figaro (Paris)

« Après un livre de Lapierre, notre regard sur le monde se trouve changé ; l'amour est venu se greffer en nous, nous pouvons nous aussi devenir meilleurs. »
Chrétiens Médias (Paris)

« *Plus grands que l'amour* est une formidable saga dont chaque ligne se veut parole d'espérance. »
Jeune Afrique (Paris)

« Un poème épique. Un voyage hallucinant. Un voyage plein d'espérance. »
Corriere della sera (Milan)

« Un thriller avec les soldats de l'espoir. »
Famiglia Cristiana (Rome)

« Une fantastique galerie de portraits, de la Mère Teresa aux chevaliers de la science d'aujourd'hui. »
El País (Madrid)

« Un livre qui vous prend aux tripes grâce à l'habileté du récit, au suspense, aux personnages. »
The International Herald Tribune

« Un livre grandiose. »
The New York Times

« Un témoignage superbe sur la solidarité humaine. »
The Independant on Sunday (Londres)

« Le seul livre à lire à propos du sida. »
The Times (Londres)

« Une histoire brillamment racontée. »
The Mail on Sunday (Londres)

CE QUE LES LECTEURS DE
PLUS GRANDS QUE L'AMOUR
ONT ÉCRIT A L'AUTEUR

« Toutes mes félicitations à l'auteur de *Plus grands que l'amour* pour ce remarquable témoignage de solidarité humaine et de charité évangélique. »

Sa Sainteté Jean-Paul II (Le Vatican)

« Ce livre est une merveilleuse synthèse de rigueur scientifique et de sensibilité : une synthèse rare. »

André Lwoff, prix Nobel de médecine (Paris)

« Dans cette société si dure à vivre, dans ce chaos de tous les jours qui donne l'impression d'être bientôt « mangé » par la décadence de tous les phénomènes qui nous entourent, votre livre est comme une « résurrection ». Je peux vous affirmer que *Plus grands que l'amour* est le plus beau récit que l'on puisse lire à l'heure actuelle. »

Ghislaine Pradelle (Paris)

« Je fais partie des « Donneurs de voix » et j'enregistre sur cassettes des livres pour les aveugles. Ce livre fut mon 153e et c'est vraiment le plus beau de tous ! »

Denise Durand (Marseille, France)

« J'ai aimé et admiré *Plus grands que l'amour*. Ce livre me paraît défini par l'alliance exceptionnelle de trois grandes vertus : l'exactitude rigoureuse de l'exposé des faits ; la diversité émouvante, attachante des descriptions ; l'amour du prochain qui constamment sous-tend tous les chapitres. »

Pr Jean Bernard, de l'Académie française (Paris)

« *Plus grands que l'amour* vient peut-être de changer ma vie. J'ai vingt ans et me destinais à une carrière dans l'agro-alimentaire. Vous m'avez fait découvrir un univers que je connaissais mal : celui des chercheurs.

Mon objectif est désormais de faire de la recherche médicale. Merci. »

Sandra Chanderlot, élève de maths spé. biologie (Paris)

« Je viens de lire avec une intense émotion *Plus grands que l'amour*. Le livre sort en librairie au moment où j'apprends que je suis séropositive, contaminée par une transfusion sanguine en 1982. Je voudrais me rendre utile auprès d'associations qui aident les malades du sida, et ainsi éviter de sombrer dans la mélancolie ou le nombrilisme du genre "pourquoi moi ?". »

A.-M. L. (Dax, France)

« En vacances en Auvergne, je viens de lire (non : de dévorer) *Plus grands que l'amour*. C'est l'un des plus beaux livres que j'aie jamais lus. Il dit si bien et avec tant de délicatesse, de vérité et de discréation ce dont l'homme est capable... Tout cela fait chaud au cœur... En même temps que je lisais ce livre, je faisais un travail personnel sur les psaumes dans la Bible. Mes deux lectures se renvoyaient l'une l'autre et ma foi s'en nourrissait. »

Mgr François Frétellière, évêque de Créteil (France)

« *Plus grands que l'amour* m'a enchanté et instruit. Ce livre explique enfin clairement le mécanisme de l'action des rétrovirus, le rôle de la transcriptase inverse dans leur fatal développement et, par là, les possibilités diagnostiques et, espérons-le, thérapeutiques.

J'ai admiré les superbes chapitres sur l'action de Mère Teresa, œuvre immense pour la consolation des hommes et la lutte contre les égoïsmes. »

Dr Charles Cachin (Antibes, France)

« *Plus grands que l'amour* est une leçon de foi en l'homme, la preuve que l'amour peut vaincre l'absurde. Le message de ce livre nous est plus que jamais nécessaire en ces temps où la barbarie avance sur les ruines du sacré. »

François Lafaye, directeur, Air France, Paris

« *Plus grands que l'amour* est un livre sublime parce que totalement humain. L'amour y est confié comme la plus belle espérance de l'homme. C'est une peinture de portraits exemplaires au cœur d'une passionnante fresque épique. »

Mgr Ernesto Pisoni, évêque de Milan

« *Plus grands que l'amour* est une magnifique leçon de foi en l'homme, la preuve que l'amour peut surmonter l'absurdité. »

Bernadette Moro, Madrid

« Dans *Plus grands que l'amour* Dominique Lapierre écrit superbement l'âme des hommes de science. »

Pr Samuel Broder, directeur de
l'Institut du cancer des USA

« Il n'y a pas assez de superlatifs dans la langue française pour dire combien ce livre m'a intéressée et bouleversée. »

Eloïse Thérèse, Mount St-Mary's College
(Los Angeles)

« *Plus grands que l'amour* est un hymne superbe à la fraternité... une épopée moderne et allégorique, où chevauchent côte à côte des chevaliers de la science et des pestiférés aux pieds nus ; une fresque haletante sillonnant les continents pour y lever une croisade d'amour et de foi ; une énigme policière aussi, dont le crime serait un fléau, l'enquête une quête et le mobile l'amour... Soyez infiniment remercié pour ce grand livre, un témoignage bouleversant. »

Jean Neveu (Kampala, Ouganda)

Achevé d'imprimer en mars 1994
sur les presses de l'Imprimerie Bussière
à Saint-Amand (Cher)

POCKET - 12, avenue d'Italie - 75627 Paris Cedex 13
Tél. : 44-16-05-00

— N° d'imp. 1011. —
Dépôt légal : avril 1994.
Imprimé en France